最忆职教情

费重阳职业教育文集

费重阳◎著

光明日报出版社

图书在版编目（CIP）数据

最忆职教情：费重阳职业教育文集 / 费重阳著 . --

北京：光明日报出版社，2019.3

ISBN 978 - 7 - 5194 - 5122 - 6

Ⅰ. ①最… Ⅱ. ①费… Ⅲ. ①职业教育—发展—中国
—文集 Ⅳ. ①G719.2 - 53

中国版本图书馆 CIP 数据核字（2019）第 040601 号

最忆职教情——费重阳职业教育文集
ZUIYI ZHIJIAOQING——FEICHONGYANG ZHIYE JIAOYU WENJI

著　　者：费重阳

责任编辑：许　怡　　　　　　　责任校对：赵鸣鸣
封面设计：中联学林　　　　　　　责任印制：曹　净

出版发行：光明日报出版社

地　　址：北京市西城区永安路 106 号，100050

电　　话：010 - 63131930（邮购）

传　　真：010 - 67078227，67078255

网　　址：http://book. gmw. cn

E - mail：xuyi@ gmw. cn

法律顾问：北京德恒律师事务所龚柳方律师

印　　刷：三河市华东印刷有限公司

装　　订：三河市华东印刷有限公司

本书如有破损、缺页、装订错误，请与本社联系调换，电话：010 - 67019571

开　　本：170mm × 240mm

字　　数：368 千字　　　　　　印　　张：22.5

版　　次：2019 年 7 月第 1 版　　印　　次：2019 年 7 月第 1 次印刷

书　　号：ISBN 978 - 7 - 5194 - 5122 - 6

定　　价：89.00 元

目　录
CONTENTS

01

对我国教育改革和发展的建言

本篇主要收录了 2008 年国务院正式启动研究、制定《国家中长期教育改革与发展规划纲要》以来，作者若干篇文章。文章中作者对此进行了一系列思考，提出了很有见解性的建议。为了使读者更加清晰地了解作者的相关思考，同时收录了作者在这一时期前后撰写的有关文章。

上述文章，有的曾以建言形式上书国家有关部门和领导人，有的曾在相关专业刊物上公开发表，在当时产生了一定的影响。对于作者提出的我国教育中亟待改革的若干本质性、深层次的问题，相信读者会做出公允的评价。这，也是作者所期待的。

——编者

关于研究制定我国教育改革和发展规划的建议①

对制定教育改革和发展规划纲要的思考之一

2008 年 8 月，国务院正式启动研究与制定《国家中长期教育改革与发展规划纲要》工作（以下简称《规划纲要》）。温家宝总理最近指出："教育是国家发展的基石。当前世界，知识成为提高综合国力和国际竞争力的决定因素，人力资源成为推动经济社会发展的战略性资源，人才培养和储备成为各国在竞争与合作中占据制高点的重要手段。我国是人口大国，教育振兴直接关系到国民素质的提高和国家振兴。只有一流的教育才有一流的国家实力，才能建设一流国家。"② 这段话，深刻地揭示了制定教育发展规划纲要的大背景与重要意义。

基于此，我们深刻反思了种种教育现象，总结出以下基本观点：（1）教育改革的指导方针应当是全面完整地贯彻党的教育方针，切实践行素质教育思想。（2）教育改革的基本思路。一是"人本"，即为不同资质类型的人提供同样的发展空间和不同的发展模式；二是"融通"，即各类教育要相互融合，形成中国式大教育的综合实力与整体合力。（3）教育改革的重点领域。一是在九年义务教育中彻底扭转应试教育泛滥的局面；二是在高中和大学教育阶段从教育目标和教育规模上真正体现职业教育的主体地位；三是完善教育分流，改革中、高考制度。（4）教育改革的主要方略是采用人才测评和职业指导等方法，对各类人才的可发展方向和可发展基础做出科学评鉴，使每一个受教育者都能够自主选择与其相适应的教育门类。

上述观点，可以从三个方面加以讨论。

---

① 原载《职业教育研究》2009 年第 6 期，同刘金录同志合写

② 国家教育发展规划纲要的意义_ 360 问答

《国家中长期教育改革和发展规划纲要（2010—2020 年）》研究制定工作自 2008 年 8 月启动以来，在深入调研、广泛听取意见建议的基础上，经反复研究修改，形成了公开征求意见 wenda. so. com/q/1514439815214942 – 快照 – 360 问答

转变教育思想——切实践行素质教育

我国自 20 世纪 80 年代提出素质教育思想以来一直践行不力，而应试教育却呈大行其道、愈演愈烈之势。从一定意义上讲，我们的基础教育已经蜕变成唯中、高考马首是瞻的教育。表面上看，基础教育是"废黜诸育，独尊智育"。实际上已经沦为只重应考知识传授、应考"能力"培养的功利化、畸形化教育。其"选拔、淘汰"功能由于过分倚重并不很科学的一张试卷，致使基础教育异化为制造考试"成功者"和"失败者"的教育，也导致了中、高等职业教育只能接收"差等生"的不正常局面。

应试教育的危害程度和范围与提出素质教育时的 20 多年前相比，几乎达到了登峰造极的地步，抑制其发展势头已积重难返。然而，如果不从现在起就痛下决心加以遏制，则我们的国民素质将深受其害；中国的核心竞争力将无以强化；保持国民经济持续、健康、较快发展的势头将难以为继。摆脱困境的唯一途径就是全面、完整地贯彻党的教育方针，全力、切实地推进全民素质教育战略。

真正认识素质教育的基本内涵 之所以"素质教育讲得言之凿凿，应试教育做得扎扎实实"，其成因是多方面的，但首要原因是全社会，特别是教育界并没有理解素质教育的真谛。因而，首先要从教育界开始，从教育人本论的高度深切认识素质教育"一基三发"的基本内涵。即教育要以尊重、关心、理解和信任每一个人为基本宗旨；以发现人的价值、发挥人的潜能、发展人的个性为基本功能。

切实转变背离科学发展观的教育观 我国传统教育中，本来就存在许多陈腐、空疏的糟粕，加之近年来社会上滋生的浮躁肤浅、急功近利思潮的推波助澜，严重扭曲了教育目标、教育过程和教育效果。上述偏失的核心，是背离了人的科学发展。因而，亟待转变教育观。这种转变主要包括以下三个方面。（1）转变教师观和学生观。教师的角色应当从知识的"传授者"向学生发展的"指导者"转变；学生的角色应当从被动接受知识的客体向主动求知能动的主体转变。（2）转变课程观和教材观。课程结构要服从服务于培养创新、创造型人才的目标。基础教育的课程结构要围绕"人与自然""人与社会"和"人与他人"三大主题去构建。（3）转变考试观和评价观。考试的功能不仅是"选拔——淘汰"，更在于"开发——拓展"；考试内容不应是教学内容的"重复再现"，而应是教学内容的重组整合；评价方法不应是"唯重结果，"而应是不仅重"结果"，更重"过程"。

着力改善教育的外部环境 推行素质教育需要全社会的普遍认同。这一点从一些学校为学生减负却遭到学生家长的联合抗议；一些应考培训机构在招生简章中公然申明"实行完全应试教育"却大受青睐的现象即可窥一斑。在职业教育中，引进"双元制"，实行"工学结合"本是良方，但由于企业积极性不高而难以实行。这就需要从三个方面实现突破：一是依靠立法保障，用法律文书将企业应承担的教育义务加以规定；二是明确企业参与教育的权力和利益；三是发挥行业协会和非政府组织的桥梁与纽带作用；四是实行公平、公正的劳动薪酬制度。

转化教育模式——着力培养创造型人才

初、高中教育，包括小学教育是应试教育的重灾区。这些以升学为唯一目标的"教育机器"，以流水线的方式，成批量地"生产"同一标准、同一模式的"产品"，其中不乏素质、人格、知识、能力方面的"残疾人"。

职业教育不断被矮化。现行的招生制度是"普教优先，职教殿后，技校扫底"，考生及其家长的选择顺序亦然。一些初中学校，为了维持较高的升学率，诱迫"双差生"放弃中考，直接投考中等职业学校。前几年，一些学校甚至将初二"差生"提前"分流"到中职就读，职业学校已经沦为应试教育"失败者"的聚集地。职业教育自身也存在诸多弊端。一是重理论轻实践，重知识，轻能力的积弊在职教中日益蔓延；二是社会价值取向对职业教育的"矫正"作用。

高等教育不仅把高等职业教育排除在外，其内部人为划定的类别与级次之多也是史无前例的。其偏失主要表现为：其一，过于偏重数量增长，忽视质量提高；其二，过于偏重学术型人才培养，忽视技术型人才培养；其三，过于偏重规模扩张，忽视内涵发展；其四，过于偏向办学硬实力提升，忽视育人软实力开发。

教育模式是反映一个国家教育制度特征的教育样式。也是一定社会条件的产物。前述迹象表明，我国现行教育模式已明显滞后于社会进步和经济发展的需要。以教育的特殊重要地位，如果不对教育模式进行根本性变革，必将阻滞国家发展的进程。

我国现行的各级各类教育应当有一个统一的教育目标——培养高素质的

创造型人才。这个目标应当通过制定一部新学制并以新学制所包含的学制系统和学校章程予以体现并付诸实践。

学制是一个纲。在新型学制的引领下，才能创设新型的教育模式，催生新型的教育行为。

构建全新的国民教育体系 这个体系应当是一个具有中国特色的、以素质教育思想为主导的、着力促进以义务教育为基础，以职业教育为主体，高等教育、成人教育、培训教育协调发展的大教育架构。（1）普通教育。义务教育阶段要介入职业理想和职业陶冶教育，开设初步的生活技能和劳动技能课程，引导学生树立既尊重知识，又尊重劳动，特别是尊重普通劳动，愿做普通劳动者的价值观。高中教育要为学生升学和就业提供两种基础要件，切实加强职业指导。（2）职业教育。职业教育不仅包括目前的初、中、高等职业院校，还应包括当前列入普通高等教育的工、农、商、医、法等类高等院校和各级各类职业培训及成人教育机构。职业教育要以"谋个性之发展，为个人谋生之准备；为个人服务社会之准备；为国家及世界增进生产力之准备"（黄炎培语）为教育宗旨；贯彻以就业为导向，以能力为本位，以服务为宗旨的教育原则；遵循手脑并用、工学结合的教学方式，实行依职业能力结构确定教学目标，循生产实际需要设置教学内容，按工程实践过程设计教学方法的教学方式。职业教育要坚持"双证书"制度，继续强化实习课程的主课地位，加大实习工厂和实习基地的建设和"双师型"教师队伍建设力度。（3）高等教育。高等教育可以分为学术型大学和技术型大学两种，前者属于高等普通教育，后者属于高等职业教育。学术型大学可以从目前部管综合性大学中甄选。其比例可占高校所数的25%左右；技术大学占75%左右。与之相衔接的是占高中教育40%的普通高中和占60%的职业高中。学术型大学的培养目标应当是高端的研究类、管理类人才，其教学模式可以是纯学术型的。其本科后教育应立足于培养研究类、管理类、教育类的精英型人才，其教育水平应当代表国家教育的尖端水准。技术型大学应以培养高级技术类、管理类、教育类实用型人才为主。其本科后教育应规模适度。

构建科学的人才鉴评与选拔机制 这是实行前述教育模式的基础保障。所谓"鉴评"是指对人才可培养方向的鉴别和评估。所谓选拔，是指对人才可培养基础的甄别和攫拔。以我国目前的教育规模，现在实行微观鉴评是不现实的，但可以做到宏观和中观鉴评。人才选拔主要是指现行的中考和高考，抑或说是两次分流。但必须对考试进行较彻底的改革，其改革要点是：（1）选拔的功能。不再是以分数高低评价一个人能否升学，而是在人才鉴评的基础上，再次确认人才可培养方向和可培养基础的先期预估是否可行。（2）选拔的方式。不再是单纯"智力"考查，而是包括智力在内的体力、学历、品性、心理、才能等综合素质与能力的考评。（3）选拔的方法。不再是单一笔试考查，而是包括笔试在内的答辩、操作、测试等多元测评。（4）选拔的主体。不再实行统一命题考试。初中和高中也不再承担保证学生升学的义务和责任。

完善教育管理机制　　（1）教育行政主体。各级各类学校教育，即当前概念中的学历教育，由国家、省级及省以下各级教育行政机关管理；各级各类培训机构，即非学历教育由国家、省及省以下各级人事和劳动机关管理。（2）教育管理机制。当前的机制，是以分级为主、分类为辅的机制。建议转变为以分类为主、分级为辅的机制。即除九年义务教育之外，对普通教育（普通高中和学术大学）、职业教育（职业高中和技术大学）实行分类管理，以利于同类不同级院校之间的无缝对接。（3）院校管理。在国家教育政策的规范下，由校长和"教学委员会"实施管理。职业院校的教学委员会应有行业、企业代表参加。行业、企业以及社会团体、公民个人举办的各类院校，各级教育行政机关主要负责政策调控和业务指导，并给予他们更多的办学自主权。

转换教育体制——亟待制定国家新学制

近现代中国，由国家制定的学制主要有：1902 年 8 月 15 日颁布的"壬寅学制"（《钦定学堂章程》）；1904 年 1 月 13 日颁发的"癸卯学制"（《奏定学堂章程》）；1912～1913 年公布的"壬子癸丑"学制；1922 年发布的"壬戌学制"。

新中国成立之后，1951 年 10 月 1 日政务院发布了《政务院关于改革学制的决定》；1985 年 5 月 27 日发布了《中共中央关于教育体制改革的决定》；1993 年 2 月 13 日中共中央、国务院发布了《中国教育改革和发展纲要》等政令，但仅属于涉及规定学制系统的文件，未能形成真正意义上的国颁学制。

实践证明，推进素质教育不仅靠发文件、定规划、颁大纲，更要靠法律和制度的形式，制定国颁学校教育制度。制定新学制一要集中体现当代中国的主导教育思想；二要吸纳我国历史上颁布的学制中的有益成分；三要借鉴国外学制的有效经验。

要以大教育观为着眼点　　壬寅学制和癸卯学制的突出特点，一是将普通教育与职业教育摆在同等重要的地位。特别是后者，对职业教育规定了从艺徒学堂到高等实业学堂这样一种从初级小学到本科教育四个级层的职业教育系统；二是重视师范教育和幼儿教育，如癸卯学制将"蒙养院"——学龄前幼儿教育纳入国民教育序列；三是所含章程较完备，例如壬寅学制颁布了6件；癸卯学制颁布了17件，其中针对职业教育的7件，针对普通教育的6件（含蒙养院和通儒院章程）。壬子癸丑学制和壬戌学制基本沿袭了前述两部学制的基本架构并有适度发展。尽管上述四部学制分别由清政府、国民政府和北洋政府制定，在执行中也不尽如人意，但仅从学制系统和包含章程看去，还是有许多可资借鉴之处的。未来的新学制，应当是一部各级教育合理衔接，各类教育相互融通，形成各级各类教育整体合力的大教育架构。

要以大人才观为立足点 未来的新学制，应当是一部适应各类人才发展需要，能够充分发掘各类人才潜能和优势，以科学的人才成长测评为依据，为各类人才的发展提供同样的空间和不同模式的教育体系。只有依托这样一种和谐发展的体系，才能培育出具有高度创新思维和创造能力的全新型人才，"科教兴国"才能落在实处。

对新学制系统的初步构想见图1：

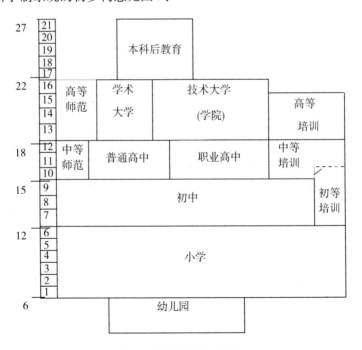

图1 新学制系统示意图

对学制系统示意图的说明：

1. 学制系统的主干层级分为小学和初中、高中、大学、本科后四级，办学规模呈正金字塔形。学校类别主要有普通教育、职业教育、高等教育等主类和成人教育、培训教育、特殊教育等辅类，各占相应比例。

2. 高中教育分为普通高中和职业高中两种。前者以升学为主，就业为辅，约占高中学校的40%；后者以就业为主，升学为辅，约占60%。大学教育分为学术大学和技术大学两种，分别占25%和75%的比例，前者从目前的部管综合型大学中筛选；后者包括当前的工、农、商、医、法和艺体、军事类高校以及高等职业大学（学院）。

3. 建立人才鉴评与选拔机制。从幼儿园到高中渐进开展职业陶冶和职业指导。在初中、高中学段重点开展可培养方向和可培养基础测评并实行两次分流。学生参照测评结果，依个人志向分别报考不同种别高一级院校组织的升学考试。

4. 各级各类学校的培养方向和修业年限。（1）幼儿园不开展认知性教育，而以开启心智、培养兴趣为主，同时介入职业理想熏陶。（2）小学和初中以认知性教育为主，但应突出应用能力培养，辅以社会知识和劳技教育。注重职业陶冶和职业指导。（3）普通高中和职业高中都兼有升学和就业两个教育目标，但各有侧重。招收初中毕业生，修业三年。（4）学术型大学以招收普通高中毕业生为主，也应招收部分职业高中毕业生；技术型大学的主招和辅招范围则与之相反。学术型大学为四年制本科教育，技术型大学设本科和专科两个层次，两种大学均采用学分制。技术型大学毕业生应具备高级技工或技师资格。（5）本科后教育是指当前的硕士生、博士生教育。以培养高端基础科研和应用科研人员、高级管理人员、大学教师和高中骨干教师为主。硕士教育三年，博士教育两年。（6）师范教育分为中、高和本科后三级。中师以培养幼儿园教师为主，能力优秀者可担任小学教师，对应于高中学段教育，修业三年。高等师范教育含普通师范和职业师范两种，以培养普通高中和职业高中教师为主，部分毕业生可担任初中、小学骨干教师，对应于本科教育，修业四年。（7）职业培训教育分为初、中、高三级，分别设置于小学后、初中后和高中后。设置初级培训是鉴于当前欠发达地区尚有小学后未能升学的儿童。这类培训修业四年，须完成全部初中课程，并具备初等职业资

我国现行教育体制的主要弊端，表现在以下三个方面。

一、结构性缺陷——以普通教育为主体的教育体系

我国现行教育体系的主结构是由基础教育、职业教育、高等教育组成的。其中，基础教育和高等教育的主体是普通教育。更为重要的是普通教育观念始终占据着一统天下的地位，左右着教育改革和发展的方向。

形成这种格局的原因主要基于以下两个因素：一是历史性因素。有着数千年历史的中国教育具有许多优良传统，这是后来者应当敬畏和传承的。但也有许多糟粕：比如，以书斋式教育为主干的教育形式；重文轻理、重学轻术的教育理念；以科举制为主导的学校教育制度。二是思想性因素。在传统教育思想的惯性作用下，我国在引进西方学校教育制度之始，就是以普通教育为范本的。近几十年，教育界试图引进国际教育新理念，但多是支离破碎的概念，难以形成符合中国国情的系统理论，更难以撼动普通教育一枝独秀的基本格局。

二、主体性缺失——以利益驱动为主导的教育改革

回顾近几十年中国教育改革的历程，不难发现，推动改革的主体并不是教育家，而是政府机构、商业企业家和带有浓重商业气的一些教育人士。上述力量的合流，使教育改革偏离了健康的发展轨道。在利益驱动下产生了许多教育乱象：一是教育愈发功利化。表面上是教育规模超常扩张，实质上是教育资源加速向少数人集中；表面上看大学城比肩而立，实质上是教育质量离国际水平越来越远；表面上拥有高学历的人愈来愈多，实质上适应社会需要的人才愈来愈少。功利化必然使教育越发追求短期行为，催生出产业化的恶果。二是教育愈发行政化。如今的学校愈来愈衙门化，校长愈来愈官僚化。在教学事务管理与实施中，更多的是采用行政手段和经济手段而不是遵循教育规律，失去了教育的本我。三是教育愈发书斋化。教育越来越脱离生产和社会实践，以学科本位思想施教，很少顾及经济和社会发展的实际需要，抑制了人的创造能力。书斋化的教育不仅造成了素质教育难以推行的困境，而且使普通教育的理念与模式愈加泛化。

三、导向性缺憾——以跃进思路为引领的教育发展

近年来，中央倡导教育又好又快地发展，但在实践中落实不力。人们更多看到的是"快"，而较少看到"好"。以跃进思路为引领的教育发展已经显现出诸多缺憾。

一是教育失衡。普通教育与职业教育"一只脚长、一只脚短"的现象未能改观，导致教育发展的跛行。有资料显示：中等职业学校的招生人数从2001年的337.83万人，增长到2008年的812万人，相当于原来的两倍多，已与普通高中规模接近，有人据此得出许多乐观的结论。其实，这种表象下却潜藏着更多隐忧：其一，通过中考的筛选，许多适合接受技术教育的优秀学生不能进入职业高中学习，一些并不具备学术教育培养前景者凭借高分教被送入普通高中培读。这样，不仅为高等教育质量的提高预伏了隐患，而且使本已不足的职业教育资源明显稀释。其二，教育政策、教育投入主要是向中、高等普通教育倾斜。尽管中央三令五申要把职业教育摆在优先发展的地位，但多数地方却执行不力：在教育总投入连年增加的情况下，职业教育投入反而由1993年的12%下降为2007年的5.5%。上海交大熊丙奇教授介绍说：按国际通行标准，职业教育与普通教育的教育成本是2.48∶1。而在我国即使是经济比较发达的珠海市，据该市某政协委员介绍：在过去五年中仅该市三所重点中学就投资3.8亿元，而市属中职学校却只有1461万元，不足三所普通中学的零头。

二是教育失范。首先是教育异化现象严重。主要表现是：（1）教育功能的异化。从小学到高中，基础教育已经由为人的发展打基础异化成为学生不断升学打基础；"知识改变命运"的口号已经异化为放弃奉献价值观、崇尚索取价值观的行动；受应试教育范式的侵蚀，应对职业资格鉴定的"应鉴教育"和应对职业技能竞赛的"应赛教育"已经在职业院校中初现端倪。（2）教育目标的异化。一些院校偏离了培养高素质人才的目标，盲目追求办学层次升级；已经进入较高层级的院校，热衷于提升学校在高校排名榜上的位置。其次是跃进式发展不能持续。现在，许多地方的高校入学率已经达到64%，甚至更高，而且这个纪录还被期待迅速刷新。然而，在2009年却出现了10%的高中毕业生放弃高考的现象，一些大城市的高中生则把升学目标锁定在国外大学。有人做过这样的统计：北京市每年参加SAT考试（由美国教育考试服

务中心编制的学习能力测试）的高中生逾 3000 人；另一方面，近些年 70% ~ 80% 的北京大学、清华大学毕业生流向国外求学或谋职。这无疑显示：国人对中国教育的信心正在减弱。

上述结构性、主体性、导向性偏差足以证明，我国以普通教育为主体的教育体系，以及生成这种体系的教育体制，不仅成为制约教育自身健康、持续发展的障碍，而且成为培养创造型人才，造就创新型国家的负向拉动力。

职业教育堪当主体

如今，在三位一体式教育体系中尚处于"末流教育"地位的职业教育能否承担起中国教育重新崛起的推进器呢？这还要从职业教育的优势和特征谈起。

一、职业教育的社会性本质——为了社会需要的教育

早在 1917 年，中国现代职业教育的先驱黄炎培先生就指出："职业教育目的：一、谋个性之发展；二、为个人谋生之准备；三、为个人服务社会之准备；四、为国家及世界增进生产力之准备。"（民国六年中华职业教育社成立之年公订）这个在当时具有划时代意义地对教育宗旨的全面阐述，不仅对于职业教育，而且对于现在端正各类教育的教育宗旨都具有切实的指导价值。

现代职业教育的另一个突出贡献是首次揭示了教育与职业的关系。黄任老针对他所处的那个年代的状况指出："同仁鉴于我国今日教育的弊病，是学不足以致用。而学生之积习，尤在鄙视劳动而不屑为，致毕业于学校而失业于社会者比比。根本解决，唯有提高职业教育，以沟通教育与职业。"他还指出："办理职业教育；并须注意时代趋势与应走之途径，社会需要某种人才，即办某种职业学校，另外还须注意需要之分量。不使供过于求为宜。"（《车河记》1936 年）

二、职业教育的实践性原则——注重应用价值的教育

与黄炎培先生活动在同一时代的还有两位人们所熟悉的教育家：一位是陶行知先生；另一位是美国的杜威博士。对于旧式教育，杜威将之称为"静听"式的教育，指出"它标志着一个人的头脑对别人的依赖性"，主张改革传统的课堂教学（《学校与社会》，1900 年）。杜威主张"教育即生活"（Education of 1ife)，而陶行知却"把他翻了半个筋斗"，改为"生活即教育"。他说："我们此地的教育，是生活教育，是供给人生需要的教育，不是作假的教育。人生需要什么，我们就教什么。"（《生活即教育》，1930 年）

黄炎培先生主张"做学主义"，即"一面做，一面学。从做里求学"。他指出："教育本以适应需要为主"，并提出"教育之为事，不唯训练人之脑，尤当训练人之手"。对于"手脑并用"的价值，他说："故手脑二者联络训练，一方增进世界之文明，一方发展个人天赋之能力，而生活之事寓其中矣"。应当指出的是，对于这番话他特别申明："此普通教育，非特别教育也。苟予一般社会以来是等教育，则最大多数之幸福即在乎是。"（《我最近之感想》，1919 年）由是，他做出了教育"是给人家一种实际上服务的知能，得了以后，要去实地应用"的结论。

三、职业教育的平民化特征——立足国民生计的教育

现代职业教育从初创起就具有平民教育的特质。首先是面向平民的教育。力主教育要"从平民社会入手"。第二是立足民生的教育。黄炎培尖锐地指出："如果生计不解决，如果教育不能从根本上帮助中华解决生计问题，后患岂堪设想？"（《职业教育该怎么样办》1933 年）第三是促进生产力的教育。在《中华职业教育社宣言书》中，黄任老开宗明义地指出："无新学识以应用于实际，无新人才以从事于改良，教育不与职业沟通，何怪百业之不进步！由是吾侪深知确信而复敢断言曰：我国之百业不进步，亦现时教育有以致之也。"如今，92 年过去了，新中国也已成立 60 年，社会生产力的发展程度已经与黄任老当时所处的年代不可同日而语。但是，教育面向平民、立足民生的宗旨不应改变，教育促进生产力发展的功能也不能改变。这正是黄炎培教育思想之所以历久弥新的价值所在。

职业教育不仅在理论上而且在实践上都对中国教育的大众化做出了重大贡献。回顾历史，职业教育曾在不同时期处于繁荣发展阶段，并且每当这样的时期，都对当时的国力增强、民众福祉产生了巨大的推进作用。职业教育使"无业者有业、有业者乐业"的教育目标，应当成为整个教育的基本目标，这才是教育的根本价值。

综上所述，职业教育的固有特质在于始终是为了人和社会发展的教育；始终是密切联系实际，培养人的创造力的教育；始终是面向人人，关注民生

的教育。职业教育与素质教育有着天然的内在联系，是迄今为止最先进、最具生命力的教育类型。

重构国民教育新体系

改造现在的民国教育体系，使之由以普通教育为主体转化为以职业教育为主体，必须从理论和实践两个维度入手，理清许多长期困扰我们的问题。这至少包括以下九个方面：

一、何谓杰出人才

对于杰出人才，不能简单地理解为只是李四光、钱学森、钱三强式的人才。的确，这样的人才是极为宝贵的财富，而且是我们民族的骄傲。同时，杰出人才也应包括许振超、孔祥瑞、窦铁成式的人才。正如温家宝总理所说的："国民经济的各行各业不但需要一大批科学家、工程师和经营管理人才，而且需要数以千万计的高技能人才和数以亿计的高素质劳动者。没有这样一支高技能、专业化的劳动大军，再先进的科学技术和机器设备也很难转化为现实生产力。"（《大力发展中国特色的职业教育》，2005 年）

人是生产力发展的第一要素。以培养和造就合格公民为目标的教育必须处理好培养科学型人才和培养技术型人才两者之间的关系，正确把握教育目标的重心。从一定意义上讲，任何杰出的人才都不是刻意"打造"出来的，只有教育回归培养合格公民的原点，杰出人才才能自然生成。

二、何谓优质教育

优质教育的标准是人民满意的教育。毋庸讳言，基于现今教育的诸多弊病，人民群众是不大满意的。其突出问题是应试教育泛滥，其主因是教育的过度市场化。这些年的实践证明，以市场化运作为导向的过度"创收"、学历崇拜、无序"竞争"、学术腐败严重侵蚀着教育的肌体，导致"科学、民主、笃实、求是"的教育精神日渐弱化，浮躁风气日盛，潜性规则丛生。可以说，教育质量已经退步到历史以来的最低点，这难道还不足以引发人们"谛观现象，默查方来，而不胜其隐忧大惧"吗？

一讲到提高教育质量，有的人往往会想到多培养一些硕士、博士，甚至拿几项诺贝尔奖。诚然，我们硕士、博士还不多，因而需要加大培养力度。

但是，如果仅把能够培养多少硕士、博士作为教育质量提高的标志，那就错了。据统计，我国博士学位授予单位已达310个，超过了美国（253个），已位居世界第一，但效果却难如人意。同样，诺贝尔奖是要争取的，但要高度警惕追求诺贝尔奖会成为继高考之后的又一根教育指挥棒。

什么时候，教育能够根据每个人的可发展方向和可培养基础选材，按照人才成长规律施教，成就具有健全人格、切实知能、富于创新精神、创造能力的人，教育质量就真正提高了，一批有智慧的杰出人才就会涌现出来。

三、何谓教育发展

教育发展不能仅看数字。近些年，高等教育规模急剧扩大，有人据此得出我们的高等教育已经完成了由精英教育向大众教育转化的结论。其实，是不是大众教育是不能仅靠数字讲话的，而是要看是不是真正按照大众教育思想去办教育。根据前面提及的教育隐忧，人们不难发现教育"华丽转身"背后潜伏的危机：对我们培养的人才，为什么社会认可度并不高？为什么我们出台了那么多改革措施？我们的教育却始终在应试教育的怪圈中徘徊？为什么我们总是不断号召优先发展职业教育，而事实却是职业教育总是被边缘化？为什么我们的教育方针历来强调教育与生产劳动相结合，而我们的学校却总是热衷于把学生束缚在象牙塔之中……

许多人都在苦苦思索这样的问题，现在，我们终于发现了问题的症结所在——是我们的教育体制出了问题。在原有的教育体制之下，奢谈教育发展，要么是纸上谈兵，要么是南辕北辙。

四、学术教育与技术教育如何协调

确立职业教育的主体地位，并不是要把所有的教育门类统统改为职业教育，而是以职业教育的先进理念优化教育结构、转变教育模式、规范教育行为。

经历一百余年的发展，中国职业教育已经形成了比较系统的教育理论，也创设了比较完善的教育模式，取得了比较显著的教育效果。现在我们讨论教育体制，似乎又不得不回到问题的原始起点：首先，什么是普通教育，什么是职业教育？正如黄炎培先生所言："凡是教育，都含有职业的性质。"试问：现今的工、农、商、医，法和艺术、军事类院校就其本质而言，哪一所不是职业院校？其次，是职业教育普通化，还是普通教育职业化？根据黄任老提出的"普通教育职业化"的主张，现今的基础教育和普通高等教育确实应当在教育思想、教育模式方面介入职业教育的因素。再次，我们需要不需要精英教育？需要的。我们在基础科学领域还相对落后，我们太需要像李四光、钱学森、钱三强那样的领军人物以及由他们率领的科研团队了。同样，也不能把所有高等院校都办成学术型（或称研究型）大学，大多数高等院校还应当是技术型（或称职业型）大学。根据我国国情，学术型大学占25%左右，技术型大学占75%左右比较适宜。而这种高等教育结构则应以占40%的普通高中和占60%的职业高中作为支撑。如是，学术教育与技术教育比翼齐飞，才能适应经济发展和社会进步的需要。

五、规模扩张与内涵发展孰轻孰重

一个时期以来，将教育"做大做强"的口号响彻云霄。一些大学的规模越办越大，但精神内涵却不断弱化；学校的级别越升越高，而教育质量却越来越低。在职业教育领域，一些地方将数所职业学校合并为一所，看起来是"做大"了，而实际上专业设置包罗万象，失去了原来的特色。

正确的发展模式应当是做精做优。首先是做精。高等教育，包括高职教育应在"做精"上做足功夫，规模不在其大，有精品专业就好；学生不在其多，能造就杰出人才就行。教育主管部门要有切实措施遏制无序升格、盲目并校之风。一所中等职业学校，如果在校生有一千余人，又拥有独具特色的专业（群）就可以了。其次是做优。做优的要件是有一批大师级教师。对职业教育来讲，就是拥有一大批"双师型"教师，拥有足够的实习设施。做优的另一个要点是强化公民素质和职业操守教育。任何杰出人才都是学识修养与道德修养兼备的人，如果我们的教育不能培养出既有高深学识，又能自觉为祖国和人民做奉献的人，谈何杰出人才？

六、院校建设与社会环境何以兼修

教育的问题不仅在于教育本身，而且在于教育之外因素的作用。因此，外部社会环境对院校建设的负面作用也不可轻视。这种作用突出表现为轻视职业教育。据有关专家考察，在美国的4000所高校中，有60%是培养应用型人才的。2006年，瑞士进入普通高中的学生有23200人，进入职业学校的却有 78100 人，分别占 23% 和 77%。与发达国家相比，我们的教育重心偏高是显而易见的。另一方面，是社会分配不公。这也是导致职业教育缺乏吸引力的重要原因。有专家指出：在美国，教授的年薪是 8 万 ~10 万美元，而三大汽车公司的装配工年薪可达 15 万美元。如果在中国不能形成以劳动者为主体的庞大中产阶级，不仅不能有效解决整个教育结构重心偏高同就业结构不相适应的矛盾，而且会危及社会稳定，也会使经济发展失去坚实的依托。

七、淘汰分流与选择分流孰是孰非

现行以高考为主要工具的教育分流机制，是以分数为唯一标准，通过按分数段的分级淘汰，将前几段次的考生送人不同级次的普通高校，将最低段次的学生送进职业学院。这种淘汰式分流违背了"天地生才万有不齐"和"只有最适合的教育才是最好的教育"的人才成长规律，误导和戕害了许多人。

解决的办法是实行选择式分流。首先是必须在九年义务教育阶段推行职业陶冶和职业指导，尽早发现学生的思维特质与类型，并及时加以鉴评与指导，让每一个人都能自主选择适合他自己的发展方向，最终成为某一个领域的杰出人才。"造原子弹的"和"煮茶叶蛋的"并无高低之分，只有类型之别，都是对社会有用的人才。教育要为树立这样的社会价值观助力，而不要为"学历至上""精英教育"等社会情结的沉渣泛起推波助澜。相比之下，淘汰式分流是他主分流，选择式分流是自主分流，后者更能体现人本主义教育精神。

八、一元管理与多元管理孰短孰长

现今的教育管理机制就整体而言是中、小学教育由地方教育行政机构管理，高等院校由中央和地方分属管理；职业教育分别由教育行政部门、人力资源和社会保障行政部门管理；少量职业院校隶属行业或大企业，在业务上受教育行政部门指导。这种级层森严、多头归属的局面，确实不利于各级各类教育的有效对接和均衡发展。于是有人提出将各类教育统一归口在教育行政部门之下的设想，姑且称之为一元型管理。

对此，笔者却不敢苟同。主要依据：一是不利于保持教育特质的多样性。过往的实践已经证明，归口于普教机关的职业院校，其特质已近消磨殆尽。

二是不利于办学主体的多样化。我国教育本来有部门、行业办学的优良传统，也取得过骄人成果，现在应当促进而不是促退。三是不利于教育与职业的有效对接。一元型管理极易使教育脱离生产实践的顽症愈演愈烈并愈发难以治理，只能弱化，不可强化。

较为切实的思路是国家教育行政机关要把握宏观发展方向，发挥调控、督导职能，重点管理少量的学术型（研究型）大学。把具体办学事务交由地方、部门、行业去做，同时加大院校的自主办学力度。这种有序的多元型管理机制，或许是当前条件下比较可行的一种办法。

九、彻底变革与修修补补何去何从

教育改革与发展又一次处于历史关键时期。是切中要旨彻底变革，还是抱残守缺修修补补？这是国人高度关注和寄予厚望的热点。显然多数人赞成前者，但也深知此举绝非易事。

对于尚在反复修订之中的《国家中长期教育改革和发展纲要》，窃以为有三点值得决策层高度重视：一，必须确实找准我国教育中带有本质性、深层次的核心问题，拿出切实解决问题的办法；二，制定《纲要》要与诸如构建教育新体制、拟定国家新学制等具有全局性的措施相配套；三，要制定出清晰的改革路径图，规定出确切的发展时间表，再也不能停留在一般性号召层面。要有切实的可操作性，真正做到既有宏观引领性，又有实践指导性。着力转变教育发展滞后于经济、社会发展的不正常局面，充分体现教育发展的引擎作用。

"生于忧患，死于安乐"。大到一个国家、一项事业，小到一所院校，概莫能外。相信在举国上下的苦苦求索之下。一个以素质教育为基础、以职业教育为核心的新型教育体制必将破土而出。而教育的崛起，必将成为中华民族崛起的重要标志。

抓住关键问题　推动教育的整体改革

继 1993 年我国颁布《教育改革和发展纲要》后，经过 17 年的实践，2010 年将重新颁布《国家中长期教育改革和发展规划纲要》，提出了"到 2020 年，基本实现教育现代化，基本形成学习性社会，进入人力资源强国行列"的目标。启动新一轮教育改革和发展的蓝图是适时的，有利于解决长期积存下来的深层次问题，推动我国教育现代化的进程。

（一）

常言道："牵牛要牵鼻子"，我觉得在实施《纲要》时，各地应对 17 年来教育的得与失进行全面评估，找出影响发展全局性的关键问题，优化整体结构，兼顾效益和公平，让人民满意。窃以为：应试教育泛滥成灾，根治乏术，愈演愈烈，是影响我国教育健康发展一个突出问题，而不只是普通高中教育的一些"倾向"。为什么中小学生课业负担过重，素质教育推进困难？追根溯源，就是以现行高考制度为支撑的应试教育作祟。正如民间所云："素质教育轰轰烈烈，应试教育扎扎实实"，几乎所有学校都陷入"追逐高分，追逐重点初中、高中、追逐名牌大学的怪圈之中"。

应试教育直接导致学生过重的课业负担，造成数以亿计青少年体质、体能和智能全面下降，严重损害了他们身心健康，危害民族未来；应试教育扭曲了"全面发展"的教育方针，冲击了基础教育、职业教育；对高等教育输送的只是一批"考试机器"，严重影响创新人才乃至杰出人才的培养；应试教育衍生出一批以捞钱为目的"补习班""提高班"和五花八门的"教辅""教材"，引诱部分在职教师在课堂敷衍塞责，却热衷于业余补课，把教学引入功利主义歧途，败坏了社会风气。

（二）

现行单一的以文化课考试成绩评价学生学业水平的高考制度，把符合录取分数线以上学生大卸八块，画地为牢。即相应把招生校分四等八段，按学生分数高低硬性扣到相应校的版块上，学生填报"志愿"的顺序是普高优先，高职殿后，技校兜底并且一次考试定终身。高分学生上重点校，费用低；低分上"本三"、高职或民办学校，学费高。这种分数拜物教式的高考，迫使学生和家长以追逐高分为学习是唯一目标。由此可见，确是高考派生出应试教育，并以其愈演愈烈之势冲击了其他教育，造成了上述种种恶果。是故优化教育整体结构，切实解决应试教育问题，是当今教改的一个关键而且非纠正不可的难点问题。

窃以为：改革之道在于改变现行的以普通教育为中心的国民教育体系使之成为：以义务教育为基础、以职业教育为主体、各级各类教育和培训协调发展的国民教育新体系，并以此颁布国家新学制。为何以职业教育为主体？一是职业教育的天然属性与应试教育相排斥，只有用职业教育抵制和清除应试教育对义务教育的影响和干扰，才能使数以亿计青少年在义务教育阶段健康成长；二是着眼于大多数，现阶段是75%左右青少年需要接受中、高等不同层次的职业教育后就业，再不要让大多数青少年在高考陪读中丧失自己的青春了。三是改变高中教育阶段职教与普教发展不平衡问题；四是基于这种新体系能为高等教育输送身心全面发展的优秀生源。

构建国民教育新体系需要从两头着手，一头在中小学，要广泛持久地开展职业生涯教育，帮助青少年在结束义务教育阶段时，根据自身特点和爱好选择进何类学校，这种主动选择性分流比高考淘汰式被动分流要优越得多。职业生涯教育过去称之为职业陶冶和职业指导，20世纪20年代，黄炎培和中华职业教育社致力于引进和推广这一教育模式。80年代在天津、上海一度兴起，出版了许多系列丛书，但可惜因为应试教育的冲击而停顿。职业生涯教育是一种现代教育理念，是培养青少年生动活泼、身心健康和创新思维活的教育形式；它能把德育和素质教育落到实处，避免空洞地说教，在这方面我们落后西方发达国家80余年。

在国民教育体系中缺少完善的职业生涯教育，就没有教育现代化。在初中教育阶段开展职业生涯教育的同时，还应进行初等职业教育，让学生学会初步职业技能，使未能升入高中阶段的学生，具备一定的职业基础知识与能力。改革高考制度是构建国民教育新体系另一头，用5~7年的时间逐步推进，从条块分割刚性录取新生的办法回归到高考由第三方对普高毕业生的学业评价，供高校招收新生参考，真正做到高校录取新生由部分到完全自主。高考制度的改革与职业生涯教育是一个相互转化的过程，是义务教育后学生分流的最佳选择，利于逐步纠正现行高考制度的种种弊端；特别应该指出的是各地"三本"中的公办高校，实行一校两制，靠"一本、二本"大学的牌子，收取数倍于本校学生学费，例如：天津南开大学的滨海学院，教学质量不及本校，但靠"南开"品牌，收取每生每年学费15000元，比该市民办"天狮学院"还高5000元。这类学校增加了百姓的学费负担，挤占了民办高校和高职生源，影响职业教育和民办教育的发展，应予停办或改制民办，与依托校脱钩。

综上所述，把解决应试教育作为突破口，推进教育整体改革，逐步建立起以义务教育为基础，以职业教育为主体的有我国特色的国民教育新体系，是实现教育现代化的正确途径。这条途径着力点是：在清除应试教育的影响和危害的同时，集中优势资源，着力改革和优化教育的整体结构并据此颁布新学制；新学制是完善国民教育新体系的法律和制度保证；从小学开始，大力推行职业生涯教育，把素质教育和升学（就业）教育融为一体，科学地解决各级各类学校学生分流问题；有步骤地推进高考制度改革，使其不再具有向高校硬性"推荐"学生的亚行政性权力。

切实改革应试教育

近来，天津《今晚报》曾连续报道"学生到底该用什么课本"和中小学生"身体机能健康状况呈下降趋势"的消息，披露了天津基础教育中一些学校"巧立名目、乱收费"和"应试教育造成中小学生课业负担过重"这一长期没有解决的严重问题，近年来，天津教育行政部门虽然出台若干改革和"减负"文件，但收效甚微。形成这种状况的原因是多方面的，有的来自社会，来的自家庭。笔者认为主要原因还是教育行政部门缺乏标本兼治的办法，没有切实贯彻中央关于全面推进素质教育的方针，与应试教育做最彻底的决裂所致，以致学生负担过重和乱收费这两个怪胎，恶性循环，久治不愈。

一、滥发教材乱收费之举例

据我了解，一个女生在天津一所重点中学读初中二年级，学校发的教材没有收费明细表。我详细翻阅了一遍，这学期教材共有 49 种之多。每天上学，仅当天课本要装满一个大书包，重 5.4 公斤，手里还要提一小包讲义，重 1.6 公斤。孩子经常闹背痛、手胀。语文、外语、几何、代数、物理，还有政治课。每门有教材、教参 5~6 种之多。除教科书有练习题外，天津市教委教研室还出版一套《学习质量监测》《课堂作业 A、B》各科一套。区教育局教研室也不甘落后，再出一册《河西质量检测》练习题。此外，还有《疑难要点名师解析》和《各校秘题丛书》各科一册。出了这么多教材、习题，一个 14~15 岁孩子，能承受得了吗？买了这么多教材，增加了广大低收入家庭多少经济负担？这个女孩有一个同学，家长是双下岗工人，现在只能靠收废品维持生计，可是每种教材、讲义，人手一册，要给像这样的家庭增加多少负担？每部教材、讲义发行量几十万份，谁又从中获得巨大好处？这些都是暗箱操作，家长只有出钱的义务，没有知情的权利。如果事到如此罢休，尚可勉强接受。但这还不够，在"教材"这个箩筐内，又塞进了《作文通讯》《英语周报》和《新永知报》等报刊。本来这些报刊，由学校图书馆订一些，供学生课外阅读就足够了。但也要人手一册，发行量均在十几万份以上，获利可观，却苦了家长。再者还有《家长必读》也列入学生"教材"，此前，遭到一些家长强烈反对和抵制，后来花样翻新，改成《家长学校教材》，书名改为《为了孩子》，但还是纳入学生"教材"人手一册不误。再说这本书的内容，在说了一通"某年级孩子心理特点"等抽象道理后，接着大量是"语文、代数、英语监测试题"。这所学校2005届初中毕业生，从2004年秋新学期截止到2005年5月15日，已被收取补课费、教材费、讲义费等共975元。且没有任何收费单据。如此一来"一费制"岂不成了一句空话。

二、初中生的择校费

该市教育部门在报纸上宣传说："小升初，要择校，找民办。"似乎义务教育阶段不存在收择校费问题，国家《义务教育法》执行得很好。事实并非如此。因为市、区重点中学初中部除本片4~6个班不收学费外，其他计划内招生8~10班，都收择校费，每生每年3300元。这些学校在收费收据上盖一个所谓民办校橡皮图章，以掩人耳目。如该市属实验中学，盖的是津沽实验中学图章；第四中学盖的章是自立中学；第四十一中盖的章是精致中学。计划外择校费则更高，并且要一次交纳1.5~1.8万元不等。在利益驱动下，这些假民办校吸收大量初中毕业生，其结果是导致职业中学招不上生，造成教育资源的闲置和浪费；真正的民办校又发展不起来，只能收点假民办校各科成绩不及格的所谓"分流生"。为了争取更多的择校费，重点中学更加追求普高升学率，导致学生课业负担日益加重，严重损害了他（她）的身心健康。这些学校初中生每天是8节课，另外60分钟晚自习，双休日再加一天或半天课。放学回家，一般还有2~3小时作业，平均每日课时12~14小时，完全超过了14~15岁孩子生理极限，怎么不"身体机能健康状况下降"？假民办校，即所谓公办校的"校中校"借机收择校费，掩耳盗铃，严重损害了共产党、人民政府的形象。

三、深化改革的若干建言

各级教育行政部门应痛下决心，改革应试教育那一套体系和制度，把立场转到全面推行素质教育上来。应试教育是对千百万青少年的慢性戕害；是制造新一代"东亚病夫"的温床；是对我们的民族、我们的国家苦在当代、害在千秋的腐朽事物。过去我们说日本人都是矮个子，现在日本孩子身高、体质和心理素质都超过了我们的孩子，难道还不应该警醒？

（一）有的地方教育行政部门提出中小学教育要树立"健康第一"思想，这很好，希望能够思想落实、组织落实和体制落实，否则又成了走过场。我认为初中学生各校应一律实行"八一"制作为最低限度要求，必须保证学生有 8 小时睡眠时间；在学校每日最少 1 小时文体活动时间，像上海市的做法那样。除体育锻炼要达标外，每个孩子要参加田径、球类等 1～2 项体育运动或其他文体活动。在这个基础上，再安排文化课程。除教科书及教师安排课堂作业外，其他"检测题""试题集"等一律取消。练习本由学生自由购买，取消统一由校方订购的做法，切实减轻家长经济负担。学校可建立消费合作社，为学生提供优质价廉的学习用品、用具，供学生自由选购。每年教材费学校必须向家长提供项目、价格明细表，杜绝一切学校强行推销各类书刊现象。

（二）从 2005 年秋季开学起，撤销公办中学内橡皮图章式或只挂一块牌子的假民办校（即校中校）；取消评选重点中学的做法。教育资源的配置向薄弱校倾斜，对那些条件较好的学校，分配他们帮助薄弱校的任务，同时要招收那些文化课较差的学生到校深造，以达到全部初中生德智体整体水平的提高，实现教育机会均等、教育公平和教育资源向弱势群体倾斜。

（三）改革高中阶段教育。用三年左右时间，将普通高中的大部分改为综合高中，设普通教育和职业教育两种学程，变现行初中毕业生按校分流为按学程分流，以构建中等职业教育与普通高中教育的"等值机制"，克服把职业教育视为二流教育的错误倾向和做法。

（四）切实转变领导作风。建立市、区教育局局长接待日制度，与学生、家长直接沟通和对话，接受群众监督。地方各级政府要建立分管学校教育的各级领导到校"听课制度"和"联系校"、种"实验田"做法，并且持之以恒，这样才能及时掌握学校、学生和教师动态及困难，使问题能及时发现和解决。克服高高在上，会议多、应酬多和考察走过场等形式主义和官僚主义作风。

谈化解当前教育负担重、费用高、就业难问题①

怎样制定一部切实的规划纲要，事关我国教育与社会、经济发展的全局，必须以科学发展观为统领做好这项工作。

从总结历史经验和借鉴国内外教育发展的现状出发，《规划纲要》应着重解决当前教育中带有全局性的若干问题。经过深入细致的调查研究，追根溯源找准症结，并充分揭示矛盾，制定对策分步实施，是很必要的。我国教育中带有普遍性问题是什么？窃以为：负担重、费用高、就业难是其中最为突出问题之一。

负担重，在中、小学中最为显著。应试教育之泛滥成灾，造成学生课业负担畸重，而且始终根治乏术，愈演愈烈。这就严重扭曲了普通教育和职业教育的育人方式，阻滞了创新型人才的成长。

费用高，是指普通民众已不堪教育高收费之重负。据了解，一个中低收入的家庭，其子女受教育支出已占全部收入的80%。这在幼教、职教、三本（大学本科第三批）几类教育中，尤为明显。

就业难，在职业教育和高等教育中最突出。职教毕业生就业看似相对乐观，其实就业质量、稳定性和专业对口率很低；高等院校毕业生就业难，已成为社会问题，这是不争的事实。

形成以上"三难"的基本原因，一是文化因素。我国素有重"学"轻"术"的文化传统，引进西方学校教育制度以后，自然形成了以普通教育为主体的教育体制；二是历史因素。从汉代董仲舒主张"废黜百家，独尊儒术"到隋文帝设立科举制度，对教育的误导一直绵延不绝；三是认识因素。民国时期，职业教育曾一度有所发展，但新中国成立以后被误认为是资产阶级"双轨制"而遭贬。改革开放之后，才有所发展，但就整体而言，其弱势地位尚难以根本逆转。

破解"三难"问题，不可就事论事。而应当从转化教育体制机制上寻求

---

①　原载《社讯》2009 年第三期

对策。首先，必须建立以素质教育为主导，以义务教育为基础，以职业教育为主体，各级各类教育协调发展的国民教育体系。其次，必须树立科学的教育质量观，转变陈腐的成才观；树立合理的教育成本观，走出按学生高考成绩高低收取学费的误区；树立就业是民生之本的认识，扭转"就业与教育无关"的观念。再次，必须坚持教育服务于经济和科技发展的宗旨。学校的办学方向、培养目标乃至专业设置、课程结构要与劳动就业和科技进步的变化趋势和发展规模相适应。还有，必须依靠行业和大型企业参与教育决策。用工标准和规格，企业最清楚。把他们排除在外，只由教育部门关起门来定规划怎么行呢？

众所周知，以人为本是科学发展观的核心内容。全面协调可持续发展是科学发展观的基本理念。教育改革和发展规划要建立在对我国教育现状深刻反思和分析的基础上，只有把握住全局性的、根本性的问题，制定出极具操作性的政策和措施，才能达到预期的目标。本质性的矛盾抓住了，何愁"三难"不迎刃而解？

对高等学校学习与实践科学发展观的建言

许多高校在学习实践科学发展观的活动中，提出创一流水平的定位目标，我觉得应将"一流"水平主要指标分解到基层，做到全体师生目标明确，人人奋争。创"一流"，在指导思想上应树立依托本地、面向全国、放眼全球的观念，除本校干部、教师努力外，相关专业、学科还要采取措施，学习、引进、吸引他人成果，为我所用；要开放、更开放些。

高校的现状是青年教师、干部挑大梁，他们同国际交往频繁，掌握了较多的现代科学技术知识和信息化手段，但是对国情和历史缺乏深刻了解，爱国主义思想及其理论基础掌握不牢。因此，在学习实践科学发展观活动中，除本单位、本部门一些具体特殊问题外，一般应着重研究和逐步解决以下几个问题。

一、深刻领会"我们必须认真学习马克思主义哲学"的要求。行政处级和副高以上干部和教师尤其要做到能自觉地运用马克思主义的世界观、方法论认识和解决各种问题；特别在科学研究和学术问题上要能自觉地抵制唯心论、形而上学等西方非科学思潮影响。为此，特别要把对立统一的规律是宇宙的根本规律学好，这就要系统学习、掌握毛泽东同志的《实践论》《矛盾论》这两部中国化的马克思主义哲学专著，用以改造主观世界。最近中共中央宣传部理论局组织编辑出版的《六个为什么？》是运用马克思主义世界观、方法论回答当前国家政治社会生活中若干重大问题的范例，要认真读一读。

二、对市场经济基本理论观点要再学习、再认识，在高校内运用要十分慎重。江泽民同志在谈及市场经济时指出："运用市场对各种经济信号反应比较灵敏的优点，促进生产和需求的及时协调。同时也要看到市场有其自身的弱点和消极方面，必须加强和改善国家对经济的宏观调控。"① 也就是市场经济具有两重性。他的消极方面主要表现在利己性、自发性和盲目性，特别是

---

① 来源：江泽民《加快改革开放和现代化建设步伐，夺取有中国特色社会主义事业的更大胜利》（1992 年 10 月 12 日），《江泽民文选》第 1 卷第 226 – 227 页

利己性如果过"度"，就会产生种种消极因素。过去对市场经济消极面讲得不够，存在着片面性，致使社会上刮起"市场化"的歪风，对医改、教改造成了冲击，对人们特别是青少年产生了不良影响，要引以为戒。再者，市场和计划都是国家经济和社会建设的一种手段和工具，而非目的。高校是教育重地，是百年树人的公益性事业。因此，除全日制教学活动外，成人、函授、培训这类教育活动，要以提高质量、服务大众为目标，而不应以"创收"为目的。又如学生食堂以低价、优质、卫生等为目标，要坚持为学生服务好。教育行政部门更不应把"创收"作为办学和教学评估指标；争取科研项目也不应以经济收入多少来取舍，而应在乎科研本身的社会及教育意义，特别人文、教育科研方面，更是如此。

三、加强党内外监督工作，反对贪污腐败和其他不良社会风气。除纪检系统自上而下监督外，高校要有自下而上的群众监督以及以批评与自我批评为特征的自我监督机制，做到三管齐下，才能较好地解决问题。改革开放30年来，我们把批评与自我批评这个武器丢得差不多了，望高校在恢复这一优良传统上，树立榜样，教育后人。经常性而非一时性的批评与自我批评能防微杜渐、警钟长鸣、能催人奋进、永葆青春。毛泽东同志在这方面论述很多，孔子在两千多年前也教导他的弟子要"吾日三省吾身""君子闻过则喜"。由于批评与自我批评这一法宝长期以来没有用好，给党和人民造成很大损失，有许多惨痛教训，真诚希望高校这一民主和科学"摇篮"能经过努力，逐步做到每位员工、学生能用任何形式和方法批评干部和教师，学生间也要开展批评与自我批评，弘扬校园民主和科学氛围。

四、加强科学研究。有特色、上水平是高校科研创"一流"的关键问题。20世纪80年代我在职教系所工作时，抓住五点"创一流"。一是抓职业心理学新学科创建，做到人无我有；二是抓宏观科研项目，为国家经委、劳动、教育部门宏观决策服务，起智库作用；三是广交朋友，借"外脑"为我所用，组建80余人兼研人员队伍，比自己单干好得多；四是急人所需、快出优质成果。如1983年编辑出版技工学校《生产实习教学法》，为技校实训教学提供优质教学规范，开全国和学院首创，一次印刷3.3万册还供不应求，到正式出版时印刷5次，发行6.5万册；五是创办《职业教育研究》专业杂志，为吸纳全国各地优秀科研、教研成果提供园地，构建平台，也扩大了学院在社会上的影响。总之，高校有一流的科研成果，才能带动一流的教学和培养出一流的学生。

五、招生与毕业生就业是高校两大极为重要的工作，教育行政部门要放宽准入门槛，让各校、院能单独招较大比例新生，这样各校可以放宽视野，多招特长生，为国家培养特殊、拔尖的人才打基础，并将其中最优秀者留校工作和继续深造。大学毕业生就业难，将会长期存在，建议各校设就业（创业）指导服务专责机构，强化这一方面工作。这个专设机构专门研究就业、人才市场现状与预测，为促进毕业生就业服务创设成效机制；人才和就业市场反馈还可以改进我们的教学，做到学生进校就能接受优质教育，将来为社会发出光和热。除国内就业外，还可试探利用援外等机会，帮助毕业生到国外服务和创业。总之，高校要抓就业工作，掌握市场人才需求；开展对学生就业与创业指导，把它作为学校德育工作一项内容，抓紧抓实抓出成效；有一种认识认为毕业生就业是劳动人事部门的事，与学校无关，这是不对的，教育与职业是一个整体，应当相辅相成，相得益彰。

对改革和完善我国职业资格证书制度的若干建言①

自 1994 年 6 月，党中央、国务院召开的全国教育工作会议做出"要在全社会推行学历文凭和职业资格证书并重的制度"决定后，各地各级和各类职业技术学校（院），都不同程度地试行了"两种证书"制度，并取得了初步经验和成效。2002 年 7 月，国务院召开全国职业教育工作会议，把实行职业资格证书和就业准入制度作为会议主要议题之一，会后不久颁发了《国务院关于大力推进职业教育改革与发展的决定》，提出"把职业学校教育与在全社会推行两种证书并重的制度结合起来，相互促进"。还提出"充分发挥职业学校和培训机构在推进职业资格证书制度中的作用"。由于党中央、国务院对实行职业资格证书和就业准入制度的重视，推动了职业技术学校（院）两种证书制度的改革和发展，得到企业、学校和学生的响应和积极参与。

各职业学校（院）实行职业资格证书制度，在取得明显成就和经验的同时，也发现了现行职业资格证书制度和就业准入制度的缺陷及存在的问题，深感有加以完善的必要。总体来说，职业资格证书与就业准入制度建设严重滞后，还不适应社会经济建设和科技快速发展的需要。主要有：职业资格证书制度管理与实施缺乏整体规划，只是一种政府认可；用人市场对职业准入标准认可程度并不高；有的职业分类过细、内容陈旧；伴随社会经济和科学技术快速发展出现的许多新型岗位和新职业，缺少相应的职业资格标准；在管理体制上，缺乏统一的制度和规范，"证出多门"，管理混乱的现象，长期没有解决；"就业准入"制度执行不严，影响职业资格制度的权威性、严肃性和学校执行这一制度的积极性。

根据上述存在的问题，迫切需要本着观念创新、体制创新的原则，深化改革，在借鉴国外证书制度的同时，进一步建设和完善符合我国国情的职业资格证书制度。

改革和完善我国职业资格证书制度和就业准入制度的总体设想是：分级

---

① 原载《职教论坛》2004 年第 6 期，同潘望远同志合写

管理、市（地）为主、政府统筹、各方参与。这四个方面是相互联系、相互依存，缺一不可，但重点或者说是支撑点是市（地）一级（即省辖市、中央直辖市除外）。根据我们对青岛、苏州等城市实际情况考察，市（地）这一级劳动、教育、行业对实施职业资格证书制度和就业准入制度是否重视并密切协作是这一制度能否成功推广的关键。从中央到地方在现行职业技能鉴定中心机构基础上，扩大职权、职责和职能，分别组建成国家、省和市（地）三级职业资格证书管理委员会，这个委员会要有"各方参与"，必不可少的是劳动、人事、教育和行业协会；有的还可吸收开发区、工业园区及企业的代表参加。委员会可以由 15～17 名委员组成。这样形成合力，推进职业资格证书和就业准入制度就能在较快的时间内得到全社会的认可，此其一；其二，通过这种组织形式，把"政府统筹"落到实处，解决当前"政出多门"各自为政的混乱现象；其三，实行这种管理体制，能够有效革除现行技能鉴定从宏观的法规制定到微观技能标准，全部由政府部门及隶属机构大包大揽，客观上扼制了学校和企业积极性的弊端。

各级职业资格证书管理委员会是在各级政府领导下，分别指导、统筹、协调全国、省、市（地）推行职业资格证书的工作机构。其性质是属于社会事业组织，受各级政府委托，履行部分政府职责。其职责任务应当是：

1. 制定有关实行职业资格证书制度的政策法规、规划和计划，进行宏观指导；2. 依法推动行业和地方制定各类从业人员任职资格标准或职业技能标准，推动考核鉴定工作有计划地开展；3. 检查落实有关法律、法规执行情况，特别是国家就业准入制度要常抓不懈，严把用人单位"入口"关；4. 解决有关职业技能考核鉴定中的争议，规范鉴定工作；5. 以国家职业分类大典为指导，着手拟定国家或地方全部职业的等级分类及其职业资格一般要求；6. 管理国外证书的引进及其认证机构的活动，促进中外认证工作的交流和沟通；7. 调查研究各地和各部门推广职业资格和就业准入制度工作经验，及时进行交流，从整体上推动证书工作较快发展；8. 受理群众举报，调查处理违法事宜，对搞假证者严加追究。

根据以上职责、任务，借鉴上海职业技能鉴定中心运作的经验，管委会应设诸如标准开发、调研、督导、国际交流等办事机构，开展工作。

如上所述，三级管理体制的重点和基础在市（地）。因此，市（地）管理委员会应拥有相当自主权。本此精神原则，市（地）一级要依据上述职责任务制定较为详细的工作条例或章程。

构建新型职业资格证书管理体制和运行机制。其目的是把职业资格证书和就业准入制度做大做强，与学历文凭证书等量齐观，相得益彰。因此要加强发展的步伐，力争用三年左右的时间，全国大、中城市基本实现各级各类职业学校（院）毕业生都实现两种证书制度，把新增的劳动力持证上岗这一关。这几年间，高职院校每年约有50万毕业生，据估算持有职业资格证书的毕业生不足1万人，各类中等职业学校每年毕业350万人，持有职业资格证书者约有50万人。所以，要加大工作力度，建立新型的管理体制和运行机制，以加快推行职业资格证书制度和就业准入制度的步伐，卓有成效地贯彻第四次全国职教工作会议的精神。

从长远意义来说，严格执行职业资格证书制度和就业准入制度，也是我国人力资源开发的重要举措；成为数以千万计进城务工农民工提高职业素质、劳动技能和增加收入的有效举措；成为校企合作，贯彻教育与生产劳动结合方针的得力举措；成为发展人才和劳动力市场，促进我国社会主义市场经济发展的重大举措。

要使职业资格证书和就业准入制度这种新的管理体制能有效进行，还需要解决与之相关或者配套的几个问题。

（一）改革现行的劳动力市场和人才市场的隶属关系"分割"局面，建立统一的职业中介机构。这种新的职业介绍机构受政府委托，接受职业资格证书管理委员会的指导和监督，有利就业准入法规更加有效地贯彻执行。现在各地人事部门开办的人才市场和劳动保障部门办的劳动力市场，实质上同属一种职业介绍中介组织。按照政府的职责，不应主办这样的社会事业组织，造成政府"职能错位"，弊病多端，应加以改革。办法是整合这两个市场资源，组建统一的职业介绍中心，其性质属于非营利的社会事业组织，具有法人地位，并与劳动、人事行政部门脱钩。其资金来源，主要依靠自收自支，使其成为当地人才储存、交流和介绍网络。中介中心除接受政府审计监督外，其业务应接受职业资格证书管理委员会的指导和监督。

（二）加强行业协会建设或恢复中华人民共和国成立初期同行公会组织。依托行业协会，把职业教育及证书制度与企业联系起来，使两者更加有效地同当地社会经济建设和企业实际需要密切结合，以利于增强职业学校发展的动力和活力。

（三）职业资格或从业资格标准。授予市（地）一级组织 1 + X + Y 或 0 + X + Y 制定权力，使其具有国家标准的同等效度。"1"是指国家和省级职业资格标准；"0"是指有的新职业还没有国家或省级标准，市（地）一级管委会可根据本市（地）社会经济技术发展的需要，加以增补，名之曰"X"。"Y"是指因某些特定行业或企业的需要，在对职校生进行职业技能鉴定时，除职业资格标准内容即"1 + X"外，还可以包括其他职业知识与技能要求。如饮食、食品行业员工，必须熟知《食品卫生法》的内容和本人符合该法卫生条款的要求，方可授予这一方面职业资格证书。总之，把社会化的职业资格证书与一些企业内岗位合格证书的内容联系起来，解决企业执行这两种证书的困惑。我们认为在一些高新技术行业的企业，试行上岗操作必须持有岗位合格证书的制度，更符合企业现代管理的需要，没有必要在企业内再投入大量人、财、物力推行职业资格证书，但这类企业可以同时而且也应该鼓励本企业员工参加社会上的职业资格或从业资格证书学习和考核，获得相应的证书，如技师证书等，并适当给予奖励。

（四）加强认证机构建设，严格实行教考分离。现有的职业技能鉴定站（所），是依托设备条件较好的企业、学校建立的，点多分散，技术力量尚显薄弱。这在起步阶段，国家没有资金投入的情况下，这种做法是必要的，因为舍此没有他路。但从长远来说，应着手建立设备一流的独立的（或依托行业）认证机构，并创出名牌，打入国际认证市场。把过于分散和重复设立的鉴定所（站）逐步集中起来。

鉴定所（站）要实行严格的教考分离原则和回避制度。考核鉴定机构及其人员在受聘期间不得从事教育培训活动，既当裁判员又当教练员的做法极易使职业证书走过场，长期下去，还有流于形式和夭折的危险。回避制度是指设有鉴定所（站）的企业、学校其员工或毕业生不得在本单位，特别不能由本单位考评员进行考核鉴定，以确保鉴定的公开、公平和公正。除了设备条件外，努力建设一支素质优良、技艺精湛、办事公道的考评员队伍，这对提高鉴定质量极为重要。

（五）"双证"沟通。指职业教育中的学历教育（以学历证书为标志）与职业资格培训（以职业资格证书为标志）之间的一种融合、互认和沟通。其实质是通过两类证书内涵的衔接与对应，实现学历教育与职业资格培训的沟通，最终实现两种证书等值。在 2002 年颁发的《国务院关于大力推进职业教育改革与发展的决定》中，包含了两种证书教育培训内容的沟通与融合。如《决定》规定"职业学校毕业生申请与所学专业相关的中级以下（含中级）职业技能鉴定时，只进行操作技能考核"，应知部分免试。我们要在《决定》精神指导下，进一步探索、试验在更为广泛的范围内，实现"双证"的相互衔接、对应和沟通。一是学历层面，凡高级技工学校、技师学院，其办学条件、专业设置、师资水平等已符合本省（自治区）职业技术学院的评估标准的，应依法承认这类院校拥有专科学历。二是知识或课程的互认，中等（含中等）以上技工学校或职业培训机构的学生所学课程，与之相对应的职业技术学校（院）所学知识或课程相同或相近的，在该生转入职业技术学校（院）学习时，免修其相应课程。这种对应和沟通最佳方式是实行学分制或弹性学制。三是将这两种证书修习课程和考核培训内容的衔接与融合，天津市职业高中做法是，把职业资格鉴定标准中"应知""应会"的要求采取"分解目标、量化标准、梯度推进"的教学方法解决这个问题，这是有普遍借鉴意义的。

关于在基础教育阶段积极推进职业生涯规划教育的建议

天津市教委咨询委员朱先政发表在《职业技术教育》杂志上《职业生涯规划要从基础教育做起》一文，我是极为赞成的，盼望教育行政及有关部门认真研究，作为改革基础教育的一个突破口，先行试行，逐步推广。该文从我国基础教育现状和存在的突出问题出发，借鉴国外实施职业生涯规划教育的成熟经验，论证实施职业生涯规划教育的必要性、可行性和紧迫性。"基础不牢，地动山摇"，确实如此。我国教育整体结构失衡，在于基础教育存在严重应试教育弊端，根治乏术。国家虽有德、智、体、美劳全面发展的教育方针，但缺乏具有现代教育观念和科学内涵的载体加以落实。为此，引进发达国家职业生涯规划教育时不我待。早在20世纪40年代，著名教育家黄炎培就力举并践行"初级中学，负实施职业指导之使命"；"外适于社会分工制度之需要，内应天生人类不齐才性之特征"。职业指导是职业生涯规划的前身。及至80年代职业教育蓬勃发展时，在一些有识之士的推动下，国家教委1994年颁发《普通中学职业指导纲要（试行）》，继职业技术学校后，普通中学也逐步推广职业指导工作，后来由于应试教育的冲击而停顿。职业生涯规划教育不是什么"新思维"，而是现代教育应有理念和内容，反映教育本质要求和客观规律。

对中小学校青少年实施职业生涯规划教育，实际上是怎样科学规划人生，以适应时代、国家和自我发展的要求。不同的时代，青年学子有不同的抱负（也是规划）。

我国自隋唐以降的封建社会，实行的是科举起士考试制度和教育制度。学子们穷读经史，追求目标是"新科状元"或"进士及第"，不惜"头悬梁，锥刺股"；"身虽劳，有苦卓"。他们的家长，最具代表性的是孟子母亲，"子不学，断机处"。科举教育的特征是一个"苦"字，所谓"十年寒窗"。现在中小学校实际存在的教育理念与上述古代的科举教育何等相似，一脉相承，只是内容有所不同罢了。教育目标从过去"状元、进士"改成"博士、大本"；教学内容从"经史"改为"语数外、史地综（合）"。教学方法是择校和数不清的占坑班、补课班、冲刺班，比"十年寒窗"还苦。家长们从"孟母断机处"衍变为"陪读，不让孩子输在起跑线上"等。应试教育造成的恶果一方面是严重摧残千百万青少年身心健康和茁壮成长；另一方面是使教育偏离经济和社会对各类人才需求相协调的要求，形成从小学到大学的自我循环。这种传统教育理念之所以长期存在，一方面是千百年来的熏陶深入民间，形成一种习惯势力和思维定式，一种考试教育文化，一时难以纠正，需要做长期努力；另一方面是现行高考制度的负面影响。教育方针要求全面发展，高考却是一"智"独秀，以偏概全，并且一考定终身，导致应试教育愈演愈烈，千奇百怪。当此，全面实施《教育规划纲要》追求教育现代化之际，在基础教育阶段实施职业生涯规划教育谋求教育科学化，已是顺理成章、迫在眉睫。

缺乏先进的教育理念、教育思想、何谈教育现代化。职业生涯规划教育之所以是科学的教育，正如《做起》一文引证的：培养学生劳动观和职业观的教育，是高度重视每个人与生俱来的创造性，发展人的个性教育，旨在使学生具有相应的职业知识和技能的同时，培养学生了解自己，积极主动地选择人生道路的能力的教育。它是以心理学的理论和心理测试的方法为依据，在学生个性心理品质与职业社会需求之间找到契合点，而逐步形成学生的职业导向，如德国学生在读完小学后，职业生涯规划教师就根据父母意见及自己成绩、潜能、个性、爱好等综合评价进行分流，分别进入职业预科学校，实科中学以及文科中学和综合中学，约有57%左右的学生愉快地接受双元制职业教育。英国从小学开始老师就会问学生长大以后你想干什么工作。学校每年都有职业生涯测试，老师根据学生个性心理品质、潜能等，告诉学生你适合做什么，不适合做什么。下一年又有测试，老师会一直关注你的变化，告诉你什么是你最适合的方向。

在我国基础教育阶段实施职业生涯规划教育，一要反思历史经验，政府决策，修改并重新启动1994年颁行的《普通中学职业指导纲要》；二要媒体及有关教育社会组织配合，加大宣传力度，逐步做到深入人心，转变家长和学生上述传统的升学理念；三要加快高考制度改革，尽快将招生自主权返还各学校；四是改革中、小学校教学体制，以职业生涯规划教育为载体，整合德育、劳技教育资源，把生涯规划贯彻教学全过程；五是大力培养以心理学科为基础，兼具职业社会基本知识的职业生涯规划指导教师，形成一支专业队伍，打开教学新局面。

原载《上海社讯》　上海中华职业教育社主办 2012 年 4 月 20 日

用十九大精神拓展对职业教育重大现实问题的深入研究

习近平总书记在党的十九大的报告是面向新时代的政治宣言和行动纲领，是推动我们各项工作发展的强大精神动力。从理论层面来说是马克思主义在当代的新发展，它科学地回答了我国改革发展和全球治理的重大问题。这里仅对教育特别是职业教育的发展研究，谈我初步学习的体会和看法。

十九大报告把包括职业教育在内的各类教育事业置于国家"优先发展的位置"、指出"建设教育强国是中华民族伟大复兴的基础工程"；为此要求"深化教育改革，加快教育现代化"；要求"完善职业教育和培训体系，深化产教融合，校企合作"；要求"加快一流大学和一流学科建设，实现高等教育内涵式发展"；要求"办好继续教育，加快建设学习型社会，大力提高国民素质"等。①

十九大报告对职业教育提出如此清晰的发展前景是多么令人鼓舞！怎样实现其发展，是摆在我们面前一项严肃的课题，使命艰巨、责任重大，确有深入思考研究的必要，在"做实"上狠下功夫。在这里提出几点意见，求教于职教界同行。

为了加快我国职业教育现代化，达成世界一流，中国特色的职业教育和培训体系，根据十九大提出的以上要求和职业教育的实际情况，当前应着重研究并践行以下几个问题。一是中国特色职业教育核心内涵及其科学表述的研究；二是怎样完善我国职业教育和培训体系的研究；三是"一带一路"建设与职业教育使命的研究；四是高等职业教育院校推进"双一流"建设初步调查与展望的研究；五是"工匠精神"的历史渊源与当今弘扬工匠精神重要意义和措施研究。

以上五个问题从宏观规划到微观课程互相联系密不可分，构成一个完整探索研究的系统，仅作以下几点说明：第一，什么是中国特色职业教育这个

---

① 习近平《决胜全面建成小康社会夺取新时代中国特色社会主义伟大胜利》——在中国共产党第十九次全国代表大会上的报告 2017. 10. 8 单行本 p45－46

概念，其说法不一，有位权威人士说，我们已建立起强大的中国特色职业教育；但也有的说我国职业教育初具特色，故此需要探讨评估，对"中国特色"这个概念的内涵和现状求得共识，以方利其他问题的探究。第二，关于我国职业教育和培训体系的研究，中华职业教育社在20世纪80年代初率先开展了研究。当时在社会上产生了广泛的影响，促进了《职业教育法》的制定。我在《激情的岁月、难忘的情怀》一文中做了详细的介绍（见《上海社讯（上海中华职教社主办）》2017年2月20日第6-7版）。时隔35年后，十九大报告再次提出"完善职业教育和培训体系"的要求，有其深刻的含义，说明经过35年来的努力，我国已经建立起职业教育和培训体系，但尚有不完善的地方，故此，应以问题为导向，深入研究不完善表现在哪些方面？应该进行哪些方面的努力？我认为比较突出的不完善之处有三：一是培训中、高级技能人才严重滞后，经济建设中的"技工荒"长期没有解决好；二是农村职业教育十分薄弱，数以亿计进城务工农民无一技之长；实施乡村振兴战略，建设美丽乡村，发展现代农业，极端缺乏懂科学、会操作的各类技术技能和服务型人才；三是教育行政管理和运行机制对各类专业人才的培养，从供给侧方面考察，长期存在着"头大脚小、头重脚轻，货不对路，供求失衡"的问题；技术技能人才严重不足，大学毕业生又相对过剩，反映在社会上"招工难""就业难"并存，形成结构性失业问题突出。第三，"一带一路"建设与职业教育使命研究的重要性和迫切性在于"一带一路"建设是我国扩大对外开放的重大战略举措，形成陆海内外联动，东西双向互济的开放格局，拓展对外贸易，推进贸易强国建设，需要建立教育、科技、文化等多层次人文合作机制，把"一带一路"建成文明之路。据初步调查，一些地方职业院校对此已积极行动起来。如天津中德应用技术大学决定用三年时间到2020年建立境外分校，建成一个国际合作办学机构，成立一个柬埔寨文化教育研究中心。再如，天津职业技术师范大学早在2009年间在埃塞俄比亚建立了一所职技师范学院，后又增建了孔子学院，经过几年的运作，促进了中埃两国教育界和广大青年学子友好往来。可以说这是职业教育方面在"一带一路"建设的先行者。现在我们急需有一个民间职业教育组织或机构掌握动态，交流经验和研究问题，我觉得非中华职业教育社莫属。第四、十九大报告提出"加快一流大学和一流学科建设，实现高等教育内涵式发展"，高等教育实施"双一流"建设，对于增强国家核心竞争力，奠定长远发展基础具有十分重要的意义；从经济全球化和世界互联互通大趋势看，教育国际化也是应有之义，同时也是高等教育创新驱动发展内在要求。普通高等教育如此，高等职业教育如何面对？天津市在对地方院校确定的 80 个专业"双一流"建设中，职业院校中只有天津职技师范大学机械工程一个专业经评审获得。该校职业教育学专业获"双一流"培育专业。我国高等职业教育现有三种类型：专科学校、职业技术学院（含职业大学）和高级技工学校（含技师学院），它们各有特色和优势；这三类在校和毕业生总人数均占全国全部高校生一半左右，是否也应引进"双一流"办学机制以及如何引进是大家关心的一个问题。教育部部长陈宝生指出：建设世界一流大学，一流专业要定性为"中国特色，世界一流"，其标准是"中国特色和世界一流有机融合"。据此我们应当根据高等职业教育的特点和办学定位，并通过对一些学校现状调查，另行制定"双一流"评估标准，逐步推行"双一流"办学机制，促进职业教育改革和发展。

第五，近年来，职业教育界纷纷研究"工匠精神"。认为"工匠精神"是职业教育的灵魂，是"中国人才核心价值观的体现"；同时也是"中国职业教育一大特色"，应而主张有必要在全社会和职技院校和培训机构教育教学过程中，将"工匠精神"贯彻始终，大力发扬光大。因此，应当开展这一领域历史演进及对现实影响与要求方面的研究。

我社是一个有百年历史传统的群体组织，负有参与社会治理的重任，并且又把理论研究置于我社的核心业务之首，当此全国上下开展学懂弄通做实十九大精神之际，进行以上诸多重大现实问题的深入研究，可谓恰逢其时；同时也是义不容辞、责无旁贷的重要使命。

原载：《社讯》中华职业教育社 2018 年第三期

第二篇

02

| 专项研究报告 |

　　本篇主要收录了作者在"七五"至"九五"期间，承担国家、部委教育科学研究规划课题研究时，撰写的研究报告。作者所提供的这方面素材较多，经反复斟酌，精选了其中三篇至今仍有较大参考价值的成果，推荐给读者。

　　作者从宏观角度出发，就职业教育如何同劳动就业协调发展；高级技工培养中的问题与对策；高级技能人才的培养途径及资格认定，提出了有一定见地的意见。作者的许多观点，不仅在当时具有引领作用，就是现在看来，也不失为颇有价值的见解。文中有些具体对策，仍有待职教界同仁继续研究并加以实践。

——编者

《城市职业技术教育与劳动就业协调发展》研究报告①

　　职业技术教育要为社会经济建设服务，社会经济建设要依靠职业技术教育和其他教育事业的发展。它们之间服务和依靠的关系是通过劳动力和生产资料的结合——劳动就业来实现的。社会经济建设是劳动就业结构体系的载体，它提供了劳动就业的岗位，并提出了对劳动者的素质要求。社会又提供了劳动力资源。因此研究职业技术教育与劳动就业的相互协调，实质上就是研究职业技术教育如何适应社会经济建设的需要并为之服务的问题。邓小平同志 1978 年 4 月《在全国教育工作会议上的讲话》一文指出："我们制订教育规划应该与国家的劳动计划结合起来，切实考虑劳动就业发展的需要。"②这是本课题研究的基本指导思想。

　　职业技术教育是为国民经济发展服务的，职业技术教育是劳动就业前的准备，而劳动就业是职业技术教育后的结果；职业技术教育提高就业者的素质并为劳动就业提供了不同类型规格的劳动力，它所培养的人才，只有通过劳动就业，使之与生产资料结合起来，才能使这一潜在的生产力成为现实的生产力。在劳动就业这一环节上，劳动力与生产资料配置得愈合理，生产力就愈高，经济效益发挥得愈充分。

　　我国劳动力供大于求，劳动就业面临十分严峻的态势，也直接影响、制约着职业技术教育的发展；同时我国正面临着新技术革命的挑战。到 2000 年要实现国民生产总值再翻一番，达到小康水平的目标，城乡结构以及产业结构、经济结构、产品结构将发生变化，同时经济体制，政治体制的改革，尤其是作为经济体制改革的组成部分——劳动制度的改革，都直接影响、制约着职业技术教育的发展，因此本课题的研究是十分必要和迫切的，因为它涉及社会的安定、职教的兴衰和我国经济持续协调发展的长远战略目标。

---

① 本文选自"七五"研究课题《发展城市职业技术教育的方略》研究报告（1991 年）
② 《邓小平文选》第二卷，人民出版社 1994 年 10 月第 2 版

第一部分 改革的成就和面临的问题

一、改革的成就

（一）职业技术教育改革的成就

在十年改革中，特别是1985年《中共中央关于教育体制改革的决定》发布后，我国城市职业技术教育获得前所未有的发展和巨大的成就。在大、中城市建立了一批各级、各类职业技术学校和就业训练中心。到1989年底，全国有职业大学124所，在校生5万余人；中等专业学校2940所，在校生149.3万人；技工学校4002所，在校生126.7万人；城市职业中学2394所，在校生96万人。这三类中等技术学校（包括农村部分）占全国高中阶段学生的比例从1978年的7.6%提高到1989年的44.8%。许多城市已超过50%，发展快的城市（如苏州）已达64%。这说明在十年改革中，我国城市的职业技术教育已基本实现了国家预期目标。特别是由教育部门和企业、事业部门合办的职业学校，十年来发展非常迅速，1988年的在校生是1980年的6倍，显示了联合办学的优势，创造了适合我国国情的办学模式。为了适应城市待业青年就业前培训的需要，各种职业技术培训机构迅速发展，到1989年底，全国已有就业训练中心2000余所，直接培训规模达71万人。各省、市政府从安置费中拨出经费，主动承担起城市待业青年的培训任务，培训了一大批经济建设急需的劳动者。如牡丹江市十年来安置待业青年30万人，其中43%是经过就业训练中心培训的。就业训练中心以其培训类型的多样性，方法的灵活性，在提高劳动者素质，开拓就业门路、深化劳动制度改革、普及和推广职业技术教育等方面显示出重要作用。在城市，另一种重要的培训模式，即企业徒工培训这一传统的模式，继续发挥独特的作用，每年培训徒工300万人。在大、中城市中，民主党派及其他社会力量举办的职业技术教育也有相当规模。这些情况表明，具有我国特色的多形式、多层次的职业技术教育体系，已初步形成或者正在形成。十年来，职业技术教育的发展，迅速改变着我国职工队伍的职能结构，有力地保障了各地的经济发展和社会安定。

（二）劳动制度变革的历史过程和改革的成就

中华人民共和国成立几十年来，我国劳动制度的变革经历了三个历史阶段。一是1949年中华人民共和国成立到1952年的经济恢复时期。按照新民主主义社会五种经济成份的需要，大体上沿用新中国成立前的雇佣制度。二是从第一个五年计划到党的十一届三中全会前。随着计划经济体制的建立，我国的劳动制度从旧的雇佣制度转向高度集中的统一管理，对劳动力实行统一调配，对各级各类毕业生统包统配。三是党的十一届三中全会后。随着经济体制的改革，劳动人事制度的改革亦开始起步。1980年全国劳动就业工作会议正式提出了在国家统筹规划和指导下，劳动部门介绍就业，自愿组织起来就业和自谋职业相结合的就业方针。劳动就业由过去政府统包统配走向自主择业的新格局，改变了单纯靠全民所有制单位吸收城镇待业青年的被动局面，缓和了一度尖锐的就业矛盾，安置了大批回城知青和待业青年，促进了经济的发展和社会的安定团结。"三结合"就业方针的提出是劳动制度改革的开端，既满足了多种经济成份对劳动力的需求，也为职业技术学校毕业生扩大了就业渠道。特别是1981年提出的"先培训后就就业"原则，进一步推动了城市职业技术教育的改革和发展。1986年颁布的实行劳动合同制等四个规定以及劳务市场的建立，企业内实行优化劳动组合和聘任制，将竞争机制引入劳动人事领域，以适应有计划的商品经济发展的需要，这标志着劳动制度的改革走向深化。从上述我国劳动制度变革的历史进程中可以看到一种规律性的现象，即随着国家经济体制的改革，劳动制度必然随之而改革，成为经济体制改革的一个重要组成部分。而劳动制度的改革，必然要求职业技术教育相应地进行改革，以实现职业技术教育与劳动就业的协调发展。

二、面临的问题

改革虽然取得了成就和经验，但我们也应清醒地看到，目前不少地方，职业技术教育的发展与劳动就业之间，仍然严重失调，具体表现在：

（一）职业技术教育结构与劳动就业结构的不适应

1. 专业结构不适应。随着产业结构和人们择业心理的变化，劳动力需求和劳动力的流向也发生了变化，而职业技术教育的专业设置却没有跟上已经变化了的新形势，造成了劳动力供求失衡；有些行业有求无供；而另一些行业却有供无求。一方面，有些技术性、专业性甚强，又是社会通用的专业，如：司炉工、检测人员、电子电器维修人员等由于没有统筹规划而缺乏培养渠道。另一方面，培养技术干部的学校较多，且各地干部多已超编，但仍然有许多职业高中争着培养或继续扩大培养干部的办学规模，结果是供大于求或"货"不对路，造成人、财、物的浪费。

2. 层次结构不适应。根据我国的国情，在今后相当长的时间内，必然是新兴工业与传统工业同时并存，现代化企业与手工业同时并存，技术密集型产业与劳动密集型产业同时并存。即使在同一个产业或企业内，不同岗位对技术的要求也不一样。因此，在培养层次上要高、中、低并存，在培养类型上要智力型、复合型、技能型、熟练型并重。而现在则缺少初、高层次的职业技术学校，只注意培养纵向深入型人才，而不注意培养横向综合型人才。另外，每年还有一大批不能升大学的高中毕业生，根据他们劳动就业的需要，要开办高中后的职业技术教育，这也是职业技术教育体系中迫切需要解决的薄弱环节。

3. 就业结构不适应。目前职业技术学校，特别是中专、技校不是全方位服务，基本上还只是为全民所有制企业服务，只着眼于政府安排就业，而没有考虑到为集体单位和私营企业服务以及个人创业。加上我国人口多，就业难将是相当长时期内的一个严峻问题，这样就造成职业技术教育和劳动就业间难以协调的格局。如湖南省 1989 年新成长的劳动力是 15.1 万，加上历年待业青年就有 30 多万，而 1989 年全民企业招工只有 1 万多人，如果全靠全民企业安排就业，那么绝大多数的人将无业可就。还有，由于职业技术教育的条块分割，尤其是厂办校的毕业生分配，只局限于本企业，而不是面向行业、社会，既加重了企业吸收毕业生的负担，使毕业生就业的路子偏窄，也造成了厂办校的生源困难，不利于职业技术教育的发展。

4. 人才的素质结构不适应。囿于办学思想、办学条件等方面的原因，职业技术学校培养的人才缺乏职业性特色，动手能力不强，掌握的专业知识面与操作技术面较窄，适应性不够。以上海三类中等职业技术学校为例，据 1988 年底统计：学校拥有价值在 5000 元以上的实习设备为 3125 台，平均每百名学生仅有 2.4 台，而且这些设备都是生产上淘汰下来的旧设备，有不少早已超龄。生产实习的产品单一，技术含量低，不能满足培养要求，难以提高操作水平。加上实习指导教师队伍相当薄弱，既不能满足数量要求，更不能满足质量要求。上海中专、技校和职业高中这三类职业技术学校的实习指导教师，包括专职、兼职、外聘在内共 3100 人（其中 81% 分布在技工学校），平均每百名学生只有实习指导教师 3 人。职业高中尤为薄弱，每 300～400 名学生仅有 1 名实习指导教师。这样的办学条件，严重地制约着教学质量的提高。

5. 管理体制的不适应。职业技术教育需要有一个部门进行统筹规划，但是多数城市没有解决好这个问题。由于缺乏统筹，各类职业技术学校间也是各行其是，条块分割，各自为政，导致办学脱离社会经济和劳动就业的需要，而是走上盲目发展的道路，影响了办学的整体效益。对职业技术教育的管理，上面管得过多，统得过死，学校在纵向上处于依附地位，缺乏适应社会需要的有效机制和办学自主权，对社会、经济和劳动就业的发展难以灵活地做出反应，造成教育与社会、经济发展脱节。同时学校亦难于按照它自身的规律和特点去发展，缺乏自我调节和自我完善的能力和活力。

（二）现行劳动就业制度的缺陷

1. 僵化的劳动就业制度尚未彻底打破，制约着职业技术教育的发展。不少城市"先培训后就业"方针虽提出多年，但至今仍未得到认真的贯彻执行。企业直接向社会招工仍在沿袭；接班顶替的制度仍在实行，加之用人方面的不正之风，致使不少技术性、专业性强的岗位被没有经过培训的人员占有，而经过专业技术培训的人，反而被排斥在岗位之外，或者改行就业，或者就不了业。

2. 职业资格考试与技能考核的制度不完善。由于就业与上岗无严格要求，劳动力与生产资料配置得不合理，工资和晋升缺乏必要的依据，难以与劳动者的知识技能水平挂钩，致使企业吃国家"大锅饭"，职工吃企业"大锅饭"的现象难以杜绝，阻碍了职业技术教育的发展。

3. 各地职业指导机构和劳务市场尚未切实建立与开放，严重束缚着人才的合理流动。致使职业技术学校毕业生就业门路不畅通，也阻碍着职业技术教育的进一步发展。

（三）劳动就业的严峻态势呼唤协调发展

我国人口众多，劳动力供大于求的局面将在较长时期内不能根本改变，劳动就业的形势十分严峻。我国目前国营企、事业单位的职工有1亿多人，加上集体单位的职工共有1亿3千万余人。不少部门人浮于事，大大超过了就业岗位所需的容量。这是历史遗留下来的问题。目前我国正在执行治理整顿和深化改革的方针，企业不仅不要求增加劳动力，相反还有大量的富余人员需要安置。联产承包以后，农村进城务工的劳动力也需要安置。

更为严峻的是20世纪70年代的生育高峰造成每年出生2000多万人口，

现在他们都已进入了就业年龄。到 20 世纪末城镇每年新成长的劳动力平均约为 600 万人（前五年每年约 700 万～800 万人，后五年每年约 400～500 万人）。1989 年全国尚有城镇待业人员 400 万人。比 1988 年增加了 100 多万人，预计未来若干年待业人数还要增加，待业率将持续上升。目前已面临着劳动就业渠道"淤塞"和新的就业高峰来临的双重压力，而且这次就业高峰与 70 年代比，具有待业峰值高，持续时间长，平抑难度大的特点。劳动就业的严峻形势，要求职业技术教育和劳动就业制度都必须深化改革，以满足社会就业的需求，使二者相互协调。

综上所述，当前职业技术教育与劳动就业间的相互脱节，既有培养人与劳动就业需要的脱节；又有使用人与培养人的脱节；还有使用、选拔及晋升与个人的知识、技术、实绩及报酬的脱节，这些脱节现象，迫切需要职业技术教育和劳动制度深化改革，以保证二者协调发展。

第二部分　协调发展的目的和构想

一、协调发展的目的——发展经济、安定社会、满足个人发展三者结合

职业技术教育和劳动就业的最根本的目的是要为社会经济服务。而经济的发展又为职业技术教育和劳动就业提供了发展的物质基础。

对职业技术教育发展的直接制约因素除经济外，还有人口问题所派生出来的劳动力或失业或待业问题。从我国职业技术教育发展的历史看，经济兴盛时期职教有发展，经济困难时期职教也有发展，有两次教职大发展并不是在经济兴盛时期，而是在经济困难时期出现的。一次是中华人民共和国成立初期，国民党遗留下来的失业人员达 400 多万人。党和政府花了几年的时间进行了转业培训与安置，使职业技术教育有了很大发展。第二次是 20 世纪六七十年代有大批待业青年，在 20 世纪 70 年代末、八十年代初职业技术教育又得到了很大发展。中专、技校都是在那个时期取得恢复和发展的，职业高中则发展得更快。从国外的经验来看，也是如此。一种是在经济兴旺需要大量合格劳动力的情况下，发展了职业技术教育；另一种在经济萧条衰退的情况下，为了解决待业、失业人员求得社会会安定而发展职业技术教育。因此，职业技术教育肩负了开发调节、储备社会劳动力资源，促进经济发展、社会安定的重大使命。

在国家统包统配的体制下，个人的就业和生计问题都由国家包下来，用

不着个人去冒风险。但随着经济体制的改革，实行计划经济和市场调节相结合后，个人就业和失业的风险就加大了。因此，职业技术教育和劳动就业还要考虑到为个人谋生和职业发展创造条件。另一方面，随着社会和经济的发展，人们的物质生活和文化素养等都提高了，人们择业的需求不仅满足于谋生，而且还要考虑个性发展的需要。这也对职业教育的发展水平提出了更高的要求。

综上所述，职业技术教育和劳动就业的功能不是单一的，而是多元的，既要满足经济的发展，又要满足社会的需求，还要满足个人的发展。要将这三者有机地结合起来绝非易事。

二、协调发展的总体思路——增加投入、提高职教产出、扩大就业渠道、合理配置资源、促进经济发展

要提高职业技术教育的产出（包括数量和质量，数量是解决教育容量问题，质量是提高劳动者的就业能力，扩大就业率）必须千方百计扩大就业渠道，增加就业的岗位。这里要强调：职业技术教育要适应劳动就业的需要，不是被动的适应，它培养出来的人才反过来又能促进和改善劳动就业结构。因此，它具有一定的先导作用和适度的超前性。提高职业技术教育产出的途径，除职业技术教育系统本身要充分挖掘潜力，提高办学效益外，更重要的是社会必须增加对职业技术教育的投入（包括人力、物力、财力），使职业技术教育有能力完成教育目标和任务，并获得不断发展。

满足了个人就业的需要，但是不一定能提高社会经济效益。要真正达到提高生产力，促进经济的发展，充分发挥职业技术教育的价值功能，劳动部门在扩大就业渠道的基础上，还必须合理配置劳动力资源。有了社会经济的发展，才有可能进一步增加社会对职教的投入。这样，就可能出现持续的良性循环。

三、协调发展的基本模式——灵活多样的结构体系，依托主体的运行机制

日新月异发展的社会经济要求职业技术教育培养人才的专业门类更加广泛、多样、灵活，以适应就业体系结构的多样性、变动性。因此，职业教育的体系要有高度的弹性和灵活性。

要做到这一点，就得改革传统的运行机制，要从过去单纯依靠国家指令性计划办学，国家统包统配安排就业，转向在国家统筹规划指导下，依靠职业技术教育的主体——办学单位，教师和学生。要增强他们的主体意识，扩大他们的自主权，充分发挥他们的积极性，在办学、教学、学习和就业方面创出新路子。培养出来的人才，不仅能适应就业的需要，更为重要的是有强烈的自主创业意识，学会自谋职业或者组织起来创业。

四、协调发展的保证——构建良好的保障体系

职业技术教育是涉及教育、社会和经济领域的一个综合的教育门类。政府应有一个综合管理部门，运用经济、立法和行政等手段进行统筹管理。要以系统的观点，从宏观上在人力、物力、财力、机构、法规、制度等方面建立一个动态保证体系，这是发展职业技术教育的基础。我们过去的几十年虽然创造了可观的成就，但由于忽略了这方面的建设，没有很好解决职教的管理体制与提供人力、物力、财力的渠道及职教的法制等根本性问题，不但影响了职教的社会效益和经济效益，还严重束缚了职教事业的发展。

我国人口多，经济底子薄，劳动就业是长期、艰巨的任务，难以在短期内实现充分就业。随着社会经济的发展，产业结构的变化以及机械化、自动化程度的提高，必然会有一部分富余劳动力出现；由于市场机制的作用，会有破产企业出现；还有被企业辞退的职工以及重新选择职业的流动职工等都会成为待业、失业人员。为了保证这些人的基本生活和劳动就业条件，需要建立一个社会保障体系，以维持社会安定。这个体系的建立也是职业技术教育与劳动就业协调发展的保证。

第三部分　协调发展的目标和对策

一、目标体系

从系统的长远观点来看，需要建立目标体系，由以下四个子系统组成。

（一）建立一个适应劳动就业体系的职业技术教育体系

职业技术教育体系，是为就业体系的良好运行做准备的，所以职业技术教育体系的"产出"和劳动就业需要的"输入"两者间的协调平衡，要始终作为寻求的目标。

职业技术教育体系，应是多元、多种类、多层次的。既有相对稳定的学校教育，又有弹性的非学历的培训；既有长期的，又有短期的；既有职前的，又有在职的和转业的；既有高层次的，又有中、低层次的；既要培养专业型人才，又要培养复合型人才。

各部门、各地方要根据本部门、本地区的社会经济的发展水平，劳动力资源的状况，建立起适合本部门，本地区特点的职业技术教育结构体系。

（二）建立一套培训、考核、就业、使用、工资和晋升等劳动制度的体系

从招生到教育（培训）、考核、劳动就业、工资待遇、再培训、再考核、晋升或转业等全过程，建立起一整套的劳动制度系列，并使之规范化和法制化。经国务院批准、劳动部颁布的《工人考核条例》，就是这方面的重要内容和基础工作。要通过贯彻和实施这一条例，将人力资源开发和激励的机制贯穿于整个系统的每一环节，以调动社会、经济和职教等的主体的积极性，使职教与社会、经济走上协调发展的道路。

（三）建立一个实现职教目标的保证体系

这是职业技术教育和劳动就业协调发展的需要追求的又一个目标。这个体系首先要能动地适应社会、经济（包括劳动就业）的发展而进行自我调节，自我控制，以保持与社会、经济和劳动就业的平衡。其次，在系统内部，根据外界的要求进行调控，使各要素、各环节协调地，和谐地、畅通地和高效地符合具体目标和长远目标进行运行。第三，对施教单位进行监督、控制、指导和服务，保证施教单位在人、财、物等方面渠道畅通。第四，以大职业技术教育的观点对系统内部的人、财、物进行统筹，以获得最佳的效益。第五，加强办学的自主机制。学校要有更多的自主权，要依靠法治来办学，从过去主要依靠纵向，转向纵横兼顾，以加强与社会各方面的联系与协作。

（四）建立一个为劳动就业服务的社会保障体系

对失业、待业人员进行管理和服务。如为谋生创造条件的再培训；职业咨询和职业介绍；待业、失业救济等工作，要建立相应的组织机构并使提供资金的渠道畅通。

以上目标体系的实现要有个过程，需要在实际工作中逐步形成。

二、对策措施

（一）普遍实行"先培训后就业"的制度

采取积极稳妥的步骤，用五年左右的时间在全国 450 个县级以上城市（共约 1 亿 4 千多万人口，其中 50 万以上人口的大城市 58 个，约 7800 万人口）普遍实行"先培训后就业"制度，使城市的职业技术教育普及化。实行"先培训后就业"制度是劳动、人事制度改革的一项重要内容，它不仅能提高劳动者的素质，促进社会经济的发展，而且也将促进职业技术教育结构体系的建立，是巩固发展职业技术教育的一项重大措施。实现这样一个战略目标，不仅是必要的，而且是可能的。我们既有像苏州、常州、无锡、株洲、新乡等一批中等城市的成功经验；还有像北京、重庆等大城市的经验。北京 18 个区、县到 1989 年来，已有 14 个区、县实行了这种制度。重庆市 21 个区、县，自 1985 年以来，也先后实行了这种制度。

"先培训后就业"制度的含义，即从业人员在获得职业岗位之前，必须接受与其岗位、职务要求相应的知识、技能、职业道德等方面的教育或培训，经考试合格，获得相应证书，方可就业。一般说来，对技术操作熟练程度简单的工种，需要接受半年以上的培训。企、事业单位的关键岗位和专业性强的工种、专业，要接受 2~3 年的专业技术教育。各地的经验说明：实行这种制度最为重要的一点是必须由当地政府制订有关法规，依法监督执行。本报告分题报告之一《关于实行"先培训后就业"制度的研究》论证了这一问题，总结了各地的经验。

（二）切实贯彻"三结合"就业方针，逐步实行计划指导与市场调节相结合的就业机制

择优用人、竞争就业。企业有择人权，劳动者有择业权，这是发展社会主义有计划商品经济的客观要求。要采取若干过渡的措施和实际步骤，积极稳妥地改革中专、技校"统包统配"的毕业生分配制度。这些过渡措施有：第一步，把"统包统配"改为"择优分配"。技工学校已做到这一点；第二步，以 1990 年为基期，冻结中专、技校包分配的劳动计划指标。地方和企业如果需要扩大招生人数时，实行计划外招生，不包分配。这部分学生毕业后将通过劳务市场和职业介绍机构，实行"双向选择"就业。几年来，随着中专、技校招生的规模扩大，统包人员所占劳动计划的比例越来越大，投入劳

务市场的数量越来越小，无法发挥劳务市场就业机制的作用，在一定程度上也影响到职业高中毕业生就业的困难；第三步，经过若干年的努力，做到各类职业技术学校招生和毕业生分配，都实行计划指导和市场调节相结合的机制。但要有一个总体设想和年度安排，避免职业学校毕业生大量待业的现象发生。要制订政策，鼓励支持联合办学、委托代培等，实行产学合作。

扩大劳动力的需求，广开就业门路。在积极发挥国有企业安置就业作用的同时，要充分发挥集体、个体和私营企业在扩大就业安置中的作用，增强社会吸收就业的能力。要改变人们重全民、轻集体、鄙视个体的观念，要使人们认识到就业不仅是政府的事，也是自己的事，走自主创业的就业道路。

几年来，职业中学在十分困难的条件下，坚持"择优录用、不包分配"的就业政策，许多学校发奋图强，努力改革教育和教学，使之适应劳务市场的需要，初步运用了市场调节的机制，不仅解决了毕业生的就业问题，而且增强了学校主动适应社会、经济和劳动就业需求的应变能力，使学校充满了生机和活力。本报告分题报告之四：《城市职业中学的发展怎样与劳动就业制度改革相适应的研究》，详细地研究了这一问题。这说明：把中专、技校毕业生分配问题，纳入"三结合"就业方针的轨道上来，实行计划指导和市场调节的就业体制不仅是可行的而且是完全必要的。

（三）深化职业技术教育管理体制的改革

发展城市职业技术教育并与劳动就业相协调，在宏观管理上要从当前的经验管理转变为科学的系统管理，把一个城市的各级各类职业技术教育和培训看成一个系统。系统管理的目标是要发挥系统的整体功能，争取最佳的整体效益。根据这一观点结合我国职业技术教育的实际。城市的职业技术教育在宏观管理体制上要采取"四教两训"统筹和"经、劳、教多位一体"的发展模式。"四教"是指职业大学、中等专业学校、技工学校和职业中学这四种职业技术学校的教育。"两训"是指企业内学徒工培训和社会上待业人员的就业前的职业技术培训，在一个城市，只有实现"四教两训"的统筹安排，恰当分工、密切配合，充分发挥各自的特点和优势，才能发挥职业技术教育的整体优势，才能革除当前存在的布局混乱、培训重复，各自为政，政出多门的弊端。"四教两训"统筹是解决职业技术教育的内部结构、分工等问题；但这还不够，还要解决职业技术教育的外部关系问题，即经济，科技和劳动就业发展中，相互关系问题，使他们处于良性循环发展状态之中。要达到这一

55

目标，在一个城市建立一个有权威的职业技术教育宏观管理机构，进行统筹、协调、指导和服务，势在必行。近几年来，各地在这方面创造了许多好的经验。如合肥市主要由教育、劳动两个部门组合的职业技术办公室，许昌市职教管委会，北京市职业技术教育委员会等。本报告分题报告之三《对技工学校管理体制改革的探索》除了阐述我们对技工学校管理体制深化改革的见解外，便是试图以上海市技工学校为例说明如何建立整个职业技术教育科学的宏观管理体制及其整体优化的运行机制。

职业技术教育管理体制改革还有一个对学校怎样管理的问题。我们认为应按照领导管理权和办学自主权职能分解、两权分清的原则，把办学自主权还给学校，使学校能够逐步形成主动适应社会，经济、科技和劳动就业的有效机制并具有内在动力，以发展职业技术教育。就中专、技校和职业高中而言，还要按照各自不同的特点，逐步开展以扩大办学自主权为中心的各项改革。总之，学校具有法人地位，是一个相对独立的实体，通过横向联合和协作，逐步形成一个产学研实体。学校和培训机构是职业技术教育系统的细胞，细胞本身如果没有活力，这个系统也就无效。学校怎样才能具有活力，上级机关怎样管理学校，本报告分题报告之二《实现中专教育持续稳定协调发展的关键在于深化改革》，在阐述我们对中专教育体制改革意见的同时，提出并论证用"合同管理"的方法来解决这个问题。

职业技术学校要具有活力，除了上级要尊重学校办学自主权，从宏观上实行科学管理外，还要提高学校本身的素质，要增加对职业技术学校在人力、物力、财力等方面的投入。职业技术教育的经费，要纳入国家计划，切块包干。为促进职业技术教育的发展，各类职业技术学校都要根据自己的实际情况，积极开展勤工俭学活动，加强实习工厂建设，加强生产实习教学，并对其实行减免税政策，以弥补财政拨款的不足。

职业技术教育要为社会经济服务，但同时更需要全社会和经济界的支持和扶植。在城市，企业如何支持办学，采取何种形式，应根据各地社会、经济和教育发展的实际情况以及企业的承受能力，采取不同的形式。不能强求一律，不宜肯定一种模式而否定另一种模式。可以推行西德"双元制"的办学模式，也可以借鉴苏联的"基地企业"的模式，还可以是我国已实行的行业或企业（大企业）联办的模式。总之，在肯定依靠企业支援，实行产学合作办学这一普遍规律的同时，在具体办学模式上，提倡百花齐放，因地制宜。

各城市应根据自己的特点、优势和条件，有目的、有重点、有步骤地扶植若干具有代表性的骨干示范学校，办出本地区的特色。

对师资的来源和培养，要有渠道，其中尤以培养实习指导教师问题最为突出。要制订相应的倾斜政策，促进人才的流动。有条件的大城市应建立职业技术，教育师资培训的基地，为本市和周边地区的职业技术教育服务。

还应指出，我国的职业技术教育现行管理体制，在国家教委统筹和宏观指导下，劳动部门分工管理全国技工学校、就业与转业训练、企业职工和徒工培训的职业技术培训。这是因为职业技术培训既是职业技术教育的一个子系统，当然也是全部劳动工作的一个子系统。正确认识和努力协调好这个关系，不但不会产生矛盾，而且更有利于整个职业技术教育事业的发展。

（四）改革职业技术教育和教学，加强基础职业教育，提高学生的职业适应能力

职业技术学校需要培训的专业（或工种）并非在职的岗位培训，两者是有区别的，要使专业设置、课程内容、教学方法都符合劳动就业需要，由于社会对劳动力需求的多样性和变动性，事先预测清楚是有困难的。因此，职业技术教育结构体系与劳动就业结构体系之间脱节是难以完全避免的，不是表现在业务水平上的不适应，就业专业工种不对口。所以职业技术学校对青年人的培养，业务水平要高一些，专业面要宽一些，以提高其就业的适应能力，拓宽求业者的就业渠道。另外，由于科学技术，社会经济的发展非常迅速，新的机器设备、技术工艺、材料能源以及新的劳动组织形式，使得职业技术教育结构体系与就业结构体系原有的协调平衡经常被打破，二者的不适应性是始终存在的，职工终身学习将是必然的，因此职业技术学校培养青年的着眼点应为其今后进行多次专业性学习或提高晋升学习或转业等再学习打下宽广的、牢固的基础。具体做法如下：

——加强动手能力和解决实际问题能力的培养。基本操作技能的训练要严格、全面、扎实。培养的要求不能仅从一个企业的需要来考虑，而应从整个行业或某一学科领域的要求来设计，以拓宽专业面。职业技术学校培养的人才，专业面不能太狭，要培养一专多能的人才。学生除能熟练地掌握本专业外，同时要掌握相关专业的知识技术。

——加强非智力因素的培养。在现代社会中，尤其是改革开放对职工品质的要求更高，比如热爱祖国、热爱社会主义、热爱专业、热爱劳动，高度

的责任心、纪律性，主动性、创造性，合作精神，吃苦耐劳和文明习惯；比如质量、效益、时间观念和竞争意识；比如终身自学的愿望和能力，掌握终身学习的方法；比如敏捷的应变能力等等。这些非智力因素的培养，在今后职业技术教育中应作为首要任务。

——提高科学文化水平。任何级别的职业技术教育都是以普通教育为基础的，而青少年一代个性的全面发展，也必须以普通教育为基础，只有具备扎实的科学文化基础，才能适应现代化过程中技术发展快、知识更新快的特点，对劳动者科学文化、智力要求应根据各专业、各层次相关产业用人标准的不同而异。社会经济发达地区与不发达地区要区别对待。

（五）严格实行考试考核和资格证书制度

建立职业资格考试和专业证书制度，是社会进步、职业高度分工的必然要求，也是一个国家管理科学化和文明发达的重要标志。职业技术教育和劳动就业两个体系的结合是通过考试取得职业资格证书来实现的，体现了"先培训后就业"的结合点。这种证书（包括职业技术学校的毕业证书）是从事一定的职业或专业，领取一定级别的工资及取得社会承认的资格凭证。国务院已在1990年7月份公布了《工人考核条例》，各地正在积极执行。由劳动部门负责建立相应的，面向社会的专业考试委员会和严格的考试制度，通过考试考核制度的建立，坚持用人标准和科学选拔人才，以促进职业技术教育与社会经济的发展，调动劳动者学习的积极性。对专业技术和管理人员，也应积极实行考试和专业证书制度，建议人事部门和国家教委制订考试法规，并尽快在职业大学、中专职业高中实行专业证书制度，使今后以获得职业证书率来评价学校的办学水平成为可能。

（六）改革劳动制度，提高劳动者素质

劳动制度的改革，除了搞活用工制度，以适应有计划商品经济发展的客观要求外，还应把提高劳动者素质作为这一制度改革所要达到的重要目标。这是实现职业技术教育与劳动就业协调发展的另一个重要方面。为此，建议劳动部门采取措施积极建立有利于职业技术教育发展和为劳动就业服务的机构和制度。当前急需建立人才需求预测，职业咨询，职业指导和职业介绍所等机构，这些都是发展职业技术教育、改善管理不可缺少的服务部门。国家有经济发展的预测计划，也必须相应的有人才需求的预测计划。这样才能根据需要培训，克服盲目性，最大限度地提高培训效益，做到人尽其才。这是一件重大的工作，建议有关部门要抓紧研究和试点工作。在职业学校逐步开设职业指导课程，对学生进行职业指导，这对于纠正错误的就业观念，并沟通学校与劳动部门的联系，开展劳务与人才交流具有重要的实际价值。

要加强劳动就业服务管理机构的建设，加强对待业人员的管理（包括各类职业学校的毕业生未就业的人员），提供良好的劳动就业服务。劳动就业服务管理机构应成为劳动力供求双方相互选择的场所，待业人员提高素质的训练基地，调节社会劳动力的"蓄水池"。以对失业人员实施社会保障，安定社会。

（七）以法治教，以法促教

职业技术教育涉及到社会、经济、科技和劳动就业诸多方面，要使其协调发展，必须制定相应的法规，规范各方面和各部门的行为职责。做到在职教体系内部要以法治教，克服靠单一的行政手段管理职业技术教育的弊端。除国家颁布的职业技术教育法外，还要用行政法规的形式，解决一定阶段和一定范围的问题，推动职业技术教育的发展。为此，在本报告中相应地提出了关于《职业技术教育法》立法问题的建议（详见本报告分题报告之五：《关于立法问题的建议》），以明确学校、企业及管理部门各自的职责范围，推动职业技术教育在法制轨道上健康发展，以期到 20 世纪末在城市基本实现职业技术教育普及化和法规化。

《高级技工培训的研究与实验》研究报告①

一、培养高级技工的概况

关于培养高级技工问题，原国家经委 1986 年 6 月曾给中央负责同志写过专题报告。中央负责同志批示：高级技工是重要人才"必须采取有效措施改进和加强培养高级技工的工作"。《人民日报》并发表消息和评论员文章，指出："高级技工后继乏人，培养工作急待加强。"为此，原国家经委、劳动人事部于 1987 年 10 月下发《关于加强企业高级工培训工作的意见》。同年原劳动人事部颁发《于关实行技师聘任制的暂行规定》，决定在高级工中考评聘任技师；1989 年又部署开展高级技师评聘工作；1990 年经国务院批准颁发《工人考核条例》。这对于推动高级技工培养工作，稳定队伍，充分发挥高级工的聪明才智和创造能力，起了很大作用。

部分大中型企业开展高级技工培养工作是在 1985 年完成"双补"和开展中级工培训的基础上进行的。根据 1993 年底的统计，在全国公有制企业 4500 万技术工人中，扣除自然减员，高级工已占技术工人总数的 3% 左右，约 140 万人。在高级工中，已评聘技师、高级技师分别是 34 万人和 3000 多人。上海市在 1985 年开始培训高级技工时，每年只有几十人，现在年培训规模达到 3000 余人。该市 1993 年末对 63 个局（公司）的统计，高级工持证人数 46500 人，占调查范围技术工人总数的 3.65%。重庆市 1985 年开始在 3 所技工学校试办高级技工班以来，到 1993 年末已有冶金、机械等主管局和企业设立了高级技工培训站 37 所，几年来共培训高级技工 3 万余人。无锡市从 1986 年到 1993 年末先后在 14 个行业办 80 个工种的高级技工培训班，招收了 6000 多名学员，已结业 5000 人左右。通过培训，高级工在无锡市技术工人中的比例，已由 1990 年的 3.5% 提高到 1993 年的 5.5%，三年中提高了 2%。航天系统还把培养高级技工列入"三高"人才接力规划并已付诸实施。

---

① 本课题是全国教育科学"八五"重点科研项目（文号：〔1992〕教科规办 05 号）

实践证明，我国八年多来培训出来的有一定专业知识、精湛的技艺、丰富实践经验的高级技术工人、技师和高级技师，是企业的宝贵人才，是发展生产、提高效益、振兴企业的技术骨干力量，是新一代产业工人的中坚。他们在高难度生产加工，复杂设备的安装、调整、操作和维修，生产技术难题的分析解决，事故隐患的防治排除，新工艺、新技术的应用推广等方面，都做出了重大贡献，起到工程技术人员和一般技工不可替代的作用。他们是企业人才层次中一种必不可少的层次，是实现我国经济腾飞不可缺少的技术队伍。长春市第一汽车制造厂的同志说："一汽从1984年开始，主要依靠自己的力量，一方面开发20世纪80年代的产品，一方面改造老化了的工厂，使整个企业发生了深刻的变化。在这个变化过程中，高级工、技师扮演了重要角色，发挥了极其重要的作用。他们在技术改造方面起了骨干作用；在产品的质量攻关中起尖兵作用；在改进工艺方面发挥行家里手作用；在解决疑难问题上发挥能手作用。"上海市在建设南浦大桥中，急需各种安装力量。上海市基础公司高级起重工培训班学员开进工地，经过88天连续工作，用3000个工作日，完成大量的高要求、高难度的复杂安装任务。工地领导认为他们是继承了20世纪50年代工人阶级光荣传统的高素质、高水平、特别能战斗的队伍。还有很多高级技工不仅是企业生产技术能手，还是车间优秀的班、组长、工段长，从事企业基层组织管理和经济技术工作。他们既是企业管理的一员，又是工程技术人员难得的助手，还是初、中级技工的良师和带头人。

我国高级技工就其作业职能和掌握生产手段复杂程度等情况分析，基本上可划分为技艺、技能、智能和复合四种类型。综合各地的经验，对他们的培养方式有自学成才，有计划培训和继续教育几个方面。除了继续采取行之有效的鼓励措施，调动广大工人学习政治、文化和技术积极性，走自学成才之路外，还要加强有计划的培训，这是促使高级工更快成长的主要措施，就此而言，可分为达标培训、晋升培训和后备培训三个方面。另外，对现有高级技工、技师则通过技师协会、工会组织，对他们开展继续教育活动，进一步提高他们的技艺水平和创新能力。

为了使高级技工培训达到预期目标，许多单位的共同经验有以下几点。

（一）明确培养目标，学员必须达到以下要求

1. 掌握与高级技工操作技术相匹配的文化知识和专业技术理论知识，能在生产现场指导解决复杂作业中的操作技术问题，包括提高产品质量、解决

工艺难题、技术攻关和新产品试制等；2. 能掌握本工种高难度的操作技能，有效地预防和处理本工种的产品、设备、安全等各种事故和隐患；3. 了解新技术、新工艺、新设备、新材料的应用信息，能应用和参与推广"四新"技术；4. 能向初、中级工传授技艺；5. 具有一定的企业管理知识和协助车间、工段组织生产和管理生产的能力。

为了在较短的时间内实现以上培养目标，受训者的入学条件为：第一、经考核具备中级工应具有的技术理论基础知识。第二、具备中级技工操作技能水平。第三、有五年以上本工种或相关工种的实践经验（技工学校毕业生直接考入高级技校者，不受此限）。对有丰富生产实践经验、有高超技能的老工人，在技术理论知识方面，适当放宽入学条件；对自学成才，身怀绝技的能工巧匠，可破格入学。

（二）组织各方力量，采用多种形式办学。主要形式有

1. 企业内培训。针对本企业关键岗位和技术急需，开办高级技工培训班；或者结合生产，开展"传技学艺"活动。2. 联合举办培训班。技工学校、中专、职大利用现有的教学设备、师资等条件开展高级工技术理论培训；企业提供实习场地和实习设施，做到优势互补。中小企业可以联合办学，由主管部门牵头，分片定点办班，学员就近入学。上述两种特别是第一种是高级工培训的主要形式。如上海市有高级工培训点 150 多个。3. 产业部门如冶金、建设、航空部和石化总公司依托本系统大型企业或技工学校，建立高级技工培训中心，举办通用工种高级技工的培训，接收本系统学员。上述三种形式部是短期训练班。4. 组建、改办高级技工学校。如山东省高级技校、烟台高级技校等，招收技校毕业生，学制两年，培养高级工的后备力量。

（三）区分不同对象择优按需培训。达标培训与晋升培训在内容上加以区别：对已经按高级工任用但实际知识和技能水平未达到规定要求，不能完全胜任现岗职责的，采取半脱产、脱产等形式，在技术理论和技能方面进行补课。对其中少数有丰富生产经验、有精湛技能的老工人，在技术基础理论知识要求方面，可酌情弥补。晋升培训是企业根据定编定员和德、技兼优的原则，挑选一部分基础好的青年中级工进行的高级技术培训，考核合格后晋升成为高级工。根据生产发展和技术进步的需要，逐步安排到高级工岗位上去。

按需施教是高级工培训取得实效的一条重要经验，在培训中根据部颁职业技能标准和统编教学大纲、教材的要求，结合企业设备、产品生产的实际

需要实施培训。

（四）因材施教、技能为主。这是由于学员的教育程度、年龄大小、生产经验和个性心理等方面的差异决定的。许多培训机构在教学安排和培训方法上因人制宜，注意引导学员增强自学能力，灵活运用所学知识对已有生产经验加以提炼升华，以发挥其特长。高级工培训中的技能为主，不单是使高级工掌握全面的操作技能，更主要的是针对不同工种，帮助他们运用心智技能，解决实际问题的能力。为此，高级工培训班设置的理论知识课程要重在应用，为提高技能和分析解决生产现场的操作难题服务。高级工培训还应加入新设备、新技术、新材料、新工艺应用的内容，以适应自动化设备的使用和产品结构调整的需要。在学员学习一定的技术理论知识后，按技能训练大纲的要求，组织他们到企业生产现场进行技术攻关或承担工程项目。有的工种，如机械加工工种，分工较细，培训班还应开展一专多能的技能训练，以利于高级工充分发挥解决技术难题和开发新品种的能力。

（五）严格考核、保证质量。按计划进行"应知""应会"培训以后，在理论知识考试和技能、工艺分析能力考核及口试答辩等三个方面取得合格成绩，才能在高级技工培训班结业。许多企业和培训机构还规定，学员回生产岗位后，必须接受跟踪考核，在生产实绩、技术革新方面符合规定要求，才颁发高级工技术等级证书。这些措施，对于确保学员学到真本领起了重要作用。

二、培养高级技工工作中存在的主要问题

培养工作进展缓慢，远不能满足经济发展的需要；培养措施不力，政策不配套；经费、师资、教材匮乏等问题亟待解决。

培养高级技工的工作，虽然经历了七八年的时间，但从总体上看，还是处于起步阶段。培养的规模小、数量少、面不广、速度慢，地区、行业、企业间很不平衡；不少地区、行业和企业尚未开展这项工作。七年多以来全国仅增长一个百分点，年增长人数约 7 万人。这与 1986 年全国职业技术教育工作会议提出地到 1990 年前后达到 5% 的目标和每年要培养出高级技工 40 万的要求相比，还有很大差距。若以现在这样的增长速度，要达到 5% 的比例，还要用 15 年左右的时间。而这个比例与我国经济快速发展的现实要求是很不适应的，与发达国家相比差距更远。

在现有高级技工中，还有不少人知识、技能陈旧，年龄偏高。有的在企业技术改造的速度加快后，对调试、操作和维护自动化、机电一体化设备往往束手无策；福建省对26个大中型企业高级技工2963人的调查，年龄在46岁以上占87.6%。上海对10个大中型企业高级工人的调查，41岁以上的占78.9%，而且据测算有1/3的高级工在2000年前将陆续退休。

对培养高级工的工作，这二三年来，在不少地区和部门已不受重视；有的企业不再将此项工作列入人才培养计划；有的实际上中断了培养工作，以致高级工、技师出现了负增长的情况。如上海市1993年技师自然减员人数超过当年考评合格人数，结果使在职技师人数比1992年减少了3.6%。上海、北京等城市，在近期制定的《紧缺人才培训工程》中，都没有把高级工、技师列入紧缺人才；有关部门只统计工人岗位培训的人次，对高级工人数比例不再统计；许多企业对高级工成长情况心中无数，还是以工资等级作为分析工人技术水平的依据。例如山东省冶金工业总公司所属企业共有技术工人52086人，从工资级别看：初级工6405人，占12%；中级工21773人，占42%；高级工23908人，占46%。所以产生了高级工人数已经不少的误判，但实际能胜任高级工作任务的没有多少人。

总之，1986年原国家经委《关于高级技工培养问题的报告》中提出的"高级技工数量不足、技术水平偏低、年龄偏高、培养工作不落实"的问题，至今基本上没有解决。这种状况已经影响到新技术、新设备的使用与推广，影响劳动生产率和经济效益的提高。据《人民日报》1993年12月14日报道："据调查，我国工业企业每加工一批零件，有相当一部分需要返工甚至报废，全国每年因此造成的损失达2000亿元。"国家质量管理权威人士说："造成质量下降、废品增多的原因很多，但很重要的一点是企业职工队伍素质低下，技术落后。"这七八年来，对高级技工培养不力，不能不说是一个深刻的教训。

导致高级技工培养工作落后的原因，经调查有以下几点：1.很多部门和地方对高级技工在现代化建设中的重要地位和作用，缺乏应有的认识，对培养高级技工的紧迫性没有足够的重视。劳动部虽然在1992年颁发的《关于加强工人培训工作的决定》中，提出要"努力培养一支思想好、技术精、作风正、纪律严，与经济发展和科技进步相适应的，以中级工为主体、高级工和技师基本满足需要、技术结构比较合理的工人队伍"的目标要求，但缺乏有力措施和相关政策。许多部门和城市，既没有这方面的规划和计划，又没有总结发扬企业和培训机构培养高级技工的成功经验。2. 有相当多的企业短期行为比较突出，依然是重生产经营、轻培训；在培训工作中，重科技和管理人员培训，轻技术工人培训。有不少企业在转换经营机制、对机构进行调整时，不适当地撤并了职工教育机构和过多精简了职教人员，高级技工的培训也随之遭到削弱。如四川省对纺织行业 614 个大中型企业调查，独立设置的职工教育机构由原来的 400 多个减少到 209 个。天津纺织局在 1990 年有教育基地 7.8 万平方米，到 1993 年仅剩 4.8 万多平方米。3. 市场经济条件下"谁培训、谁受益"的机制还没有形成。相当多的企业领导人认为"培养人才不如花钱买人才上算、省事"；尤其是许多乡镇企业、三资企业用高薪挖国有企业高中级技术工人，严重挫伤了国有企业培养人才的积极性。有的职工教育干部非常不满地说："这样下去我们也不办学了。谁培养谁吃亏，这不是花钱买罪受吗？" 4. 有的职工教育部门只考虑到以岗位培训为重点，忽视了等级培训，没有按岗位要求强化等级培训，未能正确认识和处理这两者之间的关系。这也是影响高级技工培养工作未能有效开展的一个原因。5. 师资不足、教材短缺也影响到高级工培养工作的开展。据调查全国有三千多个主体工种需要高级工，但现实培养覆盖面很小。如上海已开展培养高级工的工种是 120 个，无锡是 80 个，都是人数较多的通用工种。许多行业的一些特殊工种，因缺乏教学计划、大纲、教材和师资，没有开展起来。

三、进一步加强培养高级技工的对策和措施

《劳动法》第 68、69 条分别规定："用人单位应当建立职业培训制度"，"根据本单位实际，有计划地对劳动者进行职业培训"和"国家确定职业分类对规定的职业制定职业技能标准，实行职业资格证书制度"。这为我国职业技能培训体系的建设指明了方向，提供了法律的依据。高级技工的培养和训练是职业技能培训体系很重要的组成部分，能推动整个工人队伍技术水平的提高，增强企业发展的后劲。第八届全国人大第二次会议的《政府工作报告》再次重申要"培养大量的专业人才和熟练劳动者"。国家领导人在全国职业培训优秀教师和工作者表彰大会上的讲话明确指出："现代化建设不仅需要大批专门管理人员和科技人才同时需要大批熟练掌握职业技能的技术工人和技术带头人。只有这样才能生产出高质量的产品，满足市场需要和参与国际竞。"

建设一支素质优良、技术精湛的技术工人队伍是实现我国经济腾飞不可缺少的保证条件。德国总理在 1993 年在访问我国前夕时说："像我们德国这样一个原材料贫乏的国家，受过良好培训的熟练技术工人是我们最宝贵的财富，也是经济稳定的保证。"日本的经济振兴，主要靠"技术和高级工的双向投入"，因而把高级工视为"人类的瑰宝"。这些经验很值得我们借鉴。

为了改变高级技工后继乏人的状况，必须采取有效措施，加强培养工作，为此，我们建议开展"攀高工程"。我们认为深入持久地开展这样一项工程，全面迅速地提高技术工人队伍的政治、文化和技术素质，造就一大批优秀的高级工、技师人才，是改变我国技艺人才严重短缺，提高产品质量和经济效益的紧迫需要；是推进科技进步、建立现代企业制度，实现国家经济建设的战略目标和为下个世纪经济发展奠定基础的重要措施；对于加强职工队伍建设，密切党和工人群众的血肉联系，巩固以工人阶级为领导的、以工农联盟为基础的社会主义制度，也具有深远意义。

"攀高工程"的内涵（详见分题报告之一）是动员组织企事业单位技术工人，特别是青年技术工人努力向高级工的台阶攀登的系统工程。它的基本目标是到 20 世纪末和 21 世纪初，培养出基本满足经济建设需要的工种齐全、年龄结构较为合理的高级技工、技师队伍。通过建设这支队伍，带动整个技术工人队伍的思想政治和业务水平的提高。就全国范围来说，高级工的比例应达到占技工总数 8%～10%，技师（包括高级技师）占技术工人总数的 1.5%。行业、企业则根据实际需要，制订自己的培训目标。为此，建议以劳动部为主，国家教委、国务院产业主管部门、全国总工会和共青团中央通力协作，加强指导，把开展"攀高工程"，加快培养高级技工作为一件大事来抓。据此：

1. 建议中央和地方报纸、电台、电视台等新闻媒介加强舆论宣传，提高技术工人的社会地位。要像 20 世纪五六十年代宣传王崇伦、王进喜等一批先进人物那样，大力宣传出类拔萃的高级技工、技师的丰功伟绩和时代风采，增强他们的荣誉感、责任感和事业心，使高级技工是国家重要人才的观念深入人心。

2. 采取有力措施，迅速扩大高级技工培训规模，多出人才，出好人才。建议劳动行政部门和行业主管部门统筹规划，加快职业技能标准制定工作的步伐；加强对培养高级技工的宏观指导、管理和服务，经常总结交流企业、培训机构培养高级技工的经验，帮助解决培训工作的实际困难和问题；行业主管部门要推动企业进行高级工人才需求预测，形成预测制度，使按需培训落到实处；高级工培训基地的建设，应以大中型企业为主，各方参与，多种形式办学，逐步形成培训网络。有条件的中专、职大、技工学校要积极为在职工人举办高级技工培训班，解决师资、教材、实习场所等实际困难。有关部门要为企业培训教材的编写出版，予以大力支持和指导。

3. 加强高级技工培养工作的关键在企业。企业领导要把培养足够数量高级技工作为建立现代企业制度、开发全员潜能、搞好职工队伍建设、增强企业竞争力的一项基础工作和战略措施，把这一工作列入职工教育计划和人才培养规划，形成高级技工按需增长的机制。

企业内职工教育，要正确处理好岗位培训和等级培训的关系。在技术工人中，除了按岗位规范要求完成岗位培训任务外，还要根据生产发展和技术进步的需要，开展等级培训。把岗位培训和等级培训衔接起来。高级工的培训不但要从当前生产实际需要出发，还要充分考虑企业更新改造、新产品开发和技术进步的长远需要。

4. 帮助青年高级工更快成长，进一步提高他们在高级工中的比例。经过几年的努力，从现在的 5% 左右提高到 10%～20%。培养青年高级工，要从青年中级工进行择优、精选后，组织他们拜高师、学绝技或参加技能强化训练班。对有真实本领的青年要打破按工龄长短论资排辈的做法，破格提升。在技术攻关等活动中，对青年技工要委以重任，使他们经受锻炼，更快成长。

培养青年高级技工的另一有效途径是利用职业（工）大学、职业高师现有办学条件，开办相关专业高技能专修科（班）、直接从各类职业学校优秀毕业生中选拔深造。各地经劳动部批准成立的高级技工学校，属于高等职业教育层次，是高等职业学校的一种类型。这类学校无论现在和将来，对培养高技能层次的青年后备人才都有重要作用（详见分题报告之三）。有关部门应从师资、设备和经费等方面积极支持，使其不断地改善办学条件，提高培训质量，成为高技能人才培养的重要基地。高级技工学校目前只实行单一的职业资格证书（即职业技能证书）制度，如能再获得相关专业的中专或大专层次学历证书，则将更加充实。建议省一级教育部门经评估合格，可免修在高级技校已修的课程，只补修中专或大专必修课程，并通过适当机构考核合格，颁发学历证书。在国家两种证书并重的情况下，采取这种措施，有利于高级技工学校的巩固和发展，有利于高技能人才的培养。

5. 结合企业劳动工资制度的改革，制订对高级技工的激励措施。对身怀绝技的能工巧匠和在生产上、技术革新上做出重大贡献的技术工人，要像奖励科技人员那样给予重奖。实行岗位技能工资制度的企业，在技术复杂的工种中，增加技能因素的含量，以吸引工人努力学习技术的热情，鼓励岗位成才和自学成才，使他们真正感到学技术有用，有技术光荣，靠技术能致富。

为鼓励技师、高级技师能将绝技传给高、中级工，要帮助他们总结经验甚至编成教材，并给以重奖。年龄30岁左右、在生产第一线工作多年的大、中专毕业生，经考核合格升为高级工的，对他们在高级工岗位工作年限，应计算为从事专业技术工作时间，并作为评审相应的技术职务资格的条件。

6. 对高级技工的培训、使用和管理，要制定相应的法规。按照《劳动法》第69条的规定，可先在企业关键性、技术性强的岗位，实行持证上岗的制度。只有经过培训、考核合格、获得高级技工等级证书者，方可上岗操作。建议职业技能鉴定机构，配合企业高级技工的培养训练，有效地开展这一方面的考核、鉴定工作以及对持证上岗执行情况的监督检查。

企业在培养高级技工时，应根据《劳动法》第19条和102条与劳动者签订的劳动合同中，协商规定高级工班学员在培训期间应享受的权利与待遇、学员结业后在用人单位服务的最低年限及违约责任等。

《高级技能人才培养途径和资格认定》研究报告[1]

《中共中央国务院关于深化教育改革全面推进素质教育的决定》指出："当今世界，科学技术突飞猛进，知识经济已见端倪，国力竞争日趋激烈。教育在综合国力的形成中处于基础地位，国力的强弱越来越取决于劳动者的素质，取决于各类人才的质量和数量，这对于培养和造就我国 21 世纪的一代新人提出了更加迫切的要求。"[2]

高级技能人才以其精湛的技能，在生产中能解决超常规的各种复杂的操作技术难题，在科技创新、科学实验和科技成果转化的过程中，能承担技术攻关的重任。以高级技能人才为龙头，其优良的素质和高超的技能，能影响和带动中级技能人才和广大劳动技术大军全面素质与职业技能的普遍提高，起到牵一发而动全身之效。所以，大力培养高级技能人才是普遍提高劳动者素质的迫切需要；是赶超世界各国高新技术、迎接知识经济挑战的需要；也是解决我国一般劳动力大量过剩和高素质、高技能、劳动力短缺矛盾的需要。

多年来，各级劳动和社会保障部门、工会组织和企业采取评选技术能手、促进岗位成才等一系列措施，高级技能人才逐年有所增加；但是年龄偏大、数量不足、分布不均和青黄不接的现象依然存在，很不适应我国经济和高新技术快速发展以及参与全球经济竞争的需要。由于多方面的原因，高级技能人才是重要的人才群体的观念还没有被全社会所认同，培养工作也没有引起教育及其他有关部门的高度重视。青年学生不愿当技术工人，青工不愿学技术的现象还比较普遍。本报告就贯彻实施中央和国务院《决定》，大力培养高级技能人才问题提出我们的意见，以期经过有关方面的共同努力，使我国大

---

[1] 本文是全国教育科学"九五"重点科研项目（2000 年）

[2] 《中共中央国务院关于深化教育改革，全面推进素质教育的决定》嘉兴市教育委员会翻印，1999 年 6 月 网址：https://baike.so.com/doc/7855686 - 8129781.html 2018.11.18 网址：中华人民共和国教育部网站《中共中央国务院关于深化教育改革，全面推进素质教育的决定》1999.6.13 发布 http://www.moe.gov.cn/jyb_sjzl/moe_177/tnull_2478.html 2018.11.18

中型企业逐步形成"三高"（高级技能与高级工程技术、经营管理）人才并驾齐驱的局面。

一、高级技能人才的概念、类型及其在国民经济和社会发展中的地位和作用

（一）高级技能人才及其演变的过程

在现实条件下，高级技能人才是指具有现代意识、良好身心素质、较高文化科学知识、精湛的操作技术技能和创新能力的高素质劳动者。简言之，即新一代能工巧匠。具体地说，新一代能工巧匠应具有：1. 与本专业工种和相关工种要求相适应的较高的文化科学技术基础知识和新工艺、新材料、新技术以及新设备的相关知识；2. 丰富的实践经验和高度熟练的技能技巧；3. 良好的身心素质、职业道德和敬业精神；4. 能独立解决本岗位或岗位群复杂和关键操作技术难题的能力；5. 有较强的创新精神与创造性劳动能力；6. 有组织指导他人参加劳动生产和传授职业技艺的能力。一般来说，企业中的优秀高级技工、技师、高级技师都属于高级技能人才范畴。

技能按其性质和特点可分为智力（心智）技能和动作技能两种，但通常是指操作某一设备或加工制作某一物件的动作能力；当然也应包括不完成物质产品而为社会提供服务的智力技能及兼有动作技能。高级技能因时代的不同而具有不同的内涵。在农业社会工场手工业时代，科学技术不发达和社会生产力低下的情况下，技术与技能处于同一体中，出现了"匠人"这一人才群体，人们用"巧夺天工""鬼斧神工"形容他们精湛的技艺和辉煌成就。他们创造了无与伦比的手工业文化，推动了社会的进步。随着科学技术的发展，人类进入工业社会，由于职业分工的细化，"匠人"这一群体分化为工程与技能等多种类型的人才，并有各种专门学校加以培养。从 20 世纪中叶起，伴随高新技术的发展和知识经济社会的来临，产生综合运用技术与技能的需求，在越来越多的领域的操作人员，均需要具有中等以上的专业理论知识和熟练的操作技能，如空航驾驶员、海上石油钻井平台电气与机械运行人员等。在社会职业分工演化中，技术与技能从分化又趋向同一方向发展，给教育和培训提出了新的要求。

（二）高级技能人才的类型和特征

高级技能人才是一个人才群体，广泛分布在各行各业。就行业特点和职业岗位要求不同来说，大体上可分为四种类型。即技艺型、技能型、智能型和复合型。如下图所示。

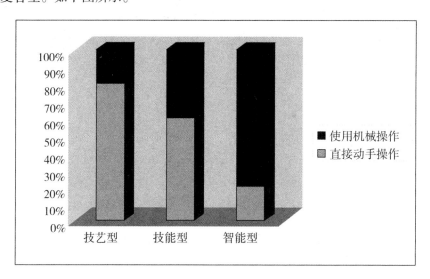

图中，这三种类型是按人机匹配关系划分的。技艺型是指用很简单的生产工具，甚至不用工具，仅凭感知觉解决生产过程中的操作技术难题。例如酿造业的品酒师，造币厂的印钞师及其他特种工艺品的制作师；技能型是指用双手操作机器，加工制作，即传统工业生产的行业；智能型是指用机器（电脑）指挥机器生产的行业，如机电一体化和数控技术领域等。

复合型技能人才，亦称一高多能人才，指他们同时熟悉并掌握若干学科领域专门知识和技能，能够解决多方面操作技术难题并具有较强的技术革新、创新或发明的能力。高级技能人才在工业企业有技师、高级技师；在服务行业有一级、特级厨师、高级理发师、美容师；在教科文卫行业有高级护理、高级摄影师等。在经营管理岗位有会计师、统计师、广告设计师；在智能操作岗位有集中控制室运行人员、高科技装备维修人员、数控技术编程与维修人员等等。

高级技能人才的共性是手脑并用，把高度复杂的脑力劳动与高难度的手工操作融为一体，其基本特征是本专业（工种）丰富的实践经验与高度综合的经验知识相结合；独特技能与复合技能的高度结合；再造性技能与创造性技能的高度结合。

高级技能人才与工程技术人才的区别，在于后者着重于技术开发研究与工程设计，不一定要求动手操作；前者着重于技术的应用和工程的施工，在应用施工中以创造性的劳动解决一系列的操作技术问题，使其符合工程设计的要求，生产出新的产品为社会服务，并在操作实践中，补充、完善或纠正开发设计中的不足与缺陷。高级技能人才与一般技能人才的区别，在于是否具有以上特征和要求。高级技能人才中的大多数都是从一般技能人才特别是优秀高级技工中，经过长期的本专业（工种）的实践和教育培训，逐步成长起来的。

（三）高级技能人才的素质标准

概括地讲，高级技能人才应该具有以下基本素质。

1. 认知方面的素质

高级技能人才所面对的是一个操作运行系统，包括设备、材料、仪器仪表、工具、工装以及技术工艺文件等。因此，他们应具有与上述要求相应的专业技术和文化基础知识。我们从调研中发现科学文化知识与操作技术的掌握一般呈正相关关系；即通常是科学文化知识愈高，掌握操作技术愈快、愈好。

由于科学技术的迅猛发展，产业结构的不断变化、产品生命周期的缩短、职工转换职业和岗位的频率增加，要求高级技能人才对职业和岗位转换有较强的适应性，要求他们的文化技术知识，除了符合现岗要求外，还要满足未来晋升或岗位、职业转换及终身学习的要求。

2. 操作技能方面的素质

各工种高级技能人才有一个共同点，就是能全面、熟练地掌握本工种的操作技能，同时还基本掌握相关专业工种的操作技能，是名副其实的能工巧匠。操作技能方面的素质，可以概括为以下四个方面。

（1）动作技能。达到自动化的工作动作体系的程度，表现为动作的合理性、有序性、协调性、准确性、均衡性和自如性。（2）感知技能。达到能精确分辨出事物的形状、位置、颜色及属性。（3）心智技能。达到在操作运行中，对非常规的、突发的重大事故能迅速判断其起因并及时果敢的加以处置。（4）一高多能。达到除掌握本专业（工种）高超的技能技巧外，同时还掌握多项相关专业（工种）的操作技能。

3. 体质方面的素质

人的身体素质一般包括体格、体能和身体适应能力三个方面。高级技能人才应具有强健的体魄，能适应紧张的操作和持续工作的要求：适应高温、井下、沙漠等作业条件和承受如噪音、水污染等工作环境。

4. 心理方面的素质

高级技能人才应具有良好的心理素质：（1）观察力，即能"明察秋毫"，敏锐地发现本职或本岗位方方面面情况及其发展变化，捕捉国内外最新的技术信息，提出相应的对策和措施；（2）记忆力，具有对知识、动作和形象等方面较强的记忆能力，能温故而知新和推陈出新；（3）思维力，即对客观事物的认识能力，这是智力的核心部分。高级技能人才应具有将所观察到的现象进行分析、比较、综合、概括和抽象的能力，才能发现问题和解决问题；（4）想象力，想象需要将记忆、思维组合起来，把彼此似乎不相关的事物联系起来，加以组合、改进，提出新的构想。可以说，没有想象就没有创造。对高级技能人才来说，在其职业岗位上，经常会遇到新的、非常规的操作技术问题，没有现成的答案可供遵循，需要有新的招法解决，因此要具有较丰富的想象力这种心理品质，才能进行再创性的劳动，解决新问题。

5. 职业道德方面的素质

高级技能人才应具有高尚的职业道德，包括职业道德意志和情操以及对工作精益求精的精神，才能在本职工作岗位上获得出色的成就并不断攀登新的高峰。

（四）高级技能人才的地位作用

从总体上说，我国高级技能人才的基本素质是好的，大多数人坚持在第一线参加生产劳动和为社会提供优质服务，对推动社会生产力的发展（如产品上档次、质量上水平、经济效益的提高、成本的降低等）、科学技术的创新和社会主义精神文明建设都发挥巨大的作用，他们不愧是亿万劳动者的带头人和国家的主人。我们将他们在社会生产和社会生活中的这些作用加以归纳，可分为九个方面：一是生产上的骨干作用；二是技术上的中坚作用；三是岗位上的带头作用；四是革新上的能手作用；五是攻关上的巧匠作用；六是管理上的参谋作用；七是传艺上的良师作用；八是遵纪上的模范作用；九是学习上的榜样作用。真可谓是各条战线上的能攻善战的"精兵强将"。总之，面向 21 世纪的我国正处于实现经济体制和经济增长方式的两种根本性转变之中和面临全球经济一体化，参与世界经济和综合国力激烈竞争格局之中，生产一线的实用人才是连接科技开发与产品升级的桥梁，而高级技能人才则是这个桥梁的桥基与砥柱，是增强综合国力的一支攻坚力量。

二、高级技能人才培养工作亟待加强

（一）现状和主要问题

近年来，由于企业和各有关部门共同努力，我国高级技能人才逐年增加，素质有所提高，队伍有所扩大。如在全国 7000 多万技术工人中，高级技工占技术工人总数已达 3.9% 左右，技师、高级技师占技工总数 0.9% 左右。根据劳动和社会保障部 1996～1998 年统计，经各地、各行业技能鉴定中心考核发证的技师、高级技师分别是 156512 人和 13973 人；全国现有技师、高级技师这类高级技能人才约 60 万人。

从我国经济持续增长、科学技术发展步伐加快、第三产业要有一个大的发展和参与全球竞争的能力来看，高级技能人才依然存在数量不足、年龄偏大、文化程度偏低、分布不均青黄不接和培养工作滞后的问题。上海市总工会对该市 40 家 3.7 万技工素质状况作抽样调查，结果显示：年龄"老化"，总量不足，技师和高级技师 98.8% 的人属中、老年龄段；青年技工安心技术工作的较少；技工队伍文化程度偏低，大专和大专以上学历的只有 1%。

另外，还有一个值得注意的问题是：由于我国经济结构的调整，国有企业亏损增加，大批职工下岗分流，不少高级技能人才提前退职、退休和流动，出现了更为严重的断层和青黄不接现象。有一部分年轻的高级技能人才，在社会文凭热中，上了几年学，获取大专文凭后离开生产第一线，有的转入科室当干部，有的改了行，使现岗的高级技能人才逐渐减少。近年来，大专院校、中等职业学校毕业生进入企业后，有些人苦心钻研生产技术，掌握了高级技术的操作技能，具备了技师的评定条件，但由于职称评定、职业资格认定存在诸多问题，而且经济待遇又不到位，使许多人"择木而迁"，加剧了企业技能人才后备力量的流失，导致技术工人等级结构更加不合理，使许多企业高、精、尖生产设备的操作和维修后继乏人，给经济发展带来不利影响。据调查天津市某汽车公司从 1994 年到 1998 年流失大中专文化程度并具有高级技工水平者 580 余人。苏北沿海某市 1996 年 6 月投资 20005 多万元从德国进口 5000 锭气流纺纱机，项目建成半年后，因工人技术水平过低等原因，试产未能成功，造成设备闲置和投入严重浪费。我国科研成果不能转化成产品，重要原因之一就是缺乏高级技能人才，制作技术难以达标。

我国高级技能人才匮乏，培养工作滞后，还可以从与国外比较中显示出来。早在 15 年前，即 1985 年时，美国、日本高级技工就占技术工人总数 38%，后来一直维持这种技术等级结构，而我国在 1985 年时，高级技工仅占技术工人总数 2%，经过 15 年的努力，现才增长到 3.9%。即花了 15 年时间，仅增加不到两个百分点，其比较如下图：

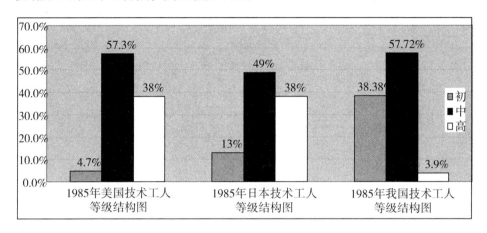

造成这种状况而又长期得不到解决的原因：1. 我们对高级技能人才的地位作用宣传力度不够，没有引起全社会的关注，认识上存在误区，一些政府部门、行业组织和企业存在陈旧观念，总以为科技人员、经营管理人员是人才，他们在制定关于人才资源开发、紧缺人才培养规划中，不把高级技能人才列入其中；2. 对高级技能人才的培养、使用、支持不够，例如不少职业技术院校确定培养目标时，往往以科技、经营管理人才作为培养目标，忽视高级技能人才紧缺这一现实，甚至认为这类人才不能从学校培养；3. 一些企业宁可把大量经费投入到广告宣传或其他方面，而不愿投资培养高级技能人才。据资料介绍经济发达的德国培养一名技术工人平均花 6~7 万马克，约合人民币 23~27 万元，而我国企业职工每人每年的培训费只有 60 元左右；4. 工人和青年学生缺乏学习技术的热情，因高级技能人才经济待遇低，社会地位不高，他们的业绩不被社会所认同；5. 各级政府部门之间协作不够，对培养高级技能人才关系极大的《劳动法》《职业教育法》执法不力，疏于检察。一位西方学者曾直言不讳地对我国有关部门的负责人说："中国的现代化命运，从长远看，是与中国技术工人的职业技术相连的。"21 世纪我国不仅需要大批一般技术工人，更加迫切需要优秀的高级技工、技师、高级技师等高级技能人才。美国著名经济学家莱斯特·瑟罗断言："21世纪，拥有技能的人才是唯一持久的竞争优势。"

（二）高级技能人才需求分析预测

1. 对高级技能人才需求预测的依据

（1）经济增长率与产业结构的调整；（2）科技发展与成熟率；（3）人才培养应具有超前性和时代性；（4）高级技能人才现有基础与经费、教育培训条件可承受性。在以上诸多条件中，起决定作用的是科技、经济的发展带来社会人才需求结构的变化，高技能职位正在迅速替代低技能的职位，知识型劳动者逐步替代非知识型劳动者。在美国就业人员中专业职位、技术职位（技术工人）和非技术职位的比例由20世纪50年代的2∶2∶6演化为90年代的2∶6∶2。过去的15年中已淘汰8000多种低技能职位，同时又诞生了7000多种新职位。从国际人才就业结构看，过去的10年中，技术工人就业人数增加了10%，而一般工人的就业人数下降了70%，掌握高技术技能人员就业数量增加了20%，中等技术技能人员下降了20%。以上数字表明，社会职业不断从低技能职位向高技能职位迁移，拥有更多知识，更高技能的人才逐步成为社会劳动力的主体，劳动者知识化的前景更加明晰。根据上述情况分析，我们仅对高级技能人才的需求作一般性的中期预测（从2000年至2005年）。因我国地域广阔，经济、科技、教育、文化发展差异很大，而高级技能人才的培养、使用又主要在地方和企业，除石油、铁路等少数行业外，地区之间的流动性很小，因而较为准确的预测主要源于地方、行业和大型企业。

2. 需求因素的分析

——在今后5年左右的时间内，我国经济预期将保持7%左右的增长速度，一般劳动力仍然是大量过剩，但高级技能人才需求旺盛，按常规计算方法国民经济每增长1%，人力资源需求增长0.3%，即每年应增加2.1%，其中高级技能人才需求量，参照发达国家近15年来的数据，每年应增加0.7%左右。以现有7000万技术工人为基数，即每年应净增50万人，显然从现实条件来看，这是很难甚至无法做到的。

——为迎接21世纪高新技术的迅猛发展、知识经济的到来和全球经济一体化的挑战，对高级技能人才素质要求越来越高，不仅需要胜任现岗的能解决重大技术难题的"技能型"人才，更需要"一高多能"具有创新能力的"智能型"人才。

——原劳动部制定的《职业技能开发事业发展"九五"计划和2010年长远规划》中提出：到2000年"建设一支以中级技工为主体、高级工为骨干，包括适应产业结构调整和技术进步需要的各类复合型人才在内的产业工人队伍。全国7000多万技术工人中，中级工比例由目前的35%提高到50%左右；高级工比例由目前的3.5%提高到6%左右，其中技师、高级技师占高级工总数由目前的20%提高到30%左右，达到140万人，经济发达地区和技术密集的高新技术产业，中高级技术工人的比例应更高一些。"① 实际上到1999年末，技师、高级技师增长数被自然减员抵消后，仅增长0.04%，有的地方和企业甚至是负增长，"九五"计划的目标将无法实现。

根据以上分析和天津、重庆、盐城三个城市典型调查与预测，根据需要和可能，到2005年我国高级技能人才，至少应增至140万人，比目前数字翻一番还多一点，占到技术工人总数2%左右。以天津市的预测为例，1992年该市评出技师6800人、高级技师37人，到1998年末全市共评出技师16000人、高级技师600人。1998年同1992年比较，技师年均增长率17.2%，年均增长人数为2600人；高级技师年均增长率为2.5%，平均增长人数为100人。经抽样调查和统计分析，天津市2000年~2005年全市技师、高级技师需求量如下表：

	1998年	1999年	2000年	2001年	2003年	2005年
技师	16000人	18600人	21200人	23800人	29000人	34200人
高级技师	600人	700人	800人	900人	1100人	1300人

天津市预测结果表明，随着经济持续高速增长，高级技能人才需求量随之上升，在技术工人队伍中所占比重也应越来越高。1998年全市技师16000人，占技工总数1.37%；高级技师600人，占技工总数0.05%，到2000年分别占到技术工人总数1.81%和0.06%，到2005年能占到2.9%和1.1%。特别应该说明的是技师、高级技师一般都是从高级技工中评聘出来的，因而他是随着高级技工数量的增长而增长，并且比重呈逐步上升的趋势。如下表：

---

① 来源：劳动部《关于印发〈职业技能开发事业发展"九五"计划和2010年长远规划〉的通知》 （劳培司字〔1996〕31号）网站 http：//wwh. chinalawedu. com/falvfagui/fg23051/37887. shtml 2018. 11. 21

	高级技工	技师	高级技师	技师占高级工之比%	高级技师占高级技工之比%
2000 年	146509 人	21200 人	800 人	14.5.	0.54
2002 年	174627 人	26400 人	1000 人	15.1	0.57
2005 年	207878 人	34200 人	1300 人	16.4	0.62

从上述可见，天津市高级技能人才，以 1998 年为例，仅技师、高级技师到 2000 年，需要分别增长 32% 和 33%。到 2005 年将各需要增长一倍以上。重庆、盐城两市预测也基本上是这种比例。

当前我国各行业和企业最急需的是具有较高文化科学知识、年富力强、敬业乐业而又具有创新能力的高级技能人才。据重庆市的调查，近一两年内，对这种高级技能人才的需求量的大小，按行业、专业和工种统计依次是：需求量大的是计算机录入处理员、钳工、电工、护理员、美容师、烹调师等；需求量较大的是制冷设备维修工、家用电子产品维修工、计算机调试工、摩托车调试工等；需要一定数量的是客房服务员、按摩师、服装制作师、办公软件应用员、国际互联网（Internet）应用员等等。这种需求趋势与发达国家近似，如美国自 1996～2006 年，就业机会增加数量最多的是销售服务人员，达 81 万人。其次是中、高级机械技术工人及其维修人员达 63 万人。澳大利亚在今后接收移民中，熟练技术工人将占 8 万个总配额的一半。

根据以上分析：我国高级技能人才从总量来说，在跨世纪之交，即到 2000 年末，要求增长 40% 左右；2005 年增长一倍以上，由此带动劳动技术大军素质与技能的普遍提高，这是今后五年内促使我国综合国力明显增强的一个重要目标。

三、培养高级技能人才的主要途径和方法设计

高级技能人才作为当今社会的一种重要人才类型，除他们本身努力外，重要的是政府、有关部门和企业要采取政策措施，建立有效机制，营造有利高级技能人才成长环境和良好条件。根据我国现实情况，培养途径可从以下四个方面进行：

（一）建立有效机制鼓励广大职工走岗位成才之路

——从 1995 年起，我国建立了"中华技能大奖"和"全国技术能手"评

选表彰制度，在全国技术工人范围内，以具有良好职业道德和高超技艺的优秀技术工人为评选对象，按照严格的评选条件、评选比例和评审程序进行，把政府关于"要重视从工人、农民和其他劳动者中选拔培养科技人才及各类专业技术能手"的政策落到实处，获得良好效果。这是引导、鼓励广大工人立足本职、钻研技术业务、岗位成才，培养高级技能人才的一项重要措施。

——技师评聘制度，1987 年 6 月原劳动人事部报经国务院批准，发布《关于实行技师聘任制的暂行规定》，这是对高级技能人才培养、选拔和任用的一项重要的政策和制度。1990 年 9 月原劳动部为进一步完善技师聘任制，加速高技能人才的培养，发布《关于高级技师评聘的实施意见》，在 1989 年 12 月全国首批高级技师颁发证书大会上，许多领导同志一致认为：这一制度的建立和完善有助于引导广大工人向着提高本专业技术的方向前进，促进工人队伍中各类技术人才的成长；逐步推行健全的系列化的技师、高级技师评聘制度，体现了在共产党领导下的社会主义制度充分尊重劳动者，充分发挥他们的智慧和才干的方针，也具体指明了劳动者知识化，走岗位成长道路的方向。不论在哪个行业，不论干什么工作，只要干一行爱一行，长期坚持学习，勤于钻研，善于积累和总结经验，都可能成为专家，成为本行业的"状元"。

经过长达 12 年的实践，我国的技师、高级技师评聘制度不断改革和健全，逐步形成了增加高级技能人才的数量，提高高级技能人才的质量，在全社会激励高级技能人才成长的有效机制和培养措施。

（二）企业教育与培训

企业是以追求经济利益为目标，而科学技术的转化、优质产品的制造以及良好的售后服务都离不开精湛技艺的生产者及素质优良的经营管理及服务人员。这些优秀的人力资源是企业参与市场竞争的根本保障。国外把企业职工的培训称之为"生存线"和"发展线"，不少国家用各种法律来促进企业的职工培训和职工素质的提高。我国 1996 年颁布的《职业教育法》明确地指出："企业应该根据本单位的实际，有计划地对本单位的职工和准备录用的人员实施教育。"①

---

① 教育部人事司。高等教育法规概论【M】. 北京：高等教育出版社，1999
360 百科 中华人民共和国职业教育法 网站 https：//baike. so. com/doc/5470008 - 5707920. html 2018. 11. 21

事实证明企业是高级技能人才施展本领的用武之地，也是高级技能人才成长的沃土，许多企业为社会创造财富的同时又培养了一批批生产业务骨干和高级技能人才。企业在培养高级技能人才方面具有如下优势：1. 企业具有雄厚的技术力量、严密的生产组织及丰富的职工教育经验。企业依靠这方土壤与良好的"气候"，使青年职工长知识、长技能、长经验和长才干，故大多数工业领域的高级技能人才都出自企业这个大课堂。2. 企业内的技术革新及技术攻关是促进高级人才成长的动力。企业生产技术改革、新产品的研制、产品质量的提高以及新技术的引进都关系到企业发展的水平，需多方联合，群策群力闯险攻关，多数高级技能人才在这些富有强烈挑战性的攻关中，抓住了机遇，战胜了困难，经受考验和锻炼，激发了才智，磨炼了意志，增长了才干。因此，企业在建立现代企业制度中，应依据《劳动法》《职业教育法》有关规定，建立和完善职工教育与培训制度，对本企业所需要的高级技能人才制订培养计划，与企业生产经营计划同步实施。在社会主义市场经济体制的条件下，企业是生产经营的主体，是高级技能人才直接受益者，因此也理应是培养高级技能人才的主体，单纯用高薪挖别人的人才为我所用，是有悖于《劳动法》和《职业教育法》有关规定的不法行为，应依法予以查处。

（三）高等职业技术院校应成为培养高级技能人才的摇篮

党的十一届三中全会以来，我国高职高专教育呈现出欣欣向荣的局面。到 1998 年，经原国家教委批准设置的、具有颁发学历文凭资格的高等职业学校、高等专科学校和成人高等学校共计 1394 所，在校生 394.74 万，占我国高等教育在校生总数的 63.53%。另外还有一批高级技工学校。近两年来我国高职高专和高级技校又有了新的更大发展。尽管他们的教育目标各有侧重，但都在努力改善办学条件，以不同方式参与高级技能人才的培养工作，成为高级技能人才成长的摇篮。当前，高职院校的主要特色有：1. 教育中贯穿综合职业能力与全面素质培养相结合的方针。培养受教育者正确的世界观、人生观和价值观，树立爱国主义、集体主义、社会主义思想。通过各种教育教学环节，使学生受到综合职业能力的培养，掌握进入社会的基本本领和素质，特别是爱岗敬业和开拓进取的精神与专业技能。2. 坚持教学中理论联系实际，突出技能训练的特色。使受教育者在学期间可以接受现代专业理论知识的教育和较完整系统的技能训练。3. 理论知识与技能能够通过实验、实习的教学环节做到较好的结合。实践类课程与技能训练课占有较大的比例，这对技能型人才的培养更有实效。4. 使受教育者接受继承与创新的教育。高职院校以"把明天需要做的事情作为今天教育的出发点,为后天的企业服务"为办学宗旨,使学员受到超前教育。5. 针对不同类型的人员的个性化教育,使他们在一定的知识或技能方面有其特长,为今后成长创造条件。

高等职业技术院校积极参与培养高级技能人才是国家培养数以亿计高素质劳动者,增强综合国力的紧迫需要。创新能力不仅仅是科学家、工程师应当具备的能力,而且也是高级技能人才应具备的素质与能力。高职院校应急国家之所急,把培养高级技能人才作为自己的重要责任。

高职院校培养高级技能人才可从以下几个方面入手。1. 招收中专、职高、技校生,实施3~4年的教育和训练,使他们在文化专业知识方面达到大专水平,在技能训练方面达到高级工的标准,实行学业文凭和职业资格两种证书制度,培养高级技能人才的后备力量;2. 对转业下岗职工中的"三校生"或同等学力者,实施两年左右的能力再发的教育和训练,培养成高级复合型技能人才;3. 为已获得高级技能人才资格(如技师、高级技师)的员工提供继续研修深造的场所,造就一批享誉世界大师级的人才。有良好教学条件的院校可以试办类似德国师傅学校的技师学院,是适时和必要的;4. 为工程技术人员提供技能训练的条件,把部分高技能人员培养成双师型(工程师、技师)的复合人才。

高职院校积极参与高级技能人才的培养工作,能使大批高级技能人才脱颖而出,逐步满足国家经济建设和科技发展的需要。对改变我国高等教育长期存在重知识、轻素质与技能的弊端有积极作用和影响,对营造全社会尊重技能人才的氛围也大有裨益。

(四)厂校结合培养高级技能人才与方法设计

下面是两种培训模式的设计方案:

1. 高职学历教育与企业锻炼结合的模式

高等职业院校利用良好的办学条件与企业合作,直接为生产服务一线培养所需实用人才,特别对有志于此的高中毕业生和"三校"毕业生敞开成长之门,为这些青年人周密设计其教育成长计划。这里仅提供一般示意性的模拟设计。具体教学方案的内容包括以下几个方面。

第一阶段:在高职类院校

(1)根据培养目标对本专业进行岗位能力分析及全面素质教育分析;

（2）根据对岗位能力及全面素质教育的分析确定各个教学环节；

（3）根据以上两项分析确定课程设置、课程模式及考核方式；

（4）着重分析保障技能培训环节的场地、设备配置；

（5）选择或编写适用教材，选聘任课教师；

（6）教学实施及中期教学质量检查；

（7）通过反馈修正教学实施方案的不足。

第二阶段：在企业

企业对分配到岗的高职毕业生实行顶岗锻炼，既放手让他们在工作岗位劳动，接受实际生产的锻炼，又不放松对他们的严格要求和精心培养。一方面鼓励他们在岗位上坚持生产，刻苦学习知识与技术，另一方面让他们在岗位上展现自己的才智和技能，并安排机会让他们补充生产知识，鼓励他们参加企业技术革新和技术攻关活动，增长实际才干，积累生产与革新的经验，尽量少安排过多的无关工作，多让他们发挥知识与技能专长，促进他们立足岗位，尽快成才。

2. 企业选拔培养与高职类院校强化培训相结合的模式

第一阶段：企业培养与选拔

选拔出初步具备高级技能人才素质与能力的骨干人员，在专业知识或专项技能上再提高一步，或者选拔优秀学员参加各类技能大赛，让他们经受实际锻炼。还可以采取缺什么补什么原则，选送他们到高职类院校进行强化培训或专修。

第二阶段：高职院校强化培训

这个阶段以院校为主进行，学校通过对企业选送人才经分类分析，确定培养目标和培训手段，通过针对企业需求的各类短期培训完成强化培训任务。

（1）知识性培训——有针对性提高某项专业知识（如现代专业理论教育）；

（2）专业技能培训——提高专门技能（例如数控机床操作编程、特种焊接培训等）；

（3）围绕企业技术引进的专项技术培训——专门设备调整、控制、操作等；

（4）围绕企业技术攻关项目与课题的培训——提高独立解决问题的能力。

四、高级技能人才的资格认定

（一）建立高级技能人才资格认定制度的重要意义和要求

对高级技能人才的培养、评价和资格认定，是一个相互交替和相互促进的过程，伴随高级技能人才的整个职业生涯。如果我们只单纯注意培养或培训，而无有效地对这种培养或培训相应的评价与资格认定的制度，则无法检测培训的效果，选择最佳的培训途径和措施，因而培养工作不可能持之以恒和提到更高的阶段。日本《职业能力开发促进法》总则第三条对这两者的关系做了很好的说明。该法称："职业训练是工人整个职业生涯的一个阶段，必须有系统地进行。技能鉴定必须根据职业的需要，对工人能力发展的不同阶段进行评价。"① 从而促进训练制度和鉴定制度日趋完善。由此可见，对高级技能人才建立有效的评价和资格认定制度，无论对高级技能人才的培养和成长、确定其社会地位、实现自我价值和发展目标，都有重要意义。

建立高级技能人才资格认定制度的基本要求。

1. 广泛宣传、树立全新的人才观念。有关地方政府部门、行业组织、企事业单位的领导乃至全社会要树立并且确认高级技能人才是一种重要人才类型和人才群体。但是时下除航天、航空、石油等少数行业、企业和地方外，普遍忽视这一类型人才的重要地位和作用。只有广泛深入宣传、树立全新人才观念，才可能引起全社会的重视。

2. 在工商企业、种植和养殖业技能人才密集的部门和地方，以对高级技能人才概念、类型、特征和素质与能力要求的表述做参考，以国家新颁职业分类为架构，以本行业、企业生产技术和经营管理结构的要求为依据，确定哪些职业、工种、岗位应配备高级技能人员，并制定相应的职业技能标准和考证规则，作为培养和资格认定的依据。

3. 在考评高级技能人才时，要组织考评专门机构，做到公开、公平和公正，按规则办事，确保考评质量。

4. 在颁发高级技能人才资格认定证书时，要由相应的机构领导签发，以示其严肃性和权威性。

（二）我国对高级技能人才资格认定的基本形式和制度

---

① 日本 职业能力开发促进法. 1985 年 6 月 8 日颁布

我国对高级技能人才资格认定是国家职业资格证书制度和企业内岗位资格证书这两种基本形式和制度的综合。其中技师和高级技师职业资格证书制度占有特殊重要的地位。实行这种制度有利于我国形成合理的技术结构和人才结构，适应经济建设的需要。《中共中央国务院关于深化教育改革全面推进素质教育的决定》强调指出："社会用人制度对于实施素质教育有着重要的导向作用，改革用人制度是全面推进素质教育的当务之急地方政府教育部门要与人事、劳动和社会保障部门共同协调，在全社会实行学业证书、职业资格证书并重的制度。"①

劳动和社会保障部为了贯彻以上《决定》，规范和健全我国技能人才的职业资格证书制度，从 1999 年 7 月 1 同起，将原《技术等级证书》《技师合格证书》和《高级技师合格证书》统一更名为《职业资格证书》。这对实现职业资格证书与学历文凭证书并重及与就业制度相衔接和沟通，迈出了重要的一步。我国在工程技术方面各类技能人才职业资格证书体系结构示意图如下：

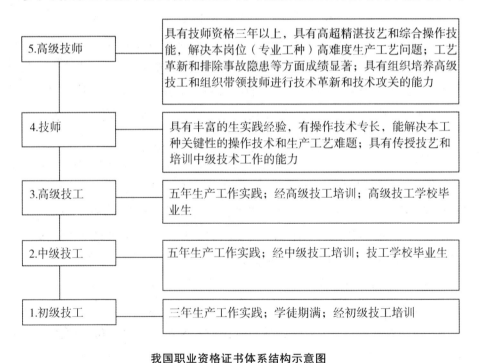

5.高级技师	具有技师资格三年以上，具有高超精湛技艺和综合操作技能，解决本岗位（专业工种）高难度生产工艺问题；工艺革新和排除事故隐患等方面成绩显著；具有组织培养高级技工和组织带领技师进行技术革新和技术攻关的能力
4.技师	具有丰富的生实践经验，有操作技术专长，能解决本工种关键性的操作技术和生产工艺难题；具有传授技艺和培训中级技术工作的能力
3.高级技工	五年生产工作实践；经高级技工培训；高级技工学校毕业生
2.中级技工	五年生产工作实践；经中级技工培训；技工学校毕业生
1.初级技工	三年生产工作实践；学徒期满；经初级技工培训

我国职业资格证书体系结构示意图

---

① 中华人民共和国教育部网站《中共中央国务院关于深化教育改革，全面推进素质教育的决定》（1999 年 6 月 13 日发布）本页已归档（2015 年 6 月）http：//old. moe. gov. cn//publicfiles/business/htmlfiles/moe/moe_ 177/200407/2478. html 2018. 11. 21

　　以上示意图表明，从 1987 建设技师制度以来，经过十几年的努力，对高级技能人才建立了较为健全的以职业资格证书为标志的资格认定制度。其特色表现在：1. 这种证书属于国家证书。通过国家法律和法规，以政府力量来推行，并且是由政府认定和授权的机构来实施。2. 在认证方式上，是采用国际通行的第三方认证原则。即独立于供给与需求双方以外的第三方——政府授权或认可的考核鉴定机构做出认证。这种认证方式有利于提高证书质量和与国际接轨，实现多边互认。3. 从鉴定内容上看，主要以职业活动和发展的需要为导向确定鉴定内容，体现对高级技能人才素质与技能的全面要求。

　　由于我国职业资格证书制度具有上述特点，对证书持有者来说，有以下几点益处。1. 表明该证书持有者具有从事某种职业所必备的学识和技能，得到全社会和法律上的认可并在全国范围内通行。2. 它是证书持有者求职、任职、从业的资格凭证；也是用人单位招聘、录用的主要依据。特别是那些实行"准入控制"的职业和工种，没有职业资格证书，就不能进入这些职业领域。3. 是持有者在境外就业、参加对外劳务合作时，办理技能水平公证的有效证件。

　　技师、高级技师资格认定办法在技师制度试行初期，实行评聘结合，其特点是结合岗位工作实施认定，这有利于提高本职岗位的实际工作能力，但由于技师岗位与其人员配置实行限额控制和受传统观念影响等多种因素的制约，不利年轻高级工评审为技师，使得技师制度在促进高级技能人才的培养中难以发挥更大的作用。有鉴于此，劳动和社会保障部正在着手实行技师考评社会化管理办法。简言之，就是三权分立、评聘分开。把申报权交给个人，考评权交给社会专门机构，（鉴定站、所）聘任权交给用人单位。凡符合技师（包括高级技师）任职条件的高级工和其他人员，一经通过规定的程序评审合格，都可获得劳动保障部门认可的技师职业资格证书。至于何时聘用、聘期长短及有关待遇，由用人单位决定。这样有利于增强竞争上岗意识；有利于高级技能人才成长；有利于技师进入劳动力市场和人才市场，运用市场机制，优化高级技能人才资源配置，充分发挥技师职业资格证书制度的作用。技师、高级技师的工资福利待遇，由用人单位参照工程师、高级工程师等专业人员的有关待遇自主确定，这样有利于营造全社会尊重高级技能人才的氛围。

　　企业岗位资格证书是企业自主认定高级技能人才的一种制度。它的优点是与企业的生产经营和技术进步融为一体，有利于企业建立高效和灵活的用人机制和管理制度。岗位资格证书是企业行为，不具有政府认可的职业资业资格证书的效度和权威。因此，企业应该鼓励和支持员工除持有企业岗位资格证书外，参加国家职业资格证书的培训和考评，为本企业造就一大批持有两种职业资格证书的高级技能人才，这是有利于企业竞争和发展。有条件的高新技术含量高的企业，还可以引进国外有权威的资格证书，以便高级技能人才走出国门，参与国际竞争。

五、对大力加强高级技能人才培养工作若干建议

（一）提高认识优化育人环境把培养高级技能人才工作落到实处

1. 对高级技能人才的认识存在两大误区要切实加以解决，一是狭隘的人才观念，二是误认为高级技能人才主要靠经验积累，自我奋斗成才，高职院校无法培养，以致在众多类型的高职院校中，除高级技工学校和极少数职大、职业技术学院外，其他都把培养高级技能人才置于高等院校之门外。必须冲破这种思想壁垒，确立全新的人才观念，加大宣传力度，在全社会形成"三高"人才并驾齐驱的氛围，让青年人了解到学技术有用，有技能光荣、能工巧匠同样可以致富。

2. 地方政府应把培养高级技能人才纳入经济和社会发展规划，落实政策措施，加大投入力度，形成各级各类技能人才与经济、科技发展同步增长的机制。鼓励、支持有条件的地方和部门设立专项基金，实施高级技能人才培养工程。

3. 高等职业技术院校应广开学路，把培养高级技能人才作为义不容辞的责任。以当地人才和劳动技术需求预测为导向，全面推进素质教育，重视学生职业技术、技能和创新能力以及敬业精神的养成。对毕业生实行学业文凭与职业资格两种证书制度，与人才（劳动力）市场相衔接，卓有成效地适应社会经济发展和科技进步的要求。

4. 企业是培养高级技能人才的主要基地，要按照《劳动法》《职业教育法》的规定，使本企业职工教育制度化和规范化。把高级技能人才的培养与企业开发新技术、新产品、新材料和提高产品与服务质量结合起来。

（二）制定高级技能人才培养配套政策形成高级技能人才快速成长的有效机制

5. 制定激励政策，促使多出和早出人才。改善人才选拔机制，优先培养35 岁以下的具有较高思想素质和技能素质的青年；在培训时间、经费、层次、渠道上给予保证和支持；在使用方面，要信任、重用他们，敢于让他们挑重担，担任和参与技术攻关，发挥技术技能带头人作用；应加大奖励力度。如对有特殊重大贡献的技师、高级技师，经过一定的审批程序，同样可享受政府的特殊津贴。

6. 强化职业资格证书的效度。根据中央"在全社会形成学历文凭证书与职业资格证书并重的制度"的决定，人事、劳动和社会保障及教育部门要共同采取措施，制定具体的实施办法，规范当地的人才市场和劳动力市场有序动作。我们建议：

（1）凡持有两种证书的求职者，专业对口或相近，向用人单位可优先录用；

（2）实行准入控制的专业工种，求职人员必需持有合格证书，方可进入人才（劳动力）市场；如市场工作人员违反准入控制规定，任意介绍无资质人员进入此类单位，以违法论处；

（3）人事、劳动和社会保障部门应共同做出规定：那些职业或职业群根据其特点与要求，既要有学业文凭证书，又要有职业资格证书；那些职业或职业群主要应有职业资格证书或岗位资格证书，不强调必须有学历证书。

7. 建立高级技能人才资源市场化配置机制，打破当前人才流动闭塞，囿于单位所有，不利于人才成长的瓶颈。通过工资调节的作用，转变高级技能人才供求失衡状态，达到加速培养和早日成才的目的。

政府要加强人才（劳动力）市场的宏观调控力度，制定人才资源政策，创造公平的人才竞争条件，保护人才的正当竞争。

8. 调整高级技能人才退休政策，企业可根据具体情况，适当延长退休年限，不搞一刀切。目前高级技能人才队伍年龄老化现象突出，如按现行现定年龄退休，青黄不接现象将更为严重；当前尤其要防止一些企事业单位以减人增效为名，违反国家退休政策，任意提前退休年龄，使高级技能人才大量流失的现象。

（三）建立和完善高级技能人才培养的法规体系强化法制管理

9. 加强高级技能人才培养，必须加快法规建设。各级地方政府应依据《教育法》《劳动法》《职业教育法》和《社会力量办学管理条例》等法律法规，制订具体实施办法，着力解决有法不依、执法不严、违法不究的问题。要由执法机构来保障，组织执法人员组成监察队伍，督促、检查、惩处各项违法违规行动，保证教育法规的权威性、严肃性、约束性和警示性。

（四）抓好中级技能人才的培养为高级技能人才培养和成长提供雄厚的人才基础

高级技能人才大多数来源于中级技能人才，抓好中级技能人才的培养绝不可忽视。我国中级技能人才同样存在文化层次偏低、总量不足、年龄偏大的问题，加快中级技能人才同样十分迫切。对各类中等职业技术学校进行结构性调整，进一步明确培养各类中等技能人才是他们的首要目标，全面推行素质教育和两种证书制度，全面提高学生的素质与实际能力，以适应就业与继续提高深造的需要。

第三篇 03

教育论文·评论

本篇分为五章。包括"职业教育（上）"；"职业教育（下）"；"成人教育"；"职业资格证书制度"和"评论与争鸣"。收录了作者20世纪后期至本世纪初叶的代表性作品；其中多篇文章被中国人民大学书报资料中心的《职业技术教育》全文转载。如《加入WTO后的我国职业教育》等。

上述文章主要是从作者在这一时期出版的专著和在报纸杂志上公开发表的文章中摘选的。这个时期的时间跨度较大，又是我国教育改革不断深化，各种思潮交叉碰撞较为激烈的阶段。人们对于某些问题的认识，经历了一个由浅入深，由表及里的过程。因此，在编辑中，力求尊重历史、反映原貌，力争使读者阅读时，借以解读这段历史，解读职教人艰难求索的过程，从而引发新思考，探寻新思路。

——编者

第一章　职业教育（上）

关于职业技术教育体系和规划问题的思考①

《中共中央关于教育体制改革决定》，是改革教育体制，发展教育事业的重要纲领。建设一个有中国特色的同经济、科技与社会发展相适应的社会主义的职业技术教育体系并制定好发展规划，是这项工程的起点和目标。

中央在决定中明确提出了要："逐步建立起一个从初级到高级、行业配套、结构合理又能与普通教育相互沟通的职业技术教育体系。"② 这是一个庞大复杂的系统工程，这项工程的目标便是《决定》中所指出的造就"千百万受过良好职业技术教育的中、初级技术人员、管理人员、技工和其他受过良好职业培训的城乡劳动者。"这项工程的重要性在于我们如果"没有这样一支劳动技术大军，先进的科学技术和先进的设备就不能成为现实的社会生产力。"四化建设，便有落空的危险。

这项工程的要点，概括说来，有以下几个方面：

---

①　原载《教育与职业》1986 年第三期

②　教育部网站：共中央关于教育体制改革的决定 1985 年 5 月 27 日发布。中华人民共和国教育部 http：//www. moe. gov. cn/jyb_ sjzl/moe_ 177/tnull_ 2482. html 2018. 11. 21

一、逐步建立起社会劳动力资源和劳动力需求以及劳动力素质、效绩的信息反馈体系

也就是说，把劳动力的产生、劳动力的训练和劳动力的使用全过程都要掌握起来并形成一个网络。这可以称之为"劳动力全程信息"。这是职业技术教育系统工程中的一项基础工程，是把职业技术教育与国民经济、科学技术和社会发展联系起来的纽带，是制定职业技术教育发展规划、决定方针政策的客观依据。通过"劳动力全程信息"，可使职业技术教育能动地为国民经济和社会发展服务；也可以调整国民经济的某些产业和部门，使之符合劳动力充分就业的需要，达到劳动力优化的社会效果。建立"劳动力全程信息"是一件非常复杂和难度很大的工作，但鉴于它的重要性，应下定决心，从早动手，一步一步地把这个全程信息体系建立和健全起来。湖北沙市和江苏苏州市进行这项工作多年，积累了一定的经验，并获得良好的效果。如沙市劳动部门会同计划部门，根据该市"七五"期间的经济发展趋势，预测到该市每年需要新增劳动力二千人左右，产值每增长 1%，劳动力增加 0.35%。根据这种预测，制订相应的培训计划。

劳动力资源的调查、统计和分析，可依靠各级劳动服务公司，建立数据库，运用电子计算机进行运算和信息的存储。劳动力的需求预测，可由企事业单位，从改革劳动计划管理体制入手，定期向劳动行政管理和有关部门提供信息资料。企业现行劳动计划的弊端，是计划指标过于笼统简单，没有与职业技术培训挂起钩来。例如在企业现行劳动计划中，对社会劳动力的需求，仅有一项"新增职工"指标，而没有人才知识结构的具体要求。如果将这种单项指标，按五年规划和年度计划的要求，细分成以下四项指标：（1）大专以上毕业的工程技术和管理人员；（2）中专程度的技术员，管理员；（3）中级以上职业技术工人；（4）初级职业技术熟练工人。根据"劳动力需求预测"基础数据制定的劳动力计划才可以起到国民经济和社会发展与职业技术训练之间的纽带作用。

二、从动态观点出发，用数学模型，建立一个职业技术教育发展的较优结构

这个结构包括纵向结构和横向结构两个方面。所谓纵向结构，是指初级、中级和高级技术工人以及高级和中级工程技术、管理人员之间的较优比例。根据工业发达国家的发展趋势，工人中，高、中、初级技术工人的比例大约是2:5:3，后者之比大约是1:4:12。所谓横向结构，是指职业技术教育内部的农、林、水、工、交、商等各类专业学科，要配比适当，互相协调。制定职业技术教育结构模式的目的，是从纵向和横向两个方面，宏观控制职业技术教育有计划和按比例发展，避免其脱离国民经济发展的实际而盲目发展，因而这个模式是对职业技术教育进行综合管理的重要工具。制订一个较优的职业技术教育结构，应遵循以下三原则：（1）职业技术教育结构要反映当地的经济和社会的特点，并为经济和社会建设目标服务；（2）职业技术教育结构要与产业结构和劳动就业结构的发展和变化相适应；（3）职业技术教育结构要和发展变化的技术结构相适应，并为技术引进和技术改造服务。根据以上三原则，一个合理的职业技术教育结构究竟是一个什么样子呢？各地经济、社会和职业技术教育本身发展状况不同，因而模式也会是各有千秋。

三、确定各级职业技术学校的学制、培养目标和办学功能定位

《中央在关于教育体制改革的决定》中指出："发展职业技术教育要以中等职业技术教育为重点，发挥中等专业学校的骨干作用，同时积极发展高等职业技术院校。"[1] 这是我们在研究各级各类职业技术学校的布局、专业设置、学制和培养目标时，应掌握的一个要点。学校教育仍然是职业教育主要和基本的教育形式。当前这方面存在的问题，是各类中等和高等职业技术学校的发展缺乏统筹，与国民经济的需要脱节。例如中等专业学校，在一个市、县，甚至一个企业内，就有全日制中专、职工中专和职业中专等，不少是重复办学，浪费人财物力，教育质量也很差。再如我国现有四千多万技术工人，根据1983年底的统计，高级技术工人大约只占2.3%。另据上海船舶公司的调查，该公司高级工现只占1.1%，再过三、五年，要全部退休，濒于断档。我们正面临着抢救高级技术和工艺人才的紧迫形势。如以到1990年要求高级技工占全部技术工人20%计算，加上自然减员因素，则每年至少需要培养出高级技工160万人，相当于全国技工学校在校生的三倍以上。另一方面，近

---

① 教育部网站：中共中央关于教育体制改革的决定1985年5月27日发布。中华人民共和国教育部 http://www.moe.gov.cn/jyb_ sjzl/moe_ 177/tnull_ 2482. html 2018. 11. 21

几年来，全国办起了自费、走读、不包分配的职业大学 50 余所，各类干部管理学院 70 多所，但是却没有一所培养高级技工的高等职业技术院校。这说明我们办学缺乏统筹，到了何种严重的程度。另外，社会上还有两股不正之风干扰职业技术教育的正常发展。一是学历风，二是升格风，有许多人不是为获得知识去学习，而是为了文凭。办学单位在很大程度上也受着这两股风的影响。有的不顾客观条件，动辄要办大学、学院。技工学校条件有所改善时，就想升为中专，中专则想升格为大专，这是必须采取措施加以解决的。

要充分发挥中等专业学校的骨干作用，必须对我国中专、技校和职业中学这三类中等职业技术学校的培养目标，学制、办学功能定位和发展比例做出规定，使其各自发挥优势，办出特色，协调发展。这三类中等职业技术学校构成我国中等职业技术教育的基础，它们的办学好坏，发展快慢，对我国职业技术教育的发展关系极大。中等专业学校的培养目标宜规定为培养技术员、会计员、施工员等中级技术与管理人才。招收初中毕业生，学制三年或学制四年。专业设置视地方或部门的人才需求而定，发展比例参照地方或部门的工程师，经济师等配比而定。全日制中专、农专、职工中专和职业中专等，要加以整顿。在一个地方应有一个合理分布，盲目重复办学的，要予以纠正。技工学校应重申是培养中级技术工人的学校，达不到这个要求的，要继续进行整顿提高。招收初中毕业生，学制三年或学制四年。主要设置技术装备比较复杂或自动化程度较高的技术密集型的专业。如机电和重化工等专业。发展比例按地方或部门对中级技工的需求而定。从全围来讲，到 1990 年国家大约需要增加中级技术工人 1500 万人，才能使中级技术工人达到占技工总数 30% 的要求，而现在技工学校的培养能力大约是 120 万人，社会招收和在职培训各占一半。国家对技工学校要给予较大的投资和关注，使其真正成为培养中级技工的基地，继续承担在职培训和社会招生的双重任务；要把条件较好的技工学校，加以扩建、充实和提高，发展成高等技工学校，承担高级技工的培训任务。这几年来，在中等教育结构调整中，由普通中学改办成的职业中学，发展很快，与中专、技校形成鼎足之势，到 1984 年底，全国城乡有职业中学 7000 多所，在校生 170 万人。从目前各地职业中学的实际情况看，与中专、技校相比，多数是培养比技校低一层次的初级技术工人和第三产业的从业人员，少数培养与中专、技校培养目标相近的初、中级技术、管理人员和技工。有的同志据此提出职业中学的办学方向应分别向中专、技校靠拢。这种主张有商榷的必要。职业中学的优势之一恰恰就在于"船轻调头快"，应变能力强，培养目标、办学形式多样化，能弥补中专、技校教育的不足，在中专、技校和普通中学之间起调节、平衡的作用。因而不应搬用中专、技校的模式。职业中学的办学范围，除了弥补中专、技校不足外，一般说来，应向文教、商业、旅游等不需要投入大量复杂实验设备的第三产业发展，招收初中毕业生，学制二年或学制三年。在中专、技校和职中这三类中等职业技术学校之间，可实行双学历制度。如技工学校毕业生，在继续学完中专相关专业的课程后，考试合格，可另发给中专证书，承认中专学历。职业中学也是如此，符合哪一类专业水平的，考试合格，除职业中学学历外，还分别承认中专或技校学历。

四、建立职业技术教育师资培训与进修的体系

中央在关于教育体制改革的决定中指出："师资严重不足，是当前发展中等职业技术教育的突出矛盾。"① 怎样解决这个矛盾？中央指出："各单位和部门办的学校，要首先依靠自己力量解决专业技术师资问题，同时可以聘请外单位的教师，科学技术人员兼任教师，还可以请专业技师、能工巧匠来传授技艺。要建立若干职业技术师范院校，有关大专院校、研究机构都要担负培训职业技术教育师资的任务，使专业师资有一个稳定的来源。"中央对怎样解决职业技术教育师资问题，作了如此细致的规定，现在的问题是落实！一要思想落实，充分认识师资问题的严重性，职业技术教育教学质量的高低取决于师资队伍的水平。二是组织落实，采取各项组织措施，保证师资有一个稳定的来源。"一鸟两翼"型的师资培训体制，是一个较好的体制。所谓"一鸟两翼"，是在一个省、市、自治区或国务院一个部，集中人财物力的优势，建立一至两所各方面条件较好的职业技术师范院校，作为本地区或本部门的职业技术教育的教学中心、科研中心和国内外信息交流中心。除招收新生外，同时培训在职教师，提高和更新知识，这便是所说的一鸟的鸟身。其一翼是高等工科和综合院校，要设立相关的职业技术教育专业或系，担负起培养专业师资的任务；另一翼是普通师范院校，要在办学方向上进行调整和改革，

① 教育部网站：中共中央关于教育体制改革的决定 1985 年 5 月 27 日发布。中华人民共和国教育部 http：//www. moe. gov. cn/jyb_ sjzl/moe_ 177/tnull_ 2482. html 2018. 11. 21

在面向普通中学的同时，面向职业技术学校。因此所有师范院校，在向学生教授教育学、心理学课程时，要增加职业教育、职业心理和职业教育管理的内容，进行职业准备教育，使学生克服轻视职业技术教育的思想。三是政策落实，对从事职业教育工作的干部和教师，要毫无例外地落实知识分子政策。厂矿工程技术人员和能工巧匠调入职业技术学校任教的，工资可以向上浮动一级，鼓励他们乐于并安心在职业技术学校任教。在企业从事职工教育的教师和干部，奖金和福利待遇，应不低于企业科室干部的平均水平，对优秀者可优先浮动升级。

五、建立与职业技术教育发展相适应的科学研究体制

职业技术教育的科学研究包括学科的理论研究，教学研究，教材研究，以及现代化教学手段的引进和研制等方面。在教育思想、教育内容、教育方法上的种种弊端和落后现象，迫切需要从理论上进行深入的探索，找出克服的对策；在职业技术教育的领域有许多东西尚未被认识，也需要去开拓。研究工作是实际工作的先导，科学研究水平的提高能带动教育教学水平的提高和促进职业技术教育的繁荣。职业技术教育发达的国家十分重视这一方面的科学研究，有专职的研究机构，有一支高水平的研究队伍。我们应当为此做出努力，逐步把职业技术教育的科学研究工作开展起来。

六、建立精干高效的职业技术教育管理体制

这是建设具有中国特色的职业技术教育体系必须解决的一个至关重要的问题。过去从中央到地方，职业技术教育分别由几个部门分散管理，多头领导，政出多门，牵制了职业技术教育的发展，现在到了解决的时候。职业技术教育管理机构设置的根本要求有二：一是服务基层，便利基层；二是便于统筹，便于加强宏观管理。基层办学单位是学校和企事业单位。职业技术学校是直接为企事业单位服务的，这是职业技术教育在办学形式上与普通教育的不同之处。随着经济体制改革的深入，企事业单位办学向着两个方向发展。大型企业向办学综合化和管理一体化方向发展；中小企业向联合办学或委托代培的方向发展。所谓办学综合化和管理一体化，即在一个企业内，设立培训中心或教育中心这样的教学实体，将企业各种办学力量统管起来，发挥智力投资的优势。上级管理机构也应只有一个机构对口进行综合管理和指导，

不能再搞多头领导。在一个地区或部门，技工学校、职业中学、就业训练中心以及企业在职职工的进修培训和徒工训练等，在各级教育委员会领导下，由劳动部门统筹和综合管理为宜。其目的在于调动各种办学力量，全面规划，为建设一支以中、高级技术工人为主体的劳动技术大军做出努力。湖北省沙市比较好地解决了这个问题。他们的作法是：在市人民政府内成立一个"职业技术培训领导小组"，由一名副市长任组长，有经委、计委、财政、教育、公安和劳动人事局等部门的主要负责同志参加。为了便于培训和就业相互结合，办公室设在劳动局内，统一管理全市的技工学校，职业学校和在职职工的技术教育。为了加强对教学业务的管理，探索发展职业教育的客观规律，该市相应成立"沙市职业教育培训中心"。这样便把劳动力资源的调查、劳动力需求预测以及职业技术教育的教学、科研和管理统一起来，收到了便利基层、服务基层和加强宏观调控与统筹的良好效果。

综上所述，职业技术教育这一系统工程是由以上六个要素组成的，并且这些要素密切联系、互相渗透和互为依托。当然这一系统的建立和完善，还有许多外部条件的制约和影响。诸如立法的保障、人员、资金、设备的投入等，都属于外部的保证条件，因不属本课题探讨的范围，就不再一一阐述了。

简论黄炎培职业教育的实践活动及其思想理论体系①

黄炎培是我国著名的社会活动家和人民教育家，是我国近、现代教育改革的先行者。他为我国民族解放、人民民主和争取社会主义的胜利奋斗了一生；他为我国现代教育制度的建立，特别是现代职业教育的创建和发展做出了奠基性的贡献。

我国职业教育发展的历史，同黄炎培先生是分不开的。对黄炎培先生的一生做出这样的评价，是合乎客观历史事实的。这里仅就其在教育方面的活动和所做出的贡献，谈一点粗浅的认识。

21 本世纪初，先生即致力于改革脱离社会实践的传统教育。他冲破几千年来封建教育的束缚，从提倡"实用主义教育"到创立中华职业教育社；从倡导职业教育到提出大职业教育思想，都是以此为宗旨的。"九·一八"事变后，先生更把实施职业教育同拯救民族危亡联系起来，筚路蓝缕，备历艰辛。教育这种社会现象，在先生看来，只是一种手段，而不是目的，是达到"救国"和解决中国社会问题的重要工具，而不能是少数统治阶级享受的一种特权。他把教育从只为少数统治阶级和富有阶级服务的狭境中解放出来，变为平民所共享的事业，这就从根本上触动了我国几千年来封建教育思想及其体系，为现代教育制度在我国的建立和职业教育的创建奠定了思想理论基础。笔者认为黄炎培是我国一位教育改革家，是教育改革的先行者，立论就在这里。

上述黄炎培教育思想理论，不仅在他的著作中屡见不鲜，并且贯彻在他的全部教育活动实践中。举其大者：关于对封建传统教育的批判和倡导职业教育的旨意，先生指出："觉得我国教育与社会脱节，求学与服务脱节，所以学生毕业后，竟无相当的事可做。如果教育越发达，社会将越发展不了。所以主张将学校与社会、求学与服务联系起来，使学校功课可以在社会上应用，这就是兄弟所谓职业教育的理想。"关于发展职业教育的目的，他在《职业教育谈》一文中指出："职业教育之旨三：为个人谋生之准备，一也；为个人服

---

① 原载《职业技术培训》1987 年第 4 期

务社会之准备，二也；为世界、国家增进生产力之准备，三也。"关于职业教育的本质和生命是什么？先生在《职业教育机关唯一的生命是怎么》中说道："就是社会性；就其作用说来，就是社会化。"① 黄炎培这种教育要学用一致，为社会服务，为国家乃至世界增进生产力服务的思想，正是现代教育思想的本质特征。我们知道，现代教育是现代大工业生产发展的产物；是适应现代经济、现代科技对职业技术人才的需求而发展起来的，它的本质就是为经济和社会服务。黄炎培这种教育思想所具有的时代精神，不但没有因时光的流逝而减少它的光辉，反而历久弥新，看到了今日教育应有的指导思想和战略方针的历史渊源。黄炎培既是一位现代教育家、改革家；同时也是一位人民教育家。因为他的教育宗旨及其实践活动是为平民谋福利，他之所以着力倡导和推广职业教育是为了"使无业者有业，使有业者乐业"。他提出实施职业教育三原则，其一便是"宜从平民社会入手"。他为中华职业学校制订的"校训"是"劳工神圣""双手万能"。他主张农村职业教育与整个"农村改进"联系起来，设立农村改进实验区。先生在《倡导平民职业教育之商榷》一文中，更能洞察其为平民着想之良苦，他写道："近似注重平民职业教育。以前所办教育，总限于中等以上人家子女。实则此等青年，其数不及中等以下之多，其需要职业教育，亦不及中等以下之切。……故近年稍变方针，于上海、南京，小小试办，正拟逐渐推广。"这些都反映了黄炎培教育思想的人民性。有的论者对这一点之所以持有异议，主要是认为黄炎培办教育是依靠民族资产阶级的力量，因而他是代表资产阶级利益并为其服务的。谁都知道，办教育是要花钱的。21世纪初，在第一次世界大战期间，帝国主义无暇东顾，我国民族资本主义经济获得较快的发展。黄炎培在他所处的那个时代，办教育并且要有所作为，供他选择的道路有三：一是依附帝国主义势力，钱也来得容易；另一是依附本国封建势力，则要走回头路；再者依附民族资产阶级。民族资产阶级在我国当时历史条件下是一个新兴的进步阶级，而黄炎培恰恰选择了这一条道路。他的现代教育思想是符合民族资产阶级发展民族经济利益的，因而得到民族资产阶级的支持。但是，先生办教育的根本目的，不仅仅在此；他的全部教育思想和全部实践活动如前所述，是着眼于中国社会问题的解决，而社会问题中的根本问题在先生看来是平民的就业、生计问题，

---

① 刘春生，徐长发. 职业教育学［M］. 北京：教育科学出版社，2005

所以他是依靠民族资产阶级的力量来达到自己的目的。这乃是黄炎培教育思想的本质特征。正是由于他的思想的人民性，因而先生能做到与时俱进，在中国共产党的影响和教育下，由一位虔诚的爱国者、民主主义者走上了社会主义道路，转变为社会主义者。从1949年中华人民共和国成立直到他逝世，先生成为我国国务活动家和国家领导人之一，绝非偶然。

黄炎培为了实现他的教育理想和主张，长期从事教育实践活动，排除万难，开拓奋进，数十年如一日。1902年他创办江苏川沙县小学堂，1906年在上海创办斯盛中学。1914年他遍访皖、浙、赣诸省城市和广大农村，继而又考察了欧美诸国蓬勃发展的职业教育，发现我国当时的教育制度严重脱离社会需要，脱离生产劳动，从此乃立志在我国倡导和推广职业教育。1917年成立了中华职业教育社，几十年来，他一直是这个教育团体的实际负责人，随后相继创办了中华职业学校、中华职业补习学校、中华工商专科学校等。先生和中华职业教育社的同仁不仅自己创办职业学校，从事职业教育的实验；并且深入工厂、农村，为新兴的民族工业、为广大贫困的农村，奔走呼号，献计献策，推广职业教育。由于他和中职社同仁的辛勤努力及社会上热心教育事业人士的支持和赞助，在20世纪30年代，我国职业教育获得一定程度的发展，鼎盛时期有学校1500余所。黄炎培倡导和推广职业教育不仅限于学校教育的一隅，而是遍及职业指导、职业介绍等诸方面，从工农业生产到社会、家庭各个领域，他都想到职业教育问题。

黄炎培对职业教育不仅勇于实践，且重于研究，积数十年之经验，提出许多独创性的见解，逐步形成扎根于我国实际的思想理论和职业教育体系。他的思想理论与逐步形成的职业教育实践体系充满着本土气息和中国味道，读后给人以深刻的启迪。他的教育思想核心是教育"社会化"问题。通过"职业"这个桥梁，把教育和社会沟通，达到为民众、为社会和为发展生产服务。这也就是职业教育的基本功能。国外职业教育，围绕"职业"二字，如日本将职业教育划分为后备训练、提高训练和转业训练三个组成部分，后备训练是培养职业能力，提高训练是强化职业能力，转业训练是学习另一种职业的能力。黄炎培先生也正是借鉴这一思想，提出在我国发展职业教育一系列的主张，形成了他的职业教育思想理论体系。这就是：第一、从小学起实行职业陶冶，初中根据青少年个性心理品质，实施职业指导教育。先生指出："职业教育于吾国，其为基至薄，诚欲原培之，必自推行职业陶冶始。"至于实施职业陶冶的方法，先生在同一篇文章中提出："设学校，使之爱玩天性而习为种植，初不知其为农而农在其中焉；教之手工，使依样制作焉，自由制作焉，初未尝有意于为工而工在其中焉。凡此之类，其直接包含职业意味着勿论已。乃若养成儿童劳动、惜物、储蓄、经济诸良好习惯，其间接影响，何在不予治生上、服务上有密切关系？则皆职业陶冶之所有事也。"① 进行职业指导的必要性，先生把它看成是"职业教育的先决问题"。"地方教育行政机关有种种责任学校教职员也有种种的责任"进入职业学校时，根据学生个性、心理、品质和社会需要选择所学专业与技艺，因为只有社会需要，毕业后才能顺利就业。据此，先生极为重视职业学校的专业定向和学生个人职业定向工作。他在著名的实施职业教育三原则中提出：职业教育"须向职业社会里边去设施"。在《中华职业学校五年来之经过》一文中又指出："凡职业学校之设计，须十分注重当地社会状况，乡村与城市不同。即同是乡村，同是城市，其地方状况亦不尽同，万一设计不合需要，必至影响于他日学生出路。"② 他还主张职业教育实行知识与能力并重的教学原则，手脑并用，着重培养职业能力。为此，先生很重视实习教学这个环节，在中华职业学校设有各专业的实习工厂，学生实行半工半读，培养实际的操作能力。他在《办理职业学校工场之商榷》一文中指出："职业教育实习是重，租地自设农场，诚为切要之设施"。"欲办公校，先办工场，这活很是。欲办农校，先办农场。……若是工场办不好，敢断言工校是办不好的。"先生这一重要论述及其在职业教育实践中的身体力行，说明加强实习教学，提高职业能力的重要性；不如此，则失去职业教育本身存在的价值和意义。此外在施教过程中，结合教学和生活，全面实施职业理想和职业道德教育。从中华职业学校长期办学实践过程中我们可以看到：在职业理想教育方面，他十分重视爱国主义教育和"劳工神圣"的人生观教育以及"利居众后、责在人先"的品德教育。职业道德教育集中表现在"敬业乐群"四个字上，只有"敬业"才能做到"受业""精业"和"尽业"。先生的"敬业"思想，在今天的职业道德教育中，很值得大力发扬。以上四个方面构成的黄炎培职业教育完整的思想理论体系

① 黄炎培. 小学职业陶冶序杨鄂联君、彭望芬女士合著（黄炎培教育论著选）[M]. 北京人民教育出版社，1993：199.

② 田正平，李笑贤. 黄炎培教育论著选 [C]. 北京：人民教育出版社，1994.

和施教体系，是我国教育发展史上丰硕的成果，更是职业教育史上的一座丰碑，堪为后人楷模。中华职业教育社正是按照先生的教育思想和施教原则，培养出一批批"中华牌"的学生，他们无不工作认真负责，业务上精益求精，深受各界好评。他们中的许多同志在学校教育熏陶和共产党人的教育影响下，走上了革命的道路，献出了宝贵的生命；许多同志已成为各条战线上的骨干或高级专业技术人才，至今仍在为四化建设做贡献。

努力开展职业技术教育科学研究①

首先我代表天津职业技术师范学院职业技术教育研究所、系、《职业教育研究》编辑部热烈祝贺大会的召开，并希望今后加强联系、合作和交流。今天我想借这个机会谈谈对职业教育几个问题的思考。

一、关于职业技术教育的基本特点问题

在这个问题上各地报刊发表了不少文章，谈了许多新见解，比如职业技术教育是多科性、多层次，多种办学形式、多种对象、培养动手能力、具有职业性等。但职业技术教育的基本特点是什么？如何科学地表达？我的意见是要抓住基本的东西、抓主要矛盾，抓矛盾的特殊性来研究这个问题。我国著名活动家、职业教育家黄炎培先生在半个多世纪前对职业教育的基本特点有过深刻的论述。他指出职业教育的本质是什么？是社会性；就其作用来说是社会化。我觉得这样表述是科学深刻的，加上许多同志讲到的几个特点，都是从这里派生出来的。1925 年黄老赴太原参加中华教育改进社第四届年会期间，协助当时政府筹划职业教育，讲了职业教育三原则：（1）办职业教育要绝对因地制宜，因材施教；（2）须向职业社会里边去施教；（3）要从贫民社会入手。这三条原则，反映了他对职业教育社会性这一本质的理解和发挥。这些内容先生在 60 多年前就提出来了。60 年来，我国的社会经济发生了深刻变化。按现在的情况将先生的思想加以引申，关于职业教育的本质问题，是否可以这样地来表述：

现代职业教育的基本特点是同现代生产、现代科学技术不可分割地联系在一起，直接地为经济发展和社会进步服务，成为社会经济发展中不可缺少的环节，是为实现培养劳动者职业适应能力，达到社会劳动力和生产资料优化组合的目的。这里要作一些解释：为什么说职业教育是经济发展和社会进步中不可缺少的"环节"？这主要表现在社会经济大循环中，为国民经济各部

---

① 本文据 1988 年 2 月在山西省职业教育年会上的讲演稿整理

门培养劳动者职业的适合能力。包括后备训练、提高训练和转换职业训练三个方面。我们知道职业教育是对社会劳动力进行"加工"的过程，后备训练是培养劳动者初步的职业能力，提高训练是强化职业适应能力，转换训练是培养另一种职业适应能力。其目的都是为把一个自然劳动力加工成为具有特定技巧和专业的劳动力，或者把一个经验手艺型的劳动力加工成为科学知识型的劳动力，达到和生产资料优化结合的目的。

职业教育是社会经济大循环中不可缺少的环节。可举这样一例：辽宁省有个盘锦市，他们在总结发展农村经济和职业教育的关系时，得出这样一种规律性的以识：农村经济要实现两个转化，迫切需要兴办职业教育，党在农村各项政策的落实为发展社会主义商品生产奠定了思想基础，农村劳动力的剩余，为发展商品生产奠定了人才基础，农业资源的开发利用为发展商品生产奠定了物质基础，而商品生产的持续、全面发展，关键还在于通过职业教育奠定人才基础。这段论述很深刻，充分说明职业教育的本质特点和社会功能。

职业教育跟科学技术教育的关系又是什么呢？简单来说是科学的发现，新技术的应用，必然要借助于职业教育为其传播和推广，并且在传播和推广中吸收群众的实践经验，进一步发现科学真理，完善新的技术。

总之，现代职业教育的本质特点是和现代生产，现代科技息息相关的，各级领导和教师必须掌握这一点，这样才能提高教育质量，达到推动社会经济和科技发展这一根本目的。

二、职业教育和成人教育的关系

成人教育包括职工教育、农民教育、老年人教育等。老年人教育不是职业技术教育，职工和农民教育就其内容来说，基本上也就是职业教育。我们的眼光要放远一些，不要误认为是两码事。例如成人教育现阶段的重点是岗位职务培训，现岗达不到要求的要补课，已达到岗位要求要晋升的也要进行培训，而培训本身就是职业教育中的提高训练内容。所以要把职业教育同成人教育结合好、协调好。在农村这个问题已解决，城市还是分开的。两者结合的好处是可以统筹安排，科学管理，调动各方面的办学积极性，做到人尽其才，物尽其用。

三、职业技术教育与相关劳动人事制度的改革

现在社会上有一种议论，责备劳动部门不大重视招用职业学校培养的学生，形成培训和就业的矛盾。我的看法是职业技术教育的发展一定要适应劳动人事制度的改革，在发展上看，我们不要再把希望寄托在劳动人事部门"包分配"上，因为这些年来，劳动人事制度进行了并且还要进行重大的改革，举其大者有：

1. 实行"三结合"的就业方针。职业学校学生同样要执行这个方针。鼓励学生自谋职业或组织起来就业，当然劳动部门要积极指导和介绍就业。但职业学校在办学指导思想上，必须更新观念，增强学生自谋职业的就业意识。

2. 实行劳动合同制，这是我国劳动制度改革的方向，它反映了社会主义商品经济的客观需求。商品经济的要求是劳动力要合理流动，以适应市场机制的需要；现在固定工采取在厂内流动的办法。工厂企业实行厂长负责制，厂长聘任中层干部和车间主任，车间主任物色班、组长，对职工实行劳动组合制，不合要求的人不要，组织在厂内待业，只发工资，不发奖金。对他们进行教育，变外在压力为内在动力，改变劳动态度，重新组合。对富余职工，开辟生产经营门路进行安排。将来可能形成这样一种就业格局：劳动部门领导劳务市场，劳务市场引导学校，学生要适应劳务市场的需要，才能就业。因此，请各位劳作宣传，今后不要把希望寄托在劳动人事部门"包分配"上，而要寄托在劳务市场。职业技术学校的校长们今后办学校，一只眼要盯着教学质量，另一只眼睛要盯着劳务市场。

3. "先培训后就业"要形成法律。我们能不能有个设想，1990 年前后全国县级以上城镇都要实行"先培训后就业"的制度，进一步发展和普及职业教育，全面提高劳动力的素质。这看来难度很大，因为每年有 600 万新增劳力需要安排就业。因而要加强预测，大力加强就业前的培训。在今后三年内，培训这么多的人，有那么多师资、设备和资金吗？国家教委有这样一个研究课题，还在抓紧进行可行性研究，为政府部门提供决策和制定政策措施提供咨询服务。

四、加强职业教育理论研究

在去年全国教育科学规划会议上，关于加强教育理论研究总结出办好教

育的几条基本经验，一靠政策，二靠师资，三靠资金，四靠科学。

科学研究是办好教育的基础之一，其任务是掌握教育、教学的客观规律，主动适应社会经济和科学发展的需要，收到最好的教育效果。职业教育科学包括基础理论研究，实际问题研究，教材教法的研究和教学实验等。

"七五"期间全国在职业教育方面，有以下重点研究课题：

1. 我国 2000 年职业技术教育发展战略的研究；

2. 关于职业技术教育体系的研究；

3. 老、少、山、边、侨地区职业技术教育为经济发展服务的研究与实验；

4. 发展职业技术教育与相关劳动人事制度同步改革的研究；

5. 职业指导研究与实验；

6. 职业技术教育基本理论的研究；

7. 职业中学办学方向，培养规格办学形式、质量评估的研究与实验；

8. 高等职业技术教育研究。

为完成全国教育科学重点课题研究，并为 20 世纪 90 年代教育科研创造条件，国家教委将采取五项措施：

1. 加强科研队伍的建设，全国现仅有专职科研人员 13000 人，要加强队伍建设；

2. 科研基金的保证，将成立国家教育基金会予以保障；

3. 提供情报资料，建立全国性教育信息服务中心，向全国开放；

4. 建立新的科研管理体制，全国分为十大学科规划组，其中职教是十个学科组之一；

5. 加强对教育科研的领导，要求各地从人、财、物诸方面支持教育科研工作。

我介绍这些重点课题的目的是希望本届年会在制订山西今后二至三年重点研究课题做参考，我个人有个很不成熟的看法，对山西职教科研，谨提出以下几点建议：

第一，依靠群众搞科研。以学会的名义聘请一些不占编制的离退休专业人员，做兼职研究人员，组成一支队伍，开展职教研究。

第二，制定近三年的研究课题。要落实到人，并予以经费资助；组成课题小组，联合攻关。

第三，用一个市作为试验基地进行职教科研、教研的试验，这个试验基地最好和经济体制改革同步进行。

第四，要加强学习。一是把十三大文件学透，深刻理解社会主义初级阶段理论，深刻理解生产力标准理论，深刻理解社会主义商品经济理论，深刻理解社会主义民主政治的理论。二是学习马克思主义哲学和政治经济学理论，特别是政治经济学理论，掌握职业教育与社会经济发展的辩证规律。三是学习省内外教育科学研究和管理的基本经验，在实践中加以吸收和消化，为我所用，为繁荣山西职业技术教育事业做出贡献。

关于深化职业技术教育体制改革的思考①

纪念《中共中央关于教育体制改革的决定》发表三周年

今年五月是《中共中央关于教育体制改革的决定》发表三周年。《决定》的贯彻实施，对于逐步建立具有中国特色的社会主义教育制度和体系，提高民族素质，多出人才，出好人才，使教育更好地适应社会主义建设事业的发展要求，具有重要的指导意义，产生深远影响。本文仅就职业技术教育三年来改革及其变化，略抒浅见。

基本估价

在《决定》的指引下，三年来我国职业技术教育和培训事业，获得了令人瞩目的发展和成就。职业技术教育体制改革，也迈出了可喜的一步。尽管前进的道路仍艰难曲折，深化改革的任务仍很艰巨，但职业技术教育在我国的土地上已经扎根并茁壮成长。1987 年全国各类高级中等职业技术学校在校学生 516 万人，占高级中等学校在校学生总数的比重已由三年前的 28% 增长到 40%。其中中等专业学校 3933 所（含中等师范学校），在校学生达 187.4 万人；技工学校 3765 所，在校学生 104 万人，农业、职业中学 8381 所，在校学生 224.6 万人。全国县级以上就业训练中心 2054 所，一年内培训 60 多万人次。企业内学徒工的培训，每年招工或招生达 100 多万人。民主党派和其他社会力量办职业技术教育，三年来也获得巨大的成绩。就职业技术教育体制改革来说，三年来做了大量的实验、试点工作并获初步成效。如职业技术教育的管理体制，在地方，除必须实行垂直管理的行业外，教育的规划、布局、学校设置、人才使用等，已改为以地方为主进行统筹。从学校内部来说，在教育思想、教学内容、招生、分配等方面，也都进行了不同程度的改革或实验。综观职业技术教育这几年的改革，最明显的特点是：形成了职业技术教育与普通教育两个平行的体系。但就职业技术教育整个体制而言，现行的领

---

① 原载《教育与职业》1988 年第 7 期

导和管理体制，基本上没有触动，许多根本性的问题没有解决，特别是职业学校内部的改革，包括领导管理体制，教育指导思想，教学内容和方法，以及考试、招生、分配等，至今还没有一个妥善的整体改革方案和对策。这些年来我们对现行体制仅仅是进行若干的修补，或者在个别问题上做一些改进。在今天经济体制、科技体制及其他社会改革日益深入的形势下，教育改革状况的相形见绌和不适应呈日益扩大之势。造成这一问题的原因是多方面的。总的来说，我们的教育决策和统筹部门在指导思想上，迁就现实多；对教育改革的紧迫感，危机感认识不足；对与经济、科技体制改革要紧密配套，缺乏应有的思想准备。如在 1986 年 7 月全国职业技术教育工作会议上，就没有专门就职业技术教育的改革同题进行讨论并做出相应的决定。此外，教育改革的舆论不够，教育改革的理论研究不足，相当多从事职业技术教育工作的同志不懂经济，不真正了解职业技术教育的特点和规律，往往按照普通教育模式办职业技术教育。这些也是教育改革推行迟缓的重要的社会原因。

当前职业技术教育的症结问题，仍然是《决定》中所指出的体制问题。现行体制严重束缚职业技术教育进一步发展，严重阻碍职业技术教育与社会、经济和科技的结合，严重影响教育质量的提高和人才培养的质量。这主要表现在以下几个方面。第一，现行的教育体制是单向运行的行政管理，基本上是通过各级行政部门利用行政权力实现对学校和培训机构的领导和管理。政校职责不清，学校实际上处于政府的附属地位。这种高度集中化的单一行政的领导和管理体制，使学校失去应有的生机和活力，难以根据社会经济不断变化的实际需要，灵活地做出反应。因此，教育脱离实际，教育与经济脱节以及封闭式办学等，长期得不到根本的解决。第二，由于政府权力过于集中，学校没有自主权，学校的法人地位没有确立，因而学校和培训机构也无法按照它自身的规律去发展。天津市前不久在中专教育改革座谈会上，经过很大的努力，提出了四条扩权设想：1. 按照需要与可能，学校有确定调节性招生计划的权力；2. 在中专教育的联合与协作中，学校有决策权；3. 根据实际需要，学校有及时调整专业结构的自主权；4. 通过有偿培训、技术服务及其他方面的收入，学校按国家有关规定，可以自行支配使用。在这四条扩权中，回避了学校在人财物这个根本问题上的支配权力。这仍然是在不触动现行体制下的扩权，而不是带有根本性的变革。第三，职业技术教育经费严重不足。没有正常资金来源的渠道，已经影响教师队伍的稳定与发展和教学质量的提高。第四，职业技术教育大都是经济主管部门和企业办学，这固然能调动部门和企业办举的积极性，但随之而来的部门所有制，又限制了学校潜力的发挥，重复办学屡见不鲜；联合办学屡遭主管部门的牵制和非议。第五，我国是实行在公有制基础上的有计划的商品经济，但商品经济意识、市场意识、竞争意识至今未叩响职业学校的大门。例如中专、技校对毕业生的"统包统配"，是和社会主义商品经济的理论和实践不相符的。

改革之道

今年一月召开的全国高等教育工作会议指出，高等教育体制改革的目标是建立使学校具有主动适应国民经济和社会发展需要的有效机制。在国家计划的指导下，把竞争机制正确地引入学校，能使高等教育事业充满生机和活力。但是，必须注意把竞争机制引入学校的时候，要根据教育的规律和特点，考虑高等教育的实际情况，形成适合学校的制度和办法。从职业技术教育的基本特点和功能来看，现代职业技术教育是和现代生产、现代科学技术密切地联系在一起，直接为国民经济，社会发展和科技进步服务的。职业技术教育的目的是提高劳动者素质，培养职业适应能力，使社会劳动力和生产资料优化组合。因此，职业技术教育必须建立具有主动适应国民经济和社会发展的机制，全面介入到社会经济发展中去，必须把商品经济意识和竞争机制正确地引入学校。这样，才能使职业学校和培训机构充满生机和活力。这两个方面的规律从外部和内部两个方面作用于职业技术教育。要充分认识和把握这样两个方面的规律，才能正确认识职业技术教育的本质特征，办好职业技术教育。

因此职业技术教育体制改革的方向应当是：把职业技术教育几年来着重于结构的调整不失时机地转入到体制改革上来，把过去局部、单项的改革转入到整体改革上来。经过三、五年的努力，逐步建立起能够主动适应国民经济和社会发展需要的充满生机活力，并且有我国特色的职业技术教育新体制。要实现以上目标，应在近期内从以下五个方面进行努力。

一、转变教育观念、教育思想。面向世界、面向来来，建立职业技术教育全面进入两个经济大循环中去的有效机制，培养千百万适应两个经济大循环需要的职业技术人才。所谓两个经济大循环，就是国际经济循环和国内经济循环，两者是互相联系、彼此推动的。职业技术学校和培训机构，根据自己的人才，技术及其他方面的优势，加入这两个循环圈中，能动地为他们服务，并且在服务的实践中求得自身的发展。要做到这一点，必须首先转变教育思想、充分认识自己的战略地位，并且改变与此不相适应的教育观念、教学内容、手段和方法，在提高劳动者素质上做出贡献。

二、培育和发展劳务市场，全面推行劳动合同制。屏弃形形色色的行政干预，大胆地把竞争机制引进学校和培训机构，切实革除现行教育管理体制中权力过分集中的弊端。逐步建立政府通过计划指导和市场机制这个中介来引导学校自主办学，通过政府的宏观调控和学校微观自主，把计划和市场机制联系起来。开放劳务市场是社会化大生产的必然要求，同时也是增强职业学校和培训机构活力不可或缺的外部条件。随着商品经济的发展，各方面对劳务市场和劳动力的需求是多层次和多样化的。发挥市场机制，使企业和劳动者有了相互选择的余地，以实现生产要素的合理配置和优化组合，推动生产力的发展和经济效益的提高。对职业学校来说，培养的人才是否"适销对路"，人才的质量是否优良，也要接受市场的检验。这比单一靠行政手段进行教育评估，要切合实际得多。对劳动者说来，劳务市场还是发现培养人才的一所好学校。引入竞争机制，直接面向劳务市场，是深化职业技术教育体制改革的重要一着。国家劳动人事部在今年一月发文规定："从1988年起，按国家劳动计划招收的新生，毕业后由用人单位择优录用。要扩大毕业生和用人单位相互选择的范围，逐步把毕业生纳入劳务市场。"① 这是技工学校毕业生分配制度的重大改革，是加快和深化劳动制度改革的重要步骤。中等专业学校和专科学校也应比照技校的办法贯彻执行，为各类职业学校毕业生提供均等的竞争机会。

三、根据我国国情，单纯靠政府拨款增加教育经费，既不可能，也不合理。应广开财源，造就学校和培训机构自己的造血功能，形成自我发展的动力。据湖南株洲市、江苏无锡市发展职业技术教育、解决经费来源的经验，可采取以下措施解决经费问题：第一，地方各类职业学校可以核定基数，由财政部门在基数的基础上，每年以一定的增长率核拨给办学主管部门，在经

① 百度文库. 专业资料. 人文社科. 法律资料. 劳动人事部关于技工学校毕业生当工人后实行劳动合同制的通知，劳动人事部. 劳人培（1988）1号 https：//wenku. baidu. com/view/30ee7d1ff11dc281e53a580216fc700abb6852d4. html 2018. 11. 21

费的使用上，实行经费任务包干制，即把教学、科研活动与核定的教育经费统一交由学校负责，学校在保证完成任务的前提下，有权自主安排经费的使用。第二，毕业生一律实行有偿分配。各类职业学校在分配劳动力计划指标时，或在毕业生被录用时，向用人单位收取合理的培养费。第三，适当增加城市教育费附加税，其中划出部分资金作为职业技术教育经费。第四，建立职业技术教育发展基金，通过多种渠道筹措经费。第五，办好实习工厂，发展校园经济，使实习工厂既承担学生实习任务，又组织生产，经营，形成学校自我发展的经济来源。

四、加强横向联系，大力提倡联合办学，形成不同行业和地区特色的职教群体，发挥职业技术教育的总体功能。联合必须是在自愿、平等基础上，既可搞校际联合，也可搞厂校间的联合，既可是某一方面的松散协作，也可发展成较高层次的联合办校。一旦各类职业学校和培训机构有了真正的自主权，目前中专、技校、职业中学分别设校的势态，必然会通过联合改组而消失，代之以按行业组合成智力产业的群体或集团。

五、按照两权分离的原则，教育主管部门尽快完成职能的转变，把办学自主权真正交给学校。在这个基础上，全面推行校长负责制和董事会制。政府领导和管理学校与学校自主办学，不应混为一谈。长期以来，我们实行政府直接办学，学校成了政府的附属单位，不仅学校的人财物都由政府部门统管，而且办学过程实际上成了执行一系列行政指令的过程。这是各类职业学校缺乏活力、缺乏主动适应社会经济发展能力的症结所在，也是我们在对职业技术教育管理上的"分散管理，政出多门"长期得不到解决的根本原因。实行两权分离，应从法律或行政法规上划分政府与学校的职能与权限，凡属办教和施教一类的事情都应交给学校，使学校在遵守国家法律、法令、政策前提下，能独立自主地办好职业技术教育。政府的职责在于加强宏观管理和统筹，制定大政方针和政策，并为学校提供计划、信息等方面的指导和服务。两权分离，扩大学校自主权，才能推行校长责任制。这是教育主管部门切实转变职能，办好学校的一个前提条件。

在职业技术教育面临整体深化改革的今天，改革的目标，要求和正确方法是什么？是一个重要而又复杂的问题，需要深入地进行探索。切望有关部门和同志对此问题继续进行研究，及早制定切实可行的改革方案，使职业技术教育得到更好的发展。

职业培训的新里程碑①

全国职业培训工作会议透视

全国职业培训工作会议，于 1989 年月 3 月 8 日至 11 日在河南省郑州市召开。职业培训是国家整个职业技术教育事业一个重要组成部分。在十年改革中，在国家教委统筹指导和劳动部门综合管理下，全国职业培训事业发展很快，技工学校已有近 4000 所，就业训练中心 1600 百多所，企业办的各类培训中心和职工学校 20000 多所。一种具有中国特色的多形式、多层次、依靠多方力量办培训的体制正在形成。回顾十年，在已有成绩的基础上如何进一步加强职业培训，提高劳动者素质，适应社会主义商品经济发展的需要？这是当前需要研究解决的课题。我们高兴地看到，这次培训工作会议，较好地完成了这一历史重任。

其重要标志之一，是根据国务院决定将原全国职工教育管理委员会办公室关于工人培训的工作任务和编制机构划归劳动部，通过这次会议，正式付诸实施，使职前培训和在职继续教育和培训在管理上做到一体化，把以往的职前培训和职后培训两股绳拧成一起。会上，各地职教办，经委，成人教育部门和劳动部门的同志，聚集一堂，团结一致，共商职业培训事业的大计，这是历次培训工作会议所没有的新气氛。若干年前，我国理论研究工作者曾著文主张：根据职业技术教育的基本特点和一般规律，指导成人教育、职工教育，强化工农的职业素质和职业能力，达到提高劳动生产率的目的。主张在成人、职工教育内容上，以思想政治教育为先导，以职业技术教育为主体，辅之以必要的知识教育，全面提高劳动者文化政治素质和职业能力水平，以适应社会主义物质文明和精神文明建设的需要；主张把职前和职后的职业技术教育沟通起来，形成一个整体，进行系统管理，以发展职业技术教育和职业培训的总体功能和社会效益，使后备训练、提高训练和转业训练能够根据

---

① 原载《职业技术教育》1989 年第 1 期

国民经济、社会发展和科技进步对人才的需求运行。在这次会议上，我们极为欣慰地看到，理论研究工作者的辛勤努力和他们的成果，开始转化为政府决策和行政措施。理论结合实际并在指导实践中发挥了作用，这又是一种新气象。

重要标志之二，是这次会议着力讨论和确定了职业培训工作的全国七年规划，提出了鼓舞人心而又切实可行的总体设想和目标。在从 1989～1995 年今后七年内，逐步做到先培训，后就业，先培训、后上岗，对所有需要就业和上岗的人员进行职业培训，确保就业人员和上岗人员的职业素质；建立和完善培训，考核、使用相结合的制度。前者包括数量和质量的要求，后者包括政策制度上的要求。两者结合起来，做到真正提高劳动者素质，使整个职业培训适应社会主义商品经济发展的需要。为了实现上述总体设想和目标，在《规划》中相应地提出了十一项重大措施：一、制定和完善先培训，后就业的有关政策法规；在此基础上制订《职业培训法》。二、组织有关产业部门，在科学地做好职业分类工作的基础上，修订工人技术等级标准，制定岗位规范。三、修订工人技术考核条例，完善考核制度，成立全国工人考核工作领导小组，综合指导协调全国工人考核工作。四、技工学校进一步深化改革，提高培训质量和效益，有计划地发展一些缺门、短线工种（专业）的学校，争取七年内增加 560 所，到 1995 年达到 4600 所，招生数达到 80 万人。五、就业训练中心要整顿、巩固和提高培训质量，围绕就业安置和劳务市场的需求，走与企业和用人单位联合办学的路子。到 1995 年争取自训能力达到 120 万人次。六、改革学徒培训制度，除少数工种专业外，逐步做到变招学徒工为招培训生。七、加强在职工人培训，特别是对关键岗位、主要技术工种的工人和班组长等生产骨干，要按岗位或技术等级标准要求，进行多种形式的培训，确保培训质量。八、开展劳动系统干部培训，有计划地培养劳动后备人才。九、加强师资队伍建设，建立和完善师资培训院校，重点培养生产实习指导教师。十、建立教学检查、评估制度，加强教学研究和理论研究工作。十一、解决好职业培训的经费来源。技工学校的经费开支标准，应根据物价变化和实际需要作适度调整。扩大就业训练经费和转业训练费在总就业经费和职工待业保险金中的比重，实行专款专用，管好用好职工教育费，按国家规定的渠道和额度给予保证。

标志之三，是把职业技术考核工作第一次提到了重要议事日程。正如劳动部李伯勇副部长在会议上所说的那样："在诸多的改革中，重点应该抓什么？抓住什么，能在整个职业培训改革中起到'牵牛鼻子'的作用？我们考虑，要抓考核。要在进一步引进竞争机制的基础上，抓考核发证，建立起职业培训的考核、证书制度。"与会代表们一致赞成要把这件大事抓起来。并且认为要抓好证书制度的工作，必须做好制定考核标准、考核办法，建立健全考核机构和制定相应的政策措施等项工作。为此，在这次会议上大家认真研究讨论了《工人考核暂行条例》，将报国务院批准执行。

第四个标志，是把全国劳动管理人员的培训抓了起来，并且纳入了整个职业培训事业发展规划之中，这也是从过去没有过的事情。大家认为：不断提高劳动管理人员的业务素质，是深化劳动工作改革，实现劳动管理科学化的重要保证。劳动管理人员包括政府劳动行政部门和企事业单位从事劳动工资工作的全体人员，其数约有一百万人。对这些人员的培训，关系整个劳动、工资、保险福利三大制度的改革，关系安全监察和职业培训工作，也关系劳动部门的对外合作和交流，因而它是一项十分重要的任务。对这部分人员的培训，会议确定实行分类指导，分级管理和分层次地组织培训，逐步形成以地方为主、短训为主的多形式、多层次和多渠道的培训网络，并且逐步做到培训、考核和使用相结合。为此，劳动部拟重新组建劳动学院，加快天津职业技术师范学院的教学改革和建设的步伐，办成全国职业技术师资培训中心，争取办学规模扩大到四千人。这样两院将作为全国劳动管理人员和师资培训的最高学府，通过对整个劳动管理人员的培训，使他们在劳动管理科学化和发展我国职业技术教育事业中，发挥更好的作用，做出更大的贡献。

试论职业教育的管理体制与运行机制①

我国职业教育发展比例严重失调

我国职业教育在近十年中，获得了空前发展。据 1990 末统计，全国已有中等职业技术学校 1.7 万所，在校生 653 万人，分别比 1980 年增长 175.5% 和 172%。其中高中阶段职业技术学校学生总数达到 605 万人，占整个高中阶段学生总数的 45%，比 1980 年提高了 26.8%，基本形成了普通教育与职业教育双轨并行的格局。但是，我国职业教育在其发展过程中，出现较为严重的盲目发展、比例失调、学制混乱和管理上各自为政等问题。比例失调的突出表现是培养技术工人的学校过少，培养管理干部的过多。以 1989 年为例，全国短期职业大学毕业生 2.65 万人，中等专业学校（不含中师）毕业生 42.69 万人，技工学校毕业生 41.3 万人，即培养干部的职大和中专等毕业生共 45.34 万人，比技工学校的毕业生多 4.04 万人，如果再加上普通高等学校 60 多万毕业生，那么，每年培养出来的干部和技工数量之比就更相差悬殊了。存在这种现象的地方和部门也是普遍存在的。例如，天津市 1989 年末技工学校和职业学校（技工类）在校生总数为 19784 人，而普通高校、普通中专、职业中专的在校生为 69145 人，是技工类在校生的 2.34 倍。这种情况导致企事业单位各类干部严重膨胀、超编，而受工厂欢迎的技校毕业生却不能满足生产第一线的需要。过去十年，技工学校虽然也得到很大发展，但是现在每年仅 40 多万毕业生，只能弥补工人队伍自然减员的数额。据劳动部门提供的资料，全国全民所有制约有 4000 万技术工人，自然减员率年平均在 1% ~ 1.2% 之间。在自然减员中，基本都是中、高级技工，而补充的大都是初级工，因而平均技术等级相对下降。据上海市总工会 1989 年对 25 个企业抽样调查，平均技术等级比 1965 年下降了半级。黑龙江省技工现有平均技术等级是 3.5 级，比 1965 年下降了 1.5 级。职业教育结构不合理、比例严重失调所

---

① 原载《职业教育研究》1991 年第 6 期

造成的恶果是：降低了工人队伍的业务技术素质，制约了应用和开发新技术及劳动生产率和产品质量的提高，进而影响整个经济的效益的提高。总之，这样发展下去，将导致职业教育脱离社会经济和科技发展的需要。

学制混乱最为突出的是中等专业学校。我国除原有全日制中专学校外，近十年有办起职工中专、农民成人中专、广播电视中专和职业中专等共七八种之多，授课时数从 800～3000 小时不等。同属中专学历，差别竟如此之大。各地对职业教育管理各自为政、政出多门的现象更是屡见不鲜。职业教育大家来办固然是一件好事，但如果从宏观上缺乏统筹规划，不能建立有效的运行机制，必然出现盲目发展的势态。这就导致在一个地区和部门无法形成合力而失去整体优势，并且还造成教育经费和人力物力上的极大浪费。所以，在总结十年经验的基础上，建立起职业教育的科学管理体制和有效运行机制，是当前改革和发展职业教育亟待解决的一个问题。

借鉴现行的经济运行机制解决职业教育中的问题

怎样建立一个科学的职业教育管理体制和有效的运行机制？当前，众说纷纭，莫衷一是，笔者认为，应该借鉴计划经济和市场调节相结合的经济运行机制解决职业教育的管理体制和运行机制问题。提出这种主张的根据是：第一，这是职业教育本身的特点所决定的。职业教育最本质的特点是什么？是它的社会性。我国职业教育的先驱黄炎培先生，早在半个多世纪以前就对此做了深刻地分析。他指出职业教育机关从其本质来说，就是社会性；从起作用来说，就是社会化。1987 年 1 月，由国务院办公厅转发国家教育委员会等五部委《关于全国职业技术教育工作会议情况报告》的通知中，也有类似的表述。职业教育的这种特点，可概括为：它是和现代化生产、现代科学技术不可分割地联系在一起，构成社会经济发展中的一个重要环节；是实现劳动力扩大再生产的重要手段；它既是现代生产、现代科学技术发展的产物，同时也是促进现代生产、现代科技发展的基础条件。职业教育既然是社会经济发展中的一个要素，那么，运用我国经济运行中的计划经济和市场调节相结合的机制解决职业教育的管理体制与运行机制的问题，乃是顺理成章的事了。第二，把社会主义有计划的商品经济的机制引入职业教育乃至高等教育，正如国务院领导 1988 年 1 月在全国高等教育工作会议上指出的：在国家计划的指导下，把竞争机制正确地引入学校，能使职业教育和高等教育事业充满生机与活力。第三，计划经济和商品经济的规律，即价值规律、供求规律和按比例发展的规律，在我国社会主义有计划的商品经济制度下，正在影响和制约着职业教育的发展，影响着教育思想、教学内容和教学方法，影响着招生、毕业生分配等各个方面。作为教育范畴的一种现象，职业教育又受到教育学、心理学规律的作用和影响。这两个方面的规律从外部和内部同时作用于职业教育，从而决定了它的性质、特点、功能和作用，构成它与其他类型教育的重大区别。

职业教育借鉴经济运行机制的基本特点及其内涵

借鉴计划经济与市场调节相结合的经济运行机制，解决职业教育的管理体制与运行机制问题的基本特点是：用计划管理加强对职业教育的宏观调控，用市场调节指导微观运行。无论是实行计划调节或市场调节，都需要尊重共同的经济规律，即价值规律、供求规律和按比例发展的规律。计划调节和市场调节是一种双层次的分工格局。

宏观调控的主要任务是：制定区域、部门职业教育的发展目标；确定各层次、各类型职业学校和培训机构的发展规模和速度以及它们之间的发展比例关系；制定各类职业学校和培训机构的发展规划和计划；制定师资队伍建设、资金筹措等重大问题的决策以及相应的倾斜政策等。当然在解决这些宏观调控和统筹问题的时候，都要同当地经济和社会发展，特别是同劳动就业的需要结合起来，成为国民经济和社会发展总体规划的一个有机组成部分。当前管理上存在的多头领导、政出多门等弊端，就是因为没有建立起以计划调节为主体的宏观调控机制所致。

微观运行的基本要求是：努力提高学校和培训机构的活力。为此，应按照政校两权（政府、主管部门领导权和宏观调控权，学校办学自主权）适当分清的原则，扩大学校办学自主权，使学校具有法人的地位，能够成为主动适应社会经济对人才的需求并且有自我发展动力的实体。当前，职业教育管理上的另一个弊端就是微观上把学校管得很死，学校缺乏活力和自我发展的动力。在人、财、物上，学校没有必要的自主权。学校依附于政府或主管部门，成了单纯传授知识的组织。政校两权适当分清，就是要改变学校对于主管部门的这种依附地位，使之成为国民经济中的一个从事智力开发的组织机构。

当前，对地方和部门，要强调用计划管理加强对职业教育的宏观调控和统筹。否则，就无法克服盲目发展、政出多门和管理混乱的局面，无法发挥职业教育的整体优势和整体效益，无法和社会经济科技发展相适应相协调。

实行计划管理和市场调节相结合的运行机制的实际考察

在实地考察苏州、合肥、沙市和许昌等职业教育管理较好的城市之后，发现他们都有一个共同之处，即这些城市比较成功的运用了计划经济和市场调节相结合的运行机制去解决职业教育的管理体制和运行机制的问题。他们的做法和基本经验归纳起来有三点。第一，用计划管理宏观。建立了以计划调节为主的宏观调控机制。对人才需求预测、各类职业学校的招生和毕业生分配、学校布局、专业设置以及资金筹措等，都实行计划管理。合肥市称之为"三统一"，许昌市叫作"五个统筹"。"三统一"指的是：对全市企事业单位的用人预测计划、各类职校的招生计划、教学培训计划、毕业生录用计划以及社会招工计划，在宏观上实现统一安排和调控，使中专、技校、职高以及就业培训中心等各种职前培训机构形成"一盘棋"。"五个统筹"为：统筹制订培训计划和统一安排培训任务；统一学籍管理；统筹培训经费；统筹安排实习基地；统一招工用人标准。第二，用市场管微观运行。将竞争机制引入学校和培训机构，使他们在竞争中办好办活，不断提高教育质量。合肥市从 1991 年起，技工学校、职业高中和就业训练中心的入学新生毕业后全部实行技术等级统考，凭"双证"通过"双向选择"竞争就业。苏州市除积极推行"双证"制外，还在电子职业中学等学校实行校长负责制试点，进行学校内部管理制度的改革，扩大学校办学自主权，促成学校自我发展、自我完善的机制，增强学校对社会、经济、科技发展和变化的主动适应能力。第三，建立以教育、劳动两个部门为主体的管理组织，推动职业教育在计划管理和市场调节的双轮驱动下，按照社会经济需求的轨迹运行。这种管理体制的优点和要求是：教育、劳动两个部门紧密配合，发挥各自优势，集部门职能为一体。这种体制既发挥两部门在职业教育上的优势，互相补充又不改变各自的隶属关系和原有职责。这种管理体制的组织形式是：政府牵头由各有关部门参加的、以教育和劳动两个部门为主的职业教育委员会及其办事机构——"职业教育办公室"。"职教办"是新型管理体制及运行机制的载体，具体负责指导、调控职业教育在新的管理体制下运行。合肥市的做法是：由市劳动局长担任职业教育办公室主任、市教育局一名副局长担任副主任，并从两个局的有关科室确定专人作为办公室成员，形成一个虚制实体式的机构。这种管理体制是否能真正形成有效的运行机制，根据苏州等四个市这几年的情况和经验看，不仅可行，并且卓有成效。之所以能做到这一点，很重要的一个原因是有行政法规做保障。各市的市政府都下达了文件，规定了有关部门的任务并提出了明确的要求。"职教办"不论是沙市的实体制还是合肥市的虚制实体式，都贵在一个"实"字，所谓"实"就是工作有计划、有安排、有检查，这样才不至于使"职教办"流于形式，有其名而无其实。

谈谈加强职业培训科研工作问题①

最近，中国职工教育和职业培训协会就加强职业培训科学研究工作，召开了专门会议，制订了《职业培训"八五"期间研究课题计划》，成立了由25人组成的学术委员会。这标志着我国职业培训科学研究进入了一个新阶段，对促进全国职业培训事业的改革和发展将产生深远的影响。笔者趁此机会，就怎样加强职业培训科学研究，谈谈个人的浅见，供从事这一领域研究工作的同志参考。

提高对加强职业培训科学研究必要性和紧迫性的认识

首先要正确认识什么是科学研究。科学研究简言之就是研究客观事物的规律性。毛泽东同志在《改造我们的学习》一文中对此做了精辟的解释。他指出：从客观存在着的实际事物出发，从其中引出其固有的面不是臆造的规律性，即找出周围事物的内部联系，作为我们行动的向导。毛泽东以其通俗、生动、简练的语言，概括了科学研究的概念、本质和功能。由此我们可以推导出：职业培训的科学研究是探索职业培训的规律性，即探索其与其他相关事物的内部联系，用以指导职业培训事业的改革和发展。它包括基本理论的研究、实际问题的研究和科学实验。前二者又称之为基础理论研究和应用研究，教育教学研究是职业培训领域科学研究中一个重要的组成部分。

为什么要加强职业培训的科学研究？其必要性和重要性又在哪里呢？

这是基于职业培训决策的需要，实际工作的需要，提高培训质量和效果的需要以及职业培训学科建设的需要。科学研究应当走在一切实际工作和领导决策的前头，"兵马未动，科研先行"，这样才能起到"行动的向导"作用。但是我们在职业培训方面的研究工作远远落后于实际的需要，成了劳动科学和职业技术教育科学领域一个很薄弱的环节。过去有的政策的出台，事前没有进行周密系统的调查和科学的论证，从其中引出其固有的而不是臆造

---

① 原载《职业技术培训》1991年第4期

的规律性，往往是就事论事。这样，就难免带有主观性和片面性，削弱了对实际工作的指导作用。国家教委在总结新中国成立后四十余年教育工作的历史经验时，提出办好教育事业必须树立一靠政策（立法）、二靠科学、三靠经费、四靠师资的全局观念。由此可见科学研究对改革、发展教育和培训事业的重要性。

党中央历来是很重视科学研究工作的，一再向我们提出加强这方面工作的要求。党的十二届六中全会决议指出："科学越来越成为推动历史进步的革命力量。"[1] 这里指的科学当然不仅包括自然科学，而且包括哲学社会科学和教育科学。党的十三届七中全会《关于制定国民经济和社会发展十年规划和"八五"计划的建议》中，专门设立加强社会科学研究这一条（第33条），其中特别讲到："加强对九十年代我国经济和社会发展以及改革开放中重大问题的研究，为社会主义物质文明和精神文明建设服务。"所以我们应当以马克思主义、毛泽东思想为指导，从贯彻党中央指示的高度来理解加强职业培训科学研究工作的重要性和紧迫性。

要把职业培训科学研究工作卓有成效开展起来，有两种思想倾向应当避免。一是不重视科学研究，认为"可有可无"；另一种是对科研有神秘感，认为搞不了。必须克服这两种较为普遍的错误思想倾向，才能形成人人重视科研工作，大家都来参加科研实践的新风气、新局面。

职业培训科学研究"八五"期间的任务和指导方针

中国职工教育和职业培训协会在这次专门召开的会议上，着重讨论了"八五"期间的科研任务和计划安排，指出："必须认真总结新中国成立以来，特别是党的十一届三中全会以来职业培训的基本经验，并从理论与实践的结合上阐述有中国特色的职业培训的基本特征和规律，同时针对存在的各种主要问题，研究对策、办法和深化改革的方案。从应用科学入手，逐步加强基础理论研究和学科体系的建设。"本着这一任务要求，制订了《职业培训"八五"期间研究课题计划》，其中既包括基础理论的研究项目，但大量的是应用

---

[1] 中共中央关于社会主义精神文明建设指导方针的决议（中国共产党第十二届中央委员会第六次全体会议一九八六年九月二十八日通过）http：//www.people.com.cn/GB/shizheng/252/5089/5104/5201/20010429/455518.html 2018.11.21

研究项目，还有一些实验项目。在基础理论研究方面，将着力研究《关于职业培训的概念、特征、本质、功能、基本经验和规律的研究》，这既是提高对职业培训理论认识的需要；又是培训干部的紧迫要求。在应用研究方面，近两三年内，将集中力量，组织协作，联合攻关，研究以下一些重点课题：《关于职业培训结合生产经营创造经济效益问题的研究》《关于在职业培调中实行"先培训、后就业"原则的基本情况和经验调查及存在的问题和对策的研究》《实行"培训、考核、使用相结合"的制度有关问题的研究》等。

职业培训科学研究，应依据马克思主义的指导原则；坚持为社会主义建设服务的方向；树立理论联系实际的良好学风。马克思主义的指导原则，就是要提倡在从事职业培训科学研究中认真学习马克思主义，按照马克思主义的原理，立场、观点、方法去分析研究培训中的各种理论问题和实际问题。坚持为社会主义建设服务的方向，就是要使职业培训科学研究密切为我国当前的职业培训的改革和长远建设服务；为解决职业培训改革和建设中的重大理论问题和实际问题提供科学依据和政策措施。理论联系实际，就是要在科研的实践中提倡调查研究，重视第一线的实践经验、一切从实际出发，既要立足于我国的现实，也要重视历史经验和传统。吸收国外的有益经验，必须和我国的实际情况紧密结合。

科研的选题应当在加强基础理论研究的同时，大部分通过专职和兼职科研工作者自己做的科学实验，或者教师的实际经验来进行，把丰富的、生动活泼的改革经验总结出来，找出规律，上升为理论，这是当前开展研究工作的一项紧迫任务。

怎样启动职业培训的科学研究

第一，掌握重点，有计划有步骤地开展研究工作。职业培训领域内需要研究的问题很多，而我们的人力和财力都很有限，应当抓住重点，量力而行。何谓重点？就基本理论研究和应用研究两方面来说，当前应当把重点放在应用研究上。在应用研究诸多方面来说，又应把重点放在那些影响职业培训全局，或者当前迫切需要加以解决而又缺乏决策科学依据的那些问题上。只有抓住重点，才能较好较快地收到成效。第二，充分发挥学术委员会及其成员的作用。对他们应有以下几点要求：一是在协会的领导下，制订职业培训科学研究的规划和计划；二是承担重点研究项目和实验项目；三是对各地、各部门协会（研究会）的研究项目进行指导和必要的协调；四是对职业培训的科研成果进行评议和鉴定；五是通过出版著作、讲学、办班、提供咨询等活动，抓好科研成果的推广工作。第三，要争取各方面对科研工作的支持。职业培训的科学研究是在专门机构和专职研究人员极少的情况下启动。因此，依靠各方面的支持，开展群众性的科研工作更有其重要意义。我们要善于争取各方面的支持，诚恳虚心地听取他们的意见和建议。重点课题的研究要依托单位（机关、学校和企业均可），依托单位对课题起到指导、监督的作用。为此，要请依托单位有关领导参加课题的组织工作（如项目负责人之一）以充分发挥他们参与科研工作的主动性和积极性，获得人、财、物力上的支持。课题要找依托单位，这是我们在人员，经费都很困难的条件下，开展科学研究工作一条重要的途径。

也谈大力发展职业教育①

在《中共中央关于制定国民经济和社会发展十年规划和"八五"计划的建议》中，提出了"大力发展职业教育"的任务。

正确贯彻中央大力发展的方针，实现今后十年宏伟的发展目标，不能仅仅单纯地提出要建立多少所学校、多少所重点校、示范校等，这会导致片面地追求发展数量，而忽视了当地的实际需要。正确的态度是以中央大力发展的方针做指导，对本地区或本部门的职业教育的现状，本着实事求是的态度，做全面深入地调查研究，总结经验，找出问题。在这个基础上，制定出具体的发展方针、政策和措施。在制订这些具体方针政策时，还要把发展和调整、改革密切结合起来，改善结构，改革教育思想、教学手段和方法，使之逐步朝着科学化的方向发展。如果我们脱离了这些要求，笼统而不加分析地谈大力发展，将会把我国职业教育引向错误方向。本次目的，特提出以下浅见。

一、发展的目标、速度、质量、效果，应以质量和效果为中心

据 1990 年底统计，全国已有中等职业技术学校 1.7 万所，在校生 653 万人，分别比 1980 年增长 175.5% 和 172%；其中高中阶段职业技术学校学生总数达到 605 万人，占整个高中阶段学生总数的比例已达 45%，比 1980 年提高了 26.8 个百分点，基本形成了普通教育与职业教育双轨并行的格局。应该说，这一发展速度是很快的。现在的问题是各类职业技术学校教学质量普遍偏低，办学效益差，就全国 4000 多所技工学校来说，办的较好的学校毕业生能达到四级工水平的仅占毕业生总数的 13.8%；尚有一大批技校达不到培养中级技术工人的要求。各校还普遍存在着资金短缺，设备陈旧，学生只能在简单技术水平上重复实习，无法培养出适应现代新技术需要的能力。天津市现有 110 多所技工学校，其中竟有 33% 的学校没有实习工场。上海市近 400 所技校，生均占地面积仅有 24 平方米，不及 1965 年生均 49.5 平方米的一半。

---

① 原载《职业技术教育》1991 年第 8 期

其他职业技术学校也大体是这种情况。因此，今后十年，特别"八五"期间，我国职业教育在发展目标的选择上，应把基点放在提高培训质量和办学效果上来，改善办学条件和加强师资队伍建设；深入改革，注重提高办学效果。

二、调整结构，把主攻方向放在培养技术工人上来

职业教育结构严重失调的现象，已经存在多年，至今没有引起决策部门的重视。在这种情况下，如果我们还是不加分析地一概要大力发展，只能使结构失调加剧，招致职业教育走上更加脱离经济和社会发展需要盲目发展的道路。结构失调的突出表现是培养工人类的学校过少，培养干部类的过多。以 1990 年为例，全国短期职业大学毕业生 2.65 万人，中等专业学校（不含中师）毕业生 43.69 万人，技工学校毕业生 41.3 万人，培养干部类的职大和中专毕业生相加是 45.34 万人，比培养工人类的毕业生多 4.04 万人。如果再加上普通高等学校 60 多万毕业生，那么培养干部和培养工人类就更不成其比例了。据天津市 1989 年统计，技工学校和职业学校技工类在校生总数为29784 人，而普通高校，普通中专、职业中专在校生为 69645 人，比培养工人类大 2.34 倍。其结果是企事业单位各类干部严重膨胀、超编，学校还一个劲儿大力发展、大力培养，而受工厂欢迎的技校毕业生却不能满足生产第一线的需要。过去十年技工学校虽然也获得很大发展，但是现在每年输出 40 万毕业生的规模，仅能从数量上弥补自然减员的损失。据统计全国全民所有制企业有千余万技术工人，自然减员年平均在 1%～1.2% 之间。自然减员都是中、高级技工，而补充的大都是初级工，因而平均技术等级相对下降。据上海市总工会对 25 个企业抽样调查，平均技术等级比 1965 年下降了半级。黑龙江省技工现平均技术等级是 3.5 级，比 1965 年降了 1.5 级。这样结构不合理，比例严重失调所造成的恶果是：影响职工队伍业务技术素质，影响应用和开发新技术的能力，影响劳动生产率和产品质量的提高，进而影响整个经济效益的提高。因此。必须下决心，扭转职业教育内部的结构失衡现状。今后十年，发展职业教育的主攻方向应是大力培养适应新技术需要的技术工人和第二、三产业的从业人员。为此，第一，要增加技工教育的投入，扩大招生规模，改善办学条件，提高教学质量，争取用三年左右的时间，使现有四千多所技校达到培养中级技工的要求；第二，稳定中专现有的招生规模不再扩大，努力提高教学质量和办学效果，腾出一部分设备和师资开办技工班，培养技术工人；第三，职业高中培养干部的专业比例过大，并且还有发展趋势。如天津市职业高中 1980 年在校生干部类 14213 人，占在校总数 61.32%。安徽省蚌埠市职业中学 1985 年以来共开办 102 个班，其中干部类 74 个班，占总数的 67%，占毕业生总数数 63%。郑州、西安等城市都有类似的情况，其结果是"货不对路"，无法就业。因此，职业高中要坚决调整、压缩干部类专业，根据当地经济、社会和劳动就业需求情况，改办为培养中、初级技术工人和第三产业人员；第四，短期职业大学一般也应稳定现有办学规模，着力提高教育质量和办学效益，调整那些社会需求过剩的专业，开办在职培训；与企业合作，开办高级技工、技师的培训和为乡镇企业培养急需人才。熟练的技术工人短缺，已成为一个全球性的问题。美国《华尔街日报》曾报道说："技工短缺是美国今后几年面临的挑战。"建议政府修改法律，放宽移民政策和加强对熟练工人的培训以解决这一问题。英国、日本也都感到熟练技工的严重不足已经影响到经济的发展。我们要大力提高技术工人的社会地位，改善他们的生活条件，推动企事业单位和全社会都来关心、支持培养技术工人的问题。

三、一切职业学校都要以"三结合"就业方针为导向，端正办学方向，改革教育和教学，使之适应劳动就业发展的需要

职业学校毕业生能否充分就业，关系到青年学生的出路和未来，关系到职业教育的兴衰，必须予以极大的关注。特别是在城乡劳动力面临供大于求、就业形势严峻的情况下，更应重视这个问题。如前所述，各地有许多职业中学专业设置不对路，干部类的偏多，其中一个重要的原因就是为了迎合家长和学生的心理，为了追求经济效益而扩招的。中专、技校由于至今仍实行"包分配"的制度，学校只管办学，无须考虑学生毕业后的出路问题，许多专业需求过剩，也难以改进。凡此种种，助长了结构性待业矛盾的加剧。为此笔者有以下建议：第一，有关部门在制定职业教育计划时，一定要依照劳动就业发展的需要，确定专业设置、培养目标和教学内容；第二，各类职业学校都要改革教育思想、教学手段和教学方法，增强学生自主意识和创业本领；第三，在职业学校积极地开展职业指导，使得全体师生都能够了解全国、本地区的经济、社会和劳动就业的态势，自觉地按照"三结合"就业方针对待就业问题。

四、运用计划经济和市场调节改革和加强职业教育的管理

职业教育管理体制问题是多年来一直没有很好解决的问题，对此众说纷纭，莫衷一是。我们主张把计划经济和市场调节相结合的机制引入职业教育。即在国家计划的指导下，把竞争机制正确地引入学校，使职业教育事业充满生机与活力。

运用计划经济与市场调节相结合的运行机制解决职业教育管理体制的基本点是：用计划管理加强对职业教育的宏观调控和统筹，用市场调节来指导微观运行，计划和市场必须有机结合。无论是实行计划调控还是市场调节，都需要尊重共同的经济规律，即价值规律、供求规律和按比例发展的规律。显然计划调节和市场调节是一种双层次的分工格局。宏观调控的主要任务是：制定区域、部门职业教育发展目标；确定各级各类职业学校和培训机构发展规模以及他们之间的发展比例，制定各类职业学校和培训的发展规划和计划，师资队伍建设、资金的筹措重大问题的决策以及相应的政策等。为此，成立相应的宏观调控和统筹机构是很必要的。我们当前管理上的弊端，无论是国务院有关部门或地方形成的多头领导、政出多门的现象，主要是机制不顺所致。微观运行的基本要求是按政校两权（政府领导和宏观调控权、学校办学自主权）适当分清的原则，扩大学校办学自主权，使学校具有法人的地位，能够形成主动适应社会经济对人才需求，并具有自我发展动力的有效机制。当前对职业教育管理上另一个重要的弊端是微观上把学校管得很死，学校缺乏活力，在人财物等问题上，学校没有必要的自主权。学校处于政府或主管部门的从属地位，成了仅仅传授知识的组织。

政校两权适当分清，也是改变学校对于主管部门的过度依赖地位，使其成为国民经济中一个自为实体的需要。一般说来，学校应有那些自主权，才有可能形成自己的有效运行机制。

笔者认为主要包括以下几点自主权：

1. 在国家计划指导和完成主管部门下达的招生任务前提下，根据当地社会、经济和新技术开发以及劳务市场的需要，学校有自主决定招生人数和招生范围的权利；

2. 按照国家既定的人才培养规格，学校除了主管部门决定的学制、专业（工种）设置外，有另设专业（工种）、教学班次以及确定教学内容的权利；

3. 按照精简、高效的原则和选拔干部的标准，学校有自主决定除校长之外的干部任免，自主决定学校内部的管理体制和组织机构的权利；

4. 学校有自主招聘或解聘各级各类人员，并自主决定其工资，福利待遇、晋级和奖惩的权利；

5. 学校除上级拨款外，有自主扩充其他经费来源的权利，其经费开支，按照国家有关政策规定，可以自主支配使用；

6. 根据国家改革开放的总方针，学校有同各方面联合办学、协作办学以及对外进行教育与学术交流的权利。

在扩权的基础上，学校还要进行内部管理体制的改革。主要是实行校长负责制、员工聘任制和结构工资制等。北京市从 1988 年开始在中小学校实行了内部管理体制的改革，到 1990 年底已有 2215 个单位实行了这一改革，调动了广大教师的积极性，提高了教育质量。应该指出：校长负责制是一种结构概念，反映学校内部管理体制的一种结构方式。故校长负责制的内涵应包括校长全面负责、党委监督保证、教职员工民主管理三个部分。

扩权和进行学校内部管理体制的改革两者相辅相成，相得益彰，是办好学校一个问题的两个方面。只有扩权，才能给学校内部管理体制改革以新的内容和注入新的活力；而只有进行学校内部管理体制的改革，扩权才能产生良好的效果。

论市场经济体制下我国职业培训的构想和对策①

我国职业培训事业，近年来取得了很大的发展和成就，为国民经济各部门输送了数百万技术工人，仅技工学校 1981 年至 1991 年就输送了约 340 万毕业生（见表一）。职业培训已发展成为包括技工学校、就业训练中心、教育培训中心、学徒培训和在职工人培训等在内的多种办学形式。据 1991 年的统计，全国有技工学校 4269 所，在校学生 14.2 万余人，就业训练中心有 2200 余所，年培训 200 万人（见表二）；学徒培训每年约 300 万人，企业办职工学校和培训中心 20000 余所，年培训能力 2000 多万人。此外，还有民主党派、社会团体和公民个人办的各类职业教育和培训学校。如全国工商联和民建协作办有各级各类职业学校和培训实体 208 个。1988 年劳动部组建后，职业培训工作更加受到领导重视和支持，以贯彻"先培训、后就业，先培训、后上岗"原则和建立"培训、考核和使用、待遇相结合"制度为基本目标，职业培训与劳动制度的配套改革联系更加紧密。改革就业前培训、改革技工学校招生、分配制度，开始建立正常的工人培训、考核和技师、高级技师评聘制度，进行了全国工种分类和工人技术等级标准的修订及加强师资、教材教研等基础工作取得重大进展。总之，为适应经济发展和劳动制度改革，职业培训工作面在拓宽，条件在改善，改革在深入。一个多方参与办学、多种形式培训，初、中、高层次结合的具有中国特色的职业培训体系初步形成。经过实践总结和学习国外的先进管理经验，初步创造和积累了丰富的办学经验和管理经验。

职业培训面临的新形势和要求党的十四大明确提出"我国经济体制改革的目标是建立社会主义市场经济体制，以利于进一步解放和发展生产力"。经济体制的重大变革，给社会经济等各个方面都提出了新的重大课题。职业培训也面临着新的形势和新的要求。

---

① 原载《中国培训》1993 年第 2 期，本文原以课题组名义发表，作者执笔

表一　技工学校发展一览表　　　　　　　　单位：人

时间（年）	学校数（所）	招生数（人）	在校生数（人）	毕业生数（人）
1981	3669	284221	679283	352264
1982	3367	203449	511973	323301
1983	3443	274173	525219	269252
1984	3465	310654	627677	184629
1985	3548	365361	741712	226459
1986	3765	393759	891528	232793
1987	3952	423103	1031063	265373
1988	3996	461389	1160828	311180
1989	4102	470332	1258489	368354
1990	4184	505666	1331709	413489
1991	4269	541458	1422102	454217

表二　就业训练情况统计表

时间（年）	就业训练中心（个）	结业人数（人）		
		合计	待业人员	转业人员
1988	1802	2478154		
1989	2000	2404807	2090321	198229
1990	2140	2691769	2496868	195111
1991	2228	2934558	2779842	154710

（一）社会主义市场经济就是要使市场在国家宏观调控下，对资源配置起基础性作用，从而使社会、经济的各个环节按照价值规律的要求适应供求关系的变化。职业培训是职业教育的重要组成部分，它对劳动力资源和素质结构的合理配置有着不可忽视的作用。同时职业培训的发展又直接受经济体制的制约，因此职业培训的体制必须适应和服务经济体制变化的新需求。

社会主义市场经济体制对职业培训提出了转变观念、转变职能、深化改革、建立新的管理体制和办学体制等一系列要求。市场经济的运行规律将对职业培训产生直接作用。

1. 遵循市场经济的竞争法则，指导职业培训。在市场竞争中，职业培训本身应具有竞争意识和能力，从而为增强企业和劳动者的竞争能力创造条件。

既要注意数量的发展，更要注意质量的提高，以质量取胜。职业培训不仅要重视后备劳动力的培养，同时要高度重视在职劳动者的素质提高。竞争不仅要立足于国内市场，而且要走向国际市场，为我国的劳务输出创造条件。因此职业培训的内容和考核标准要同国际标准对接，使职业培训逐步国际化。竞争机制已经开始使职业培训的作用变大、地位提高。许多地方国营大、中型企业转换经营机制，进行劳动制度、工资分配制度的改革，使职工产生了危机感和紧迫感。职工把提高自己的技术业务水平增加竞争能力视为切身利益，激发出极大的学习热情。可见，竞争法则将使职业培训出现新的生机和活力。

2. 运用价值规律，追求培训效益。职业培训只有使培训者创造出高效益，并获得更多的劳动报酬，才能形成企业支持培训，劳动者自觉接受培训的动力。因此培训应以最小的投入获取最大的收益，由于培训的效益是国家、企业和个人分享，因此培训的资金也应由国家、企业和个人共同投入。

3. 以市场供求为取向，开展职业培训。在社会主义市场经济日益发展的情况下，劳动力的合理配置必须立足于劳务市场，研究市场的动向和要求，做出合乎市场发展趋势的预测，制定指导性的职业培训计划，并以此调节教育培训结构，使劳动力的供需结构适应社会经济发展的需要是当务之急。

4. 加强对职业培训的宏观调控。国家应用法律的、经济的和必要的行政手段驾驭劳务市场、调节培训需求。还应规范办学实体、企业和社会的职业培训行为，建立约束机制。

（二）改革开放以来我国经济处于稳步增长的态势，而且随着经济体制改革，国民经济将持续、高速发展。面对这样一种形势，建立一支工种齐全、结构合理、质量合格的技术工人队伍，是十分紧迫的。

我国现有工人约一亿人，技术工人约占其中的70%。按经验测算，国民生产总值每增长1%，技术工人就需增加0.3%。中高级技工应占技工总数70%。天津现有近百万技术工人，按国民生产总值平均每年增长6.7%计算，到20世纪末技术工人拥有总量应达到130.6万。其中高级技工应补充12.32万，中级技工应补充16.6万。（见表三）广东省做出规划，到2010年，中高级技术工人要占企业技术工人总数的70%。照此计算需要补充高级技术工人56万，中级技140万。（见表四）近10年广东省企业新增加工人221.87万，平均每100名工人中仅有5各名技校毕业生。现有技工学校仅能满足技工需要量的11%。由于新技术工人需求量急剧增长，对扩大办学规模、改善办学条件提高培训质量和加快师资、教材建设等提出了新要求，目前的状况显然不能满足这种需要。其次，20世纪90年代经济高速增长，企业争夺市场是很激烈的。国民经济各部门的产品结构，产业结构的调整以及新技术的开发和利用，将会以前所未有的规模和速度发展。一部分企业在竞争中被淘汰。尤其是在我国恢复关贸总协定缔约国地位以后，据专家预测，"入关"将付出高昂的代价。由于要大幅度降低关税，洋货将充斥市场。汽车、家电，化工甚至纺织等行业将面临前所未有的冲击。目前我国全民所有制行业约有1000多万富余劳动力，那时将会继续增加。本着以"厂内消化为主、社会消化为辅"的方针，安置如此之多的失业人员，将给转业训练形成巨大的压力。再次，由于我国人口众多，90年代城镇每年新增长的劳动力将有700万，需要进行就业前培训。农村将有一两亿劳动力要向非农产业转移，需要进行实用技术培训。按照国务院关于大力发展职业技术教育的决定中提出的要求，在90年代要逐步做到：使新增劳动力基本上能够受到从业岗位需要的最基本的职业技术训练，在一些专业性、技术性要求较高的劳动岗位，就业者能较普遍地受到系统的严格的职业技术教育。可见就业前培训数量之大、门类之多、覆盖面之广是前所未有的。

表三　天津市产业（行业）部门技术工人需求总量预测统计表

项目	一九八七年（按实际水平评估）		二〇〇〇年		一九八八年至二〇〇〇年递增率%
	数量	占总量%	数量	占总量%	
总量	995833	100	1306493	100	2.11
初级工	320150	32.15	339078	25.95	0.44
中级工	598081	60.06	766600	58.68	1.93
高级工	77602	7.79	2008875	15.37	7.59

表四　广东省 2010 年职业培训发展规划统计表 单位：万人

项目 时期	技工学校					技术工人培训		
	学校所数			在校生数		中级工	高级工	技师
	总数	省重点	高级技校	总数	第三产业			
1991 年	138			6		112.7	44.98	
2000 年	200	15	5	21.88	8.752	111 新增	43.96 新增	2
2010 年	300	30	15	135.65	81.216	139	56.04	3.5

（三）在社会主义市场经济的大背景下，职业培训的功能，作用及内涵必然发生重大的变化，需要重新认识。

1. 职业培训的社会、经济功能。有效的培训应当是融经济、社会功能于一体，实现以下良性循环：即增加社会投入——提高培训产出——扩大就业渠道——合理配置资源——维护社会安定——促进经验发展这样一种循环链。

在社会主义市场经济的条件下，价值规律、供求规律和竞争规律作用于职业培训，驱动其向高效、高质和更深、更广的领域延伸，促进经济和社会的发展。技术引进、技术改造和新技术的开发和利用，将会以前所未有的速度和规模展开。科技的能量究竟有多大？过去用这样的公式来表示：

生产力 =（劳动者 + 劳动工具 + 劳动对象）× 科技

但是，到 21 世纪后半叶，由于科学技术在许多领域取得了巨大突破，以信息技术、生物技术、新材料技术、高能源技术、空间技术、海洋开发技术为代表的高技术群以及相应的高技术产业的出现，对生产力的发展起着更加巨大的推动作用，它的能量和效益，专家们进而用这样的公式来表示：生产力 =（劳动者 + 劳动工具 + 劳动对象）× 高技术

就是说，科技对生产力三要素所起的作用不只是乘法，而是按几何方式增值，呈指数增长。但是，以上所指科技的能量和效益是一种隐形的或者潜在的生产力。要把它的能量释放出来，效益发挥出来，还需要做大量艰苦的转化和成果推广工作。其中最为关键的是要用新科技武装亿万劳动者，培养他们驾驭新技术的能力。只有这样，才能把科技这一潜在的生产力变为现实的生产力。

2. 职业培训是劳动工作的一个重要的环节，与其他环节紧密衔接，并且对其他环节产生基础性的影响。就劳动就业和劳动制度的改革来说，其基本的出发点是力争实现全体公民的充分就业，保障劳动者的劳动权利。而职业培训的功能之一是尽可能使全体公民掌握一定的职业知识和技能，掌握就业本领，以实现充分就业的目的。就工资分配制度来说，企业实现自主分配以后还可以采取多种分配形式，贯彻按劳分配原则，利益导向将促使劳动者经过培训掌握更多的技术和能力，在生产上做出贡献，为自己多劳多得奠定基础。就劳动保护、文明生产来说，通过培训，可以使广大劳动者掌握文明生产的科学知识和安全操作规程，将极大地减少事故的发生。由此可见，经济体制和劳动制度的改革，不仅为职业培训的发展带来了十分有利的时机，同时也提出了更高的要求。职业培训在与经济体制和劳动制度改革相适应过程中会获得更强的生命力。

职业培训存在的困难和问题

我国职业培训事业虽然取得了很大的成就，但从经济、科技的发展和就业的需要来看，却又显得严重滞后，与形势的要求形成强烈的反差。特别是在某些领域、有些地区和有些方面，已经成为经济和社会发展的瓶颈。全国技工学校虽然每年能输送 45 万毕业生，但仅能弥补全国几千万技术工人的自然减员。自然减员大部分是高、中级技工，而补充上来的大都是初级技工，因此平均技术等级相对下降。近年来企业技术装备水平的提高，加大了与职工技术素质的反差。这一反差已经成为影响企业经济持续发展和效益提高的严重障碍。造成我国技术工人和后备劳动力培养严重滞后于经济发展和劳动就业需要的原因是多方面的，但就主要和基本方面而言，是领导和管理体制问题，具体表现有以下三个方面：

（一）现行高度集中的管理体制和办学体制束缚了职业技术培训的发展。改革开放以来，职业培训的管理体制和办学体制进行了积极的改革，如技工学校毕业生的"统包统配"改为择优分配，毕业生实行劳动合同制等。但就其基本的、主要的方面来说，还是沿袭传统模式。它的特点和弊端是：第一，国家按新增劳动力计划指标，统一规划劳动力的培养和使用，技工学校、就业训练中心等培训机构的招生和毕（结）业生的分配，既受劳动计划的"保护"又受计划的束缚。第二，培训实体普遍缺乏办学自主权，缺乏生机和活力，缺乏主动应对劳务市场需求的机制。第三，领导管理体制上，用行政管理的方法管理培训实体，政、校职责不清，缺乏服务的意识。这样，一方面影响了培训实体积极性的发挥。另一方面又造成政府职能部门负担过重。第四，管理手段单一，单纯靠红头文件办事，缺乏用立法、法规及经济手段进行宏观调控。第五，缺乏服务意识和措施，缺乏利用税收政策和国内外贷款等措施向职业培训增加投入的手段。

（二）教育结构失调，教育与经济发展和社会需求脱节，在专业人才结构中没有确立技术工人的应有地位。1985 年《中共中央关于教育体制改革的决定》中指出："社会主义现代化建设不但需要高级技术专家，而且迫切需要千百万受过良好职业技术教育的中、初级技术人员、管理人员、技工和其他受过良好职业培训的城乡劳动者。没有这样一支劳动技术大军，先进的科学技术和先进的设备就不能成为现实的生产力。"[①] 但是，中央的这些重要指示没有得到很好的贯彻。在教育指导思想上一味追求高级人才的培养，忽视对中、高级技术工人的培养。其间两次全国职业技术教育工作会议，也没有解决这个问题。以 1991 年为例，全国普通高等学校毕业生 61.13 万人（不含师范生），中专（不含中师）42.69 万人，合计毕业生 103.82 万人。而技工学校毕业生仅有 41.3 万人。两者比例为 2.5∶1。据天津市 1989 年普查统计，技工学校和职业学校技工类在校生总数为 29781 人，而普通高校，普通中专、职业中专为 69645 人，后者是前者的 2.34 倍。日本在经济起飞的 20 世纪 60 年代，当时制定的《国民所得倍增计划》中，对人才需要计划指标确定为："科学技术人员新增 7 万人，工业新增技术员 44 万人，技工 160 万人，人才的架构为宝塔形。"而我国人才培养则成倒宝塔形，头重脚轻。其结果是机关、企事业单位各类干部严重膨胀。而生产一线需要的技术工人却严重短缺。由于我国每年有 100 多万各类新生干部需要包下来安排，除了一部分硬性安排给企业以外，其他大量涌入机关，事业单位，1991 年已达 3400 万人，比 1978 年增长了一倍多。现在行政事业费每年耗费 1400 亿，占整个国家财政收入的 40% 以上。

（三）国家对各级各类教育的投入不尽合理，特别是对技工学校投入过

---

① 教育部网站：中共中央关于教育体制改革的决定 1985 年 5 月 27 日发布。中华人民共和国教育部 http：//www.moe.gov.cn/jyb_ sjzl/moe_ 177/tnull_ 2482.html 2018.11.21

少。据有关资料统计，1989 年在国家财政预算对普通高等学校，中等专业学校、农、职业中学和普通中、小学近 340 亿投入中，高等学校占 25.8%，普通中、小学占 58.2%，中专占 11.6%，农、职业中学占 2.8%，而技工学校仅为 1.6%。与世界其他国家比较，我国的教育投资结构类似印度的情况。印度在第八个五年计划（1986～1990 年）期间，高等教育经费占总教育经费的 33%，每年都超过 100 亿卢比，即把 1/3 的经费用于只占全国学生总数的 1/20 的高等教育上。由于印度高等教育超高速膨胀，因而造成不但没有很好地推动经济发展，反而导致大量的大学毕业生失业，人才外流，教育质量下降，同时也损害了基础教育和职业教育的发展。我国高等教育的投资占教育总投资的 1/4。其中相当大的比例用在国家教委直属院校上。而对技工教育投入不足，严重制约了它的发展和质量地提高。学校生产实习教学设备陈旧落后，大多是使用企业淘汰下来的废旧机具，学生只能从事低水平循环操作。在大量引进高新技术的今天，这种培训后备技术工人的条件已经无法与之相适应。世界上经济发达国家都是将最先进的设备用于培养后备技术工人。而在我国，即便是上海等技工教育比较发达的城市，在 300 所技校中，至今仍有 20% 的学校没有实习工厂。全国有 2000 多所技工学校，经费来源是"企业营业外支出"，经费来源处于一种不稳定的状态，加上企业领导对技工学校的重视程度不同，技校的发展前景令人担忧。地方劳动部门和企业主管部门办的技工学校，由于经费是从地方财政"公商事业费"中开支，经常性费用都难以为继，更无力增添教学设施，改善办学条件。我国技工学校有 40 多年历史，但从中央财政到地方财政至今还没有设立技工学校教学专项投资和基本建设专项投资机制。

职业培训的总体发展目标

职业培训的总体发展目标应当是：到 20 世纪末，初步建立起适应社会主义市场经济体制的从初级到高级、行业配套、结构与合理、形式多样、针对性强，以技能培训为主，职前职后相衔接，又能与其他教育相沟通的，具有中国特色的职业培训体系。这个体系包括一个目标，四个系统。

一个目标是：到 20 世纪 90 年代末到 21 世纪初，职业培训应达到的总目标是：使城镇新增劳动力能够接受最基本的职业技能培训；在专业性要求较强的劳动岗位，就业者能够普遍接受系统的职业技术教育和培训；开展农村劳动力的培训和职业技能的开发，着力为乡镇企业，第三产业和建设小城镇培养各类职业技术人才。

四个系统包括：

1. 建立一个开放的、面向劳务市场的职业培训系统。除技工学校、就业训练中心、在职培训和学突破性这几种现行的培训模式外，还要倡导社会力量办学和私人办学。致力于建设一支专业齐全，以中级技工为主体，高级技工、技师为核心的优秀的技术工人队伍，基本适应经济高速增长和科技进步的需要，并以此逐步改变我国专业教育头重脚轻的畸形局面。

2. 建立完善的职业培训服务系统。加强职业培训师资和管理人员队伍建设；深化教材改革、提高教材质量；加快生产实习教学的指导；建立职业培训科研及需求信息预测网络、开展咨询服务等。

3. 健全职业技能鉴定社会化的管理系统。基本设想是：对现有的专业考核组织（考核中心、考核站点）进行评估。对符合条件的、正式承认为地区、部门职业技能鉴定中心，承担企业和社会上的从业、转业人员的技术等级及技师资格的鉴定和考核工作。职业技能鉴定中心是在劳动行政部门管理、监督和指导下，独立实施职业技能鉴定的事业单位，是社会化公共的职业技能鉴定的权威机构。职业技能鉴定中心分国家级，省部级和市县级三种。

4. 建立和完善职业培训的立法和行政法规系统。统一的职业培训法的基本框架设想是：包括总则（表述职业培训法的概念、适用范围、劳动者接受职业培训的权利与义务等）、职业培训机构、职业培训标准、职业培训实施、考核与证书、职业培训教师、职业培训经费、奖励与罚则等内容。

以上一个目标、四个系统构成职业培训一个较为完整的系统。这四个结构系统密切联系成一个整体，为发展目标服务。培训是直接为目标服务的，考核是对培训效果的评价。师资、教材、设备是培训的保障。而立法则是规范和监督手段。如是，则能够形成运转自如的推进机制和运行机制。

对策及措施

深化职业培训各个领域的改革，从改革中求发展，求质量是当前的重要工作。改革的构想是：适应社会主义市场经济体制和企业转换经营机制的要求，转变政府职能，改善管理手段，改革办学体制，强化服务措施，使职业培训更加有效地服从和服务于社会主义经济发展和劳动制度改革的全局。

（一）深化办学体制改革，形成更加灵活、开放的办学形式及运行机制

通过改革，理顺政府与企业及培训实体的关系，确立企业、培训实体自主办学的原则。促使技工学校、就业训练中心等培训实体建立起面向市场、自主办学、直接与企业和社会沟通，逐步形成依据市场需求、按需施教，按需办学和多方办学的局面。

1. 扩大和落实技工学校办学自主权、积极进行学校内部管理体制改革，使技工学校成为独立的办学实体。①企业办的学校、工种（专业）设置、培养目标，均由企业根据需要自主决定；政府（部门）办的学校，与学校根据当地经济和社会发展以及就业需求自主决定。②以指导性招生计划代替指令性招生计划。技工学校招生，逐步实行学校自主确定招生对象、招生人数和录取标准的办法。③毕业生分配，按《全民所有制工业企业转换经营机制条例》的规定，企业办校的毕业生由企业自行安排；政府办学和其他形式办学的，毕业生可通过同企业签订定向培训或委托培训合同，按合同规定安排，或由学校推荐进入劳务市场。④赋予技工学校用人自主权。国家核定的编制内人员配备、人事调整等，由学校自行确定。

2. 随着劳动计划体制的改革，就业训练中心也要办成培训实体，提高培训质量，更好地适应市场需求。在城镇普及职业基础知识教育，贯彻"先培训，后就业"的原则，努力发挥基地的示范作用。

3. 劳动部门办的技工学校、就业训练中心，要根据条件统筹规划，逐步形成职前与职后、长期与短期培训一体化的、面向城乡、面向企业、面向劳务市场的综合性培训基地。这些机构要形成合力，尽快改变力量分散的状况。同时要进一步扩大高级技工学校试点，力争到20世纪末办出几所高水平、在国内外享有盛誉的名牌学校。

4. 要在各类职业技术学校（培训中心）毕（结）业生中推行"双证书制"（毕业证、技术等级证）。通过评估，促进技工学校、就业训练中心等培训机构改善办学条件、提高培训质量。针对一些经济比较发达的城镇技工学校生源不足、招生困难，而毕业生又不能满足需要的情况，改变过去只限于招收城镇户口初、高中毕业生。所招学生，有些生的做法。一工种（专业）可招收农村户口的初、高中毕缺可按国家规定"农转非"，比例可控制在当地（省、市、自治区）招生总人数在一定范围以内。指标由有关部门下达，有的可以不转户口，毕业生既可以在城镇企业当合同制工人，也可以回乡镇企业

工作。

5. 进一步改革学徒制度，除传统工艺和少数工种保持师带徒方式外，将学徒培训引入各类职业学校和培训中心，通过签订学徒培训合同，建立起在企业进行技能训练，在培训机构进行理论学习的具有中国特色的"双元制"学徒培训模式，走出一条厂校结合、产训结合，理论与实践结合的培训路子，以此最大限度地拓宽"先培训、后就业、先培训、后上岗"覆盖面。

6. 打破部门界限，充分依托现有的各类培训机构，包括教育系统及行业的中专、职业中学及民主党派和其他社会办学机构的力量，鼓励他们根据条件开办技工班，为企业培养急需的后备技术工人。同时，积极支持行业主管部门办学，鼓励小企业联合办学以及公民个人办学。以此逐步调整不合理的教育培训结构，满足社会对技术工人的需求。

（二）加强职业培训的立法和法规的制定与修订工作

《职业培训法》的起草工作已经起步，应继续发挥起草小组的作用，把这一工作坚持不懈地抓下去。此外，还应着手修改《技工学校工作条例》《就业训练中心管理营办规定》，制定《企业内职工培训条例》《学徒培训条例》和《国家职业技能鉴定条例》等，使职业培训法规形成系列化，为政府监督和协调提供法律依据，以此来规范与约束企业和社会的办学行为。

职业培训事业的发展和改革，迫切需要加快立法和制定法规的进程。按照政府转变职能的要求，今后政府对职业培训的综合管理将由过去单一的行政手段变为主要依靠法律手段和经济手段实现宏观调控，因此职业培训立法既是政府转变职能的重大举措，也是今后政府管理的法律依据。

职业培训立法要既能适应今后一个时期经济建设、社会发展的需要，又不能脱离当前现实。这就必须充分考虑现阶段政治体制和经济体制改革的渐进性，本着超前、稳定、协调、可操作相结合的原则制定各项法规。职业培训的立法要同职业培训的目标一致起来，以有利于推动职业培训事业的发展，并着重解决带有普遍性的问题。

立法要明确职业培训的地位和作用，保证国家的投入，鼓励企业、事业、社会力量及个人多方举办各种形式的职业培训；采取国家拨款、企业负担、个人交费、社会资助等多渠道、多形式筹集培训资金。

立法要明确职业培训必须从市场需求出发，从就业和劳动管理角度考虑问题，立法还应兼顾国家、企业和劳动者三方的权益，特别是保障劳动者的权益。

立法要规范劳务市场，使职业培训引入市场机制，实现"双向选择、竞争就业"促进劳动力的合理流动和合理配置。

立法要对劳动者素质做出明确规定。特别是一些专业性、技术性、安全性要求较高的岗位，要规定必须接受正规系统的职业培训，并经严格考核获得合格证书者方可上岗。

立法要继续完善"培训、考核与使用、待遇相结合"的制度，赋予"四个结合"以新的内涵，促进职业培训与劳动制度、分配制度有机结合，并形成竞争机制，激励机制和约束机制。

立法要明确企业内培训、考核、使用的自主权，依靠企业搞好在职培训，要有利于调动企业开展职业培训和支持社会化职业培训的积极性。

立法要体现政府对职业培训管理职能的转变。政府应当通过宏观管理调控那些必须依靠行政权力进行调节和干预的方面或事项，而将职业培训中业务性的管理活动剥离出来，转而委托专门机构来承担。这个专门机构既不是政府部门，同时又具有相对的独立性与权威性。这个机构主要是由专家和专业技术人员组成，以便能按职业培训的自身规律运行，为职业培训的科学性、可靠性、可行性负责，同时受政府的监督检查，使国家对职业培训的管理更科学、更有效。

（三）健全职业技能的考核与鉴定制度，加强其社会化的管理

在贯彻《工人考核条例》的基础上，逐步完善国家职业技能鉴定（考核）制度。劳动部门将工人考核工作的侧重点从企业内部转向社会，从由部门、行业管理逐步转向社会化管理。实行技术等级和技师资格的社会化考核，为劳动者技能鉴定提供社会化服务，促进劳动者技能开发、人才交流和劳务市场的发展。要在现行的工种分类的基础上，逐步建立和完善既符合国民经济各行业不同特点、又便于同国际标准相互转换与对照的职业分类和职业技能标准体系，并依据实际需要对职业技能标准进行常态化修订和调整。要结合各地的实际，逐步建立和健全职业技能鉴定（考核）的工作机构，在劳动行政部门的指导、监督下，具体组织实施职业技能鉴定（考核）工作。改革技师评聘制度，实行技师任职资格考评与聘任公开的办法。按照国家规定考评技师的工种（岗位）范围、任职条件、考核要求，由社会专门的考评机构严格进行考核、评审。取得《技师合格证书》后，由用人单位，自主确定聘

任技师的数量、职责，任期和有关待遇等。加强各种职业技术学校及就业训练中心毕业生"双证书制"考核的社会化管理。各级劳动行政部门要结合政府职能转变，强化对劳动者技能鉴定（考核）工作的规划、协调、监督和服务等方面的手段。

（四）强化职业培训服务手段，大力提高培训质量

1. 加强职业培训师资队伍建设，努力搞好培训基地建设。办好职业技术师范学院，形成覆盖全国的师资培训网络，为在职教师、管理人员的提高培训和后备人员的培养提供服务。师资培训工作重点是提高现有生产实习教师的素质，加快培养后备实习指导教师，使他们成为在课堂上能讲技术理论课，下厂能指导生产实习的双师型职业培训教师。

2. 深化教材改革、提高教材质量。教材建设要根据职业培训实际需要不断增加品种，提高教材质量。各类职业培训实体可以自主根据教学计划、教学大纲选用教材，使教材在使用中竞争，存优汰劣。在教材建设的选题、编写、出版等重大环节中也都要引入竞争机制。选题、编写要通过招标、投资方式开展竞争，择优确定编者。要充分发挥教材编审专家的作用，按不同学科对新编教材进行审议。教材的编写要突破传统以学科体系为主的教学模式，按照职业培训注重实用、以技能培训为主、灵活多样的特点组织开发多形式、多层次的教材，形成具有较高思想性、科学性、实用性、适应性的职业培训教材体系。

3. 强化技工学校、就业训练中心生产实习基地建设，加强生产实习教学指导与服务。许多技工学校和训练中心达不到培养目标，主要是没有保证技能训练的条件。要疏通校办企业供、产、销渠道，提供经济，技术，信息服务，既搞好生产实习教学，又要增强技工学校生产能力，以改善办学条件，提高培训质量。在此基础上，还要积极筹办全国性技工学校实习工厂产品联营和信息技术服务实体。

4. 加强职业培训科学研究，建立职业培训信息预测网络，开展咨询服务活动。为此，应做好研究规划，加速建立科学的职业培训决策制度。充分发挥专家和研究机构的作用，逐步把决策建立在科学研究的基础上。教研机构要深入调查研究，组织教研活动，推动教学改革。要充分发挥劳动部职业技术教育中心研究所、中国职工教育和职业培训协会、职业培训信息中心的作用。劳动行政部门应把一些专业技术性较强的工作委托研究机构和职业社团

组织去做。充分发挥专业团体、协会的作用，以提高行政工作效率。

（五）多方筹措资金，保障职业培训事业积极发展

本着国家、社会、企业、个人共同分担的原则，努力拓宽职业培训经费来源。国家财政（包括以贷款的形式）对职业技术教育的经费支持应不受部门管理限制，根据各类职业技术学校（培训中心）的规模统筹安排使用。定向培训（包括学徒培训）的经费，应按国家规定由委托培养的企业承担，没有办学能力的企业其职业培训经费由主管部门集中使用，用于兴办和支持面向企业的培训事业，为这些企业的人才培养提供服务。对承担就业训练和转岗、转业培训的技工学校应允许使用就业扶持金和待业保险金。鉴于国家财政仍存在很大困难，对技工教育事业一时很难有较大的投入，但是，可仿效对义务教育和职业中学资金投入的做法，对技工学校予以支持。建议中央财政设立"技工教育专项投资"，每年拨款800万元，地方配套投资3亿元。用途是：1.支持高新技术产业所需技术工人的培养；2.贫困地区企业所需中、高级技工的培训；3.农村劳动力向非农产业转移的培训；4.严重亏损企业，长期停工半停工企业所办技工学校的贷款或教职员工的生活补助，以支持学校转换机制，渡过难关，巩固技工教育阵地。

当代职业教育发展趋势研讨会综述①

由深圳中华职业教育社、深圳市教育科学研究所和中专职教研究会联合举办的《当代职业教育发展趋势研讨会》于1993年2月在深圳市召开。现将会议研讨的有关问题综述如下：

一、关于职业教育发展速度和结构比例

一个国家、一个地区，职业教育发展的速度和比例究竟应该多大，才算合理？台湾同行、台北市工业专科学校校长张天津先生说：台湾地区自1953年与美国加州大学合作，兴办职业教育以来，据1992年的统计，接受职业教育在校学生已占中等学校在校学生72%的比例。1991年台湾地区在校学生普高是21.8万人，职高是59万人。从教育内涵来说，起始是适应劳动密集型经济的需要，逐步变化为适应技术密集型的需要。大陆的中等职业教育，经过14年来的努力，已发展到在校学生总数1390万人，占高中教育比例为49.3%的规模。根据台湾地区的经验，大陆的职业教育无论是数量和内涵，都有很大的发展余地。有些专家、学者还提出：职业教育除应考虑与普通教育的结构比例外，在整个专业教育中，也有一个结构比例问题。即培养高级专业技术人才的高等专业院校、培养中级人才的中等专业学校和培养熟练工人的技工学校、职业学校，应有与经济结构对各类专业人才需求相适应的结构比例。而我们却严重地忽视了这一点。珠海市陈如礼、杨志民两位先生在他们的论文中引证英国汤姆林森博士的论点指出：在企业生产中，高级工程技术人员、技术员、熟练工人和一般工人的比例应为1:5:25:25。而珠海市根据1991年人口普查办公室对建筑、交通、邮电、商业饮食等四大行业10.04万职工调查统计，这几部分人员的比例为1:0.7:6:6:18.7。这说明：珠海市技术员与高级工程技术人员比例倒挂，熟练工人数量奇缺。天津的费重阳先生认为：我国在教育发展战略上长期存在着重视高级专业人才的培养（这是

---

① 原载《职业教育研究》1997年第9期

应该的），忽视中级专业人才，特别是中、高级技术工人培养的问题。以 1991 年为例，全国普通高等学校毕业生 61.13 万人（不含师范生），中专（不含中师）49.64 万人，合计毕业生 110.77 万人，而技工学校毕业生仅有 45.42 万人，两者比例为 2∶4∶1。由于每年有一百多万各类新增干部需要包下来安排，除一部分硬性安排给企业外，其他大量涌入机关、事业单位。这些单位人员总数 1991 年已达 3400 万人，增长一倍多，比企事业单位职工增长速度高出一倍。为此，这几位先生呼吁：全国和地方当局在规划各类专业教育发展的规模和速度时，应根据社会、经济和劳动就业市场发展的需要，保持一个合理的结构比例，不要单打一，就高教论高教、就中专论中专而不顾其他，特别是不能忽视对中高级技术工人的培养。

二、关于职业学校办学体制

中国台湾、中国香港都是市场经济发达地区，他们在投资办学校时自然首先考虑效益，很多专科学校、职业学校既培养技术人员，又培养熟练工人，既有全日制的专业和课程，又有非全日制的班级，最大限度地满足社会不同层次人士的需要。而大陆至今沿袭单一办学模式，培养技术员的中专学校和培养熟练工人的技工学校，分别设置，界限分明。这么做是多花钱，少办事、浪费大、效益差，如果说内地存在着这种单一低效益的办学模式，有其历史和社会的多方面原因，那么，特区应该将境内外两种模式加以分析比较，择其善者而从之。据闻深圳职业教育的师资来源和培训，还没有一个基地，打算仿效内地，创办一所职业技术学院。笔者以为不妨研究一下台湾省的做法：台湾省是在台湾师范大学内，设立工业教育研究所和技术职业教育研究中心，发挥老校潜能，一举解决工业、技术职业教育师资和研究基地问题。深圳有一所教育学院，如加以利用和适当扩充，解决职业教育的师资培养，培训和研究诸多问题，比另起炉灶，铺新摊子，能少花钱，多办事，时间短，见效快。

三、关于职业教育专业设置和课程设置

职业教育的科类结构，专业设置是否合理，即是否与经济、社会对人力需求的种类相适应，是衡量办学效益的关键，也是职业教育是否有生命力的关键所在。在这次研讨会上，招商局蛇口工业区育才学校为我们提供了一个

范例。

蛇口工业区是我国改革开放的窗口和实验地；是一个生产、技术和经营管理现代化、集约化的企业集团，专业分工精细，生产高度集中，相应地对厂办职业学校的要求是能为工业区培养复合型、高素质的中等专业技术人才。为此，决定了专业设置必须符合这样两条原则要求。即除满足企业以上要求外，专业本身还应有自我拓展、自我提高的机制。育才学校是工业区自办的一所"初三毕业，校内职高与普高分流"的学校。1984 年创办职业班时，他们也是仿效国内职业中学的做法，设财会、文秘、幼师、电子、电工和机械等小而窄的专业，但不久便暴露出这种小专业的弊端。一是专业结构固定，学生在校三年内常因经济的兴衰及产业结构的调整，使得专业技能、知识结构不符合变化了的用工要求，毕业生很难对口就业。二是每个专业招生数量不多，对企业人才需求的覆盖面又少，没有办几届，就已饱和，供非所需的矛盾日益尖锐。三是小而窄的专业师资、设备投入量大，但使用效益低下。1989 年该校大胆地根据工业区生产集约化、规模化的特点和要求，将小而窄的专业改成大而宽的文、工两科，重新界定他们的培养目标和课程设置。文科专业主要为机关、企业培养具有高中毕业文化水平，并具备电算、会计、电脑操作、文书、管理等技能的中等专业人才。工科专业，主要培养有相当于高中毕业文化水平并具有机械基础、电工和电子基本知识，有一定操作技能的技术工人。这种专业设置有许多优点：能够满足工业区多方面人才要求，教育投入明显减少，而教育效益则显著增加；学生能获得较宽广的文化基础知识、专业基础知识及基本技能，适应面广、适应性强，有利于学生求职、择业，充分发挥个性与才智。这种大专业还能根据工业区技术、经营的变化，相应地调整某些课程，形成自我发展、自我完善的机制。

育才学校设置专业的经验的启示：一是企业办学要切实根据企业集团的需要，培养技术、管理人才和中高级技术工人。正如香港同行所说的："工业教育及工业训练，是以配合经济发展的特定需要为主的，而所培养的人才，则尽可能符合各行业的需求。"二是要变过去满堂灌模式，为培养学生的创造性思维和创新能力，培养企业精神和竞争意识；三是改变职业教育的管理体制，切实尊重企业和学校办学自主权，使他们得以放手办出自己的特色。

四、关于职业教育的宏观管理体制

一个地区，一个城市的职业教育，在宏观上怎样做到掌握情况、全面规划和较好地理顺办学体制，又使办学实体享有充分的自主权、充满生机和活力。这是内地众多专家、学者孜孜以求而一直没有解决好的一大难题。在这次研讨会上，香港同行容可观先生以《香港地区的工业教育及训练》为题，把香港地区的工业教育及工业训练现行管理体制和运行机制做了详细的介绍。笔者认为：香港地区的工业教育及训练宏观管理和办学体制，几经变迁，日益完善，诚可供内地借鉴；尤其深圳、珠海特区与香港地区近在咫尺，在政策上又有很大的灵活性，大可不必沿袭内地的传统做法，而应结合实际，有选择的参考香港地区模式。

香港地区工业教育的领导管理体制，有以下特点：（一）工商企业积极参与职业教育管理。具体方法是组建香港职业训练局。该局是一个独立法人机构，有 22 名成员组成。组织成员均由政府委任，其中政府官员 4 名（经济、教育、劳工等机构官员），其余 18 人由工商界及教育界人士充任。主席一职由非官方人士担任。职业训练局具有咨询与执行两种功能。（二）按行业实现中观管理和分类指导。职业训练局成立了 20 个训练委员会，负责人力训练事宜，范围遍及各主要工商行业，另外有 8 个跨行业的一般委员会，负责涉及多行业的人力训练事宜。职业训练委员会和一般委员会在职训局和办学机构之间起着承上启下的作用，使职训局的法令、条例及教育训练计划能落到实处。（三）各方办学、形式多样、相互衔接、相互沟通。例如读完中三可入训练中心，读完中五可入工业学院并可以免读第一年课程。工业学院的优秀学生可入理工学院。在训练中心参加学徒的，每周可到工业学院接受一天的工业教育课程。而训练中心又为大学工科学生安排实务训练。接受职业教育与训练的人员，可分别取得操作工、技术工、技术员证书，这是他们就业的资格证书。就业后，还可以不分年龄、工种参加夜间的各种培训，并可获得高一级的资格证书。（四）工业中学、先修学校经费充裕、教师待遇较优，为办学创造了良好条件。香港地区职业教育与训练的投入，主要是政府拨款，企业团体和个人亦出资赞助。各行业团体和企业要按一定比例投入职业教育和训练资金。例如建筑业从 100 万元以上的营业额中抽取 3‰，制衣业从出口总值中抽取 2.5‰。香港工业教育及训练的这一套领导管理体制和运行机制，经过这 20 年的实践，证明是成功的。

关于我国职业教育的思考①

改革开放以来，我国职业教育取得显著成绩，基本形成了普通教育与职业教育双轨并行的格局，各类职业技术学校在师资队伍、教学设备和教材建设等方面都有程度不同的改善，教学质量有所提高。各类职业技术学校已向社会输送了一大批毕业生，同时还有上亿人次受到各种形式的短期职业技术培训，为经济建设提供了大量实用人才，经过十几年的实践和借鉴国外的经验，我们对职业教育的特点和功能有了比较深刻的认识，初步创造和积累了具有我国特色的办学经验和管理经验。所有这些都为我国职业教育在 20 世纪 90 年代有一个更大的发展，奠定了思想基础、物质基础和工作基础。

我国职业教育应继续贯彻大力发展的方针

1991 年 10 月国务院做出《关于大力发展职业技术教育的决定》，实践证明这个《决定》是正确的。在 20 世纪 90 年代，我国职业教育应继续贯彻这一方针。这是因为 90 年代我国经济高速增长和实行市场经济体制这两种态势给职业教育提出了新要求、新任务和新挑战。第一，为支撑经济的高速增长，建立一支工种齐全、结构合理、质量合格的技术工人队伍，成了更加紧迫的要求。90 年代我国经济的发展速度原定为国民生产总值平均每年递增 6%。党的十四大提出向 8% ~9% 的目标奋斗。1992 年实际增长 12%。我国现有技术工人四千余万人，按常规测算，国民生产总值每年增长 1%，技术工人应增 0.3%，今后八年需要补充中高级技术工人一千至一千一百万。广东省做出规划，到 2010 年，中高级技术工人要占企业技术工人总数的 70%。照此计算需要补充高级技工 56 万人，中级技工 140 万人，而现有技工学校仅能满足需求量的 12%。现在全国技工学校虽然每年输送 45 万毕业生，但仅够弥补全国四千余万技术工人自然减员的损失。自然减员都是高、中级技工，补充的大都是初级工，如不强化在职培训，全国技工平均技术等级要相对下降。由于新

---

① 原载《特区教育》（深圳）1994 年第 5 期

技术工人需求量急剧增长，带来了扩大办学规模、改善办学条件、提高培训质量和加快师资、教材建设等一系列新要求。职业教育目前的状况显然无法满足这种需要。第二，90年代经济高速增长，是在实行社会主义市场经济体制下进行的。由于市场规律和机制的作用，企业为了争夺市场，竞争将是激烈的。国民经济各部门的产品结构、产业结构的调整以及新技术的开发和利用，将会在竞争中以前所未有的速度和规模发展、变化。一部分企业破产、倒闭不可避免，关、停、并、转将会增多；尤其我国在恢复"关贸总协定"中的地位后，要付出更高的代价。由于大幅度降低关税，汽车、家电、化工甚至纺织等行业将面临国外产品的冲击。目前我国全民所有制企业约有一千多万富余人员，那时将会继续扩大、膨胀。本着以"厂内消化为主，社会安置为辅"的方针安置如此之大的失业大军，给转业训练造成巨大的压力。第三，由于我国人口众多，90年代城镇每年新增长的劳动力将有700万人，需要进行就业前培训。农村有上亿劳动力要向非农产业转移，需要进行实用技术培训。按照国务院《关于大力发展职业技术教育的决定》中提出的要求——"在90年代要逐步做到：使新增劳动力基本上能受到从业岗位需要的最基本的职业技术训练，在一些专业性、技术性要求较高的劳动岗位，就业者能较为普遍地受到系统的职业技术教育。"可见就业前培训数量之大，门类之多，覆盖面之广，也是前所未有的。第四，大力发展职业教育，特别是技工教育，改善我国的专业教育结构。培养专门人才的高等学校、中等专业学校和技工学校应与专门人才需求结构相适应。正如《中共中央关于教育体制改革的决定》中所指出："社会主义现代化建设不但需要高级技术专家，而且迫切需要千百万受过良好职业技术教育的中、初级技术工人、管理人员、技工和其他受过良好的职业培训的城乡劳动者。没有这样一只劳动技术大军，先进的科学技术和先进的设备就不能成为现实的生产力。"这些年来，这一重要指导思想没有得到很好地贯彻。在教育发展的战略上一直存在着追求高级专业人才的培养，忽视中级专业人才，特别是中、高级技术工人的培养。使我国专业人才培养呈倒宝塔型，头重脚轻。其结果是机关、企事业单位各类干部严重膨胀，而生产一线需要的技术工人却严重不足。由此影响新技术的开发和利用，影响产品质量、劳动生产率和企业整个经济效益的提高。由于每年有一百多万各类新增干部需要包下来安排，除了一部分硬性安排给企业以外，其他大量的涌入机关、事业单位。这些单位职工总数1991年已达3400

万人，比 1978 年增长一倍多，比企业职工增长速度高出一倍。县行政事业费每年耗资 1400 亿，占整个国家财政收入的 40% 以上。在 1992 年 11 月召开的全国普通高等教育工作会议上，提出在九十年代高等教育继续要有一个较大发展，要求本科院校学生校均规模从 2500 人提高到 3500 人；专科院校规模从 1000 人提高到 2000 人。这样，不设新校和专业，总规模就扩大 50% 左右。如果职业教育，特别是技工学校没有更大地发展，我国专业教育结构将更加畸形，距离社会经济发展和劳动就业的需要会更远。综合上述，我国职业教育 14 年来虽然取得了较大的成就，但从经济、科技、就业和教育结构的需求来说却又显得严重滞后，与前面所说面临的新要求和新任务形成强烈的反差。特别是有的领域（如乡镇企业）、有的地区（如广东、上海）和有的方面（如中、高级技工严重短缺）已经成为制约经济发展的瓶颈。由此可见，我国职业教育继续实行大力发展的方针是正确的和完全必要的。

全面地引入市场机制改革职业教育

职业教育体制是由经济体制决定的，职业教育体制必须适应和服务于经济体制。在我国社会主义市场经济日益发展的情况下，对职业教育提出了转变观念、转变职能、深化改革、建立新的办学体制和管理体制一系列要求，积极引入市场机制，改革、提高和发展职业教育是一项紧迫的任务。早在 1988 年 1 月国务院负责同志在全国高等教育工作会议上的讲话中指出："高等教育体制改革的目标是逐步建立使学校具有主动适应国民经济和社会发展的有效机制。在国家计划的指导下，把竞争机制正确地引入学校，能使高等教育事业充满生机和活力。"[1] 同年 3 月召开的全国人大七届一次会议的政府工作报告中重申了这一原则要求，并且强调地指出："这些原则也同样适用于各类职业技术学校。"竞争的规律是市场经济的普遍规律，在职业教育和教学中要引入竞争机制，形成竞争意识。以职业技能为主体的劳动者素质的高低，正是他们在市场竞争能力强弱的标志。素质不高的劳动者必然在竞争中被淘汰，或者只能寻求较差的岗位。在国际劳动力市场竞争中更是如此。所以要把竞争意识注入职业教育，为增强企业的和劳动者的竞争能力而努力。在处

---

[1] 教育部网站：中共中央关于教育体制改革的决定 1985 年 5 月 27 日发布。中华人民共和国教育部 http：//www. moe. gov. cn/jyb_ sjzl/moe_ 177/tnull_ 2482. html 2018. 11. 21

理数量和质量的关系上，既注意数量的发展，更要注意质量的提高，以质取胜。竞争是一种辩证的运动过程，而非一劳永逸。因此，职业教育不仅要重视后备劳动者的培养，同样要重视在职人员的训练提高，伴随着劳动者整个职业生涯。竞争不仅要立足于国内劳务市场，而且要走向国际劳动力市场，为我国扩大劳动技术大军的输出创造条件，职业教育的内容、考核标准，要向国际标准靠拢和对接，使我国的职业教育逐步实现国际化。我们清楚地看到竞争机制已开始对我国职业教育产生影响和一定效果。例如许多地方国有大、中型企业积极转换经营机制，进行劳动制度、工资分配制度的改革。确立企业和劳动者平等的主体地位，企业用工自主，职工竞争就业和实行各种形式的按劳分配，使广大职工产生了危机感和紧迫感。他们把提高自己的技术业务素质，增强竞争本领，视为切身利益，激发出极大地学习热情。很多企业为了稳定一支素质优良的技术工人队伍，增强企业在国内外的竞争能力和应变能力，办学积极性空前高涨。其次，推广职业教育要尊重和运用市场经济的价值规律。职业教育是一种智力投资。既然是投资，就要讲效率，使受教育者能创造出比社会平均效益高的效益，劳动者能得到比受教育前要多的报酬。唯有如此，才能形成企业乐于开发职业教育、劳动者自觉要求接受教育的动力机制；故推广职业教育要十分讲究以最少的投资获得最好的利益，改进教学、改进管理，切不可盲目办学和重复办学。职业教育产出的效益应由国家、企业和个人分享，那么，职业教育的投资就应由国家、企业和个人来分摊。国家投资、企业出钱、职工个人交纳一定的学费是理所当然的事情。再次，以市场供求为取向，改革职业技术学校的招生和毕业生分配、改革办学机制和管理机制，这是职教工作要实行的一大转变。长期以来我们是靠从中央到地方直至企业、学校，层层下达指令性计划开展职业教育，现在要转变为依靠劳务市场和人才市场的动向和需求，引导各类职业教育和教学，使职业教育的供给结构实用经济、社会、科技发展对人才和劳动力的需求结构。利用市场机制能较为敏感、有效地配置职教资源，培养出适销对路的劳动力"产品"。国家劳动部明确宣布：从1993年起"劳动部不再下达指令性的技工学校招生计划，由各类技校根据劳动力需求状况，自行确定招生数量和专业（工种）设置"。这是运用市场机制迈出的重大一步。为了运用好市场机制，搜集社会、经济、劳动人口发展变化的信息；研究社会劳动力的供需状态，做到及时、准确的分析预测，并建立灵活反馈的结构调整机制，将会成为劳动、计划和职业教育部门极为重要的工作。但必须指出：市场经济本身有其不可克服的盲目性和逐利性等弱点，反映在职业教育领域，时有乱办班、乱收费和滥发文凭、证书等现象的发生，为此必须运用法律、经济计划和必要的行政手段驾驭劳务市场和人才市场，规范学校、企业、社会上的教育培训行为，建立起有效的约束机制。

20 世纪 90 年代职业教育发展目标和若干对策

20 世纪 90 年代，我国职业教育的总体目标应是：基本适应经济建设的需要；基本适应劳动就业的需要；全面贯彻国家教育方针，全面提高教育质量。即"两基""两全"的发展目标。具体说来：1. 贯彻"先培训后就业"的原则，初步实现职业教育普及化，使城乡大多数新增劳动力基本上能够受到适应从业岗位需求的最基本的职业训练；在一些专业性、技术性要求较高的岗位就业者必须普遍地受到系统的严格的职业教育和教育培训。2. 致力于建设一支优秀的专业齐全、结构合理、以中级工为基础、高级工为骨干的技术工人队伍，基本满足经济高速增长和科技进步的需要。3. 切实贯彻"教育必须为社会主义现代化服务，必须同生产劳动相结合，培养德、智、体全面发展的建设者和接班人"的方针，在坚持以专业教育为主的同时，必须把德育放在首位，在职工中加强社会主义理想、信念和道德、法制教育、扭转青年职工中政治素质下降的趋势。德育是社会主义精神文明建设的一个重要方面，关系着国家的未来和社会主义事业的成败，我们必须给予极大地重视。

上述发展目标是密切联系的，要致力于建设以下四个方面的结构系统：1. 建立一个开放的、面向劳务市场、灵活多样的职业教育和教学的结构系统。除现有的高等职业技术院校、中等专业学校、技工学校、职业学校和就业训练中心等教育培训模式外，还要提倡民间办学和自学成才，实现大力发展的方针。2. 加强和改善职业教育服务结构系统，加强师资队伍、教材、生产实习、实验设备建设和教学研究；建立职业需求信息与预测网络等。3. 建立和健全职业技能鉴定、考核社会化的管理结构系统，成立省、市、县职业技能鉴定中心，承担企业和社会上的从业、专业人员的专业技术或技能资格鉴定、考核任务，并颁发相应级别的专业技术或技能证书。职业技能鉴定中心是在地方劳动行政部门管理、监督和指导下，独立实施职工技能鉴定的事业单位，是社会化公共的职业技能坚定地权威机构。4. 制定职业教育法，初步形成立法和行政法规结构系统。以上一个发展目标、四个结构系统构成职业教育一个较为完善的体系。四个结构系统相互联系成一个整体，为发展目标服务。教育和教学系统是直接为目标服务的。鉴定、考核是对教育效果的终极评价。师资、教材、设备是保障，而立法则是对以上行为的规范、督导和约束。

为了实现上述的发展目标，需要采取若干对策和措施，笔者对此的总体构想是：转变政府职能，改善管理手段，改革办学体制，强化服务措施，使职业教育更加有效地服务于社会主义现代化建设。具体来说，有以下几点：

（一）切实有效地改革现行管理体制和办学体制。

改革开放以来，我国职业教育的管理体制和办学体制也进行了程度不同的改革。如职业中学毕业生坚持实行择优推荐、不包分配的原则。技工学校把"统包统配"改为择优分配并实行劳动合同制等。但就其基本、主要方面来说，还是沿袭旧有模式。它的特点和弊端是：第一，国家按新增劳动力计划指标，统一规划劳动力的培养和使用。中等专业学校、技工学校的招生和毕业生的分配，既受劳动计划的"保护"，又受计划的束缚；第二，各类职业院校普遍缺乏办学自主权，缺乏主动反映社会经济需求的机制；第三，在领导管理体制上，用管理行政的方法管理教育，政校职责不清，管得过多过死；一方面影响了学校积极性的发挥，另一方面有造成政府职能部门负担很重；第四，管理手段单一，缺乏用立法、法规及经济手段进行宏观调控的政策；第五，缺乏服务意识和措施。在当前我国经济处于高速增长和社会主义市场经济体制建立过程中，这种管理体制和办学体制就更显得僵化和不适应，急需改变，以建立新的管理体制和办学体制。这种新体制应是：加强宏观调控，分级分类。其职能的核心任务是服务，为学校服务，为企业服务。规划、协调、监督这些职能应视为另一种形式的服务。据此，企业办的职业学校，招生、专业设置、教学、收费标准、教职工任免和待遇都由企业自主决定，毕业生由企业负责安排。面向社会的职业学校，实行政府宏观调控、学校自主办学，确定学校的法人地位，使学校享有充分的依法办学的权力。学校要有所选择地引入市场机制，做到面向市场，一校多能，一校多用。在完成既定专业、工种的教育任务外，根据劳务市场的需求，开展待业人员和企业富余人员的培训，还要为乡镇企业培养专业技术人才。各类职业学校都应走产训结合的路子，增强自我发展的动力。

（二）逐步实行社会化的职业技能资格鉴定制度。

随着市场经济体制的建立，从我国国情出发，学习借鉴国外先进经验，进一步完善国家职业分类和职业技能标准体系。在贯彻《工人考核条例》的基础上，逐步建立由国家制定职业技能标准，社会确认劳动者职业技能资格，用人单位决定使用和待遇的三结合模式。继续在各类职业技术学校（中心）推行毕（结）业证和技术等级证书"双证制"。经过社会职业技能鉴定机构鉴定、考核确定技能水平，可以作为求职、上岗的凭证。

（三）职业教育事业的发展，迫切需要立法工作的支撑。

立法既是政府转变职能的重大举措，又是管理职业教育的依据。职业教育立法要符合社会主义市场经济发展的要求和改革日益深化的总趋势。既能适应今后一个时期经济建设、社会和教育发展的需要；但又不能脱离当前的现实，必须充分考虑现阶段政治体制、经济体制和教育体制改革的渐进性。本着超前性、稳定性、协调性和可操作性兼顾的原则，制定我国的《职业教育法》。

制定一部统一的《职业教育法》需要一个比较长的时间过程。当前应当根据社会主义市场经济体制和企业转换经营机制的相关要求以及企业、学校自主办学的精神，抓紧修订或制定职业教育行政法规。如《中等专业学校条例》《技工学校工作条例》《训练中心管理规定》《企业职工教育条例》《学徒培训条例》等。经过努力，在20世纪90年代初步形成我国职业教育立法和法规的系列化。在体系结构上，形成各类专业、工种的教育、培训基准，使之逐步形成统一的规则。

（四）多方筹措资金，支持职业教育的大发展。

有关统计资料显示，国家对各级各类教育的投入不尽合理，对技工教育投入过少。例如1989年在国家财政预算内，对普通高等教育、中等专业学校、农业中学、职业中学和普通中、小学近340亿元的投入中，高等学校占25.8%，普通中、小学占58.3%，中专占11.6%，农、职业中学占2.8%，技工学校占1.63%。高等教育经费占教育总投资的1/4，是技工教育投资的15.3倍。显然，教育投资畸重畸轻是造成我国专业教育结构畸形发展的一个重要原因。为此，亟待建立国家、社会、企业、个人共同分担的原则，努力拓宽职业教育经费来源渠道。国家财政应增加对职业教育经费的投入，并设专业项目，根据各类职业技术学校的规模，统筹安排使用。定向培训的经费，应按国家规定由委托培养的单位承担。大力发展勤工俭学、生产实习创收，建立职业教育基金会，培养学校自身的造血功能。鉴于国家财政仍存在很大困难，对解决技工教育投入过少问题，可效仿义务教育和职业中学资金投入的做法，中央财政为支持义务教育，特设"扶持贫困地区普及初等教育专项投资"，每年拨款一亿多元，至今已安排 13 亿多元。其中"七五"期间 7.5 亿元，地方配套资金 40 多亿元，群众集资 150 亿元，对推动义务教育的普及起了很大作用。又如中央财政为了支援普通中学改办职业中学，每年给专项补助 5000 万元，也取得明显效果。比照以上做法，建议中央财政设立"技工教育专项投资"，每年拨款 8000 万元，地方配套投资 2 亿元。用途是：（1）支持高新技术产业所需技术公认的培养；（2）贫困地区企业所需中高级技工的培养；（3）农村劳动力向非农产业转移的培训；（4）严重亏损企业、长期停工半停工企业所办技工学校的贷款或教职工的困难补助，支持这些学校转换机制，渡过难关，巩固技工教育阵地。

发展职业教育要主动适应劳动就业的需要①

为《职业教育法》颁行一周年而作

我国第一部《职业教育法》于 1996 年 5 月颁布，9 月正式实行。它的颁行是我国职业教育发展史上一个新的里程碑；是近几十年来推广职业教育经验的结晶，标志着我国职业教育进入一个依法治教的新阶段。

《职业教育法》第三条规定："职业教育是国家教育事业的重要组成部分，是促进经济、社会发展和劳动就业的重要途径。"这项规定科学地阐述了职业教育的社会和经济功能。笔者仅就职业教育为什么要主动适应劳动就业的需要谈几点看法，以就教于职业教育界同仁。

一

职业教育是促进劳动就业的重要途径。这表现在三个方面：第一，职业教育是促进劳动就业的重要基础。我国劳动法第 66 条载明：职业教育能"开发劳动者的职业技能，提高劳动者素质，增强劳动者的就业能力和工作能力"。第二，职业教育是提高劳动就业质量、解决结构性失衡的重要措施。在我国，劳动力数量供大于求和高素质劳动力短缺同时并存，制约着经济和社会的发展。发展职业教育，为社会生产和生活需要提供合格的、高质量的劳动力，既缓解了就业矛盾，又提高了就业质量。第三，职业教育是培育和发展劳动力市场的基础条件。借助职业教育可以调节劳动力市场的供求，使用人单位和劳动者双向选择成为可能。通过职业学校、职业培训机构的运作，还可以储备劳动力，增强劳动力市场灵活调节的功能。

既然职业教育对劳动就业有如此重大作用和影响，那么，职业教育部门和职业教育工作者，在指导职业教育的改革和发展时，主动适应劳动就业的需要，使其相互促进，相得益彰，就成为完全必要的了。我国职业教育的先驱黄炎培在 20 世纪 20 年代率先倡导职业教育时，就提出"使无业者有业，

---

① 原载《教育与职业》1997 年第 9 期

使有业者乐业"的响亮口号，且毕生为此奔走呼号。80 年来的实践证明：发展职业教育要与劳动就业密切联系起来，主动适应劳动就业的需要，是职业教育发展的规律及其本质和功能的体现；否则，就要出现学非所用，用非所有，既浪费了教育资源，又会使职业学校出现萎缩、滑坡的危险。

就建设社会主义社会这个伟大目标来说，发展职业教育，培养千百万职业技术人才和劳动技术大军是手段，是为社会主义四个现代化服务的；但如我们培训出来的人才不能实现就业或创业的要求，为四个现代化服务，就只是一句空话，可见，发展职业教育要主动适应劳动就业的需要，是必须树立的基本观念。

二

在我国现实条件下，职业教育主动适应劳动就业的需要，更有其特殊重要性和紧迫性。

（一）我国是一个有 12 亿多人口的大国，也是一个教育大国，每年有 4 亿多人在各级各类教育机构学习，即使如此，每年还约有 400 万小学毕业生、600 万初中毕业生和 100 万高中毕业生不能升入高一级学校，所以绝大多数青少年在接受一定阶段普通教育后，要接受各种形式的职业教育。由于我国人口基数过于庞大，虽然实行严格的计划生育制度，但每年出生人口仍有 1800 万。农村现有富余劳动力 1.3 亿，需要接受不同程度的职业教育，逐步向非农产业转移。城镇每年新增劳动力 700 余万人，每年需要安排 540 万人，才能实现将失业率控制在 4% 以内的目标。为了充分发挥职业教育在促进就业和调整劳动力需求、缓解就业压力的功能，从 1997 年起，劳动部门已在一些大、中城市试行劳动预备制度，将城镇初、高中毕业后不能升入高一级学校学习并有就业愿望的青年组织起来，参加 1～3 年职业培训，取得相应的职业资格，为就业上岗做好准备。同时，通过延长这部分劳动者进入劳动力市场的时间，缓解了当前就业压力。

（二）进入 20 世纪 90 年代，我国经济要实现两大转变，一是经济体制从传统的计划经济向社会主义市场经济体制转变；二是经济增长方式从粗放型向集约型转变。实行这两个根本性的转变，对劳动就业和对劳动者素质带来一系列新变化和新要求。职业教育必须适应这种新变化和新要求，改革教育和教学，才能有广阔发展前景。这是因为在社会主义市场经济条件下，劳动就业将遵循新的就业指导方针和呈现多元化就业格局。劳动部门则通过政策引导扶持，并发动社会各界、各种经济组织、事业团体吸纳求职人员；同时推出非全日制工、临时工、小时工、弹性工时、阶段就业等灵活多样的就业形式，广开就业门路。这种态势，要求职业教育要以劳动力市场为取向，调整专业设置，改革教学内容，实行灵活办学。

经济增长方式从粗放型向集约型转变，要进行产业结构的调整，加快技术进步的步伐和改善经营管理。我们一方面对在职人员要强化岗位培训，提高岗位的适应能力和劳动效率；特别是对技术岗位、特种作业和关键岗位，要实行严格的准入控制，确保安全、高效的运作，达到增效的目的。另一方面对如此庞大的下岗职工队伍，则要动员全社会的力量，大力推进再就业工程，千方百计使下岗失业职工能较快地获得新的职业岗位。为此，职业教育部门必须大力推进再就业培训和就业指导与创业指导，这是关系民生和经济发展的头等大事。

三

一般来说，发展职业教育，是提高劳动者的素质，改善就业结构，提高就业质量，促进充分就业，进而推动经济和社会的发展的根本途径，并就此形成职业教育、劳动就业和经济社会发展的社会大循环。示意图如下：

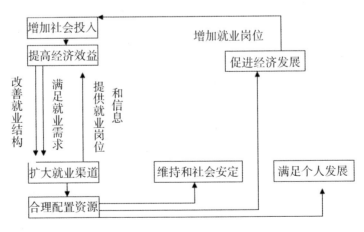

职业教育促进经济社会发展和劳动就业示意图

这一大循环最为关键之点是职业教育必须增加投入（包括人、财、物力），必须适应和服务于劳动就业发展和变化的需要，而决不能游离于这个需要之外。

实现职业教育与经济社会发展和劳动就业良性互动循环，就要加强宏观调控、实行政府统筹，各方办学，以法治教，增加投入，重要措施应当是：

（一）做好劳动力市场的科学预测，定期发布职业技术人才需求信息，使职业学校、职业培训机构及时把握市场人力资源需求发展和变化信息，避免办学的盲目性。我们不但需要像广东等省、市劳动部门那样实行为期一年的短期预测，还需要两年以上的中、长期预测，以适应职业学校教育周期较长的特点，为职业教育做好指导工作。

（二）大力提倡联合办学，实行产教结合。产教结合是社会主义教育的基本特征，是我国重要的教育方针。经济和技术的迅速发展，要求教育质量和教育的效率迅速提高，对于职业教育来说，不仅要适应和服务于经济和技术发展的要求，在具体施教过程中，还要与生产劳动相结合。很多职业中学和技工学校，根据产教结合的要求，面向国内外市场，大力创办校办产业，不仅提高了教学质量，而且生产了物美价廉的产品，获得可观的经济效益，用以改善办学条件，增强了学校自我积累和发展的活力。

（三）大力推进职业指导和创业指导。使之成为沟通学校与社会、教育与职业的桥梁，成为适应劳动就业需要的手段。通过职业指导，帮助学生了解自己、了解职业、了解社会，并根据他们身心特点和社会需求，选择适当的专业和职业；帮助用人单位选择合格的劳动者，达到人与职业合理匹配和优化组合。当前，职业指导首要任务是帮助学生了解国情及经济形势，树立正确的就业观、价值观和人生观，以适应产业结构调整和社会发展的要求。鉴于我国劳动力总量将在相当长的时期内处于供大于求的状况，职业学校、职业培训机构还要积极开展创业指导，指导学生运用所学的知识与技能，开拓新的就业领域。为此，一要培养学生的创业精神，包括创业意识、必备的心理品质与职业道德；二是掌握创造的知识和专业技能；三是通过现状调查，引导创业行动，并提供必要的物质支持、政策优惠及其他相关服务。

（四）积极实行职业资格证书制度。在社会主义市场经济条件下，学历文凭证书不再是证明劳动者能力的唯一证书。随着现代经济和技术的发展，职业资格证书对劳动者的发展将起特别重要的作用。职业资格证书制度是职业教育主动适应劳动就业需要的一项重要的制度。天津、株洲等市职业学校、技工学校的毕业生全部实行学历文凭和职业资格两种证书制度后，劳动部门、职业介绍机构把持有两种证书者，列为"专项劳动力资源"，优先向用人单位推荐，成效显著。

（五）严格依法治教，推动职业教育在适应劳动就业需要的轨道上运行。职业教育法颁布一年多以来、国家教育、劳动等部门，先后颁行的配套法规已有十余种之多，初步建立了职业教育的法律法规体系，当前重要的任务是，有关主管部门和学校认真执行有关法律法规，增强法治意识，形成法治观念，营造法治氛围。为此，立法机关要强化监督、检查。各级领导带头，身体力行，最为关键。常言道：不能正己，焉能正人？职业教育法能否顺利实施，在于地方党政部门能否率先垂范。为此在《职业教育法》颁行一周年之际，呼吁社会各界加大宣传和执行职教法的力度和效度。

职业教育改革论略①

常言道：牵牛要牵牛鼻子。职业教育改革涉及方方面面，千头万绪从何入手，如何找准切入点，收到牵一发而动全身之效？这是一个人们非常关注的问题。

牛鼻子在哪里？

笔者思之再三，认为牛鼻子还是对职业教育本质特征的认识。对这一根本问题，虽然探讨已久，但人们在理论上并没有形成共识。一个时期以来，我国教育理论界对职业教育本质特征问题存在两种不同的认识和争论。一部分专家、学者认为："教育活动和经济活动有各自不同的活动领域，有各自不同的特点，有各自不同的运行规律，不能互相替代，不能把市场经济发展的规律和机制搬到学校中来，学校应按照教育规律办事。"持这种观点的学者认为：职业教育只不过比其他类型教育更加"贴近"经济而已。所以对持这种认识的学者，我们姑且称之为"贴近论"者。贴近论更多的是就传统教育思想论证职业教育的本质和特点。

另一部分专家、学者认为：职业教育既是整个教育的重要组成部分，同时还是社会经济运行中一个重要的"环节"，它和现代经济、现代科技不可分割地联系在一起。我们可以将他们称之为"环节论"者。环节论与贴近论不同之处在于他们是或者不是从国民经济和社会发展的全局审视职业教育。环节论者为了论证其理论的科学性，依据马克思经济学说提出，从经济学范畴来说，职业教育是劳动力再生产的一个部门，即把一般劳动力变成发达的和专门的劳动力，要靠教育和训练。在社会主义市场经济条件下，职业教育必然受市场经济规律的影响与制约。作为教育工作一部分，同时也要受培养人的规律，即教育规律的影响和制约，正是这两方面规律从外部和内涵作用于职业教育，从而决定了它的特征、功能和作用及其与其他类型教育的重大区

①　原载《山东职工教育》1998 年第 6 期

别，所以环节论者认为在改革职业教育和教学时，既要尊重教育规律，又必须遵循市场经济规律，有选择地引入市场经济的某些机制，使职业教育充满生机和活力。

几多分歧

由于对职业教育本质特征在理论上的分歧，导致对职教指导思想、决策、学制、教学等问题上有不同看法，广大职教实际工作者对此感到迷惘，常发出"究竟听谁的好"的怨言。笔者认为，当前有以下几个比较重要的问题需要研讨论证，求得共识。

（一）关于人才观问题。有的学者认为必须具有中等专业学校以上学历并在某一专业或学科领域从事科学技术工作或管理工作的脑力劳动者才算是人才，其他都是劳动技术大军。而另一些学者则认为凡各行各业在平凡工作岗位上，潜心钻研业务，有所发明、发现或有所创造的人都是人才。技能人才成长的规律一般是：初级工——中级工——高级工——技师——高级技师——大师。他们认为社会主义制度下，工程技术人才、经营管理人才、政工人才、技能人才，处于同等重要地位，缺一不可。由于人才观的不同，导致实际工作的差异。例如人事部门管辖的人才交流的场所，称之为"人才市场"，劳动部门管辖的则称之为"劳动力市场"。在现实生活中，由于高技能人才和能工巧匠严重短缺，导致企业产品质量下降，新技术、新工艺无法吸纳和推广，人们才开始接受高技能者也是重要人才这一观点。

（二）关于中专、技校和职业高中这三种中等职业学校教学模式问题。有的学者认为要稳定中专教育，并且继续发挥它在中等职业教育中的骨干作用。而另一些学者早在1989年劳动力市场出现时，就提出将市场机制引入职业教育的主张，这些学者是最早提出"政府部门要转变职能，把领导管理学校与学校自主办学这两种职能，加以分解和分清"，"明确学校是既培养人才，又出产品的一个相对独立的实体，具有法人地位"的见解和主张。近年来，电力、冶金、石油行业将中专、技校合二为一，改制成一种新型的职业技术学校。许多地方技工学校已办成兼有职业培训、转业训练、职业指导咨询、就业介绍和技能鉴定多功能的综合培训基地。实践证明了这些学者在这个问题上的观点的正确性。

（三）关于高级技工学校定位问题。据统计我国现有高级技工学校30余所，是用学校教育模式培养高级技术工人和技师的基地，是近几年来职业教育体系中异常突起的一支新军。在职业教育体系中，如何给它们定位？是否属于高等职业教育中的一种类型？有的学者认为：高等职业教育首先是姓"高"，是我国高等教育的一种类型，例如职业大学、专科学校等，而"技术工人以掌握经验技术为主，并不学习很多科学理论，当然，不可能有培养技术工人的高等教育。"由此，他们不承认高级技工学校是属于高等职业教育的范畴，而另一些持环节论观点的学者则认为高级技工学校是培养高技能人才的高等学府，是高级技工、技师成长的摇篮。"高级技校的出现完善了我国的职业技术教育体系，形成了初、中、高三个完整层次，对于改善工人队伍的人才结构，提高工人队伍的知识和技能水平，都具有长远的意义。"前者的立论是按照全日制普通高校（专科层次）的培养目标、教学计划、课程结构和评估标准来考察高级技校，当然在基础理论和专业知识方面有许多不足之处，因而在他们看来高级技校不能视为高等职业教育。但是，有一点他们自己都无法解释，即他们承认培养中级技工的技校是属于中等职业教育的范畴，而培养高级技工的高级技校又不属于高等职业教育，这如何自圆其说？

敢问路在何方？

职业教育改革之路怎么走法？在概述了理论界存在两种不同的观点和他们在一些问题上的分歧后，笔者认为：

（一）吸纳不同观点的精华，牢牢掌握职业教育的本质特征和运作规律，解决教改的指导思想问题，这就是牛鼻子。也就是要从我国实行社会主义市场经济体制、加速科技进步的步伐、切实解决劳动者就业和再就业这三大主题出发，研究和规划职业教育改革和发展。

（二）教改的目的应有二，一是提高教育和教学质量，二是提高办学效益，充分利用现有教育资源，讲究规模效益，努力改变当前办学点多、分散、小而全的弊端。各地、各行业、各学校和培训机构应根据自己的实际情况，树立全局观点，提出切实有效的改革措施，来实现这两个目的。

（三）更新和拓宽人才观念，重视技能人才的培养和培训。历史发展说明，不仅在科学技术发达的今天，就是将要到来的高科技时代也离不开技能人才这支队伍。职业教育对培养千百万技能人才负有特殊的使命，忽视这一点就是鄙薄职业教育。改革开放20年来，我国职业教育取得很大成就，但对国民经济、社会发展和科技进步来说，并没有充分发挥应有的作用，其中一个重要原因就是忽视了技能人才的培养和培训。

（四）高级技工学校的出现，是现代经济和科技发展的一种趋势，也是重组和优化职教资源的有效模式。从发展的观点来看，我国职业教育将来基本上是三级学制，即初等职业技术学校，中等职业技术学校和高等职业技术学院。以职业技术学校替代中专、技校办学模式是一个渐进的过程，在这方面要特别尊重行业及其主管部门的意见。

（五）高级技工学校是培养高级技能人才的学府，应定位于高等职业技术院校范围内。职业教育三级学制的培养目标、课程设置、教学计划等，应根据职业教育本质特征和各自的具体培养目标制订自己的评估标准，不能照搬普通高校那一套，否则高等职业教育将失去它的特色和活力。我国高等职业学校可以分为四种类型，即专科学校、职业大学、职业技术师院和高级技工学校，可以借鉴国外的做法，按专业和社会的需要设置两种课程体系，即准学士学位课程和职业资格证书课程，并制订相应的评估标准。一所高等职业技术院校，根据自己的条件，可以两种课程体系兼而有之，也可以是单一课程体系。如专科学校比较适合设准学士学位课程，高级技工学校目前应首先设职业资格证书课程，有条件的学校，也可以设准学士学位专业和课程，不应因隶属关系不同而有所歧视。

与以上相对应，中专、技校、职业高中也可以设两种课程。一是为学生毕业后能直接考入高等职业技术院校的课程，其课程内容要与高等职业技术院校相关专业课程相衔接；另一种是职业资格证书课程，与国颁技能标准要求相一致，学生毕业后经过短期适应性培训便可上岗操作。

（六）职业教育和教学，要继承黄炎培倡导的"劳工神圣、双手万能、手脑并用、敬业乐群"的思想，并在新的历史条件下发扬光大。在教学上实行手脑并用，以培养动手能力为主的原则。在课程安排及其相互关系上实行专业基础课为专业课服务，专业课与实训操作相互结合，共同为培养目标服务。我们觉得这种提法比一些同志提出的"必需""够用"更加具有鲜明的目的性和确切性。

（七）教学管理的改革，要实行学分制。学分制在国外是教学管理普遍实行的科学有效的管理方法，不仅对学生，对教师的进修、提高，也可以用学分制衡量。全面推行学分制，可以克服当前各级各类职业学校普遍存在的学制单一（全日制）、效益低的弊病，使受教育者有选择多种受教育方式的机会，达到充分利用教育资源的目的。当前的不正常现象是，一方面教育经费紧缺；另一方又存在着严重的浪费，教学设备利用率极低，这都亟待改变。改革和加强教学管理，积极实行学分制，是教改的一项重大课题，是提高教学质量和办学效果的重大举措，切不可再等闲视之。

职业学校开展职业指导的研究[①]

职业指导直接关系学生身心和专业素质的全面提高，对促进就业、改善民生，具有重要的意义和作用。可以说，在职业学校开展职业指导，是贯彻落实《职业教育法》，全面提高教育质量的重要举措。

一

就城市职业学校来说，目前面临来自三个方面的挑战，增加了职业指导工作的难度。主要有：

一是生源的挑战。近两年来，由于"普高热"急剧升温，职业学校无论是中专、职高还是技校都接收了相当一部分"差生"和"流失生"。"普高热"的由来是初中阶段义务教育失衡，其结果是职业学校成了"差生""流失生"的聚集地。

二是就业的挑战。我国劳动力总量供大于求，就业形势严峻。据天津市人才市场统计资料显示：职业中专应届毕业生当年就业率1995年是42.6%，1996年35.1%，1997年28.4%。职业学校毕业生对口升入高等学校的极少，又面临就业难的困境，与普通高中形成强烈的反差，可见职业学校如不采取措施，建立与普通高中"等值"机制，开通就业与升学并举的渠道，是很难发展下去的。据有关资料显示，台湾省教育部门已将高中阶段教育从普高与职高两轨制改为普高、综合高中和职高三轨制，以满足一部分学生就业和升学的愿望。按照他们的话来说：打通青年学生升入高等学校第二条国道，构建高中教育阶段的普高与职高"等值"构架，以利职业教育的发展和青年接受多种形式教育的愿望和要求。这似乎值得借鉴。

三是来自学生选择专业盲目性的挑战。由于我们在义务教育阶段尚未普遍开展职业指导，他们对社会职业的认识和如何选择专业方向几乎一无所知。典型心态一般是那种专业好就业、待遇高、活不累就行。这就增加了职业学

---

① 原载《新职教》1999年第4期

校开设职业指导课的负担。天津的两所职业学校新生问卷调查显示：了解本专业培养目标的学生占30.52%，不大清楚的则为66.42%，一点也不了解的占3.06%。在调查总人数中，有55.29%的学生升学志愿和所选专业是父母包办填写的。

如何面对以上三个方面的挑战，是职业学校职业指导工作的重要任务。

二

职业指导是职业学校一个教育过程，应贯穿于学生从入校到毕业的全过程。许多职业学校开展职业指导的经验说明，它不仅是学校德育的延伸和发展，而且有助于发掘学生的潜能和发展学生的个性特长，端正学生的职业观、择业观和价值观，能把科学世界观、革命人生观和集体主义精神的教育进一步延伸和充实。

职业学校职业指导的目标要求不仅仅是了解自我、了解社会、了解职业，增强职业的适应性；更为重要的是要培养学生驾驭职业、开拓创新和推动社会进步的雄心与能力，为未来发展打下思想基础和能力基础。

基于以上认识，职业学校职业指导的具体任务，一般说来应把握以下几点：

（一）职业指导教师要了解学生思想状况、个性特征、气质类型和一般能力倾向，达到科学地了解学生和学生自我了解的目的。这实际上是对其初中义务教育阶段未完成的培养目标进行补课。

（二）了解社会。让学生正确了解我国社会主义市场经济体制及其运作情况。任何事物都具有两重性，市场经济也不例外。它既有在资源配置方面的优点，也有自发性、盲目性的固有弊病。市场经济供求规律反映出的供求信息的滞后性与教育需要的超前性的矛盾，导致职业学校培养出来的人才往往跟不上劳动力和人才市场的变化及需要。故职业学校需要的是以人才需求为基础的科学预测，而不仅是一时的需求现象。

（三）了解科学技术发展的历史进程，增强学生的科技意识和创新能力，这是职业指导面临的一个新课题。从科技发展史说，各国都经历了农业经济、工业经济和即将进入知识经济。知识经济时代的来临，不仅对社会生产方式、生活方式产生前所未有的深刻变化，也给教育体制和人才培养模式带来巨大的冲击和挑战。培养学生的科技意识和创新能力要结合各专业科技发展的现状和前景进行，增强学生追赶和掌握先进科学技术知识与技能的紧迫感和责任感。激励学生学好专业理论课和生产实习与实验，掌握本专业的初、中级基本技能，为今后发展打下坚实的基础。

（四）了解我国劳动就业的基本势态。第一，我国是世界上劳动力资源最为丰富的国家，劳动力在总量上供大于求将长期存在。目前全国劳动力资源数量已高达7亿，到20世纪末将增到7.7亿。我国人口至2000年将增加到13亿，以后峰值将达到16亿，这导致劳动力资源还将进一步增长。在现今7亿劳动力资源中，5亿多在农村，近2亿在城镇。第二，如何看待过剩劳动力和失业现象。城镇"九五"期间每年新增劳动力600万人，1997年累计失业人数5400万人；农村过剩劳动力1.3亿人，这是不争的事实。第三，国有企业下岗职工已达1350万人，各级政府正在大力推进再就业工程，促使下岗职工尽快谋求新的职业岗位。第四，在大量劳动力过剩的同时，中、高级技能劳动者又十分短缺，是制约经济发展和产品质量提高的重要因素。如高级技术工人全国平均仅占技术工人总数3%，劳动部"九五"规划要增长6%的技术工人，扣除自然减员因素，计划每年净增100万人。第五，在城市存在大量失业和下岗职工的同时，苦、脏、累行业却后继乏人，不得不使农村劳动力。天津市每年为此要支付13亿元的外来务工费用，其他大城市也有类似情况。

（五）职业指导教育要坚持不懈地帮助学生树立正确的择业观。什么是正确的择业观？简言之，是把国家和社会的公共利益置于个人利益之上；个人志趣服从和融于社会的需要。培养学生正确择业观，要从培养学生热爱劳动的心理品质和行为习惯做起。这方面可结合生产实习教学，使学生深刻理解劳动创造世界的伟大真理，养成不怕脏、累、苦的品质，以增强未来从事艰苦职业岗位的心理准备和适应能力。此外，还应结合生产实习教学中的安全、卫生和文明生产的教育要求，培养学生严格遵守劳动纪律的精神和习惯，并养成良好的职业道德。

（六）培养学生热爱自己所学专业的深厚感情和精益求精的精神。使学生详细了解本专业的发展前景以及在国民经济、社会发展和科技进步中的作用，为树立求知、创新和立足本专业建功立业打下思想基础。同时，还要开展职业实践活动，增加学生的职业体验。一方面结合专业教学，充分利用校内的实习厂等场所，模拟职业环境，加深学生对职业的了解和认识；另一方面，使学生获得一定的实际工作体验，以增强对未来就业环境和要求的适应性。

（七）了解和掌握当地劳动力市场和人才市场运作情况及其职业需求预测，培养学生熟悉市场、适应市场和驾驭市场的初步能力。开展一专多能的教学活动，变被动求职为主动夯实就业基础，增强就业实力。要做到这一点，学校的领导、教师和学生要付出超乎寻常的劳动和艰辛。这是值得的，因为学校必须以毕业生的优异水平赢得社会的认可。

（八）帮助学生制定择业或创业决策。所谓择业决策是指学生根据自身的素质条件与一定的择业原则，结合社会可能提供的职业岗位，具体制定职业选择方案。这是职业学校学生实现就业必不可少的阶段。就择业决策而言，包括确定择业目标、掌握择业原则、了解职业信息及制定择业决策四个过程。

择业目标是学生对未来要从事的某种具体职业的向往。择业目标的确定，主要取决于学生的职业价值观。学生多元的职业价值倾向，很大程度制约着他们择业目标的确定。同时，性别、身体素质、心理素质、社会风气等诸多因素也对学生确定择业目标产生了影响。

择业原则是学生选择职业时应遵守的准则，主要包括符合社会需要的原则、发挥自我素质优势的原则和有利于自我发展的原则等。符合社会需要的原则是学生就业的基本原则，要让学生明了，个人的自由度是相对的、有条件的。遵循发挥自我素质优势原则择业，是能够在所选择的职业岗位上有所作为的保证。所谓发挥自我优势，就是指发挥专业特长、生理特长及个性心理优势。其中，了解职业信息是进行择业决策的前提条件，是择业的基础。

可见，职业指导的关键是帮助学生确立择业目标、原则，掌握必要的职业信息，同时对所获得的职业信息进行分析整理，最后制定择业决策方案，并力求能付诸实施。

（九）职业介绍。职业介绍是职业学校职业指导工作一个重要环节。在学生即将毕业前后，除自谋职业者外，学校还应通过各种渠道，帮助学生就业；特别是对那些求职无门的学生，更要作为重点帮助对象。要做到机会均等，促进学生充分就业，这不仅是国家和社会的企盼，也是职业学校本身发展的要求。因此，要把就业率（包括升学率）高低作为职业学校教学和职业指导成果的重大评价指标是很必要的。必须明确，不包分配并不等于不关心、不帮助学生就业。何况职业介绍恰恰是检验职业指导全过程效果的重要标准。作为职业学校来说，没有职业介绍的职业指导，是不完全的职业指导，必然会极大地降低职业指导的效果。

三

搞好职业学校的职业指导，关键在于教育行政部门和学校领导的重视，并且有一支合格的职业指导工作者队伍。这个队伍应包括职业指导教师和就业指导、职业介绍部门的人员。

职业指导工作在《职业教育法》中已赋予法律地位，形成了国家意志。教育和劳动保障行政部门，应从速在过去几年开展职业指导经验基础上，就中高等职业学校开展职业指导的指导思想、目的任务和保障措施等做出规定，以利于这一工作的开展。

承担职业指导的专职或兼职教师，一方面要通过系统的课堂教学及心理测试，对学生进行职业知识、择业方法的指导和个性心理培养与评价；另一方面，还要同对学生情况十分熟悉的教师以及从事思想政治教育工作的教师密切合作，争取最佳工作效果。

职业指导教师具体工作任务是：一要制定职业指导计划，包括工作整体规划、年度与学期计划。在此基础上，进一步制定班级职业指导工作的实施计划，包括职业指导课程计划、社会调查及职业实践活动计划、职业咨询计划等。二要讲授职业指导课程。对学生进行职业观的教育，要依据本地区的实际情况，向学生具体介绍各种社会职业的人才需求状况；各种职业对就业人员的素质要求和求职途径等，教会学生如何全面准确地认识自己的能力、兴趣等个性特点，培养学生的职业决策能力。三是提供职业咨询。根据每个学生的具体情况，结合专业学习定期开展有针对性的指导与咨询，特别是帮助学生树立自信心，克服困难，勇于面对社会的选择。

职业指导是寓教育性与指导性于一体的，因此对教师的要求是：具有良好的政治思想品质和职业道德，良好的心理素质，熟悉和掌握职业指导的有关理论和正确、合理地运用指导方法与技能。只有符合上述要求的教师，才能胜任职业指导工作。

职业教育路在何方①

去年各地中职招生工作显示，高中阶段职教的比例下滑。对此，职教界人士忧心忡忡，对如何扭转这一趋势，纷纷献计献策。笔者就此略述己见。

首先，要看到我国的家庭特别是城市家庭都是独生子女式结构。对进入青少年时期的独生子女，家长热切希望能让其多接受良好教育，特别是大专以上高层次专业教育。学生家长的这种心态是完全可以理解的，这也是近一两年发展起来的"普高热"的基本动因。问题的症结是，我国当今的职业教育无法满足独生子女及其家长这个庞大群体的这一需求。因为现时的中专、职高和技校，基本上是一个封闭的终端教育，学生毕业后绝大部分没有直通的深造渠道，只能采取曲线的半公开的办法——在上中职的同时，套读"高自考"课程，以便拿到中职和大专两个学历文凭，增强其在劳动力（人才）市场的竞争能力。这不能不说是职业教育的悲哀——职业教育有负于公众的期望。

以上是问题的一个方面，另一方面让我们再来观察一下职业世界。经济在发展，社会在进步，特别是科学技术突飞猛进，发达国家已进入知识经济时代，在我国也初见端倪。世界著名未来学家托夫勒博士对我国经济现状和发展曾做出这样的评估和建议："中国还没有完成第二次浪潮（注：工业经济），而现在又面临第三次浪潮（知识经济）的挑战和国企改革、下岗分流的艰巨任务，所以，应选择一种超越工业化的战略。——即采取两个浪潮同时推进的措施。对第二次浪潮中能够超越的部分，例如大规模教育等，应努力完善；同时积极推进第三次浪潮的基础设施建设，如通信、因特网等。没有第三次浪潮的基础设施，就不可能发展第三次浪潮……第三次浪潮将使制造业进一步发展，知识部门将迅速壮大起来。②"托夫勒博士的话，可谓颇有见地，不采取两种浪潮同时推进的战略，将会总是跟着发达国家屁股后面转，

---

① 原载《职业技术教育》1999 年第 9 期
② 托夫勒（美）.《第三次浪潮》. 北京：三联出版社出版的图书，1983.

摆脱不了被动跟进的局面。这一战略反映在职业世界里，是职业岗位知识与技能要求的提升，如金融、会计这两大专业，1996 年金融行业规定其职工必须具有大专文凭。如果我们的职业教育不能适应劳动力（人才）市场变化的情况，相应提高学历层次，积极发展各类高等职业教育，并且打通中职与高职直通的升学渠道，必然既落后于经济、社会和科技发展的需要，也使有志于接受职业教育的青年望而却步。即使再有"灵丹妙药"，甚至采取限制初中毕业生报考普高这样极端的措施，也绝非治本之道。

笔者曾多次著文强调："主动适应和紧跟劳动就业的需要，是职业教育的生命力所在。"当我们自觉地做到这一点的时候，职业教育就欣欣向荣；反之，就出现萎缩、滑坡。这一反复被实践所证明了的道理，并非笔者的创见。早在 20 世纪 20 年代，我国职业教育的先驱黄炎培在倡导职业教育时，就响亮地提出"使无业者有业，使有业者乐业"的理想，把职教与职业密切联系起来。可惜的是，直到现在我们也未能很好地加以落实。

这是国内的情况，我们再来看看国外的职业教育。实际上也无一不是围绕劳动就业这个中心展开的。例如，德国近年来围绕"双元制"职业教育存在的问题与发展前景展开了激烈争论。1994 年 10 月在柏林召开有 2500 名各界人士参加的职业教育专业大会上，就面向 21 世纪的德国职业教育的走向，进行了专项研讨和论证。随后，1997 年 4 月，联邦政府提出了跨世纪职业教育改革目标——灵活的结构与现代的职业。具体改革内容有八个方面：1. 制定动态的、开放式的职业培训条例，以适应劳动力市场的变化；2. 提供有区别的职业教育途径，以满足不同培训对象进入劳动力市场的要求；3. 开发新培训职业并加速已有培训职业的现代化，以迎接未来职业世界的挑战；4. 建立灵活的职业继续教育制度，营造终身教育的社会环境；5. 实施通融性强的职业教育，以拓展青年人在欧盟各国的就业机会；6. 确立职教与普教等值的政策，以增强职教的吸引力；7. 改善培训企业的框架条件，提高企业从事职教的积极性；8. 实现对社会各界特别是经济界的大动员，以增加培训位置的数量。

德国改革和发展职业教育的新鲜经验很值得我们借鉴。在上述八条中，前五条便是直接要求职业教育与劳动力市场的发展变化相适应而采取的对应措施，后三条则是为发展职业教育本身而采取的对策。

借鉴德国经验，结合我国的国情，我国职业教育应采取以下对策，以克服当前徘徊下滑的趋势，达到进一步振兴的目的。

（一）把主动适应和紧跟劳动就业的需要作为改革和发展职业教育的出发点和归宿，克服传统的为教育而办教育的思维定式。一切游离于劳动就业需求以外的职业学校肯定是没有出路的，终究要被社会所抛弃。

（二）教育行政当局要进一步解放思想和转变政府职能，用法律、法规进行宏观统筹，并且真正做到在法律面前，人人（包括法人）平等，切忌采取行政直接干预、限制，甚至歧视等有害的作法。否则势必挫伤非教育部门和公民个人举办职业教育的积极性。我们有了一部来之不易的《职业教育法》，但是这还不够，现在亟须在该法的框架内制定高等职业学校条例，中等职业学校设置基准和企业举办职业教育的规程等，以加速法治化进程。

（三）借鉴德国职教与普教等值的科学理念，改革中高等职业技术院校的办学体制和教学模式。根据当地就业形势的需要，允许那些办学条件较好的中专、职高和技工学校，一种专业设两种课程，一是为学生毕业后能直接考入专业对口的高等院校的课程，其课程内容要与高校课程相衔接，打通中职学生直接升入高校的"明渠"，关闭目前走"高自考"的"暗渠"，既满足好学青年进一步深造的愿望，又缓解当前沉重的就业压力，这与劳动部门推行的劳动预备制度不谋而合。另一种是职业资格证书课程，内容与企事业单位技能标准要求相一致，学生毕业后经过短期适应性培训便可上岗操作，以满足这部分学生就业的愿望。

（四）近年在冶金、电力、石油、机械等行业，出现了融中专、技校、职高于一体的中等职业技术学校，这是新生事物，是科学技术升级的必然结果，也是重组和优化职教资源的有效模式。从科学发展的观点看，我国职业教育将来基本上是三级体制，即初等职业技术学校（主要在农村）、中等职业技术学校和高等职业技术学院。但是，以中等职业技术学校替代中专、技校等办学模式是一个渐进的过程，在这方面要特别尊重行业及其主管部门的决策和规划。

（五）无论是从用人单位的需求，还是从青年学生要求接受高层次教育的愿望和职业教育本身体系建设来说，高等职业教育必须有一个较大发展。在发展高等职业教育上，当前限制过多过死和求稳怕乱的思想应当克服。最为突出的问题：一是我国职业大学已有18年的历史，学校达80余所，至今却仍被限制在专科层次。对那些名牌职大和已经走出国门的名牌专业，为什么仍禁止其办本科专业？不知当局有何科学根据。二是发展高等职业教育只限于"三改一补"是欠妥的。"三改一补"只能是一个方面，其他非国办的条件相当好的职业技术学校，经过评估合格，也应允许其改制成高等职业技术学院。因为我们是依法管校，不能因人因部门而异。拿高级技工学校来说，全国已有30余所。并且还在发展之中。笔者认为，高级技工学校是培养高级技能人才的学府，应定位于高等职业技术院校范围内。高等职业技术院校可以借鉴国外的做法，按专业和社会的需要设两种课程体系，即准学士学位课程和职业资格证书课程，并制订相应的评估标准。各类高等职业技术院校，可以试行两种课程体系兼而有之，也可以是单一课程体系。

（六）无论中等职业技术学校或高等职技学院，都要积极开发外向型专业，进军国外劳动力市场。国外就业既可缓解国内就业压力，又可促进对外友好交流，好处很多，应大力提倡。天津市东丽区服装学校为我们提供了这方面的成功经验。他们实行产教结合，首先生产适合外商需要的服装产品，打入国外市场，然后又帮助斐济等国就地建厂，将该校毕业生送到国外工厂务工。学生良好的素质、出色的技能超过了印度、新加坡、菲律宾等国工人，深受国外企业家的青睐。经过几年的艰苦努力，已与八家国外公司建立业务联系，先后有十批300余名毕业生在亚太、北美七个国家务工。学校也利用对外交往的机会，先后引进英国、韩国和香港地区服装行业教学计划与服装学证书课程，实现了与世界制衣业接轨的目的。

（七）要继承黄炎培倡导的"劳工神圣、双手万能、手脑并用、敬业乐群"的教育思想，并在新的历史条件下发扬光大。在教学上贯彻手脑并用，以培养动手能力为主的原则。在课程安排上做到：专业基础课为专业课服务，专业课与实训操作相互结合，共同为培养目标服务。我觉得这种提法比一些同志提出的"必需""够用"更具鲜明的目的性和确切性。

（八）大力推广职业指导和创业指导，使其成为沟通学校与社会、教育与职业的桥梁，成为适应劳动就业需要的手段。当前，职业指导工作的首要任务是帮助学生了解经济和劳动就业形势，树立或者转变就业观念，改变不符合实际情况的过高就业要求。此外，还要开展创业指导，指导学生运用所学的知识与技能，自我开拓新的就业领域。

（九）积极推行学分制。学分制在国外是普遍实行的科学有效的教学管理方法，不仅对学生，对教师的进修也可以用学分制衡量。但是，非常遗憾的是我国教育、劳动主管部门都没有重视这个问题。全面推行学分制，可以激发学生和教师教与学的热情，可以克服当前各级各类职业学校普遍存在的单一制（全日制）、效益低的弊病，可以给予受教育者接受多种教育的选择机会，利于实行一校多制、一校多用和一校多能，达到充分利用教育资源的目的。

（十）积极实行职业资格证书制度。职业资格证书制度是职业教育主动适应劳动就业需要的一项重要的制度。天津、株洲等城市职业学校、技工学校的毕业生全部实行学历文凭和职业资格两种证书制度后，劳动部门的职业介绍机构把持有两种证书者，列为专项劳动力资源，优先向用人单位推荐和劳务输出，成效显著，这个经验应引起我们重视，并应大力推广。

职业教育贯彻《行动计划》之我见[①]

一

今年一月国务院批转教育部《面向 21 世纪教育振兴行动计划》，要求各级政府认真贯彻执行。人们普遍认为，这个计划是世纪之交我国全面实施科教兴国战略，迎接新世纪知识经济挑战采取的一项重大战略举措；是在落实《教育法》及《中国教育改革和发展纲要》基础上提出的跨世纪教育改革和发展的蓝图，具有很强的可操作性。

在《行动计划》中对振兴职业教育提出的具体任务和目标主要有：

（1）依据《教育法》和《职业教育法》，努力建立符合国情的职前和职后教育培训相互贯通的体系，使初等、中等和高等职业教育与培训相互衔接，并与普通教育、成人教育相互沟通，协调发展。（2）依托普通高校和高等职业技术学院，建设职业教育专业教师和实习指导教师培养基地。（3）继续实施初中后教育分流，从各地实际出发，积极发展中等职业教育，并努力达到《中国教育改革和发展纲要》提出的目标。（4）要按照"先培训，后上岗"的原则，对各类新就业人员进行时限和形式不同的职业教育和培训。（5）中等职业教育要改革专业和课程结构，努力在各地办出一批有较高社会声誉的职业技术学校。（6）成人职业教育要以岗位培训和继续教育为重点，通过建立现代企业教育制度和职业资格证书制度，使各类下岗和转岗人员都能接受不同层次和年限的职业培训或正规教育，为再就业工程服务。（7）开展社会教育的实验工作，逐步建立和完善终身教育体系。（8）今后 3～5，使全国大多数农村地区义务教育阶段的毕业生或肄业生能够在从业前后接受一定程度的职业技术培训；特别要采取多种教育和培训形式，为乡镇企业和农村产业升级提供充足、适用的技术和管理人才。（9）积极发展高等职业教育，除学历高等职业教育外，还要发展非学历高等职业教育；推行职业资格证书教育，

---

① 原载《新职教》1999 年第 12 期

逐步建立立交桥，允许职业技术院校的毕业生经过考试接受高一级教育。（10）普通高中毕业生除进入普通高校外，多数应接受多种形式的高等职业教育。

综上所述，除义务教育外，教育覆盖面之广，对国民经济、社会和科技进步影响之大以及任务之繁重，莫过于职业教育。故此，我们切不可等闲视之，更不能听任鄙薄职业教育的思想和行为继续蔓延。

二

启动职业教育《行动计划》要结合各地实际情况，过细地分析研究在改革和发展职业教育中存在的突出问题，并制定相应的计划、措施和步骤加以解决。就城市职业教育来说，除经费筹措难、宏观管理不力这一类老问题外，当前又遭遇三难处境，一是毕业生就业难；二是招生难；三是升学难。就业难是招生难直接的原因，但不是唯一原因，还与初中阶段义务教育严重失衡和高等教育不向职校生开放有关。据天津市 1997 年资料显示，职业中专毕业生就业率每况愈下。1995 年是 42.6%，1996 年是 35.1%，1997 年是 28.4%。产生就业难的原因是多方面的，但主要是过去依靠国有企业吸收大量劳动力，现国有企业处于转轨时期，现有职工尚需下岗分流和再就业，无力吸收新员工。"三资"企业和私营企业虽然有较快发展，但毕竟用人有限并且条件苛刻，首选是大专以上毕业生，并要一人多能、一人多用，因此每年新增的 200 多万中职毕业生能顺利就业者很有限。

由于就业难，毕业生面临失业的威胁，职业高中便对初中毕业生失去吸引力，致使他们大批转而报考普通高中，以期将来能进一步接受高等教育。这是近年来"普高热"急剧升温的基本原因。故此，从 1997 年始，职业学校无论是中专、职高或技校只能无奈接收被普高录取淘汰的学生，特别是职中、技校成了"差生""流失生"的大本营。

"高中热"急剧升温直接波及初中义务教育，广大青少年及其家长不惜以重金"择校"，结果那些"重点校"门庭若市，择校生汹涌而来，一再增加班次也无法满足需要。"薄弱校"则门可罗雀，无人问津。面对这种情况，不少地方教育行政部门，不是采取措施，提高"薄弱校"水平，使初中义务教育质量大体处于一致水平，而是用高收费来堵"择校"口子，结果是"重点校"招生多、收费高，越来越富。这些学校为了保住"重点校"这块牌子，以备将来招揽更多"择校顾客"，把追求普高升学率视为唯一信条，什么素质教育啦，全面发展啦，都变成了空洞的口号。那些"薄弱校"呢，生源少而穷，教学质量越来越提不上去，陷入恶性循环的困境而不能自拔。

升学难还是由于各类中等职业技术学校长期采取封闭的终端教育模式造成的。只有毕业——就业一条渠道，学生要想继续深造，只能采取交叉或曲线方式攀登。那些勤奋好学的学生，在读职业学校课程的同时，交叉学习高等教育自学考试课程，以便能在职业学校毕业前后，取得"高自考"毕业文凭；或者是就业后，再上职大、电大等成人高校，获得大专学历文凭。要想再接受高一级教育，只能靠"专接本"的机会。可见，职业技术学校学生要想深造，该是何等艰难！近年来，这些情况虽然有所松动，一些职业大学试招职中、技校毕业生，但只占毕业生总量的 4%。早在 15 年前，即 1985 年 5 月《中共中央关于教育体制改革的决定》就提出："逐步建立起一个从初级到高级、行业配套、结构合理又能与普通教育相互沟通的职业技术教育体系。"① 时间跨越了 15 个春秋，这个问题还没有解决。现在该是下决心解决的时候了。

三

职业教育要贯彻《行动计划》，必须切实解决以下问题。

（一）要克服各部门在改革和发展职业教育方面长期以来存在的各自为政，从本部门利益出发的种种错误做法。我们依据从事职业教育的实践，提出两点需要切实加以解决的问题，供有关部门参考。

（1）职业教育是整个教育的重要组成部分，同时又是社会经济和科技发展中的重要环节，这是职业教育的基本定位。没有良好的初中义务教育的基础，没有各部门通力合作，是断然搞不好职业教育的。（2）要清除职业教育领域中严重的拜金主义思想和行为。固然办学也要讲究效益，而讲究效益的根本目的是少花钱、多办事，以最少的经济代价，换取最大和最好的教育效果，在这一点上必须同假借办教育以营私划清界限。还有，职业教育要走出市场经济的误区。有不少同志把国家实行社会主义市场经济体制错误地理解

---

① 教育部网站：中共中央关于教育体制改革的决定 1985 年 5 月 27 日发布。中华人民共和国教育部 http：//www. moe. gov. cn/jyb_ sjzl/moe_ 177/tnull_ 2482. html 2018. 11. 21

为办一切事业都要赚钱。殊不知，获得合法的经济效益是指企业而言，国家利用市场经济机制发展经济和科技，因为它较之计划经济机制，在资源配置等方面有明显的优越性，但市场经济还有自发性、盲目性和利己性等固有弊病。社会主义市场经济体制与资本主义市场经济体制有本质区别，关键在于我们要学会利用其积极因素的一面，必须抵制和克服其消极和危害性的一面，从理论上对社会主义市场经济制度有一个全面科学的认识，才能健康地发展我国的职业教育。

（二）职业教育贯彻《行动计划》，有关部门特别是教育行政部门要率先增强法治观念、法律意识，转变职能，依法治教。关于高等职业教育，《行动计划》提出"学历高等职业教育"和"非学历高等职业教育"的新概念，这是一个很大的改革措施。

中专、技校和职业高中这三种教学模式，处于"高不成、低不就"的状态，不受用人单位的欢迎，招生也日趋困难。近年来，电力、冶金、石油等行业将中专、技校取其所长，合二为一，改造成一种新型的职业技术学校。关于这种新生事物，我在《职业教育改革论略》一文中讲到："融中专、技校、职高于一体的职业技术学校的出现，是科学技术产业化的必然要求，是现代经济、现代科技发展的一般趋势，也是重组和优化职教资源的有效模式。从发展的观点来看，我国职业教育将来基本上是三级学制，即初等职业技术学校、中等职业技术学校和高等职业技术学院。但是，以职业技术学校替代中专、技校教学模式是一个渐进的过程，在这方面要特别尊重行业及其主管部门的决策和规划。"在我们制定中等职业技术学校章程时，要认真总结研究以上行业的教改成果，既要加强基础理论和专业知识的教学，更要强调动手能力的训练，为各行业输送中等操作型人才。它的教学计划要与初、高等职业技术学校教学计划在同一专业范围内相衔接，使那些勤奋好学的职校生，经考试能直接升入高一级职校深造，以解决学生升学难的问题。

（三）解决中等职业技术学校招生难和生源质量不断下降的关键在于建立职高与普高间的"等值"机制，要采取的措施是：1. 教育行政部门切实按照素质教育要求，全面提升初中义务教育质量和水平，对薄弱校要增加投入，改善办学条件，使其较快地提高教学水平。重点校要采取"一帮一"的办法，帮助扶持薄弱校。经过这样的努力，预期两三年内，初中阶段义务教育质量可以达到大体一致。职业技术学校生源也就有了基本保障。2. 长期以来，我国普通高校招生，只限招收普通高中毕业生，职校毕业生连报名资格都没有，这是很不公平的。建议所有普通高校向职高毕业生打开大门。高考科目改革试行"3＋x"考试内容后，职高毕业生还是有自己独特优势的。3. 建立职高与普高"等值"机制，是解决鄙薄职业教育和职高毕业生升学的一项根本措施，是建立有我国特色、结构合理、体系完善的职业教育制度的重要保障措施。

（四）解决职业技术学校毕业生就业难的关键，在于经济和科技的发展。在我国现实条件下，主要靠大力扶持和发展中小企业，这也是各国采取的通常做法。中小企业数量多、分布广、建设快、机制活，能吸收大量劳动力就业。现在迫切需要借鉴发达国家的做法，进一步制定一部法律，从各方面扶持和规范中小企业的发展。我们自己也有十几年发展"劳服企业"的成功经验，既繁荣了经济，又容纳了一千多万城市劳动者就业。

（五）《行动计划》提出："逐步建立立交桥，允许职业技术院校的毕业生经过考试接受高一级教育。"我们的初步设想是这座"立交桥"是要解决我们职业教育基本学制、结构和流程问题。据此设计出学制结构图，以此为核心，构成我国职业教育的科学体系。它的内容应有：1. 我国职业教育的基本学制，宜定位初等、中等和高等职业技术学校三级学制；用中等职业技术学校逐步替代现行的各种形式的中专、技校和职业中学。2. 制定三级学校章程，分别确定他们的招生对象、入学条件、修业年限和培养目标；有条件的高等职业技术学院允许他们试办五年制专科学校。3. 职业教育三级学制与九年义务教育、普通高级中学和普通高校分流、衔接、交叉问题，用《条例》加以规范。4. 以新颁《职业大典》为基础，重新审定全国统一的职业教育三级学制的专业目录和专业必修课程。5. 符合章程规定的院校经教育行政部门批准的职中、技校，有资格颁发学历文凭证书；经劳动保障部门批准职业教育和培训机构，有资格颁发职业资格证书。同级次的学历文凭证书和职业资格证书可以互相承认。6. 职业培训机构符合职业技术学校章程规定的办学条件，经教育行政部门评估合格，也可颁发相应级别的学历文凭证书。根据办学主体的自愿原则，职业培训机构经批准也可改办职业技术学校，反之亦然。7. 各级各类成人学校教育，用职业技术学校章程加以规范，符合条件的，可颁发学历文凭证书和职业资格证书。8. 高等职业技术学院一般是专科层次教育，但那些办学条件很好，达到普通高等院校本科办学水平的，经评估合格，教育行政部门应批准他们办本科专业并授予相应的学历文凭证书颁发资格。9. 任何一级职业技术学校毕业生和职业培训机构的学员，都有权报考高一级职校和普通高校。10. 实行学分制，为受教育者能机动灵活接受各种形式和层次的职业教育与培训服务，促使早日成才和解决他们工学矛盾等诸多困难。综上所述，"立交桥"是一项庞大复杂的工程，需要总结我国二十年来职业教育实践经验，学习发达国家成功做法，精心设计，逐步推进，务必使其具有较强的系统性、科学性和实用性。

第二章　职业教育（下）

对新世纪城市职业教育改革的建言①

城市的特点是人口集中，工商业集中，科技与教育较为发达，交通便利，信息传播迅速，对广大农村具有很强的辐射作用。

我国城市职业教育总体来说，经过改革开放 20 年的努力，已经形成一定规模，培养了一大批高素质的劳动者和技术技能型人才。但成绩不能估计过高，有些问题还比较严重，比如，不同程度的脱离经济社会发展的需要，管理体制不顺、宏观缺乏统筹，层次不清、结构不合理、经费紧张而学费偏高等等。要解决这些问题，使城市职业教育有一个大的发展，出路在于改革。问题是改什么，怎么改。

提高认识，更新观念，坚持正确的舆论导向

教育的根本任务是培养人才，现代社会需要的人才是多层次、多规格的，但是任何时候大量需要的都是生产、服务第一线的有良好素质与技术技能的应用型人才。他们的素养决定产品和服务质量的优势以及劳动生产率的高低，而培养这类人才的重任历史地落在了职业教育肩上。我国是一个人口大国、劳动力总量较大，城市要大力发展中小企业和劳动密集型产业，缓解高失业

---

① 原载《职业技术教育》2000 年第 36 期

的危机，迫切需要培养有一技之长或一专多能劳动者、经营者和能工巧匠。因此要坚持正确的舆论导向，多宣传三百六十行、行行出状元，鼓励青年接受职业教育，走岗位成才之路。宣传什么是正确的人生观、价值观和择业观。克服一切向钱看，做大官、赚大钱、唯名唯利思想的侵蚀。在教育政策导向上，要保证教育机会均等和照顾弱势群体、体现社会公平、抵制和批判"英才教育"一类的口号和错误主张。

依法治教，普职等值，试办综合高中

在《教育法》《劳动法》《职业教育法》及其他相关发了基础上，拟定有创新性的职业教育实施条例，使城市职业教育在法律基础上运作，以避免错误思潮的干扰，改变"黑头（法律）不如红头（地方政府文件），红头不如无头（批条子）"的状况。

城市职业教育要经、科、劳、教结合和基、普、高、职统筹，各得其所，协调发展，其核心是在全面提高义务教育质量的基础上正确处理普通高中和各类中等职业学校的关系，做到相互融通，协调发展。

现阶段，城市应积极发展高等职业教育和调整、充实、提高中等职业教育，而不唯规模的扩张。职业教育改革目标在于全面提高教育质量和办学效果，办出特色，增强活力。还要大力推行学分制和职业资格证书制度，采取灵活多样的教学模式，以便于学员就近就读。除招收初高中和职校毕业生外，还要主动为在职员工，企业转岗员工、进城务工以及外来求学者开展职业教育和培训。

职校教育要以职业素质为基础，着重手脑并用式培养。学校按行业或社区进行布局调整，不应强调占地多少、建筑面积多少等硬件条件，要因地制宜，讲究实效。理顺中、高等职业教育在专业设置和同类专业课程衔接方面的关系，使中职直升高职院校学生的比例，从现在的7%左右达到30%以上。

实践证明，普通高校设立的二级职业技术学院、招收高考落榜生的做法弊多利少，不宜再办。应改为招收少量本科生、研究生，为职业教育培养专业课师资、科研和管理人才。建立职高与普高的等值机制，扭转当前重普轻职的倾向，使各类职业学校毕业生既可以就业，也可以升学。

在已基本普及高中阶段教育的城市，应大力发展综合职业高中。高中阶段办学模式应呈橄榄形，即除保留市一级重点普高和国家级职高外，其他普高和职高都逐步改成这种综合高中。这样做，一有利于教育与生产相结合方针的贯彻；二有利于根治分数挂帅和应试教育之顽症；三有利于从体制上为全面推进素质教育提供一方沃土；四有利于青少年学生从应试教育的桎梏中解放出来，身心获得全面的发展。

建立职业教育管理统筹机构

建立统筹机构是理顺职业教育宏观管理的有效组织形式。其职责是：1. 整合产业界和其他用人部门对职业教育的要求，密切职业教育与经济、社会、科技和就业的联系，实现四个有效结合；2. 对四教如何协调发展、衔接、沟通，承担经常性的调研工作，向政府有关部门提出咨询建议；3. 对各级各类职业学校和职业培训机构如何进行布局调整，办出特色，避免办学和专业设置的盲目性和重复性；4. 向有关部门和学校提出指导性的建设意见，组织有关部门进行教学检查，为政令畅通，起参谋助手作用。

为职业教育的发展创造宽松的就业环境

1. 根据城市"十五"国民经济和社会发展计划，制定出各类人才需求预测与规划，指导职业教育专业设置和课程建设；2. 以国家《职业分类大典》为依据，抓紧制定职业（技能）标准和考核鉴定规范，指导职业学校全面实行职业资格证书制度。3. 严格实行就业准入制度，监督一切用人单位都必须严把用人入口关；4. 为外来打工人员提供教育服务，培训和提高在岗人员的素质和能力；5. 确定大学本科、专科和中职毕业生最低工资标准，防止人才高消费和用人单位克扣、压低工资标准，使劳动者依法享有取得合法收益和社会保障的权利，实现职业安定。

改革大专考试制度，逐步实行新生多元入学

从发展的观点看，大专院校招生应由学校自主决定，废除统考制度，实行保送、推荐、考核和考试多元入学办法。高等教育自 1978 年恢复全国高考已有 20 多年历史，功不可没。既然中央把一般高等院校都已下放到地方管理，高校招生计划和考试入学决定权也应下放给地方，以便地方能对经、科、劳、教统筹，因此，继续维持全国统考和下达招生指标，已失去存在的必要

性。作为一种过渡措施，可先将全国统考改为省级统考，招生计划和统考内容由省一级政府自主决定，放宽直至取消年龄限制，不拘一格育人才。各类职高毕业生或单独组织考试，或在统考中实行加分办法，将其实习教学的成绩列入考分。获得中级以上职业资格证书的中职毕业生报考高职相同或相近专业，可以免试或推荐入学。

建立多元投资体制，增加职教投入，合理收取学费，体现社会公正

政府要率先执行《职业教育法》有关职业教育经费投入的各项规定，做到随国民经济增长相应增加；定期向社会公布教育经费投入和使用情况，接受人大、政协和公民的监督检查。

要形成以国有经济为主导的多种所有制经济形态。国企通常都按规定提出员工工资总额1.5%的经费用于职工教育，而私企、外企除少数外，却长期无偿使用职业教育成果——大中专毕业生，这是极不合理和极不正常的。为了职业教育的正常运作、减轻政府财政和学生学费负担，在城市对各种所有制企业征收员工工资总额1%的职教专项经费是很有必要的。江苏省、青岛市都有这方面成功的先例。职业院校改建、扩建或较大规模的教学设备的更新，可采取"银行贷款、政府贴息"的办法解决。普教与职教的学费收费标准应同等对待，不能畸高畸低，引起公众的不满。

为了解决中、高级技术工人奇缺和技术人才后继无人的矛盾，凡就读技术工种的学生一律免交学费。设立贫困学生助学基金，对家庭人均收入在最低保障线以下的学生，除减免学杂费外，还应发给不同等级助学金，使得他们不因家庭贫困而无法完成学业。

论高级技能人才培养①

人力资源开发的战略选择

一、高级技能人才培养工作亟待加强

（一）现状和问题

近年来，我国高级技能人才逐年有所增加，素质有所提高。在全国 7000 多万技术工人中，高级技工占 3.9%，技师、高级技师占 0.9% 左右。根据劳动和社会保障部 1996～1998 年统计，经各地、各行业技能鉴定中心考核发证的技师、高级技师分别是 156512 人和 13973 人；全国现有技师、高级技师这类高级技能人才约 60 万人。

但从需要来看，高级技能人才依然存在不少问题。例如，上海市总工会对该市 40 家企业 3.7 万技工素质状况抽样调查显示：年龄老化，总量不足的问题依然严重，技师和高级技师 98.8% 的人在 35 岁以上；青年技工安心技术工作的较少；技工队伍文化程度偏低，大专和大专以上学历的只占 1%。

另外，还有一个值得注意的问题是：由于经济结构的调整，大批职工下岗分流，不少高级技能人才提前退职、退休和流动，人才结构出现了断层和青黄不接的现象；一部分年轻的高技能人才获取大专文凭后离开生产第一线，有的转入科室当干部，有的改了行，在岗者日渐减少，许多企业高、精、尖生产设备的操作和维修后继乏人。

造成这种状况而又长期得不到解决的原因是：（1）高级技能人才的地位作用没有被全社会所认识。一些政府部门、行业组织和企业，总以为科技人员、经营管理人员是人才，有关人才资源开发、紧缺人才培养规划，不把高级技能人才列入其中（2）对高技能人才的培养、使用不够。不少职业技术院校往往以科技、经营管理人才为培养目标，忽视高级技能人才紧缺这一现实，

---

①　原载《上海教育发展研究》2000 年第 12 期

甚至认为这类人才不必由学校培养。(3)一些企业不愿投资培养高技能人才。据资料介绍,经济发达的德国培养一名技术工人平均花 6~7 万马克,约合人民币 23~27 万元,而我国企业职工每人每年的培训费只有 60 元左右。(4)高级技能人才经济待遇低,社会地位不高,工人和青年学生缺乏学习技术的热情。(5)各级政府部门之间协作不够,对《劳动法》《职业教育法》执行不力,疏于检查。

(二)高级技能人才需求分析预测

对高级技能人才需求预测的依据:

(1)经济增长率与产业结构的调整;(2)科技发展与成熟率;(3)人才培养的超前性和时代性;(4)高级技能人才现有基础与经费、教育培训条件的可承受性。在以上诸多条件中,起决定作用的是科技、经济的发展带来社会人才需求结构的变化,高技能职位正在迅速替代低技能职位,知识型劳动者逐步替代非知识型劳动者。在美国就业人员中,专业职位、技术职位(技术工人)和非技术职位的比例由 20 世纪 50 年代的 2∶2∶6 演化为 90 年代的 2∶6∶2。过去的 15 年中已淘汰 8000 多种低技能职位,同时又诞生了 7000 多种新职位。从国际人才就业结构看,过去的 10 年中,技术工人就业人数增加了 10%,而一般工人的就业人数下降了 70%,掌握高技术技能人员就业数量增加了 20%,中等技术技能人员下降 20%。这些数据表明,社会职业不断从低技能职位向高技能职位迁移,拥有更多知识,更高技能的人才逐步成为社会劳动力的主体。

根据上述条件分析,以下我们仅对高级技能人才的需求作一般性的中期预(从 2000 年至 2005 年)。

2. 需求因素的分析

(1)在今后 5 年左右的时间内,我国经济可望保持 7% 左右的增长速度,以搞活国有企业,建立现代企业制度为契机:一般劳动力仍然大量过剩,但高技能人才却需求旺盛,按常规计算方法国民经济每增长 1%,人力资源需求增长 0.3%,即每年应增加 2.1%,其中高级技能人才需求量,参照发达国家近 15 年来的参数,每年应增加 0.7% 左右。以现有 7000 万技术工人为基数,即每年应净增 50 万人。

(2)对高技能人才素质的要求越来越高,不仅需要能胜任解决重大技术难题的"技能型"人才,更需要"一高多能"具有创新能力的"智能型"

人才。

（3）原劳动部制定的《职业技能开发事业发展"九五"计划和2010年长远规划》提出：到2000年建设一支以中级技工为主体、高级工为骨干，包括适应产业结构调整和技术进步需要的各类复合型人才在内的产业工人队伍。全国7000多万技术工人中，中级工比例由目前的35%提高到50%左右；高级工比例由目前的3.5%提高到6%左右，其中技师、高级技师占高级工总数由目前的20%提高到30%左右，达到140万人，经济发达地区和技术密集的高新技术产业，中高级技术工人的比例应更高一些。实际上到1999年末，技师、高级技师增长数被自然减员抵消后，仅增长0.04%，有的地方和企业甚至是负增长。

当前我国各行业和企业最奇缺的具有较高文化科学知识、年富力强、敬业乐业而又具有创新能力的高技能人才。他们不仅能熟练的驾驭先进的设备和技术，并且还能在科技成果转化过程中，解决一系列操作技术难题。据重庆市的调查，近一二年内，需要这类高技能人才的职业是计算机录入处理员、制冷设备维修工、家用电子产品维修工、摩托车调试工、服装制作师、办公软件应用员、钳工、电工、护理员等。这种需求趋势与发达国家近似，如美国自1996～2006年，就业机会增加数量最多的是销售服务人员，达81万人；其次是中、高级机械技术工人及其维修人员达63万人。澳大利亚预计接收的移民中，熟练技工将占8万个总配额的一半。

根据以上分析，我国高级技能人才总量来说，2000～2001年间要增长40%左右；2005年要增长一倍以上，这是今后五年内使我国综合国力明显增强的一个重大人才工程。

二、培养高级技能人才的主要途径和方法

高技能人才的培养，需要政府、有关部门和企业制定政策措施，建立有效机制，营造有利于高技能人才成长环境和良好条件。根据我国现实情况，培养途径有以下四个方面：

（一）鼓励广大职工走岗位成才之路

1.从1995年起，我国建立了"中华技能大奖"和"全国技术能手"评选表彰制度，在全国技术工人范围内，以具有良好职业道德和高超技艺的优秀技术工人为评选对象，这是培养高级技能人才的一项重要措施和渠道。

2. 技师评聘制度。1987 年 6 月原劳动人事部报经国务院批准，发布《关于实行技师聘任制的暂行规定》，这是对高技能人才培养、选拔和任用的一项重要的政策和制度。1990 年 9 月原劳动部为进一步完善技师聘任制，加速高技能人才的培养，发布《关于高级技师评聘的实施意见》。在 1989 年 12 月全国首批高级技师颁发证书大会上，国家和有关部委负责同志指出：这一制度的建立和完善有助于引导广大工人向着提高本专业技术的方向发展，促进工人队伍中各类技术人才走岗位成长的道路。

（二）企业教育与培训

我国《职业教育法》明确规定：企业应该根据本单位的实际，有计划地对本单位的职工和准备录用的人员实施教育。

企业在培养高级技能人才方面具有如下优势：1. 具有雄厚的技术力量、齐全的生产组织与设备，以及丰富的职工教育经验。2. 依托企业内的技术革新及技术攻关促进高级人才成长。很多高技能人才在这些富有挑战性的攻关中，激发了才智，磨炼了意志，增长了才干。

（三）高等职业技术院校应成为培养高级技能人才的摇篮

到 1998 年，经原国家教委批准设置的、具有颁发学历文凭资格的高等职业学校、专科学校和成人高校共有 1394 所，在校生 394.74 万，占我国高等教育在校生总数的 63.53%，另外还有一批高级技工学校。近两年来，我国高职高专和高级技校又有了新的发展，尽管他们的教育目标各有侧重，但都可以不同方式参与高级技能人才的培养工作，成为高技能人才培养的摇篮。1. 综合职业能力训练与全面素质培养相结合。对于接受职前教育的学生，可以使他们受到较强的综合职业能力的训练，掌握进入社会的基本本领和素质。2. 坚持理论联系实际，突出技能训练的特色，使受教育者在学期间可以接受现代专业理论知识教育和较完整系统的技能训练。3. 使受教育者在学期间接受培养创新能力的教育。

高职院校培养高技能人才可从以下几个方面入手。1. 招收中专、职高、技校生，实施 3～4 年的教育和训练，使他们在文化层次方面达到大专水平；在技能训练方面达到高级工的基本标准，实行学业文凭和职业资格两种证书制度，培养高技能人才的后备力量。2. 对转业下岗职工中的"三校生"或同等学业水平者，实施两年左右的能力再开发训练，把他们培养成高级复合型技能人才。3. 为已获得高技能人才资格（如技师、高级技师）的人员提供继续研修深造的机会。有条件的院校可以试办类似德国师傅学校的技师学院。

4. 为工程技术人员提供技能训练的条件，把部分工程技能人员培养成双师型（工程师、技师）的复合人才。

高职院校积极参与高技能人才的培养工作，能使大批高技能人才脱颖而出，逐步满足国家经济建设和科技发展的需要。这对消除我国高等教育长期存在的重知识、轻素质与技能的弊端有积极作用，对营造尊重技能人才的社会氛围也大有裨益。

（四）厂校结合培养高级技能人才的方法

通过对高级技能人才培养途径的分析，不难看出，培养这类人才有其规律性和特殊性。加快这类人才的培养，要调动好企业、院校和受教育者三个方面的积极性，特别是对为数众多不具备培训条件的中小企业，更需要采取厂校结合的培训模式。其培训模式有如下几种：

1. 高职学历教育与企业培训相结合模式

高职类院校教学方案应当包括以下几个方面：

（1）根据培养目标对本专业教学内容进行岗位能力分析及职业素质分析；（2）根据以上分析确定各个教学环节；（3）根据以上两项确定课程设置、课程模式及考核方式；（4）依照技能培训环节，确定场地和设备；（5）选择或编写适用教材，选聘任课教师；（6）检查教学实施情况及教学质量；（7）通过反馈修正教学方案的不足。

在企业培训中应当把握如下环节：

企业对高职毕业生实行岗位培训，应当既放手让他们在工作岗位上接受实际生产的锻炼，又不放松对他们的职业能力和素质的培养。鼓励他们在岗位上刻苦学习知识与技术，展现自己的才智和技能要安排他们参加技术革新和技术攻关活动，增长实际才干，积累生产经验，在实践中锻炼成才。

2. 企业选拔培养与高职类院校强化培训相结合模式

企业选拔与培养：

选拔初步具备高技能人才培养基础的人员，在专业知识或专项技能上再提高一步，采取缺什么补什么原则，选送他们到高职院校进行强化培训或专修。

高职院校强化培训：

在这个阶段以院校为主实施，学校通过对企业选送人才的分类分析，确定培养目标和培训手段，并针对企业需求完成强化培训任务。例如：（1）知识性培训——有针对性地提高某项专业知识（现代专业理论教育）；（2）专项技能培训——提高专门技能（例如数控机床操作编程、特种焊接培训等）；（3）围绕企业技术引进的专项技术培训——专门设备调试、控制、操作等；（4）围绕企业技术攻关项目举办的培训——提高解决问题的能力。

三、加强高级技能人才培养需要解决的几个问题

（一）优化育人环境，把培养高级技能人才工作落到实处

1. 对高技能人才认识上的两大误区要切实加以解决。一是狭隘的人才观，二是误认为高技能人才主要是靠经验积累，自我奋斗成才，高职院校无法培养的观点。必须确立全新人才观念，加大宣传力度，在全社会形成"三高"人才并驾齐驱氛围。让青年人认识到学技术有用，有技能光荣，能工巧匠同样可以致富。

2. 地方政府应把培养高技能人才纳入经济和社会发展规划，加大投入，形成各级各类技能人才与经济、科技发展同步成长的机制。鼓励有条件的地方和部门设立专项基金，实施高技能人才培养工程。

3. 高等职业技术院校应广开学路，把培养高技能人才作为义不容辞的责任。以当地人才和劳动技术大军需求预测为导向，全面推进素质教育，重视学生职业技术、技能和创新能力以及敬业精神的养成。对毕业生实行学业文凭与职业资格证书并重制度，以便与人才（劳动力）市场相衔接，有效适应社会经济发展的要求。

4. 企业是培养高技能人才的主要基地，要按照《劳动法》《职业教育法》的规定，使职工教育制度化和规范化。把高技能人才的培养与企业开发新技术、新产品、新材料和提高产品与服务质量结合起来。

（二）制定政策，形成高级技能人才培养及快速成长的机制

1. 制定激励政策，促使多出和早出人才。改善人才选拔机制，优先培养35岁以下的具有较高思想素质和技能素质的青年。在培训时间、经费、层次、渠道上给予保证和支持；在使用方面，要信任他们，敢于让他们挑重担，参与技术攻关，发挥技术、技能带头人作用；对有特殊重大贡献的技师、高级技师，可享受政府特殊津贴。

2. 强化职业资格证书的效度，规范人才（劳动力）市场有序运作。

（1）凡持有两种证书的求职者，按专业对口或相近原则向用人单位优先推荐。

（2）实行准入控制的职业（工种），求职人员必须持有相应资格证书，方可进入人才（劳动力）市场。如市场工作人员违反准入控制规定，任意介绍求职人员进入用人单位，以违规论处。

（3）应规定：哪些职业或职业群的特点与要求，既要有学业文凭证书，又要有职业资格证书；哪些职业或职业群主要应有职业资格证书或岗位资格证书，不强调必须有学历证书的要求，使学用一致。

（4）教育、人事和社会保障部门应共同制定法规，鼓励持有国家认可的职业资格证书者，可继续入校深造，接受继续教育。

3. 建立高技能人才资源市场优化配置机制，调节高技能人才的供应失衡。政府要加强人才（劳动力）市场的调控力度，制定人才资源政策，为企事业单位营造公平的人才竞争环境，保护人才的正当竞争。

4. 调整高技能人才退休政策。企业可根据具体情况，适当延长其退休年限，以缓解青黄不接现象。

5. 各级地方政府应依据《教育法》《劳动法》《职业教育法》和《社会力量办学管理条例》等法律法规，制定利于高技能人才成长的实施办法。

（三）抓好中级技能人才的培养，为高级技能人才成长提供人才基础

1. 高技能人才通常来源于中级技能人才，抓好对他们的培养不容忽视。我国中级技能人才同样存在文化层次偏低、总量不足、年龄偏大的问题，加快培养同样十分迫切。要对各类中等职业技术学校进行结构性调整，明确培养中级技能人才是首要目标，全面推行素质教育和两种证书制度，全面提高学生的素质与实际能力，使之适应就业或继续升学的需要。

加入 WTO 后的我国职业教育①

加入 WTO 标志着我国对外开放进入一个新阶段。预示着将在更大范围和更深程度上参与国际经济合作与分工，同时也面临前所未有的机遇和挑战。从职业教育这一层面来说，也将会受到深刻的影响。按照 WTO 规则和乌拉圭回合（世界贸易组织的《服务贸易总协定》）关于"教育服务"的条款，随着市场准入的扩大，国外教育服务、证书考试和投资等将会以很快的速度进入我国职业和技术教育领域，对职业教育乃至成人教育将产生很大压力。我们是停滞不前，任其萎缩滑坡，让外来的教育培训和证书考试占领我中华这块教育大地，还是奋起直追，把职业教育、成人教育做大做强，提高亿万劳动者素质与技术技能？值得国人猛醒、深思。

一

怎样扭转当前不少地方"高考热""普高热"和"职教冷"这种不正常的局面，迎接世界教育竞争的挑战？振兴我们的职业教育关键要抓住什么问题？是资金、设备、教师吗？这些固然都重要，但更为重要的是办学观念的转变，把切实考虑劳动就业发展的需要，作为进入 WTO 后改革和加强职业教育的指针，使其成为促进数以亿计劳动者实现充分就业的桥梁。是强化还是弱化、淡化职业教育在劳动就业方面的功能，关系到经济的发展、社会的安定、劳动者切身的利益和职业教育本身的盛衰。我们务必广为宣传，达成教育界和全社会的共识，这是我们迎接挑战的第一要务。

我国是一个发展中的人口大国。经济基础薄弱，人均国民收入不过 800美元，是发达国家的 1/20，2001 年全国人口已达 13 亿，其中劳动人口 7 亿，无论是城市和农村，都长期处于就业不充分状态。加入 WTO 后，劳动力在总量上供大于求的状况，在一定时期内不但不会有所改变，还会进一步加剧。但与此同时高素质、高技术技能劳动者却仍然相当短缺，这些都将成为制约

---

① 原载《职教通讯》2002 年第 2 期

经济和技术发展及其国际竞争力的瓶颈。在这种情况下，改革和加强职业教育更显得十分重要。否则职业教育势必走向普教的路上去。这样一来，任何职业学校都可以随心所欲地设置专业，反正都符合"可持续的人力资源开发"这一抽象的教育目标。这样做的结果，势必极大地削弱职业教育在促进就业、促进经济、科技和社会发展方面的功能与作用，职业教育就会面临夭折的危险。

改革和加强职业教育之所以要切实考虑劳动就业发展的需要，这是因为职业教育要为经济发展、科技进步和社会文明发达服务，首先要通过就业或创业这个载体，获得职业岗位才可能实现，否则只是一句空话。有的同志还认为"就业问题是个极其复杂的社会问题，并非单纯教育问题，对于我国处于体制转轨阶段的就业问题更有其特殊的复杂性"，因而主张回避它。我认为这也是不妥当的。解决我国劳动就业问题固然有其艰巨性、复杂性和长期性，需要全社会做出艰苦的努力。首先有赖于经济和科技的发展，提供广泛的就业机会和职业岗位。但经济、科技发展的基础在教育，职业教育在解决就业问题上有其独特的作用，而不应以"并非单纯教育问题"而回避。《中共中央国务院关于深化教育改革全面推进素质教育的决定》中指出"教育在综合国力的形成中处于基础地位，国力的强弱越来越取决于劳动者的素质，取决于各类人才的质量和数量"。① 培养数以亿计高素质、高技术技能的劳动者，历史地落在职业教育肩上。

二

职业教育促进劳动就业表现在以下几个方面。第一，它是促进劳动就业的重要基础。我国《劳动法》第 66 条规定：职业教育能开发劳动者的职业技能，提高劳动者素质，增强劳动者的就业能力和工作能力，所以它在促进就业方面起着基础性的作用。第二，它是提高劳动就业质量，解决劳动力结构性短缺的重要举措。在我国，劳动力的数量供大于求和高素质劳动力短缺同

---

① 中华人民共和国教育部网站《中共中央国务院关于深化教育改革，全面推进素质教育的决定》 （1999 年 6 月 13 日发布）本页已归档（2015 年 6 月）http：//old. moe. gov. cn//publicfiles/business/htmlfiles/moe/moe ＿ 177/200407/2478. html 2018. 11. 21

时并存。发展职业教育，为社会生产提供合格的、高素质的劳动力，既能缓解就业矛盾，又提高了就业质量。第三，它是培育和发展劳动力市场的重要条件。借助职业教育可以调节劳动力市场的供求，为用人单位和劳动者双向选择创造必要前提。通过职业学校、职业培训机构的运作，还可以储备劳动力，增强劳动力市场灵活调节的机制。各地劳动行政部门大力推行劳动预备制度的目的，便是缓解当前就业形势严峻的一项重要措施。

发展职业教育要切实考虑劳动就业发展的需要，这还是由职业教育本身的性质和作用决定的。对此，笔者在《中国职业技术教育学》一书中有过详细的论述。简言之，"职业教育是为适应职业需要而进行的教育，包括就业准备、在职提高和转换职业所需要的教育"。职业需要涵盖的内容很广并且在不断发展变化。最能体现这种需要的是一个地方和一定时期内劳动就业的需要。如果我们的职业教育不与这种现实的需要相适应，就无法实现和发挥职业教育的功能和作用。故此，笔者认为根据我国未来5～10年经济发展形势走向分析，把中等职业教育定位为培养数以亿计的高素质、高技能劳动者是适宜的。具体地说，就是培养中等及中等以上技术技能和基层管理人才以及大量的独立的商品生产者和经营者。劳动和社会保障部长张左己在2000年7月召开的全国社区就业经验交流会上谈到"开展创业培训，可以造就出更多的就业机会，以创业带动就业，把培训、就业与小企业发展有机地结合在一起"。笔者认为这是借助职业教育和培训，解决我国就业问题的一条新路。我国职业教育的先驱黄炎培对职业教育要与劳动就业相适应，曾有过精辟论述。他说："一般学校设施，皆宜以社会为根据，职业学校尤宜向职业社会里边去办"；"社会需要某种人才，即办某种学校"。黄炎培进一步主张"改良普通教育为适于职业之准备"。所以，离开劳动就业的需要，一味奢谈学生未来发展，是背离职业教育的本质要求和教育功能的。

三

有的同志担心，职业教育的教学要切实考虑劳动就业发展的需要，会不会因其"过早专业化"而影响学生未来的发展？我认为这种担心是不必要的。第一，劳动就业的需求随着经济与科技的发展而不断地改变其内涵。正如邓小平同志所分析指出的"历史上的生产资料，都是同一定的科学技术相结合的；同样，历史上的劳动力，也都是掌握了一定的科学技术知识的劳动力"①。在当今科学技术迅猛发展的时代，劳动者只有具备较高的科学文化水平，丰富的生产经验，先进的劳动技能，才能在现代化的生产中发挥更大的作用。第二，无论在教育部新颁的《中等职业学校专业目录》中，还是在劳动和社会保障部制订的《国家职业技能标准》中，都贯彻和体现了既立足当前劳动就业的需要而又兼顾未来的发展，两者是辩证统一的，而不是相互排斥的立意。第三，当今发达国家的职业教育，都非常重视与劳动就业需要相结合。例如美国和德国是当今经济和科学技术发达的国家；同时，也是终身教育十分普及的国家。他们对职业教育培养目标的定位，就是有效地解决就业问题。像位于美国明尼苏达的圣·保罗技术学院的门口，醒目地镌刻着一句口号："Our Mission is to Provide Education For Employment"（我们的使命是为就业提供教育），这正是美国职业教育的共同宗旨。他们认为："一技在身，定能终身受用。职业教育为学生架起了就业的最佳桥梁。"适应劳动力市场需要，开设就业热门的专业，是美国职业技术学院一大特色。再如德国五年前围绕"双元制"职业教育存在的问题与发展前景展开了激烈争论。1994 年 10 月在柏林召开的有 2000 名各界人士参加的职业教育专业大会上，就面向 21 世纪德国职业教育的走向，进行了专项研讨和论证。随后，1997 年 4 月，联邦政府提出了跨世纪职业教育改革目标——灵活的结构与现代的职业。具体改革内容有八个方面：（1）制定动态的、开放式的职业培训条例，以适应劳动力市场的变化。（2）提供有区别的职业教育途径，以满足不同培训对象进入劳动力市场的要求。（3）开发新培训职业并加速已有培训职业的现代化，以迎接未来职业世界的挑战。（4）建立灵活的职业继续教育制度，营造终身教育的社会环境。（5）实施通融性强的职业教育，以拓展青年人在欧盟各国的就业机会。（6）确立职教与普教等值的政策，以增强职教的吸引力。（7）改善培训企业的框架条件，提高企业兴办职教的积极性。（8）实现对社会各界特别是经济界的大动员，以增加培训位置的数量。

在上述八条中，前五条便是直接要求职业教育与劳动力市场的发展变化相适应而采取的对应措施，后三条则是为发展职业教育本身而采取的对策。

---

① 邓小平：知识分子是工人阶级的一部分（一九七八年三月十八日）邓小平文选，第二卷. 人民出版社 1994 年 10 月第 2 版

根据我国人口多、底子薄的基本国情，借鉴美国、德国发展职业教育的经验，我们应当坚定不移地将劳动就业的需要作为改革和发展职业教育的出发点和归宿。克服传统的游离于劳动就业需求以外的办学思路，否则，终究要被社会所抛弃。

加入 WTO 后的我国职业教育，应该继续举起黄炎培的"使无业者有业，使有业者乐业"的旗帜，并用以引导其改革和发展，为培养高素质劳动者和各行业专业人才做出应有的贡献。

加强职业教育　应对加入世贸后挑战①

我国的职业教育，经过改革开放20多年来的努力，取得了很大成绩，形成了一定规模，培养了一批高素质劳动者与经营管理技术人才。但是，由于各种原因，我国的职业教育还不够强大，不足以带动产业升级提高经营品位的要求；更不适应加入WTO后面对全球经济竞争与挑战的要求。因此，如何加强职业教育已经成为一项紧迫任务。

一、加强职业教育，首先是各级党政领导和教育行政部门要克服鄙薄职业教育的思想，深刻理解和正确把握对职业教育本质、功能和作用的认识，真正树立职教与普教同等重要的观念，实行普职两条腿都要硬的发展方略。

当今世界，科学技术突飞猛进，国力的强弱越来越取决于劳动者的素质，取决于各类人才的质量和数量。谁如果忽视对亿万劳动者的教育培养，谁将会犯历史性错误。树立职教与普教同等重要的观念，其中一个关键问题是行动。正确处理普高与各类职高的关系，建立起职高与普高的"等值机制"，坚决改变当前许多地方"重普轻职"的倾向，确系当务之急。

为建立"等值机制"，教育行政主管部门和地方政府还要树立大教育观念，因为我国职业教育中的技工教育和职业培训是由各级劳动和社会保障部门所分管的。只要教育和劳动两个部门搞好协作，可以使两个系统的优势互补，更加有利于职业教育的健康发展；两个部门在政策上应当对技工教育、职业培训与其他类型的职业教育一视同仁，协助劳动部门办好这部分职业教育，也就是实行两条腿走路的方针。

二、加强职业教育，要更新人才观念，坚持正确的舆论导向，把握职业教育的发展，形成良好的舆论环境和社会氛围。

教育的根本任务是培养人才，现代社会需要的人才是多层次、多方面的，但任何时候、任何国家大量需要的都是生产、服务第一线的有良好素质与技能、善经营、会管理的应用型人才。他们的状况如何，决定企业产品和服务

---

① 原载《教育与职业》2002年增刊

质量以及劳动生产率的提高，是构成综合国力的基础。基础不牢，国势难强。为此，迫切需要培养有一技之长或一专多能的劳动者、经营者和能工巧匠。要坚持正确的舆论导向、多宣传"三百六十行、行行出状元，"鼓励青年接受职业教育，走岗位成才之路；树立正确的人生观、价值观和择业观，克服一切向钱看、做大官、赚大钱唯名唯利的思潮。要把人才的多元论和成才多元化理念在群众中进行广泛深入的宣传，并且在实践上坚持教育与生产劳动相结合的方针，培养青年热爱劳动、热爱劳动人民的思想感情。此外，还要实行教育机会均等、教育要向弱势群体倾斜的原则，体现社会公正以及全民教育的理念。

三、加强职业教育，要改革政府对高中教育阶段经费投入体制，约束教育收费。目前，高中阶段教育经费投入，仍然沿袭 20 多年前的体制。普通高中经费按生均人数全额拨款；由普通高中改制的职业高中，按生均人数差额拨款；中等专业学校由行业企业事业费开支；技工学校由企业营业外收入支出。由于国有企业处于结构调整阶段，大批职工下岗分流，无力支付教育经费，致使中专所能获得的经费连年递减；技工学校主要靠学费和校办产业收益，处境十分困难。现在高、中级技术工人奇缺，出现严重断层，但报考技校者寥寥无几，只好花钱拉"分流生"和"收底生"。

改革中等教育经费投入体制的目标是：除确保九年义务教育经费足额拨款外，凡属国办的普通高中和中专、技校、职高财政拨款实行统筹。生均经费职技校还应略高于普高，这是因为职技校教学费用一般是普通高中的 2.5 倍。实行这种改革一时确有困难，作为过渡措施，可以增设职技校专项拨款以解燃眉之急。总之，政府教育经费的投入要从向普高倾斜转为向职技校倾斜，否则无法建立"等值机制"。

许多地方由于政府对职教经费投入不足，从行业、企业也筹措不到经费，只好采取向学生收取高额学费的办法来解决。以天津为例，2000 年职业高中学生学费 2400 元，是普通高中的 6 倍（同年普高生均收费 400 元），形成普高基本上是公费上学（择校生例外），职业学校是自费上学的局面。在天津职高生所交的 2400 元学费中，还以 20%～30% 比例上交区教育局，这是什么道理？高职院校（三年制专科）每生年学费 5000～5500 元，而天津南开大学本科四年，每生年学费 4200～4500 元，形成本、专科收费倒置。这种收费办法是鼓励初中毕业生挤上从普高到普通大学这座独木桥的重要原因之一。故此，现行政府对教育经费的投入体制必须改革，必须有职业教育的专项拨款，做到同级各类学校学费大体一致。据调查，中等职校学生中的大多数是弱势群体，理应给予更多的照顾和关心，但现实中却恰恰其反。

2002 年国家发行的长期国债，用于教育方面的 130 亿中，建议基本上用于九年制义务教育和中等职业教育，特别是技工教育，以利于大力培养国家急需的中、高级技术工人及其他技能人才。

四、加强职业教育，要解决好教育目标的定位问题，并以此调整专业设置和课程结构，完善实习教学设备，提高质量，办出特色。任何职业技术院校都必须把切实考虑劳动就业发展的需要，作为改革和加强职业教育的指针，架设数以百万计的青年学子实现充分就业的桥梁。然而，有些同志对此却提出异议，认为"就业问题是个极其复杂的社会问题，并非单纯的教育问题，我国体制转轨阶段的就业问题更有其特殊的复杂性，"因而提出用"可持续的人力资源开发"来替代就业的目标定位。这种目标定位不妥之处在于：一是"可持续的人力资源开发"是一个空洞、抽象的概念，如果用它来替代"劳动就业"的目标，势必削弱职业教育在促进就业方面的功能，因为这样一来，任何职技校都可以随心所欲地设置专业，反正都符合"可持续人力开发"这一抽象目标；二是解决我国劳动就业问题固然有其艰巨性、复杂性和长期性，需要全社会做出艰苦的努力，特别是有赖于经济和科技的发展，提供广泛的就业机会和众多的职业岗位，但经济、科技发展的基础在教育，可见职业教育、劳动就业和经济发展是一种良性互动关系；三是职业教育尤其是短期的职业技能培训，在解决劳动力结构性短缺和促进就业方面具有独特的作用。由此可见，职技院校如果远离就业，就是背离职业教育发展的要求，是没有生命力的。职业教育的先驱黄炎培对职业学校要与劳动就业相适应曾有过精辟的论述，他说："一般学校设施，皆宜以社会为根据，职业学校尤宜向职业社会里去办。""社会需要某种人才，即办某种学校。"① 据报载，由于我国中高级技工和技师奇缺，深圳市劳动力市场上，用等同硕士毕业生工资招聘高级技工都十分困难，全国职技和成人高校 1000 多所，却满足不了劳动力（人才）市场需要，有关部门不得不同日本商洽，从日本引进高级技工。可见我国的技工教育有很大的发展空间。在政府财政拨款微乎其微的情况下，高级

---

① 田正平，李笑贤．黄炎培教育论著选［C］．北京：人民教育出版社，1994.

技工学校到 2001 年已发展到 130 余所，显示了其强大生命力，这也是紧跟劳动就业的需要、瞄准这个目标定位不动摇而取得的辉煌成果。

五、加强职业教育，要实行严格就业准入控制和职业资格证书制度。实行就业准入控制和职业资格证书制度，是为企事业单位输送高素质劳动者和实用人才，有利于推动产业结构调整、产品更新换代和发展高科技，同时也是加强职业教育、充分发挥其功能作用的一项重要举措。据统计，从 1987 年到 2000 年全国各类职业技术学校（院）有 550 万毕业生，在获得学历文凭证书的同时，获得了中、初级职业资格证书。实行两种证书制度的职技院校的实践经验表明：一是双证制毕业生在劳动力（人才）市场上走俏，用人单位放心、称心、就业率高；二是实行职业资格证书制度，学校育人和单位用人是用同一个职业技能标准，促进了职业学校的教育、教学与企事业单位实际需要相结合，提高了教育质量，为学校注入了生机和活力。

我国加入 WYO 后，国外各种证书的教育培训，进入我国教育领域，我们应采取"洋为中用"的方针，一要调查研究；二要学习借鉴；三要谨防假冒伪劣。要总结我们自己的实现双证书制度的经验，打造自己的品牌、向国内外职业教育界推广。总之，与国外要双向交流，在促进各国职业技术教育的发展方面，做出我们的贡献。现在确有那么些人借办洋学、洋证骗取群众钱财，那些主张搞"教育市场""培训市场化"的人在其中起到推波助澜的作用，难道我们不应引起警惕吗？

六、加强职业教育，有赖于职业技术院校苦练内功，把学校管好做强。上述五条加强职业教育的措施，大都是就职业教育的整体、外部环境和政府决策而言的，这仅仅是问题的一个方面；另一方面还要靠学校自己的努力。首要的是我们必须坚持正确的政治方向，从严治校。为此，要配备一个好的领导班子。

职业技术院校要狠抓教育和教学。首先要继承黄炎培先生的"劳工神圣、双手万能、手脑并用、敬业乐群"的教育理念，并在新的历史条件下发扬光大。手脑并用，重在动手能力的养成。反映在课程结构上，专业基础课为专业课服务，专业课与实训操作相结合，共同为培养目标服务。我们认为这种教学原则比有些同志提出的"必需""够用"更具有鲜明的目的性和确切性。二是职业技术院校要利用加入 WTO 后对外交流增多的机会，积极开发外向型专业，进军国外劳动力市场。网络技术的普及，为我们提供了这方面信息的快速通道。国外就业既可缓解国内就业压力，又可促进对外合作交流，应大力提倡。三是职技院校要大力开展职业指导和创业指导，帮助学生了解社会、了解国家经济和劳动就业的态势，树立正确就业观念，改变脱离现实的过高就业要求。开展创业指导，帮助学生利用所学的知识与技能，自我开拓新的就业领域。四是要以积极态度实行学分制。学分制可以激发师生教与学的积极性，可以克服当前学校单一的全日制、效益低的弊端，可以向受教育者提供多种选择教育的机会，可以实现一校多制、一校多用和一校多能，达到充分利用教育资源，提高学校品位和社会影响力的目的。

七、加强职业教育，要完善和细化职业教育法律法规并建立完备的执法系统。修改、细化和完善职业教育法律法规固然有相当大的难度，但几年来的实践说明执法更困难。原因是社会各界、特别是行政领导部门法律观念淡薄，习惯于用行政办法来管理教育，权大于法的现象随处可见。各级行政领导如果不带头切实改变，再好的法律法规也是一纸空文。另一方面，缺乏一个上下沟通的执法组织和系统也是执法难的一个重要原因。与此相对应，按行业成立工会组织，其首要任务是依据《劳动法》《工会法》《职业教育法》等维护员工的合法权益。当企业一方与职工一方发生矛盾和纠纷时，公会和工会两个组织通过平等协商化解矛盾。总之，按照市场经济规律和运行机制，把企业家和职工按新的行业组织管理起来，是实现经济持续发展、管理有序和社会稳定的必由之路。这样一来，职业教育、职工教育和培训事业就有了赖以发展的畅通渠道，也为依法治教开拓出一条新路。

论深圳职业技术学院的办学理念与实践

近几年来，鉴于经济高速增长和科技进步的需要，我国高等职业技术学校教育获得迅猛发展，学校数和在校生人数均超过了普通高等学校。据2000年统计，包括高职高专在内的高等职业院校已有1345所，占整个高等教育学校数的69.29%；在校生398.06万人，占整个高校在校生人数的55.37%。可以说已经拥有"半壁江山"。怎样办好这些高等教育？是吃现成饭、走普通高校的老路？还是另辟蹊径、走职业教育特色新路？深圳职业技术学院为我们回答了这一问题。他们在对兄弟院校办学经验调查研究、分析比较的基础上，探索出一条特色明显、成效卓著的高等教育的办学新路。这不仅对我国各类高等职业技术院校有普遍借鉴指导意义，对普通高校（主要是理工类）的教育改革，也有重大的参考价值。

在探究深圳职业技术学院办学新路之前，先来简要了解他们的办学成就。该院1993年创办，首届招生只有59名学生，到2002年在校生突破一万人，实现了超常发展；在广东省50多所高校中，该校2001年应届毕业生就业率高达98.32%，位居全省专科系列榜首。该院培养出来的"灰领"人才及其办学理念，得到产业界的首肯；由于这些成就，2001年该院被教育部确定为全国第一所试办四年制本科高等职业教育的院校。

深圳职业技术学院的成功之道，在于他们能正确把握职业教育的特点和规律，恰当地运用于深圳经济特区对人才需求的实际。即他们能以职业教育之矢，射深圳建设需要之的。

在办学指导思想方面，深职院牢固树立"以市场需求为导向，以能力培养为中心"的指导思想。也就是市场紧缺什么技术技能人才，就设置什么专业。社会职业需要什么能力，就设计什么课程，把职业教育的"社会化"用活了。例如部颁高职院校有商业企业管理专业，他们不是照抄照办，而是细化为商场管理专业，要让学生既要学习商场的采购技术、仓储技术、营销技术、定价技术、人事管理、财务管理以及设备管理等知识，还要学习商场的室内外装修、商品展示、水、电、气安装设置等硬件知识，使学生能很快地适应大中型商场的管理业务。

在培养目标方面，深职院定位为：既具有大学程度的专业知识、又具有高级技艺，并能在现场进行技术指导和管理的高级实用人才和管理人才。换言之，也就是培养技艺型、操作型、具有大学文化层次的高级实用人才。总之，是在"实用"二字上做文章，学生毕业后即能直接上岗，中间没有什么"过渡期"或"适应期"。

在办学功能方面，根据特区当前和今后一定时期的实际需要，确定为：1. 作为培养技艺型、操作型高级实用技术人才及管理人士的基地；2. 作为考核及培养高级工、技师的基地；3. 作为某个地区推广新技术的中心；4. 作为对员工进行新技术再培训的基地；5. 作为生产实习指导教师的培训基地。

深职院为了落实以上办学定位，花大力气采取了以下措施：

（一）为了确保专业设置与市场需求的吻合，特设"专业管理委员会"，由全市各行业的有关专家、高层管理人士及学院专业负责人担任委员。委员会每年都要对现有专业进行评估，并提出专业调整计划。然后根据专业所涵盖的职业或岗位群所需要的知识和能力要求，再确定设置什么课程。总之，对专业和课程实行动态管理。这样就避免了有些院校所主张的课程设置要"夯实基础、兼顾未来"，把属于知识方面的课程开得过多过杂，挤掉了实训时间的弊病。

（二）把对学生动手能力的培养和职业素质的养成，贯穿于教育全过程。为此，深职院斥巨资构建校内工业训练中心园区和校外实训基地相结合的学生实践教学网。学院工业中心园区建筑面积达 2.8 万平方米，按技术应用群分设现代设计与制造中心以及机电、印刷、服装、汽车维修等 30 多个拥有现代设备的车间，让学生在这里接受严格的技能训练，培养学生解决实际问题的能力和现场技术指导及管理的能力。此外，本着"双向介入、紧密合作、互惠互利"的原则，该院先后与 130 多家企事业单位签订教育合作协议，建立校外实训基地。

深职院按照职业或岗位需要为导向展开职业素质教育。一是各专业的学生都必须具备的基本素质，包括身体素质、政治思想素质和道德品格等几个方面，并细化为敬业乐业、刻苦耐劳、执着追求、一丝不苟、公平公正、遵纪守法、崇尚卓越、团结协作等，使其成为学生日常行为规范；二是由本专业的特殊性所决定的专门职业素质。例如搞室内设计的学生要培养具有高雅的审美能力及很深的美学素养等。

（三）对学生学业成绩的考核，实行学历文凭证书和职业资格证书并重的制度。深职院领导很有远见地认为："一个人职业生活的成败、社会地位的高低，更重要的是看社会、市场对他的需要程度和认可程度。在这种情况下，取得某种职业资格证书成为人们应对社会、市场的手段或工具，资格证书也从社会的边缘走向核心，资格与学历并重正在成为教育改革的重要方向和选贤任能的基本标准。"基于这样的认识，该院于 2001 年成立了"资格认证中心"，现已开展的国内外证书考试有 80 种之多。大体分为两类，一类是人事系统管辖的专业资格证书。如注册会计师、报关员、工程师资格考试；另一类是属于劳动系统管辖的能力等级的考试认证。如高级工、技师和计算机等级考核与认证。

（四）一校多制、广开学路、扩展规模、讲究效益的管理模式。深职院根据专业设置的岗位性和职业性的特点，较快地实行学分制和职业资格认证制度，能承担职前和职后、学历和非学历、全日制和非全日制、专业知识学习和专业技能训练以及成人学历教育及短期职业培训等教学。教师实行满工作量的制度和教室实行满负荷排课制度。工业中心、电脑中心及各实训车间以及图书馆均向社会开放，使学院教育资源能充分服务社会；同时也提高了办学效益，扩大教育资金的来源渠道。

最后，还需要指出的是深圳职业技术学院在短短十年时间内，能取得如此辉煌的成就，除了市领导的重视支持，对学校注入大量的资金，加强基础建设和硬件建设外，更重要的是他们善于总结经验、善于学习兄弟院校的办学成果，能够探索出一条有社会主义特色的职业学校办学之路，这是让大家都感到欣慰的一件大事。

新春答客问①

《中华职教理论与实践》编者按：费重阳先生是全国知名的职业教育专家、天津职业技术师范学院副研究员、天津中华职业教育社职业教育研究委员会副主任，长期从事劳动经济实践与研究工作。自 1980 年以来，致力于我国职业教育的科学研究和教学。承担过"七五""八五""九五""十五"教育部和劳动部的重点课题的研究任务。春节期间本刊记者专访了费老。费老还以本文的表达形式，对本刊的创办表示祝贺。

本刊记者：费重阳先生您是全国知名的职业教育专家、学者，长期从事职业教育宏观决策研究，我想请您就新世纪职业教育发展前景谈谈您的看法。

费：我国中等职业教育虽然面临持续萎缩滑坡的种种困难，但它必须在总结 20 余年改革和发展经验基础上重新振兴。江泽民同志有"狠狠抓它十年二十年，必将大见成效"的指示，在党和政府以及社会各界的共同努力下，这个指示必然得到全面的贯彻执行，对此，我充满信心。

记者：您认为我国中等职业教育持续滑坡的原因是什么？

费：关于中等职业教育滑坡，我们不能笼统地谈这个问题，还要具体分析。从总量上来说，中等职业学校招生，的确从 1998 年以来逐年减少，其中尤以技工学校最为严重，但是近几年来有所好转；从地区来说，青岛和苏南地区的苏州、无锡等地区一直均衡发展，不存在滑坡问题。就职业教育层次来说，高等职业教育得到很大发展，中等职业学校毕业生升入高职院校的由1997 年的 4% 到 2003 年增至 9%。

许多城市和农村中职滑坡的原因是多方面的：有思想认识上的；有世俗的偏见；有管理体制上的；有法规执行力度不严；还有劳动人事制度等方面的。因此，要解决这个问题，需要更新观念，统筹规划，综合治理。

记者：中等职教滑坡，许多人思想认识上没有解决好，请您讲讲具体表现在哪些方面？

---

① 原载《中华职教理论与实践》2004 年第 1 期

费：1. 有些地方行政部门的领导，对职业教育的本质特征和功能作用，缺乏深刻的理解。因而在他们那里说起来重要，做起来排不上号。早在 1987 年①就指出："几年来，我国职业技术教育已取得很大成绩，成为教育体系的重要组成部分和社会经济不可缺少的环节"。"环节"一词含义很深，深刻说明它在社会经济发展和科技进步中的功能。具体一点来说，它是提高经济运行质量的强大武器；是科技成果实现产业化转化的强大武器；是促进劳动就业和社会安定与文明进步的强大武器。如果我们这样来理解并在实践上这样对职业教育进行运作，便不会出现滑坡问题；2. 在普、职、成、高这个教育整体中，职业教育处于何种地位没有解决好。1999~2000 年我国大力发展高等教育，由此带动普通高中急速增长。1999 年全国高等本专科教育共招生 275.45 万人；其中普通本专科招生 159.68 万人，比上一年分别增长 24.31% 和 47.4%，由此拉动普通高中同年招生 396.32 万人，第一次超过中专、技校和职业高中三校招生的总和，导致职业教育的发展出现萎缩，带来直接恶果是城乡初中毕业生失学者在 2000 年达 840 万人之多，如此局面何谈提高劳动者职业技能与素质，适应工农业结构调整和技术装备的现代化需要？所以，我认为"四教"要统筹，要协调发展。他们之间的地位和关系应该是：九年义务教育仍然是重中之重，职业教育是基础。在义务教育基础上，普及职业教育。在两者优先发展的基础上，根据需要和国家财力的可能，逐步发展高等教育并使成人教育向终身教育的方向发展。"四教"如何统筹协调发展问题，要结合实际深入研究，制定出整体改革和发展方案；3. 克服世俗的偏见，更新人才观念和坚持正确的舆论导向。"万般皆下品，唯有读书高""上大学，跳农门"这种传统观念影响在农村仍很深，840 多万初中生考不上普通高中，不愿读职业学校，与这种传统观念有关，因此要做好思想工作，多宣传三百六十行，行行出状元，鼓励和实行优惠政策，使广大青年接受职业教育，走岗位成才之路。

记者：要贯彻执行江泽民同志"狠狠抓它十年二十年"指示，当前和今后一个时期内，您认为需要采取哪些重大举措？

费：在解决思想认识的同时，我认为教育行政主管部门应会同有关部门，采取如下重大措施，以振兴职业教育。1. 要做到经、科、劳（劳动就业）教

---

① 国办发〔1987〕1 号文件

结合和基、职、普、（普通高中）高四教统筹，各得其所协调发展。其核心是在全面加强和提高义务教育质量的基础上，构建各类职业高级中学与普通高中的等值机制，逐步做到学生读各类职业高中，既可以就业，同样可以升入高校；2. 改革大学考试制度，各类职高毕业生或单独组织考试，或在全国统考中实行加分办法，将其实习教学的成绩折算计入考分内；获得中等以上职业资格证书的学生报考相同专业的高职院校，可以免试推荐入学深造。总之，要按职业教育与教学特点和要求，对学生进行考核和考试。3. 用人制度对于实施职业教育有着重要的导向作用。要改革用人制度，严格实行就业准入，为职校毕业生提供尽可能多的职业岗位和创业的优惠政策，创造宽松的就业环境；4. 建立多元投资体制，增加对职教投入。普高与职高一视同仁，公平合理收取学生学费，对贫困生酌情减免，体现社会公正，照顾弱势群体。当前中高级技术工人奇缺，对培训技工的学校或专业减免学费，鼓励青年走技术成才之路；5. 为了建立职业教育四个结合和四教统筹的有效机制，中央和地方应建立和健全高效的职业教育综合协调机制。如 20 世纪 80 年代的职工教育管理委员会、香港特区的职业训练局等类似机制。6. 加强职业教育的国际交流与合作，认真学习别国先进经验。如韩国在 20 世纪 90 年代，也曾出现人们追求高学历，导致职教停滞、滑坡，1995 年职业高中在校生占高中阶段比重降至 42.24%。该国为保证经济发展所需的高素质劳动力和高技能人才，采取一系列措施促进职业教育的发展，到 1998 年职普招生比例恢复增长到 5∶5。

主要措施有：1. 政府财政拨款和财政支援，职高多于普高；2. 职高学费低于普高；3. 职高学生奖学金高于普高和学生减免的费用多用于普高；4. 大学招生中，职高优先于普高；5. 从 1997 年起，凡报考与职高同类学科专门大学的职高毕业生，可免试入学。总之，从各方面向职高倾斜；6. 依法治教。在《职业教育法》及相关法律基础上，总结经验，制订有开拓创新内容和具有更强操作性的《职业教育法实际规定》或《条例》，为进入 21 世纪职业教育的改革和发展，提供更强更加有效的法律保障。7. 以贯彻江泽民同志对职教指示为主导，以制订职教法规为主要内容，在 2004 年召开一次职业教育研讨会，推广青岛和苏南地区的经验是必要的和适时的。

推进异地联合办学　促进农民进城就业①

2003 年 9 月，农业部、劳动保障部教育育部等六部委联合发表《2003 ~ 2010 年全国农民工培训规划》（以下简称培训规划），这是贯彻落实党的十六大精神，提高农民工素质和就业能力，进一步促进农村劳动力向非农产业和城镇转移的一项重要举措；是增加农民收入，建设社会主义新农村的·项基础工程；是改变农村劳动力二元结构，缩小城市与农村、职工与农民收入差别过大的有效途径。职业教育为实现这个《培训规划》负有义不容辞的责任。

我国是人口大国，农村劳动力有 4.82 亿，富余劳动力有 1.5 亿，每年还要新增 600 万，现在进城务工的有 9000 多万，其中相当数量的人员没有稳定的职业和居所，劳动条件和生活条件都很差。在农村劳动力中文化程度在初中及初中以下的占 87.8%。每年约有 10000 万左右的农村中小学毕业生，因不能升入高一级学校而回到家乡，面临"升学无望、就业无门、致富无术"的困难境地。在继续大力推进义务教育的同时，加强农村职业教育和培训已经刻不容缓。另一方面，我国沿海发达地区的中等职业学校已普遍出现生源不足、职教资源闲置，亟需从内地省份补充生源。如北京 2003 年夏季招生。中等职校有 184 所生源不足，空缺 2.8 万人。天津一所国家级重点职业中专计划招生 700 人，结果只招到 230 人，因此，经济发达的城市要变招工为招生，组织这些城市的职业学校同劳动力输出的市、县职业学校联合办学。在当地用半年到一年时间，进行《培训规划》中所提出的（引导性培训），经考核合格、本人自愿，再输送到生源不足的城市的职业学校"留学"，接受两年左右的职业技能培训，毕业后，拿到学历文凭和职业资格两种证书，留在城市就业。江苏省苏州市有这方面的成功经验，苏州市是发展外向型经济的文化名城，世界 500 强在苏州市落户的有 83 家。全市人口 853 万，其中外来"移民"占 200 余万，经济总量已居全国第五位。从 1996 年起，苏州市各类职校开始出现生源不足和企业高素质劳动力短缺问题，市劳动保障局组织所属技校同苏北蓝城技校结对联合办学。在当地学习一年，再到苏州市同类专业校"留学"两年，获得双证书后，100% 在苏州市

①　原载《教育与职业》2004 年第 1 期

就业。这几年来，该市进一步扩大"1＋2"两地联合办学模式，合作地区遍及安徽、山东和江西等省，为苏州市企业提供了一大批合格的劳动力。这是促进苏州市外向型经济强劲发展和效益大增强的有力措施之一，也使该市中等职业教育充满生机和活力。概括说来，用大力推进异地联合办学的办法，促进农民工城市就业有以下好处：第一，大大减少现行农民工盲目、自发进城务工产生的种种负面影响。第二，能以明确的城市就业为导向，改革和振兴农村职业教育，扭转当前农村职业教育继续下滑的局面。据农业部资料，在农村劳动力中，受过专业技能培训的仅占 9.1%。在 2001 年新转移的农村劳动力中，受过专业技能培训的只占 18.6%。相反，农村 80% 以上的职业学校都面临生存危机，招不来学生。第三，异地联合办学，能将城市新的教育理念、新文化和新的专业技能带到农村，既解决他们"升学无望、就业无门、致富无术"的问题，又有利于农村和中小城镇建设。第四，异地联合办学，对接受农村青年学生的城市来说，能解决职业学校生源不足的问题，充分发挥办学潜能，避免教育资源的闲置浪费。第五，对城市职校学生来说，能亲身学习和体察农村青年吃苦耐劳、勤奋好学、艰苦朴素的良好品质，增强新一代城市青年对农村和农民的了解，有利于巩固工农联盟和国家长治久安。第六，使经济发达城市的企业能源源不断地获得专业对口、高素质的劳动力，避免使用盲目进城无技术的农民，提高企业效益。

推进异地联合办学，促进农民工城市就业，要解决好以下几个问题：第一，农民工输出的市县与输入的城市职业学校要密切合作、平等协商，解决联合办学、教学、就业和经费等问题。第二，输出学生的职业学校，要高质量完成引导性培训，严把生源关，并且要做好输出生源的职业指导和创业教育。学校还要本着完全自愿原则，与被输出的学生及家长签订"留学"协议。第三，经济发达的大中城市，一般生活费和学费较高。输出生源的市、县对贫困家庭学生，要申请扶贫助学基金或贴息贷款，解决这部分贫困生"留学"经费问题。拿天津市来说，2003 年度中职生每年学费 2500 元，加上住校食宿等费用约 3000 元，如采用"1＋2"联合办学模式，两年内"留学"经费约1.2 万元。这对中、西部地区乡镇学生来说是一个不小的数目。因此，建议当地政府和教育行政部门，在中央教育补贴专款用于教育的款项中，抽出一部分设立异地联合办学专项补助基金。这将大大有利我国职业教育发展，是一项利国利民的政策。

我国高等教育的新路①

简论天津工程师范学院"本科＋技师"办学模式与实践

"本科＋技师"开我国高等教育之先河

自光绪二十四年（1898 年）11 月京师大学堂（现北京大学）设立至今已 100 多年来，我国高等教育都是以学科为导向设置专业，学生修业期满，考试合格，颁发学历文凭证书。符合学位条件规定的，授予学士学位证书。天津工程师范学院（原名天津职业技术师范学院）五年制本科生，继 2003 年培养出 10 名"本科＋技师"毕业生后，2004 年培养的这类毕业生达到 93 名，分布在机械、自动化、电子、汽车专业。他们以优异的成绩，在获得学历文凭和学位证书的同时，同时获得教师职业资格和技师资格证书，开创我国当代高等学校培养高技能人才之先河。

前不久，中国科学院有位院士在接受一家杂志社记者的采访时说："高级技能不是学校能培养出来的。高级技工要求有很强的经验性。技能是在实践中养成的，不是通过学校培养所能得到的。"他的这番话，代表了教育界的一种典型认识。然而天津工程师范学院"本科＋技师"的教学成果，也在社会上产生了强烈的反响，受到各界的关注。中央电视台、新华社、《人民日报》《光明日报》、《中国教育报》等新闻媒体进行了广泛的宣传报道。

《光明日报》在一篇文章中还指出："本科＋技师"人才培养模式的教学理念与实践，体现了世界职技师范教育的发展趋势，是创造性地培养高等技术人才的新探索，对其他高等学校也具有参考价值和借鉴意义。

"本科＋技师"这种高学历、高技能的"双高"人才，他们到学校能从教，既能在课堂上传授专业理论知识，又能在实验实训场地进行技能指导，是名副其实的"双师"型人才；在企业他们能从事工程技术和管理工作，既能当"白领"；也能承担高难度产品的加工制作，当"蓝领"。

---

① 原载《教育与职业》2004 年第 1 期；同潘望远教授合写

在大学毕业生就业难的今天，天津工程师范学院培养的这类人才在劳动力（人才）市场上供不应求，社会用人单位要提前预订才能到手。上海第二工业大学应用技术学院、南京航空高级技校等一些单位提前两年才预订到这类毕业生。广东顺德职业技术学院、杭州机电职业技术学院的领导在接收了该院"本科＋技师"的毕业生后深有感触地说："我们原想引进硕士生做师资，自引进天津工程师范学院'本科＋技师'毕业生后，通过一年来的使用，感到'本科＋技师'才是我们在市场苦苦寻求的最适宜的教师。"善于谋略的温州人年年组团到该院招聘中等职业学校教师，几乎每年都招去50至60人。福建三明市是一个不大的城市，2004年这个市的教育部门带了7所职校领导来该校，一下子要了49名毕业生。

已是航天科技集团某研究所主管设计师的王世程，从该院毕业才两年，参加了多个卫星的研制任务，其中包括我国和欧空局合作的"双星计划"的两颗卫星。如今他已能独立负责卫星设备的研制和开发。他满怀激情地给母校写信说：这是由于在校期间学到扎实的理论基础，同时又具有较强的动手操作能力，才能得心应手地胜任这一高新领域的重要工作。2003年"本科＋技师"毕业生王启祥，在参加全国总工会等部门组织的"全国职工技能大赛"中，荣获全国第五名的好成绩，被授予"全国技术能手"称号。"本科＋技师"毕业生柯宏伟，自愿申请到甘肃工作，支援西部建设，他不仅出色地完成了教学任务，还凭借着在该院学到的复合技能，为某市政府组建了办公网络并制作了网页，受到当地政府的好评。

由天津工程师范学院这所高等工科师范院校培养出来的本科生技师在生产岗位上带徒弟，也丝毫不亚于靠长期经验积累养成的传统技师。天津市职业技能鉴定权威考官也做出过这样的评价：本科生技师与传统技师相比较，明显的特点是识图能力和计算能力较强，工艺编制规范，知识面和思路宽阔，对智能型问题的分析诊断能力较强。本科生技师是"四新"型技师。

"本科＋技师"双高人才是怎样打造出来的

师范教育是培养各类院校优秀教师的摇篮，是使教育事业后继有人的保障。但它必须与时俱进，适时创新教育观念和教学模式，使之符合当代社会经济发展和科技进步的要求。天津工程师范学院"本科＋技师"教改成功的关键首先在于定位明确，观念鲜明，走出了自己特色的办学之路。作为职业技术师范教育类大学，既为职业技术院校培养"双师型"优秀教师，又为社会培养掌握高技能应用型人才。现在对职业院校来说，"单师"易找，"双师"难求；对企业来说，技师难找，智能型青年技师更是凤毛麟角。这是该校"本科＋技师"培养目标定位的社会基础。观念鲜明，就是要树立以服务为宗旨、就业为导向、能力为本位的全新理念，转变传统的学历教育模式，走自己特色的办学之路，"本科＋技师"这一模式便是最佳的选择。

"本科＋技师"人才培养模式的难点在于"技师"的高技能怎样从高等教育中培养出来。我国办了107年的大学教育，还没有这样的先例可资借鉴，只能从教改的实践中探索解决。技师属于国家技能人才职业资格证书制度中的4级，其职业技能标准的内容主要是：具有较高技术技能，熟悉本领域内新设备、新技术、新工艺，能独立解决生产工艺中的技术难题，处理复杂工艺和进行技术革新的能力。根据这样的要求，该院主要构建了三个方面的基础平台。

1. 改革招生制度和学制。经原国家教委授权，在每年单独招生中，招收具有中级职业技能的技工学校优秀毕业生攻读本科，学制五年。入学采取理论基础和职业技能"双试"制度。新生入学就具有中等的专业知识和中级职业资格等级技能，为实施"本科＋技师"的培养方案提供了第一个基础平台。再经过5年学习，升两个等级，为达到技师的专业知识与技能要求，提供了客观可能性。

2. 建设一支"双高"师资队伍。近几年来，该院大量引进、培养高学历、高技能的教师136名，其中66人既有中高级职称又有技师或高级职业资格，有的还获得国家技能大赛金牌、"全国技术能手"等称号。此外，还聘请日、韩等国职业技能博士、专家和教授为顾问；聘请全国著名的"技术能手"、高级技师作为兼职教师。他们对"本科＋技师"的教育和教学提出许多真知灼见，将他们的工程案例和实践经验，采用专题讲授、现场演示和传授绝技等方式，引导和启发学生去解决工艺和技术难题。

3. 建立具有企业环境的实训基地。该院在原有的中日两国合作建设的具有先进设备的实训基地基础上，近几年来又投资4000余万元购置以生产型为主的设备和检测仪器，建设具有企业环境的车、钳、数控加工、自动化控制、电气技术、电子技术、汽车维修等实训基地。学生能在这种近似企业的实训基地真刀真枪地进行技能训练和复杂工艺的专题演练，然后再到校外企业进行针对技师应具备的基本素质和综合能力的实习。

在构建以上三个基础平台的同时，按照"本科＋技师"的培养目标，注重知识和能力的培养，改革教学内容，其要旨是加强理论基础、拓宽专业、提高技能。其教学组织的主要特点是：

1. 加强基础理论知识学习，改革大学数学、大学英语、大学物理和计算机基础等公共课和专业基础课内容，保证达到本科平台的基本要求。理论课教学约占 2/3，实践环节约占 1/3。

2. 以职业群知识、技术和技能为依据，优化专业教育与课程结构，整合构建课程体系（如机械类的制图、计算机绘图、画法几何合并）。增加新技术课程（如机械类开设精密机械加工、CAD/CAM、气动与液动控制等先进制造技术）、培养学生核心能力和通用能力。在课程内容上，进行"理论、设计、实验、实训"相融合的"四位一体"课程体系，培养学生解决工艺、技术难题的能力。以"电子技术基础"为例，电子与控制领域的理论、实验实习、专业基础课、专业课教师密切协作，理论教学与实践教学紧密结合，加强各环节的协调配合，建立元器件库及电子功能模块库，要求学生自己设计、组装、调试产品，以锻炼和提高学生综合分析问题和解决实际问题的能力。

3. 进行"高级、高新、复合"技术和技能培养，学生以本科理论知识为支撑，获得心智技能，实施"1＋X"模式的教学，以科学的训练方法进行机电复合技能训练。其中"1"为国家技师考核标准，"X"为高新技术模块，包括新知识、新技术、新工艺、新技能。

4. 选拔优秀者进行"本科＋技师"培养。该院 97 级、98 级和 99 级五年制本科生高级工职业资格证书通过率分别为 83%、87% 和 90%，从中选拔优秀者按技师的特定能力进行培养。办法是把本科教育中的专业能力要求与国家技师职业资格标准要求相结合，以实用型工艺综合课题为主线，开展工程技术案例专题、综合技术技能专题研究和攻关，使之达到技师所要求的技术、技能和创新能力。

5. 毕业设计实施"早进入、兼实做、出精品"的办法，将培养本科生科学素养和技能培养相结合。把技师鉴定的答辩融入本科毕业设计的答辩之中，使这两种证书教育与培训环节有机地结合起来，既节省了课时，又提高了两者质量。

6. 编写校本教材。本着职业（岗位）方向与能力为本，理论与实践相结合、科学性与思想性相统一、继承与发展相衔接、精炼性与循序渐进相协调、实用性与知识性相匹配等原则，开发具有职校特色的教材，同时围绕师德的培养，开设大学生德育教育课程，围绕教师职业能力的培养，开设职业教育学、心理学、教材教法等课程及教育实习等环节，培养学生的从教能力。

启示与借鉴

天津工程师范学院"本科＋技师"培养模式和教改成果，给我们以深刻的启示。其一，该院成立25年来坚持走自己特色的办学之路，给人们以深刻的印象。1997年该院成功培养出"双证书、一体化"毕业生，即实行大学学历文凭证书和高级技工的职业资格证书并重，这一教学成果荣获国家教学成果一等奖。几年来，获这种"两证"毕业生达800余人，再经过6年的努力，又上了一个新台阶，达到"本科＋技师"的新水平。其二，"以服务为宗旨、就业为导向、能力为本位"的办学理念，反映了职业教育的本质特征和办学要求。这不仅对职技院校具有普遍借鉴意义，对普通高等学校应用型专业也有重要参考价值。前不久，教育部提出：高校招生计划与毕业生就业状况要进行适度硬性挂钩，就业率连续三年不足30%的专业要减少招生甚至要停止招生，可见以就业为导向的办学理念极为重要。其三，"本科＋技师"教改实验的成功，开辟了我国培养紧缺高级技能人才的一条新路。即除了传统的经验积累、岗位成才外，高等学校经过努力，也能培养这类人才。正如国家劳动和社会保障部张小建副部长指出的："本科＋技师"人才培养模式的教学改革与实践，有助于深入研究新型技师人才素质、知识和能力结构，探索学校培养技师的特色之路，促进并实施了国家培养高技能人才的工程。其四，该院经验告诉我们：高等学校应用型专业要积极推行职业资格证书制度。以这种证书为纽带，拉近学校与社会经济发展和科技进步的距离，同时也有利于产、学、研的结合。

进一步调整教育结构　做大做强职业教育

2005 年 11 月，时任国务院总理温家宝在全国职业教育工作会议上发表了重要讲话。他强调：当前我国就业和经济发展正面临着两个大的变化，社会劳动力就业需要加强技能培训，产业结构优化升级需要培养更多的高级技工，因此，需要大力发展职业教育。并进一步指出：大力发展职业教育，是推进我国工业化、现代化的迫切需要、是促进社会就业和解决"三农"问题的重要途径，也是完善现代国民教育体系的必然要求。为此，必须完善国民教育体系，合理配置教育资源，把基础教育、职业教育和高等教育放在同等重要位置。

这次全国职业教育工作会议的召开及《国务院关于大力发展职业教育的决定》的颁行，必将为我国职业教育的进一步发展，提供新的动力和产生深远地影响。笔者仅就全球社会经济未来发展的趋势和我国职业教育当前发展的实际，就怎样贯彻全国职业教育工作会议精神，把职业教育做大做强，以迎接来自国内外的挑战，提出一点建议。

改革开放 28 年来，我国职业教育有了很大发展，初步构建起与普通教育平行发展的体系。但在教育资源占有和教育教学软硬件建设等多方面，还有很大差距。我们必须把基础教育、职业教育和高等教育放在同等重要位置，进一步把职业教育做大做强，构成与普通教育比翼齐飞的局面，以迎接 21 世纪知识经济的挑战和中华民族的振兴。

一、要把职业教育深深扎根于九年制基础教育之中，切实扭转"重普轻职"的倾向

积 28 年发展和改革职业教育的经验，一个很重要的启示是必须把职业教育扎根于基础教育之中。在应试教育仍很盛行的今天，倡导职业教育扎根于基础教育，更有利于对应试教育的纠偏。

1. 在小学校，向儿童注入职业的基本知识和劳动与技能的陶冶教育很有必要。我国职业教育之父黄炎培在 80 年前就论述过"小学职业陶冶"。他形象地指出："设学校园，使之爱玩天然而习为种植，初不知其为农而农在其中焉。凡此之类，其直接包含职业意味着勿论已。乃若养成儿童劳动、惜物、储物、经济诸良好惯习，其间接影响，仍不在于治生上、服务上有深切关系？则皆职业陶冶之所有事也。"① 80 年后的今天，我们有幸从新华网获悉，上海已着手将职业教育全面渗透到基础教育中去。他们针对中小学生进行职业启蒙性质的职业入门教育，一方面给学生必要的职业观念；另一方面提供基础技术技能，做好职业准备。为此，上海已在部分中学建立职业实训中心，从 2005 年起，两年内建设 34 个，五年内计划建立实训基地 100 个，上海把职业教育全面渗透到基础教育中去，不仅是现代职业教育从"入门教育——就业教育——继续教育"这一完整体系中的第一阶段，也同样是现代化基础教育课程体系中的一个重要组成部分，是适应现代化社会发展的迫切需要而推出的一项新举措。

2. 在初级中学，对校长和教师广泛进行职业教育与基本理念的培训，让他们逐步树立职业技术学校和普通中学同等重要的思想，一鸟两翼，不可偏废。通过广大教师，教育学生：无论升入普通中学或各类职业技术学校，只要适合自己发展，都是好的选择，逐渐消除当前盛行的"重普轻职"偏见。

3. 对初级中学学生进行职业技术专业教育。结合德育、劳技课、社会实践以及下厂下乡参加生产劳动，让每一个学生都学会 1~2 项初级职业技能，以锻炼手脑并用和创新思维的能力。故此，初级中学要配备专业职业指导教师，承担策划组织这一方面的教学任务。各级教育行政部门要按照这一要求，区别城乡不同情况，调整充实初级中学教学计划和课程设置。

4. 对初级中学的评价和考核，取消升学率指标等含有轻视职业教育的政策导向，制定全新的教学评价与督导标准，把职业教育的成果作为初级中学一项重要的考核内容。

5. 各级教育行政部门要取消含有轻视、歧视职业教育的各项规定，制定新的招生政策。

---

① 黄炎培. 中华职业教育社宣言书（黄炎培教育论著选）［M］. 北京：人民教育出版社，1993.

二、进一步调整中等教育结构，创办综合高级中学

我国专科层次的高等职业教育在校生虽占高等教育在校生总教的50%左右，但生源70%来自普通高中，而根据教育部规定，高职院校逐步改为两年制，培养操作型技能人才。显然，就我国当前制造业、现代服务业的技术构成，高中毕业生在高职院校学习两年，很难培养出中、高级熟练程度的技能。为此建议：

1. 现有的普通高级中学，除少数名校、实验校外，一般高中逐步改制为综合中学。大学专科和高职院校生源70%左右应来自各类职业技术学校和综合高中，其学生应具备初、中级职业技术知识与技能，以便在高职院校深造并打下较为熟练的技术与技能基础。例如：天津市"中职接高职""本科＋技师"模式培养的既具有中、高等专业知识又有中、高级技能的人才，开我国培养新型技能人才的先河，值得推广。

2. 综合中学设普通教育和职业教育两种学程，前者以升学为导向，后者以就业为导向，改现行的初中毕业生按学校类别分流为校内学程分流，使普通教育职业化，是构建职普教育并重的必要举措。大力创办综合中学（农村可称之为农业中学），是根据我国特殊的历史传统和国情需要提出的，希望有关主管部门作为一项重要教育决策来研究和试行。只有如此，才能用较短的时间，极大地提高我国综合国力。

3. 近几年来，天津和其他一些城市的职业高级中学开设"课程改革试验班"。此种试验班采取"3＋1"教学模式，即前三年学习普通高中课程，毕业生参加全国统一高考，凡未被录取的学生，再在学校学习一年有关专业的职教课程和实训，考试合格推荐就业。这种教学模式实际上已开设普通和职业两种学程，可以逐渐演变成综合高中。

三、依法治教，巩固和发展职业教育改革成果

自1996年5月我国颁布首部《职业教育法》以来，已经10年了，在这10年间，先后召开了多次全国职业教育工作会议，党和政府制订了一系列大力发展职业教育的政策，城乡职业教育和培训取得新的成就，积累了新的经验，各级各类职业技术院校定位也比较明确。当前亟需在总结10年成就基础上，修改、充实和完善《职业教育法》，为国家培养千百万职业技能人才提供法律支持和保障。在这方面，德国双元制职业教育的立法经验，诚可借鉴。1969 年前西德适时颁布《职业教育法》，规范和发展双元制职业教育。此后，于 1981 年根据国家形势和经济发展的变化，颁布《职业教育促进法》，2005 年 4 月，为扩展职业教育发展空间，开发职业教育新形式，再次修改和通过了新的《职业教育法》。我们也应当将立法和制定政策有机结合起来，用立法促进和保障职业教育的改革与发展。

以更加宽广的视野开展黄炎培教育思想的研究①

我很认同这样一种观点：黄炎培教育思想（不只是职业教育）是一个十分完整，并且具有中国特色的思想理论体系；是中国近现代史发展条件下的产物，其意义和影响超越了职业教育本身，也超越了教育领域，成为中国社会进行民主主义革命和对社会进行改造的一种救国利民的理论。只有这样提出和认识问题，才能把握黄炎培教育思想的内核和本质，才能更好地在现实条件下加以运用和发展，推进教育改革与社会和谐。

在研究和运用黄炎培教育思想时，还要把握其另一个特征：即知和行、理论和实践的有机统一。新中国成立前黄任老以百折不挠的精神，致力于兴办各类职业教育事业。他不辞辛劳地奔走各地，在创办、推进这番事业的实际工作中勤于思索，不断总结经验，洞晓其客观规律性。因此，他在职业教育方面的立论和认知，至今仍闪烁着时代的光辉，为我们留下极为宝贵的精神财富。例如他将职业教育的本质，极其精辟的概括为两句话："社会性""社会化"。他在1930年间发表的《职业教育机关唯一的生命是怎么的》一文中形象的指出："就吾最近年间的经验，用吾最近几个月的思考，觉得职业学校有最紧要的一点，譬如人身中的灵魂，得之则生，弗得则死，是什么东西呢？从其本质来说，就是社会性；从其作用说，就是社会化。"黄任老这种认知，深刻的阐述了职业教育的本职特征、内在要求及其发展的客观规律。现实生活也告诉我们，一切符合社会发展要求的教育主张、教育实践都是富有生命力的，代表事物发展方向和趋势的思想，总有其开花结果之日；反之，不过是昙花一现而已。

20世纪末（1995年），中华职业教育社前任理事长孙起孟先生提出的"温暖工程"，这是黄炎培教育思想的生动体现；是职业教育本质是社会性，作用是社会化的光辉范例。孙起孟先生从主持中华职业教育社工作以来一直致力于研究、推行职业教育，还从开展职业培训、职业指导的实际出发，提

---

① 原载《社讯》2009年第3期

出实施温暖工程的设想，其宗旨是把职业培训、职业指导和职业介绍等手段紧密结合起来，为社会上迫切需要就业的人们提供服务，从而协助党和政府解决城乡富余劳动力就业问题，使劳动力资源得到合理配置。这是一项为国分忧、为民效力的事业，具有旺盛的生命力。经过十多年来的试验、推广，它必将在黄炎培教育思想引领下更加发扬光大、为构建和谐社会做出更大贡献。

改革开放 30 年来，由于党中央、国务院着力推行大力发展职业教育的方针，使得各级各类职业教育在我国整个教育体系中占有半壁江山，呈现着欣欣向荣的局面，展望未来，急需弘扬黄炎培教育思想，进一步推进我国教育的改革和发展，尤其是要克服长期以来存在着的普通教育中的脱离社会需要的"应试"教育及其他一些消极因素，使得我国各项教育事业更加协调的健康的发展，这也是我们当今为什么要更加重视研究发展黄炎培教育思想的动因。

黄炎培职业教育思想的本质及现实意义①

黄炎培是我国现代职业教育的先驱，他在长期的教育实践与探索中，论证了职业教育本质是社会性，其作用是社会化，这是黄炎培职业教育思想的核心。辩证唯物主义的认识论和历史发展进程，证明了他的论断的正确性和科学性，这对制定未来我国职业教育的改革和发展规划，具有非常重要的指导价值和现实意义。

一

近年来职业教育界关于职业教育本质问题进行热烈探讨，众说纷纭，莫衷一是，归纳起来有"生产性""社会性"等 10 余种说法。我很同意一位作者的意见，即"对什么是职业教育这个问题的不同回答，直接影响到职业教育理论和实践发展的方向"因而有必要进行深入地研讨，求得大致的共识，这对于规划未来的改革和发展是必要和有益的。大家对职业教育本质的认识为什么有那么大的分歧，其中一个重要的原因是研究方法问题，采用不同的方法，研究同一问题时往往会得出不同，甚至是截然相反的结论。因此我们只要运用唯物辩证法的认识论、方法论，避免形而上学地观察和分析问题，就不难求得大体一致的认识。也就是说，对任何一个事物的认识，都要遵行实践、认识、再实践、再认识的过程，切忌主观、片面、孤立或静止地看问题。

二

黄炎培关于职业教育本质的论述，是他经过十几年职业教育的亲身实践和潜心研究，在发表于 1930 年《职业教育机关唯一的生命是什么》一文中。他非常形象地指出，"就吾最近几年间的经验，用吾最近几个月的思考，觉得

① 原载《上海社讯》2009 年第 6 期

职业学校有最紧要的一点，譬如人身中的灵魂，'得之则生，弗得则死'。是什么东西呢？从其本质说来，就是社会性；从其作用说来，就是社会化。"黄炎培在这篇文章的末尾，又再次强调："请把我的主意复述一遍：职业教育机关的本质，是十分富于社会性的，所以职业教育机关唯一的生命——是什么？就是——社会化。"其实早在1914年，黄炎培在做第一次国内教育考察之后就指出："离社会无教育，欲所施为何种之教育，必察所处为何种之社会。"稍后他在《职业教育》一文中又指出："是故职业教育者，在学说上为后起之名词，在社会上为切要之问题。"可见把社会和教育联系起来，是黄炎培的一贯思想，是黄炎培职业教育思想的核心。他用"社会性""社会化"六个字，精辟深刻阐明了职业教育本质特征，内在联系及其发展的客观规律，符合辩证唯物论的认识论，是经得起实践和历史检验的。

大家都知道黄炎培是我国近现代史上著名的教育家、社会活动家，是现代职业教育的先驱。他长期致力于研究和推行职业教育，对职业教育的理论和实践问题做出了一系列的论述，为我国现代教育特别是现代职业的创建和发展，做出了奠基性的贡献。他认为，职业教育"在社会上为切要之问题，而在教育上实为最新最良之制度也。"

黄炎培论述职业教育"社会化"的宗旨是为："实现一个民生幸福的社会。在那社会里，确切做到'无业者有业，有业者乐业'。"他认为："一个社会人人有职业，有与其个性相适应之职业，则人人得事，事事得人，社会无有不发达者"。因此，职业教育机关要把为学生"谋个性之发展，为个人谋生之准备；为个人服务社会之准备；为国家及世界增进生产力之准备"作为宗旨。

根据职业教育社会性的原理，黄炎培在办学、教育和教学等方面提出了一系列的新原则、新理念，推动着职业教育在旧中国这块贫瘠的土地上，艰难却富有生命力地发展。如对于怎样实施职业教育，他提出三大原则："原则一——须绝对地因地制宜，因材施教"；"原则二——须向职业社会里边去设施"；"原则三——宜从平民社会入手"。总之，"办理职业教育，并须注意时代趋势与应走之途径，社会需要某种人才，即办某种学校"。

关于职业教育的教学，黄炎培提出"劳工神圣""双手万能"的口号及培养学生的"金的人格""敬业乐群"德育要求，提出"手脑并用""实习是重"的理论与实际并行，知识与技能合一的教学原则，他强调指出："要办职业学校当先办工厂；欲办公校，先办工厂"；"欲办农校，先办农场"。"若是工厂办不好，敢断言工校是办不好的"。

关于农村教育的改进，他指出："吾国盛倡普及教育，苟诚欲普及也，学校十之八九当属于乡村；即其所设施十之八九，当为适于乡村生活之教育"。基于这样的认识，黄炎培深入农村调查，足迹遍及大江南北，开办了如徐工桥、顾高庄等农村改进试验区，试验并传播职业教育；推广新式农具，改进耕作技术，改良种子；改善医疗卫生条件；设立补习学校、夜校、家庭妇女识字班，帮助农民学习文化等。更加难能可贵的是，黄炎培早在20年代就洞察到当今之世界是科学技术竞争的时代，必须把现代科学技术引入教育领域，他说："夫今日之世界，一科学相争之时代也。无精良技术，不独已有之厂万难置身于商战剧烈之场；即新设者，亦难免不蹈旧厂之覆辙。"① 他慨叹："外国用科学较早占了先着，中国落后，就为不早用科学。"故"工业学校之建设"，"要以工业为目的，以教育为方法"，"各科系的课程、教材，尤需赶上科学的发展，使学生不致于落后于社会形势和科学发展之后"。

三

"社会性""社会化"这一科学命题，经过七八十沧桑巨变，在新中国成立后的政府决策和立法中得到了体现。如：1987年国务院办公厅转发国家教委等三委两部《关于国职业技术教育工作会议情况报告》的通知有这样的描述："我国职业技术教育已取得很大成绩，成为教育体系的重要组成部分和社会经济发展不可缺少的环节。"又如1996颁布的《职业教育法》对职业教育作用的规定（第三条）是："促进经济、社会发展和劳动就业的重要途径。"这和黄炎培所说的"为个人谋生之准备"，"为国家及世界增加生产之准备"是一致的。至于怎样实施职业教育，黄炎培的一列的论述，至今仍然历久弥新。

黄炎培关于职业教育本质——社会性的论述对当今职业教育发展非但没有过时，而且具有重要的现实意义。在规划未来职业教育改革和发展时，要本着进一步"社会化"的要求，找准问题，创新机制，把职业教育做实、做优、做强。

---

① 中华职业教育社. 黄炎培教育文集 第2卷［M］. 北京：中国文史出版社，1994.

经过改革开放 30 年来的努力，我国职业教育的规模，无论是招生人数还是在校生人数在整个中、高等教育中都占 50% 左右的比例，形成半壁江山之势。但是，职业教育仍然存在着基础脆弱、社会认可度低等严重问题，从而阻滞职业教育持续健康发展。只有正确认识并且坚持弘扬职业的本质，推动各级各类教育事业协调发展，才能为培养创造型人才发挥更大作用。

（一）职教与普教的本质应当是相同的。

教育部门要在指导思想、政策制定、制度建设上切实把职业教育与普通教育置于同等地位，并借鉴发达国家经验，在招生、经费投等方面建立职教与普教"等值"机制与同样的扶持措施。但事实是近 15 年来，教育经费投入连年增加，而职业教所占比例却逐年下降，从 1993 年的 12% 下降到 2007 年的 5.5%，但学生缴纳的学费，职教要比普教高很多。这种学费收取与教育成本倒挂的现象，如果长期不改变，则必然给社会造成职业教育是"另类"教育的印象。再者，现有招生也存在矮化职业学校的现象。每年中考和高考取新生，从高到低，普教优先，职教殿后，技校扫底。久而久之在社会上形成了"差生"进职教、走投无路到技校的价值取向，给广大选择职教和技校的学生和家长造成很大压力，驱使他们从小开始就谋求上重点校，陡然增加了孩子的课业负担，大家争先恐后地向高考这条道上奔跑，这也是应试教育这个顽症长期解决不了的一个直接原因。黄炎培针对他那个时代普通教育的种种弊端，提出了一系列改革的主张，他明确出："使分家对立的普通教育与职业教育配合起来。"职普"配合"，职普"等值"应是我国教育改革和发展的重要原则和行动取向。

（二）把职业教育要素引入义务教育是教育进一步社会化的长效机制。

在 20 世纪 80 年代，教育界权威人士曾力主在义务教育阶段引入职业教育"因素"，但是没有被采纳。黄炎培早在 20 世纪 20 年代就提出"改良普通教育，为适应职业教育之准备"的主张和实验，他提出在小学要实施"职业陶冶"，"使儿童于不知不觉中，养成为己治生、为群服务之兴趣与习惯"，且"职业陶冶则非仅职业学校所有事，而一般小学校所有事也"。在中等教育阶段，黄炎培认为："大部分必须位置在职业化的基础上"并"实施职业指导"，把学校与社会、教育与职业沟通起来，因为"大多数青年不论男女，到了 14 岁或 15 岁，天然地会想到将来生活的寄托，就是择业问题。教育在这个时候，就应该用种种方法明示或暗示各种职业约意义价值和从业的准备等等，使得每个青年不要走向和他天性或天才不相近的道路。"

把职业教育要素引入至义务教育阶段，从现实情况看更有其紧迫意义。一是我国义务教育受到应试教育的冲击严重，超乎寻常的课业负担，摧残数以千万计青少年的身心健康，为民族的未来埋下严重的隐患。教育部的一项调查显示，在过去的 20 年里，中国青少年的耐力、力量、速度和灵敏度等指标全面下降。有鉴于此，必须在义务教育阶段，毫不动摇地介入职业教育，遏制应试教育的蔓延。其次，青少年接受义务教育后，一半左右要接受中等职业教育后就业。剩下一半左右普通高中毕业后，又有一半左右接受高职高专教育；也就是说全国每年要有 75% 左右青年学生要在接受中、高等不同层次的职业教育后走向社会。为了大多数青少年的利益，我们没有理由不将职业教育引入义务教育，使得这部分更早走上适合自己的学习道路。

把职业教育引入义务教育的做法是：实行九年一贯制，与普通高中相切割；将义务教育定位目标和与职业教育沟通衔接，制定教学计划，组织教学，把体育、劳技教育和德育放在首位，之后再安排文化和工、农、商、科技等初等职业知识与劳作课程。

（三）激励、支持和帮扶民间办学、企业和部门以及社会团体办学，走"多元办学"之路，使职业教育进一步社会化。特别是在全球经济动荡、我国就业形势严峻情况下，国家、集体、个体一齐上，广泛开展职业培训，对拓宽就业渠道、提高就业质量和创业实力更具有特殊重要意义。企业和部门办学，在 20 世纪 80 年代曾得到蓬勃发展，对于吸纳数以百万计青年就读和就业以及提高在职员工素质都起到了很大作用。进入 90 年代由于经济结构的变化，加之政策调控不力，导致企业教育和行业办学萎缩。为扭转预势，急需总结经验、调整政策，制定优惠政策振兴职工教育和培训，使其在促进大中专毕业生就业中发挥作用。各地劳动部门举办的技工学校，在劳动部综合管理下，用较少的投资，每年把数十万青年学生培养成中级技能人才，对缓解就业矛盾，解决技能人才短缺起到不可估量的作用。社会团体办学的突出亮点是 20 世纪末（1995 年），中华职教社发起的"温暖工程"。该社从致力究推行职业教育、开展职业指导这一实际出发提出的温暖工程，为社会上紧迫需要就业的人们提供服务，从而协助党和政府为解决城乡富余劳动力就业提供了强力支撑。

可见，行业企业和社会团体办学大有作为，可以运用特有的资源优势，以最小的代价吸收众多的青年学生和待业人员通过培训就业，因此应在全社会大力提倡。

　　民办教育是职业教育进一步社会化的生力军，是解决当前经济和就业困难的一支重要力量，有关部门应采取积极措施，降低准入门槛，激励帮扶民间办学和公民个人办学，鼓励大中专毕业生发挥自身专业特长，创办职业培训学校，走职教创业之路。政府应像支持中小企业发展那样，在信贷、办学场地、师资聘用等方面对公民个人或社会团体办学予以扶植。

校企一体化办学是职业教育发展的必由之路

[摘要]　校企一体化办学，是在职业院校依托产业办学的基础上发展而来的一种职业教育办学机制的高级形态。职业教育素有依托产业办学的优良传统，也在教育实践中取得过卓有成效的成果。然而，近一个时期以来，依托产业办学的势头却日渐式微。因此，在恢复行之有效的传统办学机制的基础上，努力探索校企一体化办职业教育的新体制，不失为职业教育谋求持续发展的一项破局之策。

[关键词]　校企一体化　办学　必由之路

职业教育是伴随着大工业生产在中国出现而产生的。依托产业办学，不仅体现了职业教育的根本特征，也是被教育实践检验过的成功之举。然而，依托产业办学毕竟存在一定的局限性，特别是在经济体制改革的大背景下，依托产业办学遇到了许多新问题。因此，在借鉴依托产业办学有益经验的基础上，积极探索校企一体化办职业教育的新途径，是促进职业教育科学发展的必由之路。

一、依托产业办学的历史回顾

职业教育素有依托产业办学的优良传统，近代中国在经历两次鸦片战争失败之后，清朝统治集团中的改良派代表人物提出了"自强以练兵为要，练兵以制器为先"的求强举措。自19世纪60年代起，相继建立了一批军事工业，如上海江南制造总局、福州船政局、天津机器局等。以灌输封建道德、培养仕宦人才为宗旨的旧式教育，已不能适应生产力发展的需要。一批传授现代科学技术文化的新式学堂破茧而出，具有代表性的有京师同文馆、上海广方言馆、福州船政学堂、天津电报学堂、天津水师学堂等。其中，上海广方言馆附设于江南制造总局，天津电报学堂隶属于大清电报总局。上述史实表明，中国近代新式教育以兴办职业教育为发端，职业教育以依托产业而发轫。

进入现代社会以来，职业教育不仅在办学实践上取得了许多成功的经验，而且在教育理念方面取得了重大突破。在中国职教界，素有"南张北周"之说。张謇的"一艺之末，学必有师"理念；周学熙的"工艺非学不兴，学非工艺不显"以及"工学并举""教学做合一"等主张都对现当代职业教育发展不无借鉴意义。黄炎培先生对中国职业教育思想的成熟与完善，做出了足以彪炳千秋的贡献。他将职业教育要依托产业办学升华为职业教育社会化的理念，主张办职业学校"必须尽量和当地同类工厂密切联系，凡教师、课程、设备、实习种种问题，都宜在厂校合作之下解决"。他还主张，"要办职业学校，当先办工场，欲办工校，先小工场，这话很是。不过就现成工场附设工业教育，也是很可以的"。显然，职业教育"须向职业社会里边去设施"是黄炎培职业教育思想的重要组成部分，至今仍具有极为可贵的引领价值。

新中国成立后，在1954年制定的第一部《宪法》中，即规定"国家举办各种学校，普及初等义务教育，发展中等教育、职业教育和高等教育。并应发展学前教育"。至1956年，与1949年相比中等专业学校由561所增至755所，增幅34.58%；技工学校由3所增至212所，增幅69倍。中专在校生由7.71万人增至53.85万人，增长597%；技校生由0.27万人增至11.09万人，增长40倍；企业办训练班和学徒制培养了50万人（次）。

1957年2月27日，毛泽东主席提出："我们的教育方针，应该使受教育者在德育、智育、体育几方面都得到发展，成为有社会主义觉悟的有文化的劳动者。"[1] 1958年4月发布的中共中央《关于教育工作的指示》对党的教育方针增加了"教育为无产阶级政治服务，教育与生产劳动相结合"的文字。同时在1957年半工半读学校也发展起来。半工半读制度首先以天津为试点，迅速推广至全国。至1965年，全国半工（农）半读学校已发展到6.16所，在校生443.3万人。

纵观新中国成立以来职业教育发展历程，教育与生产劳动相结合的马克思主义教育观和依托行业、企业办学的教育机制，始终处于主导地位。这也为职业教育后来的发展指明了正确方向。

二、依托产业办学的当前困惑

近一段时期以来，伴随经济体制改革，职业教育一方面取得了令人瞩目的

---

[1] 毛泽东：《关于正确处理人民内部矛盾的问题》（1957年2月27日），《毛泽东文集》第7卷，人民出版社1999年版，第226页

长足发展，截至2009年，我国中等职业教育在校生人数已达2179万人；高等职业教育在校生达到1280万人，分别占高中阶段教育与高等教育在校生人数的47.12%和45.29%，双双达到接近50%的水准。然而，另一方面，职业教育的发展也遇到了许多新问题，在依托产业办学方面问题尤多，主要表现为：

1. 行业办学的势头日渐式微。有关资料显示，目前在我国企业中，国有企业仅占较少份额，其余都是私企和外企。长期承担行（企）业办学的主体一直是国有企业，大部分国企都同附设的教育机构实行了剥离，少数勉强维系的也属有名无实。多数私企还处于资本的原始积累阶段，而外企几乎无一例外地以营利为目的。再加上多数私企和外企属于"代工厂"性质，他们大量需要的是从事简单劳动的劳动力，因而他们（包括部分国企）更愿意成为劳动力市场的买方。上述状况就催生了两个困境。一是政府陷入困境。原本多元化的办学主体由于行（企）业的缺位，已经演化为政府办学的一元化主体，而由于政府又因教育投入职业教育不足而不断遭到质疑。二是学校陷入困境。因为失去了行（企）业的支撑，学校难以将教学内容与行（企）业实际要求相契合，也难以对用工市场的用人规格和知识、技能结构需求做出相对准确的预测，从而只能处于被责难的尴尬境地。

2. 校企合作的道路举步维艰。曾几何时，部分职业院校受普通院校争相创办"世界一流"院校或"研究型大学"的启示，偏于热衷规模扩展，结果却导致硬实力不断强化，软实力却持续弱化。待到走了一圈弯路之后，才发现原来"校企合作"是职业教育的固有优势，再加上此时教育主管部门又一再号召职业院校实行"产教结合"，于是各院校纷纷跟进。鉴于前述因素，校企合作长期处于院校一头热、企业一头冷的状态，尽管一些院校拿到了同某行（企）业合作办学的协议书，但由于双方欠缺实质性的共同利益诉求，因而缺乏真正的合作办学行为，即使在互相合同文书或者协议上罗列了数条合作项目，也难以切实履行。

3. 教育政策的导向尚存偏失。近年来，教育行政部门推出了一系列旨在促进职业教育发展的政策，然而实际效果并不尽如人意。比如：其一，盲目并校和无序更名积重难返。在"做大做强"的口号下，一些地方将数所职业院校合并起来，一些院校把本来极具行业特征的校名变更为宽泛而含混的校名。这势必造成千校一面、大而不专，原本极为浓郁的行业特色逐渐消亡。其二，企业介入教育难，教师赴企业难。尽管教育行政部门多次倡导吸收企业工程技术人员和能工巧匠到学校担任兼（专）职教师，但在实际操作层面却设置了多重门槛和歧视政策。虽然三令五申，规定职业院校教师每年要到企业实践学习两个月，但要么是无企业可以接纳，要么是教师因教学任务过重而分身乏术。其三，学校实训基地难以替代企业生产实习。近年来，许多地方都设立院校独立设置的或以行政区划为单元的实训基地。因为这种"仿真"脱离了真实的职业精神氛围和科技研发情境，所以无论实训设备如何先进，与生产一线相比总有相对差距。教师与企业技术专家相比总有实质差别。因而，这种实训基地不宜过度提倡，更不能用来替代去企业实习。

行业办学或校企合作的必要性自不待言，行（企）业也未必没有合作办学的积极性。探索新时期行业办学与校企合作的新途径，确实是应当着力破解的重大课题。

三、探索校企一体化办学之路

校企一体化办学，是基于依托产业办学，又高于依托产业办学的一种办学机制。概言之，是要构建一种集产、教、学、研为一体的新型实体。探索校企一体化办学之路，似应把握如下要点：

1. 学校要主动为企业服务——从"引教入企"到"引企入校"。学校应以主动服务换取企业支持。比如，免费向企业提供员工培训服务；直接参与企业的新材料、新技术、新工艺研发；承担企业的新产品设计、新技措研究，努力成为企业的"外脑"和"智囊团"。在此基础上，待条件较为成熟时，可以由学校提供场地，让企业出资建厂房、购设备，在学校开办工厂。这种工厂既是企业的生产、研发基地，也是学校培养学生、培训教师的基地。更为重要的是，学校可以依托企业，加大专业、学科和课程建设的力度，在合作中寻求教学改革的方向和突破口，进而提高为企业服务的质量。学校作为一体化办学的一方，切忌急功近利。只有把企业看作是自己的企业，充分照顾企业的所急、所需，让企业在学校提供的服务中，得到真切的支持，收到实际的效益，才会激发企业长期同学校合作的主动性，营造校企一体化办学的初步基础。

2. 寻求一体化办学的深度内涵——从校企共建至企校融合。深化校企一体化办学的内涵至少要达到三个目标：一是功能一体化，即真正成为将生产和教学融为一体的实体。二是方式一体化，即最大程度地发掘校企双方的各自优势，形成新型的培育合格职业人才的育人方式。三是管理一体化，要建立统一的生产和教学组织机构，特别是扩大企业在育人层次规格、职业知能结构、职业资格认定等方面的话语权，切实体现企业在办学机构中的主导地位。

校企深度融合说到底是企业文化与教育文化的融合。职业教育本来就是同生产实践关联最为紧密的教育类别，而令人惋惜的是同企业文化融合的问题却长期未能较好地解决。在一体化办学实体中，两种文化的交叉与碰撞，利于学校接纳优秀企业文化的滋养，改造教育文化中的不适应、不适宜成分，使学校文化更具行（企）业的职业特征，把学校办成企业心目中"自己的学校"。

3. 希望在于转变发展方式——经济发展方式与教育发展方式。当前，中央关于"加快经济发展方式转变"的决策，已经受到全社会的普遍认同。教育发展方式也应当做出与之相适应的转变。经济发展方式必然会作用于教育发展方式。转变粗放型的、过度依赖资源消耗和外部市场的、过度追求规模扩张的经济发展方式，必然会对教育发展方式的转变提供有益的启迪和反思。同样，教育发展方式也会反作用于经济发展方式。教育要引导产业界逐步摆脱在世界产业链中的低端地位和浅层次竞争，为企业提供高层次的技术型、技能型人才，为企业有能力参与以优化产品品质、提升技术含量为特征的高层次竞争助力。这些为构建校企一体化办学机制创造了绝佳时机。从这个视角来看，走校企一体化之路不仅是非常必要的，而且是非常紧迫的。

总之，恢复与弘扬依托产业办学的优良传统，探索新时期校企一体化办学的新机制，是职业教育走出困境，破解当前职业教育面临的诸多中、微观困惑的破局之策之一。其效果如何，还有待于职教界和产业界的共同努力以及改革实践的持续检验。

参考文献：

[1] 闻发信，杨金梅. 职业教育史 [M]. 海口：海南出版社，2000.

[2] 张大民. 天津近代教育史 [M]. 天津：天津人民出版社，1993.

[3] 袁新. 校企合作如何真正水乳交融 [N]. 人民日报，2010 - 05 - 14.

原载《教育与职业》2012 年底 3 期

上海初高中衔接教育模式之我见

有作者在《文汇报》著文称："上海探索初高中衔接教育模式实现资源共享。"该文说："徐汇区教育局对市二中学和市二初级中学进行了"一体化管理改革，即按"一个法人、两各单位、一套班子、统一领导"操作进行。上海市二中校长王民政认为初高中这种"一体化"模式不是初高中学制时间的简单相加，而是教育目标、教育理念、学校文化、管理体制、课程设置和教学行为等方面的深度融合，是把初高中教育教学作为一个统一整体通盘考虑，着眼和谐共生，协调发展。总之恢复1996年教改前完全中学的教学体制。

我认为上海市教育界一些人士探索初高中衔接教育模式值得商榷，王民政校长的见解是代表教改回流的一种思潮。

20世纪90年代中期依据国民经济和社会发展规划及当时应试教育比较严重的弊端，党中央、国务院召开了全国教育工作会议，颁布了全国教育改革和发展纲要，做出了大力推行素质教育的决议。为了在九年制义务教育中卓有成效实施素质教育，促进青少年身心全面成长，各地以极大努力实施初高中脱钩企盼用单独设校的办法，能与 普通高中分离，较好实现义务教育的目标和教学要求。经过17年的努力，全国"九普"人口覆盖率达到99% 但是推行素质教育却困难重重，收效甚微。即使如此，我认为为了孩子，为了我们民族的未来，仍然要以百倍的信心和坚持不懈的努力大力推行素质教育、清除应试教育，因此义务教育单独设校只能加强，不应削弱，更不应该拆台，与普通高中合二为一。

千里之行，始于足下。当千百万孩子背起书包走进小学校园时，是他们一生学习生活的起点，也是他们社会人生的起点。我们大家都希望孩子们在少年儿童的时代，在小学、初中义务教育的优美环境下，过着人生最美好的一段生活，享有心灵的自由、思想的乐趣、表达的天真，这对培养他们健全的体魄、乐观向上的精神以及资质潜能的发展是多么重要。试问这些教育和教学要求如果与普通高级中学的教育目标、理念和教学行为等，都能"一体化"实现吗？义务教育的目标和教学与普通高中比较有其特殊性，不能混为一谈。普通高级中学原本是为各类高校专业教育打基础的教育，现在不少学校扭曲成为高考多得分的学校，把学生打造成高考机器。这样的高级中学如果再把初级中学"融合"，"祸"果如何，不言自明。

当此全党全民学习党的十八大精神之际，我们教育界同仁很需要用十八大提出的科学发展观审视我们教育的现状和未来。既看到取得的辉煌成就，也应正视存在的诸多问题，把钱学森之问记在心上。应试教育的弊病不除，始终是我们一块心病。

普通高级中学的改革和发展，应以《国家中长期人才发展规划纲要》(2010～2020) 为导向，做大做强，走多元化发展之路，既为各类普通高校提供优质生源，同时还为职技高校及学生毕业后就业提供必要的职业预备，切忌仅仅为高考高分拼打，把普通高级中学教育引向分数至上的道路。国家人才发展规划纲 要提出了党政人才、企业经营管理、专业技术、高级技能、农村实用以及社会工作六个方面人才队伍的需求。其中，专业技术、高技能和农村实用这三个方面人才需求到 2020 年分别达到 7500 万、1000 万和 1800 万，为普通高级中学教育的发展提供了广阔的空间。据此，普通高中教学方面宜向综合中学模式推进。即横向推进，不要纵向往初级中学伸延。参照国外、境外综合高中的办学经验，可设两套或多套学程，即升学学程和就业学程。据调查，在高中教育阶段各地仍然是普高多、职高少，高技能人才长期处于短缺状况。教育的有效供给要与国家人才需求相适应和相协调，这应该是我们工作者关心的问题，树立大教育观，亦即科学发展观。

原载《上海社讯》上海中华职业教育社主办 2013 年 3 月 20 日

用科学发展观审视我国基础教育

千里之行，始于足下，当千百万青少年背起书包，从家庭走向学校时，是他们学习的起点；也是他们社会人生的起点，可见小学、初中阶段的基础教育多么重要。基础不牢，地动山摇；基础是根，根深叶茂，根正苗红，苗壮成长。

我国基础教育改革开放 30 年来，获得空前发展和成就，普及了九年制义务教育，使得城乡数以千万计的孩子们能免费上学，正向更高水平的学校要求转变。在取得辉煌成就的同时，长期以来中小学校存在应试教育严重，根治乏术，招致学生课业负担过重，体质健康下降、择校、变向乱收费等问题。在这次全党全民学习党的十八大精神、落实科学发展观之际，急需解放思想，用科学发展观追根所源，审视我国基础教育为什么出现这些问题而长期得不到解决？

我们认为把以人为本是科学发展观的核心立场这一原理运用在教育问题上，当然是以学生为本，可是我们基础教育在相当程度上是以考试为本，教育决策部门还逃避谈这个问题和剖析这个主要矛盾，谈教育改革、教育现代化，他们往往就事论事，头痛医头，脚痛医脚，重硬件建设，轻软件打造，未能依据青少年身心特点，解决基础教育理念、指导思想这个首要问题。故此我们要依据科学发展观，以极大的努力，在追求基础教育现代化时，首先解决科学化问题，逐步清除应试教育影响。

应试教育在我国源远流长，影响深远，积重至极。回顾历史，自隋唐以降，实行科举起士考试制度和教育制度，是应试教育的祖鼻。学子们穷读经史，追求目标是"新科状元""进士及第"，不惜"头悬梁，锥刺股"；"身虽劳，尤苦卓"。科举教育特征是以一"苦"字，所谓"十年寒窗"，应试科考，获取功名。现在中小学校实际存在的教育理念与以上古代科举教育何等相似，一脉相承，只是内容有所不同罢了。如教育目标从过去"进士"变成"大本、博士"，教学内容从"经史"变为"语数外、文综、理综"。教学方法是择校和数不清的占坑班、补课班、冲刺班，比"十年寒窗"还苦。应试教育的恶果是摧残千百万青少年身心健康和茁壮成长，25 年来青少年学生体质一直下降；另一方面是使教育偏离经济和社会对各类人才需要相协调的要求，形成从小学到大学自我循环。这种传统教育理念之所以长期存在，一方面是千余年来的熏陶深入民间，形成一种习惯势力和思维定式，形成一种考试教育文化，使得我国的教育与考试纠结，教育被考试绑架，另一方面现行高考制度的负面影响也是不可忽视的，我们的教育方针要求德智体美劳全面发展，"高考"却是一"智"独秀，以偏概全，并且一考定终身，背离全面发展要求。现在我们急需根据科学发展观的要求，把基础教育指导思想和理念切实转变为发展人的个性的教育，促进青少年身心全面成长，走成才多元化之路。参照丹麦等西方国家的经验，在小学、初级中学阶段实施职业生涯规划教育不失为一项治本的措施。职业生涯规划教育的概念和内涵，国外一般表述是"培养学生劳动观和职业观的教育，是高度重视每个人与生俱来的创造性，发展人的个性的教育，旨在使学生具有相应的职业知识和技能的同时，培养学生了解自己，积极主动地选择人生道路能力"的教育。它以心理学理论和心理测试方法为依据，在学生个性，心理品质和社会需求之间探索恰当契合点，逐步形成学生的行为和导向。例如英国从小学开始，教师就会问学生你想干啥。学校每年都进行相应的生涯规划测试，经过多年一系列测试，教师会一直关注学生的变化，发现每个学生个性心理品质、潜能等，学生适合做什么，并且告诉学生什么是你最适合的方向。我国早在 20 世纪 40 年代，著名教育家黄炎培曾力主并践行"初级中学。负实施职业指导之使命"，"外适于社会分工制度之需要，内应天生人类不齐才性之特征"。20 世纪八十年代，职业教育蓬勃发展时，在一些有识之士的推动下，国家教委 1994 年颁发了《普通中学职业指导纲要（试行）》，继职业技术学校后，作为职业生涯规划教育前身的职业指导，在普通中学逐步推广，后由于应试教育的冲击停顿。由此可见职业生涯规划教育是现代教育应有的理念和内容，反映教育本质要求和客观规律。对中小学校青少年实施职业生涯规划教育，实际上是怎样科学规划人生，以适应时代、国家和自我发展的要求。

我们要在基础教育阶段实施职业生涯规划教育，一要反思历史经验，下决心扬弃应试教育影响，追求教育思想科学化，这是实现教育现代化的前提和基础，教育行政部门对应试教育的危害害不应采取沉默的态度、讳疾忌医，而要官民一体共同用科学发展观，查找应试教育的种种危害和产生的历史基础、社会基础和制度基础，为什么"择校""学生学业负担过重"等一直根治不了；多年来用"禁补令"一类行政手段为什么难于收到实效？"均衡发展"只能解决发展不平衡问题，用推行职业生涯规划教育抵制、清除应试教育才是正确选择。故此，我们热切希望教育行政部门重新启动1994年颁行的《普通中学职业指导纲要》加以修订实施；二要媒体及有关社会组织大力配合，把推行素质教育好的地区和学校的先进思想和经验，广为传播；把职业生涯规划教育逐步做到深入人心，转变家长和社会传统升学理念，逐步从考试文化影响中解脱出来；三要加快高考制度改革，尽快把招生自主权交给学校，使学生和高校间有"双向选择"的机会，把全国统一高考还原到只是对学生在高中阶段文化课学习的一种检测，供各类学校录取新生参考。四要改革中小学教学内容，以职业生涯规划教育为载体，整合德育、劳技教育资源，把生涯规划贯彻教学全过程，使素质教育真正落到实处。要振兴体育、音乐、劳技教育，达到与文化课同等地位，把学生体质体能和良好心理素质的培养放在首要地位，走多元、多渠道成才之路，这对减负、择校起釜底抽薪之效；五要大力培养以心理学科为基础，兼具职业社会基本知识的职业生涯规划教育教师，形成一支专业队伍，打开教学新局面。这样也能让心理学从高校殿堂普及到社会大众，作为了解、辅导青少年学生规划人生的思想武器；还要把心理学科知识普及广大学生家长乃至全社会。

参考文献：

［1］朱宪政：职业生涯规划要从基础教育做起 中国职业教育发展的破局之策。职业技术教育2011年第21期。

［2］成思危：两翼齐飞中国的教育才能真正发展中国职业教育学会2005年学术年会论文集。2005年8月。

原载《上海社论》上海中华职业教育社主办2013年5月20日发表

第三章　成人教育

强化技术工人培训是企业的一项紧迫任务①

技术工人是企业生产和技术进步的一支举足轻重的力量，其素质的高低直接关系到经济的盛衰。要使我市的经济在吸收现代科学技术成就的基础上，实现长期、持续、稳定、协调的发展，建设一支有社会主义觉悟和精湛技艺的技术工人队伍是至关重要的。为此，我们对天津市技术工人的现状进行了较详细地调查，特提出强化技术工人培训的意见和建议。

天津市技术工人的现状

天津市人才预测和教育规划办公室从 1987 年 2 月起对全市产业（行业）部门的技术工人现状进行了一次普查，预测了 2000 年我市各类技术工人的需求。参加这次现状调查的企业职工 196.60 万人，占全市职工总数的 71%，其中技术工人 90.06 万人，占调查职工人数的 48.9%。

现有 90.06 万技术工人的状况：

（一）文化程度：文盲、半文盲及小学文化程度的有 13.65 万人，占技工总数的 14.2%；初中文化程度的有 56.61 万人，占其总数的 59%；高中（包括中专、技校）文化程度的有 25.35 万人，占其总数 26.4%，大专及以上文

---

① 原载《天津成人教育》1990 年第 5 期

化程度的有 0.42 万人，占其总数的 0.4%。从这一点看，初中文化程度的技术工人是这支队伍的主体。

（二）技术等级结构：按现行工资等级划分（不包括浮动工资），初级工24.29 万人，占技术工人总数的 25.3%；中级工 60.78 万人，占总数的63.3%；高级工 10.98 万人，占总数的 11.4%。在中、高级技工中，较为普遍地存在着技术等级与工资等级倒挂的现象。由于近几年工资增长较快，达到高级工现行工资等级的技工已占技工总数的 11.4%，但实际技术等级远没有这么高。据调查部门估计，实际达到高级工技术水平的技工大约只有7.8%，而据专家估计这个比例还要低，大约只占技术工人总数的 4%，占职工总数的 2%。上海市最近对 25 个企业进行的抽样调查显示，高级工仅占职工总数的 2.38%，中级工占其总数的 26.8%。青岛市对 8 万名技工按部颁工人技术等级标准考核的结果是：中级工合格率仅占技工总数的 34%，高级工占 8%。高级技工奇缺、年龄偏高、老化程度加快，已成为我国技术工人队伍的普遍现象。

（三）年龄结构：1951 年以后出生的青年技工有 68.1 万人，占技工总数的 70.9%；1941～1950 年出生的中年技工有 18.06 万人，占其总数的18.8%；1940 年以前出生的老技工 9.8 万人，占其总数的 10.3%。年龄结构的分布状况表明：青年技工是天津技工队伍的主体。

（四）接受职业技术教育的状况：技工学校的毕业生有 6.89 万人，占技工总数的 7.4%；中专的有 2.36 万人，占其总数的 2.5%，职工学校（班）的 1.1 万人，占其总数的 1.2%；参加过短期培训的 16.4 万人，占其总数的17.1%，企业学徒出身的 47.37 万人，占其总数的 49.3%；未接受过任何培训的 21.87 万人，占其总数的 22.7%。此项调查数字说明：天津市职业技术学校培训力量还比较薄弱。但是，这种状况近两三年来有所变化。据机械系统调查，自 1983 年以来，全系统技术工人平均每年以 5000 多人的幅度增长，新技术工人中的技校毕业生 1985 年以前仅占 10%，1986 年占 40%，1987 年占 47%。

以上调查表明，天津技工队伍有以下特点：

第一，技工队伍年轻化，青年技工比例上升，而老技术工人比例快速下降。机械系统 7 个单位的调查结果显示，1985 年退休的高级工是 57 人，1986年是 69 人，1987 年上升为 219 人，占 7 个单位高级工总人数的 7.8%。虽说青年技术工人已成为天津生产建设的骨干力量，但高级工比例下降速度很快。因此，培养新一代高级技工的任务十分紧迫。

第二，技术工人队伍的文化程度明显提高，技术素质却呈下降趋势。我国高级工的比例与经济发达国家相差甚远，他们的高级工一般占企业工人的20%～30%。天津近百万技工中，接受系统的职业技术教育的仅占总人数的11.1%，而近半数的技工是靠传统的以师带徒的方式培养出来的。我市许多企业缺乏技术攻关和技术革新的能力，尤其缺乏吸收、消化引进技术的能力，这与职工缺乏职业技术基础教育关系极大。天津机械系统对该行业技术工人技术素质的评价是：对现行生产要求来说，既适应又不适应，表面上完成一般生产任务适应，但实际上不适应；对现有产品，使用现有的陈旧设备适应，而对更新换代产品不适应，使用自动化、半自动化、机电一体化设备尤其不适应。

第三，我市广大职工政治素质是好的。他们拥护四项基本原则，拥护改革开放。但是，也有一些工人对工人阶级的历史使命感淡漠了，组织性、纪律性不强，在继承中国工人阶级的光荣传统，发扬自力更生、艰苦奋斗的精神方面，与老一代产业工人相比有一定的差距。

天津市技术工人需求的预测

在分析我市技工队伍现状的基础上，我们以 1987 年底为基准，预测我市到 20 世纪末对技术工人的需求。在预测样本内的 906.6 万名职工中，技术工人有 99.58 万人，占职工总数的 48.2%。我们把各单位到 2000 年对技术工人的需求分解成三个基本需求量叠加：根据目前生产规模，技术工人应有的合理数量，测算缺额补充量，加自然减员补充量，再加生产规模扩大和技术进步所需的增员量得出基本预测量。根据这样的预测，到 20 世纪末，我市技术工人拥有的总量应达到 130.6 万人。在 1988～2000 年的 12 年间，天津技工需要补充总量是 48.62 万人，其中缺额补充 3.99 万人，自然减员补充量 17.57 万人，生产规模扩大、产业产品结构调整和技术进步增员量 27.06 万人。根据这个预测，到 20 世纪末，中级技工将由 1987 年的 59.8 万人增加到 76.6 万人，增长 28.2%，年递增率为 1.93%；高级工将由 1987 年的 7.76 万人增加到 20.08 万人，增长 158.8%，年递增率为 7.59%。如果此目标能够实现，我市技工的技术等级结构将基本趋向合理，即高级工占 15.37%，中级工占

58.6%，初级工占 25.95%，基本符合我市经济和技术发展的需求。

这个预测与天津经济增长，产业产品结构调整和技术进步是相适应的。到 20 世纪末，我市国民生产总值、国民收入和工业生产总值，年平均增长率在 7.23~7.7% 之间。工业部门全民所有制全员劳动生产率年增长率在 4% 左右，而技工年平均增长率为 2.11%。技术工人与工业总产值增长比例为 0.82：3，低于一般经验推算值 1：3 的比例。按照到 20 世纪末要初步建立以三大产业群为主体的产业结构框架的要求，机械工业需补充技工 7.1 万人，冶金需 2 万人，电子需 3.4 万人，化工需 4.9 万人。若按系统分，经委系统到 2000 年需补充技工 26.67 万人；其次是中央驻津单位，需补充 7.92 万人；再次是商业系统，需补充 6.62 万人。

按这个预测的要求，我市现有的培训能力就显得不足了。这 12 年中，技术工人年平均补充量为 3.7 万人，而目前技工学校、职业学校每年仅招生 1.2 万人左右，只能满足需求量的 1/3。若不扩充技工学校和职业技术学校的培训规模，只靠短期办班培训和学徒培训（这种培训仅能解决初级工培训），中级技工的培训问题仍得不到解决，还处于试点阶段的高级工培训就更应关注了。

强化技工培训的若干建议

今后十年，要造就一支 130 余万人的有社会主义觉悟、有精湛技艺的技术工人队伍，是我市一项极为紧迫的政治和战略任务，应引起党政领导和全社会的关注和支持。我市的工农业生产在 20 世纪 50 年代在全国处于第二、三位，现在却退居到第十几位，固然有许多原因，其中最重要的是人才培养落后，优质技术工人储备不够。天津政治形势的稳定、经济的振兴、科技的发展都要依靠百万技术工人，因而必须抓住人才培养这个突破口，提高认识，强化技工培训。

（一）要把建设一支具有较高思想、文化、技术素质、技术等级的技工队伍，作为今后十年职业技术教育和职工教育的重点

强化技工培训，要坚持社会主义方向，把思想政治教育放在首位。加强思想政治教育主要是坚持四项基本原则的教育，工人阶级光荣传统和历史使命的教育以及法制、纪律和职业道德的教育等；文化教育要根据各行业、工种技术与技能教育的实际需要，补充必要的文化教育课程；技术培训要把培养对相关专业科学技术的驾驭能力，作为一项长期奋斗的目标，突出技能训

练。为此，各级各类职业技术学校、培训机构和有关部门都要积极参与和支持技工培训，建立从技术理论和实际操作上强化系统培训、考核、使用相结合的制度。

（二）加强高级技工培训是整个技工培训的关键，也是最困难、最复杂的一项任务，必须引起高度重视

高级技工在生产中处于举足轻重的地位，在工艺技术系统中起着决定性作用，但高级工培训在我市职工教育、职业技术教育中却是最薄弱的一环。目前，高级技工基本上是靠"自然"增长，随着工资调升，出现了工资等级与技术等级不相符的现象尤当引起关注。

近两年，根据市政府的指示，经委系统进行了高级工培训试点，取得了良好的成效。现在急需在总结经验的基础上，制定培训计划，建立正规的培训体制，使高级工培训达到制度化和规范化的要求。在这个方面，上海市依靠企业和学校参与的经验值得我们借鉴，走厂校联合办学的道路。这样既能较好地提高培训效益，保证培训质量，又能调动厂校两个方面的积极性，有利于教育和生产劳动相结合。

（三）严格执行"先培训，后就业"的制度，强化技术工人就业前的职业准备教育

实行这一制度是强化劳动准入制度的一项重要举措，也是强化技工培训、提高技工队伍水平的一项基础工程。实行"先培训，后就业"制度，要充分依靠和调动主管部门、企业和学校各方面的积极性。主管部门负责编订培训工种目录，制定培训内容，编制培训计划和大纲，组织编写教材。企业要严格执行劳动人事管理制度，凡有条件的企业，还要努力建设企业培训基地，承担实习教学任务。

（四）建立、健全技工考核制度

培训和考核犹如一鸟两翼，二者相辅相成，缺一不可。培训如果没有严格的考核制度支持，既不可能持久，也不可能发展。职业技术教育发达的国家，无不高度重视培训的考核工作。西德实行双元制培训，技工的等级由行业公会进行严格的考试来认定。日本靠《技能检定制度》来考核，全国每年定期举行两次技能考试，选拔高、中级技术工人。我们也应建立、健全技工考核制度和机构，将它作为强化技工培训的一项重大措施，并探索培训考核与使用相结合、与待遇相联系的新路子。

（五）强化技工培训，发挥技术工人在社会主义建设中的主力军作用，同时要采取措施，提高技术工人的社会地位

我仍有如下建议：恢复技师协会等群众性组织，开展技术攻关、技术改造的协作交流；每年"五一"国际劳动节前后，举办一次技工、技师在工艺领域的优秀成果汇报会，对有突出贡献者予以表彰和奖励，利用文化宫（馆）这块宣传阵地，经常举办技术工人中的优秀人物和优秀成果展览，电台、电视台应增加这方面的宣传报道。树立尊重优秀技术工人，向优秀技术工人学习的良好风尚。

（六）加强领导，健全技工培训机构，制定教育培训的地方法规，在体制和立法上保证技术工人培训计划的顺利实施

科学技术与职工教育①

当前，新科技革命的浪潮汹涌澎湃，国际形势风云变幻，能不能尽快把科技搞上去，关系着社会主义事业的成败，关系着国家和民族的安危。怎样才能尽快把科技搞上去？需要正确地解决好一系列相关问题，而充分认识科学技术与职工教育的关系是其中需要解决的重大问题之一。

充分认识科技能量和效益，增强职工科技意识

科技的能量和效益有多大？中外科学家煞费苦心求其解，迄今还没有一个满意的答案，但有一点是可以肯定的，随着科学技术的发展，其能量和效益将日益显著，对加速社会、经济的变革和发展会产生巨大作用。到了 21 世纪后半叶，由于科学技术在许多领域取得了巨大突破，以信息技术、生物技术、新材料技术、新能源技术、空间技术、海洋开发技术为代表的高科技群以及相应的高技术产业的出现，对生产力的发展起着更加强劲的推动作用。过去有人用"生产力＝（劳动力＋劳动工具＋劳动对象）×科技"的公式来表述它。随着高新技术的发展，这样表述显然已经不够了，人们改用"生产力＝（劳动力＋劳动工具＋劳动对象）×高技术"来表述。也就是说，科技对生产力三要素的作用，不只是按倍数基数增长，而是呈指数增长。

我们必须唤起全社会对科学技术的重视，增强全民科技意识，逐步形成举国上下，人人关心科技、人人学习科技、人人参与科技的社会风尚，党和政府把"科技兴国"作为重大决策，我国的科技必将更加呈现欣欣向荣的景象，职工教育必将获得强大推动力。

提高劳动者的素质，是科技转化为生产力的根本保证

科技是一种隐形的或者说是潜在的生产力，要把它的能量释放出来，效益发挥出来，还需要做大量的、艰苦的转化工作，所以我们不能简单地把

---

① 原载《山东职工教育》1992 年第 6 期

"科学技术是第一生产力"理解为科学技术就是生产力，我国科技总体水平之所以比较落后，其中一个重要原因便是科技成果的转化和推广工作落后。从各国科技因素占经济增长的比重，可以明显地看出这一点。例如美国占71%，日本占65%，西德为68%，而我国只占30%，大量的科技成果积压在纸面上而没有转化为生产力。

科技要转化为现实生产力，需要做的工作有二个：一是科技的开发、新技术的引进要和国民经济和社会发展的需要结合起来。二是要用新科技武装亿万劳动者和广大职工，培养他们驾驭新技术的知识与能力。如果我们做不到这一点，科学技术就只能是一种潜在的生产力，"科学技术是第一生产力"就成了一句空话。这里有一个实际例子足以说明这个问题。河北省廊坊市苇编厂从德国引进先进的大园机，但由于未经培训，工人对这种设备缺乏基本的操作技能，竟用铁丝缠住大园机的自动保护装置，以致自动落闸断电保护功能失灵，两次错误操作造成停机毁针事故，直接经济损失3万余元。廊坊市为适应"高科技、外向型"经济发展的需要，许多企业斥巨资进行技术改造，但据调查该市职工中具有大专以上文化程度的只占2.7%，文盲及半文盲的占5.2%；受过中等以上职业技术教育的仅占11.9%。高技术人才短缺的现状，严重制约该市新技术的开发和经济效益的提高。

近来各地在研究、讨论科学技术是第一生产力时，有的同志提出说：科学技术已经日益成为经济与社会发展中最活跃的因素和最主要的推动力。这种观点，未免失之偏颇。应该说，社会、经济发展中最活跃的因素和最主要的推动力，仍然是人，而不是物；也不是科学技术这种隐形的物。这个"人"，当然是有一定的科学知识、生产经验和劳动技能的人。我们在任何时候都要坚持"劳动者是创造历史的主人"这个马克思主义的根本观点。全心全意依靠工人阶级，大力加强职工队伍的建设，采取多种形式对职工进行培训，提高他们的文化素质、技术素质和政治素质，发挥他们在向科技进军中的主力军的作用，迎接世界新技术革命的挑战。

技术开发、技能培训仍然是当前和今后职工教育的重要任务

为了尽快地把我国科技搞上去，最近一个时期以来，党和政府在总结过去十年成果和经验的基础上，进一步提出了推进高新技术产业发展的要求。最近发布的《中央工作会议上的讲话》也指出："加快技术进步，是增强企业活力的

重要手段和物质技术基础。"要求"所有国有大中型企业，都必须积极提高自己的技术开发能力，推广应用新技术、新工艺，使自己的产品更好地适应国内外市场的需要"。发展高新技术，加快技术进步，都呼唤职工教育要有进一步的发展。有关领导部门，尤其是教育部门和广大职工教育工作者，要主动适应这一新形势的要求，抓住这一有利时机，采取相应的对策措施，把技术开发、技能培训作为当前和今后一个相当长的时期内职工教育的重要任务，把它抓紧抓好并且抓出成效。我认为：第一，对广大职工，特别是青年职工要进行科技入门教育，以增强科技意识。大家都来学习一点科技发展史和什么是科学技术及其在发展社会生产力中的重大作用，人人了解加速发展我国科学技术的重要意义。这样，尊重知识、尊重人才、尊重发明创造才会有深厚的社会基础。第二，开展赶超新技术、新工艺的教育。行业和企业要及时捕捉本行业国内外新技术、新工艺的成果和发展趋势的信息，据此制订行业和企业赶超规划，组织职工努力学习新技术、新工艺。例如我国机床工具工业现已拥有近1000个企业，65万职工。这个行业技术的发展是从手工业发展到传统工业，进而发展到数控技术领域。所有这些，都要让本行业职工人人了解，做到赶有目标，超有方向。第三，按企业和岗位进行技术开发和技能培训教育。有了规划还不够，要进一步结合本企业的实际情况和职工的具体岗位，提出学习新技术、新工艺和强化技能培训的实际行动的要求。职工岗位培训要贯彻以技术、技能培训为主的原则，全面地提高职工的技术水平和吸收、消化新技术、新工艺的能力，激发职工的创新意识。太原钢铁公司为我们提供了这一方面的生动实例。他们对全公司关键生产岗位和主要技术工种，按初、中、高、技师四个档次和政治思想职业道德、文化知识、专业技术理论、实际操作技能、管理知识五项内容，编制岗位规范，以技能为主，文化知识和专业知识根据技能的需要确定。技能培训要围绕企业的技术引进、技术改造、产品创优和设备更新的需要，不断调整、充实新的内容。该公司高级工的比例占到工人总数的18.95%，中级工占到54.14%，评聘技师566名，"七五"期间共实现利税24.43亿元，年平均递增15.44%。通过培训，推动了群众性的技术革新和合理化建议活动，五年来获得重大科技成果800多项，取得上千万元的经济效益。

总之，职工教育，无论是学校的学历教育，还是企业的岗位培训，都要主动适应新技术开发的需要，并以此作为职工教育的主要内容与任务，长期坚持下去，用教育和培训推动科学技术较快的发展。

高级技工培训亟待加强①

有一定专业知识，精湛技艺和丰富实践经验的高级技术工人，是企业的宝贵人才，是发展生产的重要技术骨干力量。中央负责同志曾经指出：必须采取有效措施，改进和加强培养高级技工的工作。由于各地、各部门和各企业的努力。根据 1993 年末统计，在全国公有制企业 4500 万技术工人中，高级技工已占技术工人总数的 3% 左右，约 140 万人。在高级技工中，已评聘技师、高级技师 34 万和 2000 人。这一批技师和高级技师已成为我国经济和科学技术战线上的一支中坚力量。他们在高难度生产加工、复杂设备的装配、调整和维修，以及新技术、新工艺的应用推广等方面都创造了辉煌的业绩。长春第一汽车制造厂的同志对此形象地说："一汽从 1984 年开始，主要依靠自己的力量，一方面开发八 20 世纪 80 年代的产品，一方面改造老化了的工厂，使整个企业发生了深刻地变化。在这个变化过程中，高级工、技师扮演了重要角色，发挥了极其重要的作用。他们在技术改造方面起骨干作用；在产品的质量攻关中起尖兵作用；在改进工艺方面发挥行家里手的作用；在解决疑难问题上发挥能手作用。"

但是，我们不能不遗憾地指出：许多同志对高级技工、技师如此重要的地位和作用，至今缺乏应有的认识，再加上实际工作上存在着这样那样的偏差，不少地方、行业和企业，还没有把高级技工的培养工作切实地抓起来，以致这一工作进展迟缓，扣除自然减员后，从 1986 年以来的九年间大约仅增长 1%。如与 1986 年全国职业技术教育工作会议提出地到 1990 年前后，高级技工要达到占技工总数的 5% 的目标和每年要培养出 40 万人的要求，存在着很大差距。若以现在这样的增长速度，加上自然减员的因素，要达到 5% 比例，据专家测算，还要用 15 年左右的时间。这与我国经济快速增长的要求是很不适应的，与发达国家相比差距更远。

高级工年龄偏大是普遍现象。福建省对 26 个大中型企业高级技工

---

① 原载《山东职工教育》1995 年第 6 期

2968 人

的调查，年龄在 46 岁以上的占 78.9%。据测算有 1/3 的高级工在 2000年前将陆续退休。尤其令人忧虑的是，对培养高级技工、技师的工作，近两三年以来出现了不进反退的状况。原来还比较重视此项工作的地方和企业，有的已中断了这项工作，以至高级工、技师出现了负增长。如上海市 1993 年技师自然减员人数超过当年考评合格人数，使得在职技师人数比 1992 年减少了 3.6%。上海、北京一向是比较重视职工教育和人才培养的城市，在近期指定的《紧缺人才培训工程》中，都没有把高级工、技师列入紧缺人才；有关部门只统计工人岗位培训的人次，对高级工人数不再统计；许多企业对高级工成长情况心中无数，还是以工资等级作为分析工人技术水平的依据。山东省冶金工业总公司所属企业共有技术工人 52086 人从工资级别看：初级工6405 人，占 12%，中级工 21773 人，占 42%；高级工 23908 人，占 46%。据公司调查，全公司高级工的实际技术水平平均低于工资级别 2.5 级，所以出现从工资级别看，高级工人数已经不少，但实际能胜任高级工作任务的没有多少。

1986 年原国家经委曾向中央负责同志提交《关于高级技工培养问题的报告》。《报告》中提出的"高级技工数量不足、技术水平偏低、年龄偏高、培养工作不落实"的问题，时过九年的今天基本上没有大的改变。据《人民日报》1993 年 12 月 14 日报道："据调查，我国工业企业每加工一批零件，有相当一部分需要返工甚至报废，全国每年因此造成的损失达 2000 亿元。"国家质量管理权威人士说：造成质量下降、废品增多的原因很多，但很重要的一点是企业职工队伍素质低下，技术落后。这九年来，我们没有坚决执行中央负责同志的指示，千方百计克服困难，建立起一支以高级技工、技师为骨干的优秀技术工人队伍，不能不说是一个深刻地教训。

造就一大批优秀的高级技工、技师人才队伍，是改变我国技艺型人才严重短缺，提高产品质量和经济效益的紧迫需要；是推进科技进步、建立现代企业制度、实现我国经济建设的战略目标和为 21 世纪经济发展奠定基础的重要措施；对于加强职工队伍建设、密切党和工人群众的血肉联系，巩固以工人阶级为领导的工农联盟为基础的社会主义制度，也具有深远的意义。德国总理科尔 1993 年曾说："像我们德国这样一个原材料贫乏的国家。受过良好培训的熟练技术工人是我们最宝贵的财富，也是经济稳定的保证。"日本的经济振兴，主要靠"技术和高级工的双向投入"，因而把高级工视为"人类的瑰宝"。德国、日本的历史经验值得我们重视和借鉴。国务院在历届《政府工作报告》中，多次提出要培养大量的专业人才和熟练劳动者。这既是当前的迫切需求，也是迎接 21 世纪人才挑战的要求，对此，我们要有危机感和紧迫感，采取有效措施，加强高级技工、技师的培养工作。

高级技工和技师培养工作的关键在企业。企业领导要把培养一批高级技工作为建立现代企业制度、开发全员潜能、增强企业竞争能力的一项基础建设。质量是企业的生命，在企业中有着并存的两个质量，一个是产品质量，一个是人的质量，产品质量是有形的，人的质量是无形的。我们要用无形的质量去保证有形的质量。为此，摆正企业经济与教育、生产与培训的关系，是企业高级技工培养工作能否顺利开展的思想保证，也是高级技工培训能否与经济、科技发展同步的制度保证。为此，企事业单位应根据《劳动法》第68 条"用人单位应当建立职业培训制度"和"根据本单位实际，有计划地对劳动者进行职业培训"的规定，把培养高级技工工作纳入职工教育和人才培养计划，形成高级技工按需增长的机制。在企业职工教育工作中，要把岗位培训与等级培训衔接起来，调整、充实培训内容，使高级工的知识和技能结构适应企业技术进步和产品更新换代的需要，尤其要十分重视帮助青年高级技工更快成长。

结合企业实行劳动工资制度的改革，重视对高级技工的激励措施。对做出重大贡献的技师、高级技工给予重奖。年龄 30 岁左右在生产第一线当操作人员多年的大、中专毕业生，经考核合格成为高级工，对他们在高级工岗位上的工作年限，应计算为从事专业技术工作时间，并作为评聘相应专业技术职务的必要条件。

总之，对高级技工的培训、使用和管理，要制定相应的法规。例如，按照《劳动法》第 69 条的规定，可先在企业关键性、技术性强的、必须使用高级技工的岗位，实行持证上岗的制度，并使之成为企业管理的基本制度。这样，高级技工按需增长，按需培训的长效机制才能形成。

职工教育的历史转折①

学习《职业教育法》的思考

《中华人民共和国劳动法》和《职业教育法》的颁行，为我国职工教育的改革和发展，既提供了法律保障，也提出了更高要求。标志着我国职工教育从此走上依法治教的新阶段。这个转折的重要标志是：职工教育就其内容来说，要以职业教育为主体；就受教育者来说，要以工人为主体。也就是说，要把以岗位培训为重点转移到"两个主体"上来；只有这样，才能有效地适应社会主义市场经济体制发展的要求，适应企业经济增长方式转变和劳动者素质提高的紧迫要求；这也是职工教育发展的必然趋势。

一

职工教育要转移到"两个主体"或者说"两个为主"的轨道上来，是跨世纪的重要任务，对此，要有正确认识，实现思想观念上的转变。

首先，谈谈职工教育的内容为什么要以职业教育为主体？因为职工教育是为职业的需要而进行的教育，包括就业准备、在职提高和转换职业所需要的教育。其定位是"使无业者有业，使有业者乐业"。现代职业教育是现代经济和现代科学技术发展的产物；也是现代经济、科技和社会发展的重要支柱，是人的个性赖以充分发展和人才培养的重要渠道，职工教育这种本质特征和发展要求，与 1981 年党中央、国务院《关于加强职工教育工作的决定》（即中央 8 号文件）精神和内容完全相符；也符合当前企业结构调整、深化改革的需要。正如原国务院副总理李岚清在 1996 年 6 月召开的全国职业教育工作会议上的讲话所指出的："大力发展职业教育，是促进劳动就业、深化企业改革的重要条件。我们现在正积极推进经济体制和经济增长方式的转变。在经济快速发展、产业结构调整和企业改革深化的情况下，势必出现大量劳动力的转移和劳动力资源的重新配置。通过职业教育和培训，使富余人员走上适

①　原载《山东职工教育》1997 年第 1 期

当的工作岗位，才能保证企业改革顺利进行，也是保持社会稳定的一个重要因素。特别是在建立现代企业制度试点的企业，以及国家重点搞好的一批大中型企业，必须配套把职业教育搞好。"李岚清在这次讲话中，还特别提到职业教育的主体问题。他说："这里，我想强调讲一讲企业在发展职业教育中的地位和责任问题。在社会主义市场经济体制的条件下，企业是生产经营的主体，也是职业教育的主要服务对象和直接受益者，因此也理应成为进行职业教育的主体。"我们应该看到，行业和企业，特别是特大型企业（集团），职工人数众多，思想道德、文化程度、科学知识、能力与技能水平，参差不一，需要进行多方面、多角度的教育和培训；但是就其主要方面来说，必须牢牢掌握职业教育这个主体，只有不懈地提高职工的思想道德、职业能力与操作技能，才能达到提高劳动生产率和企业经济效益的目的，使之成为实现经济增长方式转变的基础。

其次，职工教育的对象，为什么要以工人、特别是技术工人为主体？正如1985年中共中央《关于教育体制改革的决定》所指出的"社会主义现代化建设不但需要高级科学技术专家，而且迫切需要千百万受过良好职业技术教育的中、初级技术人员、管理人员、技工和其他受过良好职业培训的城乡劳动者。没有这样一支劳动技术大军，先进的科学技术和先进的设备就不能成为现实的社会生产力。"就一个企业来说，凡是高难度生产加工、复杂设备的组装调试操作和维修、事故隐患的排查和生产技术难题的分析解决，以及技术革新和发明创造等都离不开技艺精湛的高中级技术工人和能工巧匠。所以有远见的企业家都认为：一流的企业，一流的产品，必须具有一流的员工。可是我们还有不少企业的领导，缺乏这样的认识，不重视技术工人的培养，致使我国科技成果转化应用于生产的只有15%，技术进步对于经济增长的贡献率仅为29%，远远低于发达国家60%~80%水平，也低于发展中国家35%左右的水平。自贯彻执行中央8号文件15年来，由于在职工教育中，对培养高、中级技术工人没有引起足够的重视，以致在现有7500万技术工人中，高级技工、技师仅占工人总数的2.96%左右，15年来的增长率为零。连工人素质比较高的上海，高级技术工人也只占3.7%，全市技师和高级技师不足1万人。这种状况与我国经济快速增长和实施科教兴国的战略要求很不适应。我国是劳动力资源丰富的国家，同时又是一个技能人才严重短缺的国家，这必然成为制约经济发展和科技进步的障碍。总结历史经验，在今后的职工教育中，应当在指导思想上和实际工作中切实把培养各类和各种层次的技术工人作为主体任务，是非常必要的，同时也是非常迫切的。这是关系到我国经济发展的一个大问题。必须要有大批的、有较高技能的工人，才能保证企业产品质量提高和能耗的降低。原中国职工教育和职业培训协会名誉会长袁宝华同志在1995年11月召开的中国职协第二届年会上强调指出："什么样的人是人才，有许多不同的解释，有些人只把高级管理人员、技术人员叫作人才，而忘掉了我们人才队伍的主体是大量的技术工人。高级管理人员、技术人员是人才队伍的骨干，可他离不开人才队伍的主体——全体职工，特别是大量的技术工人。如何提高企业职工的素质，一方面要着眼于培养一批高级的管理人员和技术人员，同时更要着眼于职工中数量最大的技术工人的培养，这样才能提高我们职工队伍的整体素质，从而最终提高我们企业的整体素质。"以上论述，既全面地表述了职工教育的一般规律和要求；同时又深刻地指出了职工教育的任务和重点。

综上所述，我国跨世纪职工教育，要以贯彻实施《劳动法》《职业教育法》为契机，进入依法治教的新阶段。在职工教育指导思想上，要实行以职业教育为主和以培养技术工人为主的历史性的转变。这不仅为我国职工教育的历史经验所证明，也为其他国家职工教育的经验所证实。

二

党的十一届三中全会以来，实行以经济建设为中心的战略决策，推动我国职工教育出现了前所未有的欣欣向荣局面。1981年党中央、国务院不失时机地做出《关于加强职工教育工作的决定》，为提高劳动者素质，培养急需人才做出了重大贡献，对于保证完成经济建设计划，促进两个文明建设，发挥了重要作用。职工教育出现了全员培训的局面，创造了许多新经验。到"六五"计划期末，培训职工上亿人次，企业办学70%。广泛深入地开展"双补"教育，完成了对三千多万青壮年职工的初中文化、初级技术的补课任务。到1995年文化补课累计合格75.9%，技术补课累计合格74.4%，胜利完成了"六五"职工教育的任务。这样大规模的文化、技术补课，一定程度上推动了精神文明建设，并为进一步提高打下一定基础。一大批青年职工在"双补"基础上，激发了学文化、学技术的浓厚兴趣，有的上电大、职大深造；更有许多刻苦自学，岗位成才，成为今日经济、科技战线上的重要人才。

为了总结贯彻落实中央8号文件的基本经验，1986年3月召开的全国职工教育工作会议提出了坚持改革，进一步端正职工教育指导思想的要求，会议提出："改革旧的思想观念，转变重学历、轻能力的传统思想，树立既要看学历，更要看实际水平及综合能力，讲求真才实学的人才观；转变只重普通学校教育，鄙薄职业技术教育，重理论知识传授、轻技能训练的传统观念，树立学校教育与技术业务培训并举，知识传授与能力培养并重的教育思想。"在这种思想指导下，把对青壮年职工的教育从"双补"为重点转为"按照岗位职务的需要，实行定向培训"作为职工教育、成人教育的重点。

岗位培训是指从业人员按岗位的需要，以提高政治思想水平、工作能力和生产技能为目标的定向培训。岗位培训的实质是解决教育与经济相结合，育人与用人相结合的方式。为此，开展岗位培训要相应解决：1. 制定关键岗位、主要技术业务工种和职务的政治理论基础、文化基础、技术业务知识和技能的岗位职务标准。2. 建立按岗位职务标准进行培训的制度，同时抓好相应的培训计划、大纲和教材的编审出版工作；解决好师资培养与培训及培训基地的建设工作。3. 建立岗位职务的考评组织，实行上岗、任职和晋升的职业资格合格证的制度。由此可见，岗位培训具有教育和管理的双重属性。回顾开展岗位培训十年来，无论在提高职工队伍素质，促进企业劳动、人事制度改革和经济、技术的发展，以及两个文明建设等各方面，都取得了丰硕的成果，进一步开创了职工教育的新局面。许多企业按照各自不同的生产经营特点，建立了设备齐全的培训基地，常年坚持开展对职工的教育培训；建立起"先培训、再就业"，"先培训、后上岗"，"先培训、后任职"和关键岗位持证上岗的制度；建立了学历文凭和各种资格证书、技术等级证书并重并用的制度；建立起正常考工定级、考核升级、考核晋级的制度；建立培训工作督导检查与奖惩相结合的制度，基本实现了育人与用人结合，培训、考核、使用和待遇相结合。

在充分肯定岗位培训十年成就的同时，也要分析研究职工教育和岗位培训本身的不足之处。一是岗位培训没能表述教育（包括职工教育）超前性这一固有的规律，因而行业和企业无法运用岗位培训这个手段，把职工教育纳入企业整体发展规划；二是岗位培训这一概念过于笼统，没能表述出职工教育在一定时期内的特定目标和要求；三是在岗位培训中，普遍忽视了技术等级培训，特别是高级技能人才的培养和培训。因此各地劳动部门只好另辟蹊径，借助于条件较好的技工学校改制为高级技工学校，直接从优秀的技校毕业生中，培养后备高级技工。四是岗位培训无法涵盖行业和企业办的各类专业学校，特别是职工大学等学校的性质和任务，其实岗位培训本身就是职业教育应包含的在岗培训，是职业教育一个层面。

用职业教育为主体替代已经实施十年的岗位培训为重点，这既是行业和企业贯彻实施《职业教育法》的法定要求；又是根据职业教育的性质、任务，规范行业和企业各级各类专业学校教育和职业培训的教育行为，这是理顺它们之间相互关系的重要方面。行业和企业可以根据自己生产经营的特点和发展要求，灵活地运用各级各类职业教育手段，开展对职工的教育培训。故此，把职业教育作为职工教育的主体加以实施，乃是顺理成章之事。

三

根据《劳动法》《职业教育法》，行业和企业在实施职业教育方面，有哪些主要任务？《职业教育法》第6条规定："行业组织和企业、事业组织应当依法履行实施职业教育的义务。"为了正确全面贯彻执行这一任务，国家经贸委、劳动部将颁发企业职工培训规定。总的来说，行业组织和企业的积极参与是形成全社会兴办职业教育局面的主体和骨干力量。主要任务应有以下几点：

一是根据行业和企业经济发展和用人需要，制定与实施职业教育的规划和计划；二是根据本行业和企业的实际要求，举办或联合举办职业学校和企业培训机构，使之成为本行业和企业的培养技能劳动者的骨干力量；三是推动本行业、本系统职业教育的改革和发展，逐步形成有行业特色的职业教育的合理结构和体系；四是建立符合现代企业制度和发展要求的企业职业教育制度，按照职业教育的性质与任务，改革职大、职工中专等职工学校的教育和教学；五是在劳动行政和行业主管部门指导下，做好职业分类、制定职业技能标准、开展职业技能鉴定和推行岗位合格证和职业资格证书的工作；六是加强职业教育师资队伍的培养与培训工作；七是积极开展职业教育的科学研究与实验；八是加强本行业专业课教材建设，不断用新的科研成果更新充实教材的内容，推广新的教学方法和手段；九是建立专业与技能人才奖励表彰制度，组织推动本行业职业技能竞赛活动，鼓励和支持广大职工岗位成才和自学成才；十是增加对职业教育的经费投入，改善职业学校和职业培训机构的办学条件。有相当数量的三资企业、乡镇企业，私营企业和各种公司等，还没有举办职业教育，行业组织要协同当地政府采取措施，督促他们依法履行实施职业教育的义务。

加强职工学习　促进职工教育事业发展①

职工学习教育是开发智力，培养人才的重要途径；是提高劳动生产率，推动社会经济发展的强大动力。马克思指出：把一般劳动力变成发达的专门的劳动力需要教育和训练。因为发达的专门劳动力所创造的价值是要比一般劳动力成倍的增长。西方国家的舒尔茨人力资本理论也指出："人力资本的投资是最有效的投资，可获得丰硕的回报。"由此可见，职工学习教育是一项需要常抓不懈、持之以恒的事业，而不是可有可无的事情。

全国现有职工约 3.6 亿（包括农民工），对他们的教育培训和潜能的开发是一项艰巨的任务。这项工作得到党和政府的高度重视，是我国教育整体结构重要组成部分（见示意图）。20 世纪 80 年代，各地都制定了职工教育条例，用以规范职工教育事业。进入 21 世纪，由于经济和企业结构发生了重大变化，有关政府部门未能制定相应的调整政策，持续推动职工学习教育，因而近几年来有下滑、萎缩之势。当今的要务是：在规划未来教育改革和发展时，切实把振兴职工教育放在重要位置，加大宣传力度，吁请社会各界关心、支持职工学习教育事业。我们职工教育工作者，越是在困难的时候，越要坚持搞好这项事业。在当前金融危机、渡难关、上水平的历史时刻，正是抓好职工教育难得的机遇期。千百万杰出的技术技能人才，将会在困境中，经过学习和磨炼，脱颖而出，加速推动我国经济在新的水平上发展和繁荣。

我国成人和职工教育的基本结构框架，可以用下图加以表述。

---

① 应邀为全国职工学习科学研究会《会员通讯》写的专文（2009 年 5 月）

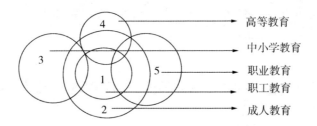

我国成人和职工教育结构示意图

注：1. 职工教育是成人教育的一部分，他们都是按照受教育者为对象指称的。因此，在这一庞大的受教育者群体中，既包括补充性的中小学普通文化教育；又包括职业训练性的在职培训、转换职业培训的职业教育内容；还包括高等研修性的培训与教育。

2. 职业教育内容包括高、中、初三个等级的后辅职业训练、在职提高训练和转换职业的训练。因此，又有与高等教育、成人教育相重叠的成分。

3. 成人、职工教育除与图示的3、4、5部分重叠外，还包括其文化、娱乐、健身等独特的教育内容，如老年教育等。

附录：

新中国 50 年职工教育 50 件大事
（1949～1999 年）

（1）1949 年 3 月，中共七届二次全会在西柏坡举行，刘少奇同志在《关于城市工作的几个问题》的讲话中专题讲了"关于教育工人问题"，要求开展广泛的职工教育。

（2）1949 年 10 月 1 日，中华人民共和国成立，确定《中国人民政治协商会议共同纲领》为中央人民政府的施政纲领。《共同纲领》规定：有计划有步骤地普及教育，加强劳动者的业余教育和在职干部教育。

（3）1950 年 6 月，政务院发出《关于开展职工业余教育的指示》。

（4）1950 年 9 月，教育部、中华全国总工会在北京联合召开第一次全国工农教育会议。

（5）1950 年 12 月周恩来总理签署的政务院《关于举办工农速成中学和工农干部文化补习学校的指示》发布。政务院批准由教育部颁布《各级职工业余教育委员会组织条例》。

（6）1951年1月，全国职工业余教育委员会成立；3月教育部颁发经政务院文化委员会批准的《职工业余教育暂行实施颁发》。

（7）1951年10月，政务院公布《关于改革学制的决定》，确定了各级成人学校在我国教育中的地位，保证了劳动人民和工农干部等受教育的权利。

（8）1951年12月，教育部召开"速成识字法"座谈会。祁建华在会上介绍了"速成识字法"。人民革命军事委员会原总政治部批准西南军区政治部《关于嘉奖某部文化教员"速成识字法"的创造者祁建华的决定。

（9）1955年2月，教育部、高等教育部、中华全国总工会在北京联合召开全国工农速成中学教育会议和全国职工业余文化教育会议。

（10）1955年5月，教育部发出通知：在北京师范大学举办高等师范函授部；《人民日报》发表《举办业余高等教育》的社论。

（11）1955年12月高等教育部、教育部和全国总工会在北京联合召开全国职工业余教育会议。

（12）1956年3月，中共中央、国务院发布《关于扫盲的决定》。3月27日《人民日报》发表题为《让职工有时间学习文化技术》的社论。4月1日《人民日报》发表题为《积极领导扫盲运动》的社论。

（13）10月，全国总工会和全国科协联合召开全国第一次职工科学技术普及工作积极分子大会。大会通过《给全国职工的一封信》，号召职工努力学习科学技术；《人民日报》在11月6日发表社论：《把科学技术交给职工》。

（14）1957年11月全国人民代表大会常委会批准，1958年2月国务院公布《关于国营、公私合营、合作社营的企事业单位学徒的学习期限和生活补贴的暂行规定》，这是新中国成立后在企事业单位培养青年职工的重要规定。

（15）1958年9月，中共中央、国务院联合颁发了《关于教育工作的指示》，进一步肯定"成人教育与儿童教育并举"的办学方针。

（16）1959年3月，国务院第二办公室在北京召开全国工矿企业职工教育工作会议。中共中央批转林枫同志《关于当前工矿企业职工教育中几个问题的报告》。

（17）1959年12月，全国总工会召开职工教育电话会议。国务院副总理陆定一就职工教育问题给《工人日报》编辑部写信，要求所有厂矿企业、工会、经济部门的同志不仅把生产任务担当起来，而且把教育任务担当起来。

（18）1960年1月全国总工会、教育部、共青团中央、全国妇联在哈尔滨联合召开全国职工教育黑龙江现场会议。1 月 16 日，中共中央、国务院发布《关于建立业余教育委员会的通知》。全国业余教育委员会主任为林枫，副主任为张际春、廖鲁言、李颉伯。

（19）1962 年 6 月，全国文教群英会在北京举行。林枫、吴玉章、徐特立等接见了长期坚持业余教育和坚持业余学习的先进单位和先进工作者代表。

（20）1963 年 12 月 25 日至 1964 年 1 月 8 日，全国总工会和教育部在北京联合召开全国职工业余教育工作会议。4 月 3 日，中共中央批转全总党组、教育部临时党组《关于全国职工业余教育工作会议的报告》。

（21）1964 年 5 月，党中央工作会议提出实行两种教育制度，即亦工亦读，半工半读，以缩小工农差别、城乡差别和贯彻教育与生产劳动相结合的方针。这是刘少奇 1957 年就提出来的问题。此时，刘少奇又进一步反复论述"两种劳动制度和两种教育制度"，使半工半读教育有了很大的发展。1965 年 3 月和 10 月，教育部分别召开全国农村和城市半工半读教育会议。中央政治局召开扩大会议，提出"五年试验，十年推广"的方针。

（22）全国科学大会和全国教育工作会议分别于 1978 年 3 月和 4 月在北京举行。邓小平代表党中央发出"向四个现代化进军"的号召，并指出"科学技术是生产力"，"教育事业必须和国民经济发展的要求相适应。"

（23）邓小平代表党中央、国务院在中国工会第九次全国代表大会上致辞，号召我国工人阶级努力提高自己的政治、管理、技术、文化水平。工会九大通过的《中国工会章程》在第 3 条、第 4 条、第 17 条中都有关于职工教育的规定。

是年，中共中央发表"工业二十三条"，其中第二十三条是"培训干部、工人和技术人员"。全国妇联第四次代表大会上通过的《中华全国妇女联合会章程》有关学习的规定和共青团十大通过的《中国共产主义青年团章程》在第 2 条、第 20 条中有关学习的规定。

（24）教育部、中央广播事业局共同举办的中央广播电视大学 1979 年 2 月 6 日开学。

（25）1979 年 9 月，教育部在郑州召开了全国职工教育工作会议。会议肯定了之前 17 年的职工教育工作取得了很大成绩，强调为提高全国职工的文化科学水平，职工教育已成为刻不容缓的战略任务。会议提出职工教育要对广大职工实行全员培训，进行业余科学技术、经济管理和文化知识的教育。

在最近几年内，把提高职工的政治、文化、技术水平作为职工教育的重点。

（26）1980年，中央建立全国职工教育管理委员会。1981年2月20日，中共中央、国务院发布《关于加强职工教育工作的决定》。国务院于3月在北京召开全国职工教育工作会议。《人民日报》对此发表社论：《把职工教育作为一件大事抓紧抓好》。

（27）1980年9月20日，国务院批准教育部公告，发展高校函授教育和夜大学，学生毕业国家承认其学历，并择优授予学位。这项政策极大地推动了自学热潮，培养出一批"五大生"。

（28）1981年4月3日，中国成人教育协会在北京成立，臧伯平任会长。

（29）1982年1月，全国职工教育管理委员会同教育部、国家劳动总局、中华全国总工会、共青团中央联合发布《关于切实搞好青壮年职工文化技术补课工作的联合通知》。同年10月，全国职工教育管理委员会在北京召开了青壮年职工文化技术补课座谈会。会议形成了《关于青壮年职工文化技术补课工作若干问题的补充意见》并转发全国。"六五"期间，我国有3000万青壮年职工参加了政治轮训和"双补"，并在此基础上对中高级技术工人逐步进行培训，一些企业试行对职工进行岗位培训。

（30）1982年12月，五届全国人大五次会议在北京举行。会议在《关于第六个五年计划的报告》中提出了教育事业的发展任务，并着重讲了职工教育问题。会议批准了国家"六五"计划，其中第27、20章，规定了各级各类教育事业的发展计划，对职工教育、干部教育都有具体规定。会议通过的《宪法》对教育做了规定，提出"国家发展各种教育设施，鼓励自学成才"，从而为发展职工教育奠定了法律基础。

（31）邓小平在视察上海、江苏以后，于1983年3月2日同中央领导同志讨论了发展教育特别是发展高等教育的问题。邓小平说："智力开发是很重要的，我说的是包括职工教育在内的智力开发，要更好地注意这个问题。"

（32）全国总工会于1983年4月在上海召开全国职工读书活动经验交流会。5月发表《关于在全国职工中开展读书活动的决定》的通知。6月，中共中央批复全总党组《关于在职工中开展读书活动的报告》，号召广大职工参加读书活动。

（33）1986年12月，全国成人教育工作会议在烟台召开。1987年，国务院在批转《国家教育委员会关于改革和发展成人教育的决定》的通知中明确规定：成人教育是我国教育的重要组成部分。在整个教育事业中，它与基础教育、技术教育、普通高等教育同等重要。

（34）全国职工学习科学研究会于 1988 年 6 月成立。这是从学习者即职工的角度，来研究职工教育的第一个群众性学术团体，开创了我国研究职工学习的先河。同年第一本研究职工学习科学的杂志《学论》季刊正式出版。次年，我国首部《职工学习学》由浙江大学出版社出版发行。

（35）1989 年 5 月，第四次世界继续工程教育大会在北京科学会堂举行。参加会议的有世界五大洲 47 个国家和地区的代表 529 人，其中中国代表和观察员 294 人。李鹏任大会名誉主席。会议就世界各国对继续工程教育的做法、管理和理论探索进行了广泛的交流。会议期间，由包括中国继续教育工程教育协会在内的 10 个国家和区域性继续工程教育组织发起成立了"国际继续工程教育协会"。中国被选为国际协会副主席国家。中国继续工程教育协会是 1984 年 11 月在北京成立的。

（36）1989 年 9 月，国家教委发文《关于在一百个企业进行教育综合改革实验的通知》，确立大庆石油管理局和宝山钢铁总厂等 102 个大中型企业开展教育综合改革实验。《通知》指出：通过综合改革实验，"要促进职工队伍素质和企业素质的提高、生产的发展，加强企业社会主义精神文明建设，为发展、提高全国的企业教育起示范作用。"1990 年 10 月，国家教委在上海宝山钢铁总厂举办了企业教育综合改革实验学习班，期间成立了中国成人教育协会企业教育研究会。

（37）1990 年 1 月，我国首部《成人教育辞典》由职工教育出版社正式出版发行，主编关世雄。全书包括词目表、正文和附录三个部分，约一百万字，参与辞典编纂者共 75 人，历时 3 年多。这是我国成人教育一项开创性的工程，填补了我国成人教育著述史的一项空白。

（38）1992 年，《中国成人教育》《中国培训》和《中国成人教育信息报》等几个全国性成人教育报刊相继出版发行。

（39）1993 年 2 月，中共中央、国务院印发了《中国教育改革和发展纲要》，明确提出了改革职工教育办学体制问题，强调要"改革政府包揽办学的格局，逐步建立以政府办学为主体、社会各界共同办学的体制"，并指出，在现阶段，"职业技术教育和成人教育主要依靠行业、企业、事业单位办学和社会各方面联合办学"。

（40）1994年3月，《中华人民共和国教育法》公布，在总则、教育基本制度、受教育者这三章中先后三次提到终身教育，这表明我国政府已将"终身教育"列入国民教育发展的基本目标之一。"终身教育是学习化社会的基础"。可见"学习化社会"思想已见诸我国政府的法律之中。

（41）1996年5月，八届全国人大第十九次常委会通过了《中华人民共和国职业教育法》，9月1日起施行。制定本法的宗旨是为了实施科教兴国战略，发展职业教育，提高劳动者素质，进行社会主义建设。《职业教育法》共5章40条，包括总则、职业教育体系、职业教育的实施、职业教育的保障条件和附则。继而，全国职业教育工作会议6月17日至20日在北京举行。

（42）1996年9月，在泰国召开的亚太地区成人教育磋商会议上，我国国家教委成人教育司发表《中国成人教育的发展史及发展趋向》的国家报告：报告全文约8千多字，分6个部分；①前言；②中国政府对成人教育的重视和推动；⑧中国成人教育的体系概述；④成人教育近年来所做的工作和取得的进展；⑤成人教育发展中存在的问题和未来的发展趋向；⑥结束语。

（43）劳动部于1996年11月6日在人民大会堂召开大会，隆重表彰10名获"中华技能大奖"和103名获"全国技术能手"称号的技术工人。"中国技能大奖"是我国技术工人的最高荣誉。这次评出来的10名"中华技能大奖"获得者分别是：李文玉（内蒙古第二机械制造总厂）、彭发荣（宁夏古嘴出发电厂）、李连才（本溪重型汽车制造厂）、吴太白（江西新余钢铁公司）、王静侠（济南成通纺织有限责任公司）、王福成（武流市品等照相机馆）、徐秋元（山西平朔煤炭工业公司）、梁绍权（广东省数据通信局）、张翼飞（上海沪东造船厂）、王旺民（西安庆安集团有限公司）。

（44）1996年，英国、美国、加拿大、澳大利亚、新西兰等国共20余所大学致函我国有关部门，明确表示承认我国高等教育自学考试的课程成绩和学历。同年，英国牛津大学地方考试委员会主席贝林教授专程来华，与全国考办负责同志及有关专家座谈我国高等教育自学考试等问题，这是我国高等教育自学考试走向世界的标志性成果。

（45）是年，由中宣部、文化部等九部委共同组织的"知识工程"正式启动。"知识工程"的目的，就是在全国掀起"全民读书"的高潮，朝着"阅读社会"的方向迈进。全国"知识工程"的目标是要建设良好的读书环境和条件，其中包括营造读书氛围，创造有利读书的软、硬条件。出版社要出好书，书店书摊要卖好书。还要不断扩大读书队伍，组织读书活动和读书组织机构。

（46）1998 年 3 月，原国务院总理朱镕基说：科教兴国是本届政府最大的任务。中央已决定，成立国家科技教育工作领导小组。朱镕基任组长，李岚清为副组长。6 月 9 日，国家科技教育领导小组举行首次会议。会议学习了江泽民同志关于知识经济和建立创新体系重要批示精神，审议并原则通过中科院关于开展"知识创新工程"试点汇报提纲，讨论了今年实施科教兴国战略工作重点和安排。

（47）1998 年 8 月，九届全国人大四次常委会通过的《高等教育法》规定："高等教育的任务是培养具有创新精神和实践能力的专门人才，发展科学技术文化，促进社会主义现代化建设。"这一规定标志着创新教育已列入了我国法律，并且开启了造就高层次创新型人才工程。

（48）1998 年 12 月，江泽民同志在纪念党的十一届三中全会召开的 20 周年大会上的讲话中指出："全党同志要继续加强学习，提高自己，紧跟时代前进的步伐。当今时代，是要求人们必须终身学习的时代。"12 月 22 日，江泽民同志在视察北京图书馆时强调指出：社会的发展，人类的进步，都离不开知识。我们要在全社会倡导人们多读书，大兴勤奋学习之风。如果 12 亿人民中，读书的人越来越多，大家的知识水平提高了，就会变成强大的物质力量，我们国家的富强和民族的振兴就大有希望了。

（49）1999 年 1 月，国务院批准教育部的《面向 21 世纪教育振兴行动计划》。《行动计划》要求完善职业教育和继续教育制度，要求基本建立起终身学习体系，为国家知识创新体系及现代化建设提供充足的人才支持和知识贡献，要实施"远程教育工程"，形成开放式的教育网络，构建终身学习体系。

（50）1999 年 6 月，党中央、国务院召开全国第三次教育工作会议。江泽民在会上发表了重要讲话。

这次会议的主题是：动员全党同志和全国人民，以提高民族素质和创新能力为核心，深化教育改革，全面推进素质教育，振兴教育事业，实施科教兴国战略，为实现党的十五大确定的社会主义现代化建设的宏伟目标而奋斗，会后公布了中共中央、国务院《关于深化教育改革全面推进素质教育的决定》。

台湾成人技职教育①

台湾成人技职教育可分为学历教育和非学历教育两个方面，并且各有特色，收费低廉，一般员工都能"各取所需"。这种现象说明在台湾这样一个竞争非常激烈的社会里，谋求相对稳定的职业和优厚的工薪待遇，学习、进修是必不可少的。

学历教育方面

据考察，台湾没有独立设置的成人高等院校。成人学历教育完全由高等专科学校、技术学院或大学承办。如台北科技大学提出"一周无休"，即白天、晚上、周日都可以为学生提供服务。台湾的"夜大学"，简称"夜间部"或"进修部"，学习课程采取学分制，每学分18小时（实习课程每学分36—54小时）每门课程一般设3个学分。专科教育的"夜间部"分普通班和在职班两个班别，其中普通班学制一般二年，在职班学制一般三年。专科课程中基础课占25%，专业基础课10%，专业核心课占25%，另有40%由学校根据专业特色自行决定。专科学分不得低于80学分。

本科教育的"进修部"分"三年制"和"五年制"，均招收有一年以上工作经验的在职人员。"三年制"是专科起点，须修满72学分；"五年制"是高中起点，须修满136学分才能毕业。

在职人员，可以通过考试参加研究生班，博士班的学习，有脱产，在职两种形式。硕士研究生班的学制根据情况一至四年，应修满24学分并完成学位论文；博士班学制七年，须修满18学分并完成学位论文。

另外台湾有一所"独立"设置的"空中大学"，采取免试入学，经严格考试方能毕业，类似于大陆的"电视大学"。但台湾没有大陆的"高自考"形式。

台湾的"网上学校"由各大学自己组建，目前没有独立的"网上大学"，

---

① 原载《现代企业教育》2003年第5期

根据中正大学"成教所"的介绍，台湾"网上教学"也处于起步阶段，一般以

"E—mail"形式发送教学内容。

非学历教育方面

台湾非学历技职教育很活跃，到处可见各种各样补习班招生广告，其中以升学补习为多。在办学形式上有正规院校某些课程进修学习；有公私立学校进修部开办的补习班，如彰化高级商业学校夜间部有学生 2400 人，57 个班，聘请 140 名兼职教师授课。教学内容有实用技能班、成人教育实验班、回流教育班、第二专长班、日文基础班等。这里特别应该介绍的是遍布台湾村镇的社会教育馆。

台湾社会教育是面向社区群体并且主要依靠"义工"（即义务工作，不拿报酬）办学，它是一种依据台湾《社会教育法》来运作的一种教育组织形式、台岛共有 4 个社会教育馆，馆下设社教站，负责全省各县市镇乡的社会教育工作。如台东社会教育馆负责花莲、台东两县的社教工作，下设 32 个社教站，每年财政向社教站拨款 4000 多万台币经费。社教活动的范围涉及群众生产和生活各个方面，几乎无所不包，举其要者有：1、成人教育。开办社区成人实际需要的研习班或讲座；2、扫盲教育。扫除功能性文盲，普及语文、礼仪、理财、实用科技等教育；3、生计教育。开办技艺教育研习班，传授一技之长；4、环境与交通安全教育。5、艺术教育。6、举办妇女及婚姻教育以及原住民社会教育活动等等。

设在乡一级的社教站是基层组织，是社会教育赖以开展工作的基础。如台东社教馆光复社教工作站，有站长、秘书、干事各一人，还设一个工作委员会，有委员 15 人、顾问 10 人、义工 59 人。下面又分设若干工作组，按以上工作范围，开展各项教育工作。每年度都按月订出详细的施教计划，年终做出施教成果统计以及经费的预决算，工作开展得有声有色。总之在台湾社会教育是普及全民教育、成人教育的一个非常重要的组织形式。

第四章　职业资格证书制度

积极推行职业资格证书制度①

　　职业资格证书考试在我国还是一项新生事物,而在经济发达的国家,早已实行了多年,并形成了一套完整的制度。如英国已有 2000 多种职业实行了证书制度;日本有 1235 种职业资格证书;法国在技术高中和高级技校中建立了职业证书制度;联邦德国仅国家的职业资格考试就有 450 种;新西兰在政府中设有"高等职业证书局"和"技工证书局",专门对技术人员和技工进行全国统考,合格者分别发给"技术员证书"和"技工证书"。基于我国社会主义建设发展的需要,以及职业技术教育改革的要求,职业证书制度已引起有关方面的重视。1985 年《中共中央关于教育体制改革的决定》中提出:"一切从业人员,首先是专业性技术性较强行业的从业人员,都要像汽车司机经过考试合格取得驾驶证才许开车那样,必须取得考核合格证书才能走上工作岗位。有关部门应该制定法规,逐步实行这种制度。"当前,株洲、益阳、苏州、无锡、南通、西安,吉林等各省市已率先开展等级考核和颁发职业资格证书的工作。

---

① 原载《教育与职业》1989 年第 8 期

一

职业资格证书制度是指对从事或将要从事某种职业的人员，根据国家规定的标准，进行专业知识、能力或技能考核，确定其水平，并由国家加以证明的制度。仅就各地对各类职业学校的毕业生实行技术等级考核，颁发等级证书的初步实践看，实行职业资格证书制度有以下几点益处：

第一，能将竞争机制恰当地引入学校，使学校、教师和学生都感到有压力，产生紧迫感，激发进取精神。过去，职业学校办好办坏，没有一个标准。学生学好学坏一个样，如技工学校毕业后不论水平如何都是二级工待遇；而实行技术等级考核后，好、中、差分明，优秀的可取得四级工证书，差的连三级也拿不到。南通市教育部门针对职业中学实际操作训练过少的现象，要求各校利用每日下午的课外活动时间增加实习课。该市电焊机厂与教育部门联办职业中学，得知全市要实行技术等级统考后，厂方提出：凡学生在考核中，能考上三级或二级技术工等级的，要对生产实习指导师傅给予奖励。无锡市商业职业高中师生也决定同商业技校在今年全市技术等级考核中进行比赛，一争高低。

第二，有利于按照职业教育的特点和规律，端正办学指导思想，深化教学改革。作为培养技术工人的职业学校，应该把加强实习教学，培养学生熟练的技能技巧放在重要地位，而进行技术等级考核，恰好顺应了这一教学特点和要求。株洲市在没有实行这个制度前，有些技工学校名曰培养中级技术工人，实际上生产实习条件很差且又长期得不到改进；有的职业高中，挂着职高牌子，教的是普教内容，有的就业培训班把办班视为给职工子弟发就业"通行证"、甚至作为"曲线内招"的捷径，很少顾及培训质量。实行技术等级考核后，要在文化、专业知识和实际操作技能、即"应知""应会"上见高低，这就迫使各类职业学校要按照职业证书制度的要求端正办学指导思想，深化教学改革。促使学校必须针对自己的薄弱环节增加投入，或改革教学内容、教学方法。如株洲市劳动局为了满足各教学单位的需要，组织专门班子编写了全市主要工种专业的就业前培训的教学计划和大纲共96种及相配套的习题集45种，使职业技术教育和培训，开始向规范化的目标迈进。

第三，能使职业教育和企业的人才需求结构、产业结构及发展趋势相互沟通。这种导向作用，对克服职业教育脱离当地实际需要。

第四，能使职业教育与劳动就业较好的结合。职业证书制度的实行，既便于企业择优用人，又促使学生在竞争中就业，对深化劳动制度和职业学校体制的改革，贯彻"先培训、后就业"的原则，能起到促进作用。据调查，有些地方劳动部门对获得"两证"的职业学校毕业生，都作为优先安排的"专项劳力资源"，并在工资待遇上，实行适度优惠的原则。如南通市、株洲市规定，企事业单位的专业性、技术性强的工种，专业招工时，必须从专业对口且持有"两证"的学生中录用，并免除学徒期，只规定三个月到一年不等的见习期。

第五，有利于动员和依靠社会力量兴办职业教育。过去，由于对如何依靠社会力量兴办职业教育缺乏切实的标准，曾陷入"一统就死、一放就乱"的怪圈，影响了社会力量办学的积极性。有了职业证书制度及相关措施，对社会力量办学，实行事实上的间接管理，则可克服上述弊端，把社会力量办学纳入健康发展的轨道。

二

当前，实行职业资格证书制度存在的问题主要有：

一是考核标准的问题。从现在几个城市的实施情况看，用主管业务部门的技术等级标准考核，比较适合于技工学校。因为技校的培养目标是技术工人，并且是按单一工种实施教学，与技术等级标准相一致。技校的文化、专业知识和实际操作的课时分配为2:3:5，与技术等级标准"应知""应会"两个部分相配套。而职业高中则不然，职业高中的文化知识、专业知识和实际操作的课时分配为4:3:3，并且是按专业实施教学。因此，这些学校的学生在单一工种的"应会"上，与技校有差距，参加统一的技术等级考核感到不适应。

二是考核机构问题。现在缺少健全的统一考核机构，有些还是临时拼凑的，不能有效地统筹、计划、组织、管理全市的考核工作；有的在公正、公平和权威性方面也有缺陷。

三是经费问题。实行职业证书制度，是一项政策性，专业性很强的工作，需要有稳定的经济来源。但是这个问题各地还没有一个妥善的解决办法，基本上是靠收取考评费支撑。这就给本来经费很紧张的职业学校带来很重的负担。

三

怎样积极而又慎重地实行职业证书制度？笔者建议：

（一）提高认识、统一思想，广泛宣传职业证书制度的重要作用，总结各地实行这一制度的经验，并开展相关的科学研究。

（二）建立和健全考核机构，由教育、劳动、人事等部门参加，组建国家职业证书委员会，并设立一个精干的办事机构，负责制定有关实行职业证书制度的方针、政策和法规，综合指导全国的职业证书工作。省、自治区、直辖市和中心城市也应成立相应机构，配备专职人员，具体负责本地区这方面的工作。各地的考评机构的组成应以行业主管部门为主，成员包括工程技术人员、技师、生产实习指导教师和专业团体等各方人士，并经上一级考核机构批准，颁发聘任证书，以保障考评机构具有公正公平、权威性和严肃性。

（三）国家有关产业主管部门或行业协会，根据产业、行业技术进步及其他方面的要求，认真制订或修订技术等级标准或岗位职务规范，作为各类职业技术学校毕业生进行考核的基本依据。考核机构可据此制订相应的考核大纲供学校教学参照，促进职业学校的教学与企事业单位用人要求相统一。

（四）所需经费应由地方自筹。可以由地方财政部门从工交商事业费中拨出一定数额的专款给地方职业证书专管机构统一使用，也可在地方财政部门筹措职业教育专项经费时，单列职业证书项目，还可向用人单位和考生本人收取少量的费用。

（五）对各类职业学校毕业生进行技术等级考核，应列为教学过程一个重要组成部分。这既是对学校教学全过程的一次检验；同时它又是国家职业证书制度的组成部分。因此，这一工作必须在当地职业证书委员会统筹管理之下建立培训、考核和使用三结合制度。不要搞重复考核，以免增加学生和学校的负担，浪费人财物力。

（六）进行技术等级考核，实行职业证书制度工作的方针应当是：统筹指导，严肃认真，坚持标准，严格要求，稳步推进，力求实效。各地在开展这一工作时，应先行试点，取得经验，制订规划或条例后，再分期分批实施，切忌一哄而起或走过场。

略论考核与培训①

经国务院批准的《工人考核条例》由劳动部正式颁布实施了。这是经济企业界、职业教育界的一件大事，是加强劳动管理、加强企业管理和职业培训的一项重要行政法规。世界各国的历史经验表明，能不能把科研成果迅速转化为现实生产力，生产有竞争力的高质量产品，关键在于生产一线有没有高水平的技术工人。党的十三届五中全会总结国内外历史和现实的经验，提出今后经济工作的重点是走投入少、产出多、效益高的经济发展路子。办法是以调整产业结构、产品结构为龙头，以技术进步为手段，以深化企业改革为动力，以强化企业管理为保证，而这一切都离不开提高劳动者素质这一重要的基础。《工人考核条例》的颁布实施，是提高劳动者素质，培养技术工人的有效手段。

培训与考核是一个事物的两个方面，培训若无考核，则培训不可能持久，更不可能提高到新阶段；考核如不伴随着培训，则考核必将失去应考对象。

各国职业培训发展的历史表明：建立考核和职业证书制度，是职业培训发展到一定阶段的必然结果；反之，考核和职业证书制度的建立和健全，又推动职业培训向更为广泛和更高的层次发展。在英国，现已有2000多种职业实行考试和证书制度。全英证书委员会的高级官员，由女皇亲自任命，可见英国对考试和证书制度的重视。近年来，我国在若干城市先后试行了考核制度，虽然还处于起步阶段，但促进了培训事业的发展和培训质量的提高。首先是普遍提高了工人技术素质。在考核定级和实行两种证书的推动下，广大学生和在职工人都认真学习职业技术理论，重视基本功的训练，提高了实际操作技能水平，使企业技术工人结构发生了程度不同的变化。据1989年的调查统计：哈尔滨市80万技术工人中，初、中、高比例由实行考核前的6:3:1变为4.5:4:1.5。一些退到二线的老工人和调到二线工作的中、青年工人纷纷要求返回生产第一线。他们觉得实行考核制度有干头、有劲头、有奔头，一

---

① 原载《职业教育研究》1990年第5期

改过去的"要我学"为"我要学",而这也正是培训事业发展动力之所在。第二,实行考核制度能使各级各类的职业培训和企事业单位的人才需求相结合,与技术结构、产品结构相互沟通,育人和用人相一致,有效地克服培训脱离实际的偏向。考核"主要是按照现行《工人技术等级标准》或者《岗位规范》进行业务理论和实际操作技能的考核。"《工人考核条例》第15条规定,并且这种考核主要由行业"专业技术人员、技师、高级技术工人"组成的考核机构进行。总之,是由用人单位按其考核标准和要求实行考核。通过这种考核沟通了学校、企业人才供需间的信息。第三,实行考核制度,有利于学校(或培训中心)按照职业技术教育的特点和规律办教育,端正办学指导思想,深化教学改革,提高教学质量。对培养技术工人的职业技术学校(中心)来说,应该把加强实习教学,培养学生熟练的技能、技巧放在突出位置。实行工人考核制度,恰好反映了这一教学特点与要求。第四,实行考核制度,使培训和就业获得较好的结合,促进学生就业。因为有了考核以后,技术等级档次分明,既便于企业择优用人,又利于促进学生在竞争中就业。因此,要有计划、有步骤地稳妥推进考核工作,决不能一哄而上。首先要广泛深入地宣传学习《工人考核条例》,提高对考核工作重要性、严肃性和权威性的认识。其次,要在科学的职业分类的基础上,修订好各行业的技术等级标准,这是考核工作的基本依据。再次,要建立一个具有权威的考核机构和考评组织。这三点是做好考核工作的基本条件。对于职业技术学校(中心)来说,要把考核工作和实行两种证书制度作为教学工作的一个重要的组成部分,作为检验学校全面工作的一项重要标准,这是今后一个时期教学改革必须坚持的方向。

关于职业学校实行"双证书"制度的话题①

实行"双证书"制给职业学校教育和教学注入新的活力，这已被实践所证明。"双证书"制是指对毕业生既颁发学历文凭证书，又颁发职业资格证书两种不同证书的制度。它既是教育效果的标志，也是国家对职业教育教学质量进行监控的重要手段。

我国自19世纪末引进西方三级学堂教育制度以来，一直实行学历文凭证书，大家对这种证书都很熟悉，也很重视，不必笔者赘述。本文着重就我国职业资格证书制度在职业学校怎样实施问题，谈谈我的看法。

我国职业资格证书制度是指按照国家规定的职业技能标准或任职资格条件，通过政府认定的考核鉴定机构，对劳动者的技能水平或职业资格进行客观公正、科学规范的评价和鉴定，对合格者授予相应的资格证书的制度。实行这种证书制度的重要意义和作用，劳动部1993年12月在《关于建立社会主义市场经济体制时期劳动体制改革总体设想》这一重要文件中，作了深刻地阐述。文件指出："职业资格证书制度是职业技能开发的一个中心环节，是把职业技能开发和劳动力市场建立起体系完备的职业资格证书制度，并使职业资格证书成为反映劳动者技能水平的主要标志，成为劳动力供求双方签订劳动合同的基本依据，成为生产和安全管理的重要工具。"这里所说的"职业技能开发"包括职业学校教育和职业培训。这里所说的"劳动者"也包括职业学校毕业生这一新生劳动力。

劳动和社会保障部近几年来从各个方面加强了推行职业资格证书制度的力度。仅对职业学校来说，1995年5月颁发的《关于技工学校、职业（技术）学校和就业训练中心毕（结）业生实行职业技能鉴定的通知》，明确规定上述学校和培训机构"凡属技术工种的，按本《通知》要求实行职业技能考核鉴定和国家职业资格证书制度。"同时还要求："各级职业介绍机构应依据上述毕业生的《技术等级证书》在相应的职业（工种）范围内择优推荐就

---

① 原载《教育与职业》1999年第11期

业。用人单位录用上述毕业生，安排专业（工种）对口的工作岗位，应依据其《技术等级证书》，按有关规定确定其待遇。"

为了适应各部门和企业劳动人事工作科学管理和大力发展职业教育的需要，从整体上提高劳动者的素质，落实科教兴国战略，加快我国经济增长方式转变的步伐，劳动和社会保障部1999年上半年就有关实施职业资格证书制度的问题，提出了三项重大改革措施。

第一，经过四年的努力，由国家技术监督局、国家统计局、人事部和教育部等50多个部门及院校专家参加编纂的我国第一部《职业分类大典》已出版发行，这是一部具有国家标准性质的职业分类典籍。大典参照国际职业分类标准，按照工作性质同一性的基本原则，将社会职业划分为8个大类、66个中类、413个小类，并具体确定了1838个职业名称，较为准确地描述了每个职业的工作内容及任职范围，全面客观地反映了现阶段我国社会职业的结构状况。结合《大典》的编纂，各部委、行业也制订或修订了各类职业技能标准、任职资格条件及考核鉴定规范，为职业资格证书制度的实行，提供了国家标准和规范。

第二，统一规范了全国技能人才的职业资格证书制度，将原《技能等级证书》《技师合格证书》和《高级技师合格证书》统一为《职业资格证书》，并从1999年7月1日开始启用，从而构建了我国技能人才职业资格证书的体系和结构。（如下图所示：）

第三，1999年5月颁发《实行就业准入的职业目录》及有关问题的通知，对技术性较强、服务质量要求较高、覆盖面广和流动性大的66种职业（工种）在全国范围内实行"准入控制"的制度。即未经鉴定考核合格，获得相应级别的职业资格证书者，不得进入这些职业领域和岗位。《通知》要求重点抓好包括职业学校毕业生往内的"新生劳动力的就业准入工作"，在他们就业前必须经过1~3年的培训，并取得职业资格证书；用人单位招收未取得相应职业资格的人员，劳动监察部门将依法查处。《通知》还要求在劳动力（人才）市场要切实贯彻职业资格证书的相关规定，职业介绍机构对国家规定实行就业准入的职业，应要求求职者出示职业资格证书，凭证推荐就业；用人单位要凭证招聘用工。《通知》还规定：对不属于上述范围的高科技和技术密集型行业的特有职业（工种），由用人单位按职业资格的要求实行严格的就业资质考核。全国实行就业准入的职业范围，将根据生产技术进步和职业的变化，每4年调整一次，实行动态管理。地方和部门的劳动保障机关还可结合实际情况适当增加实行就业准入的职业。

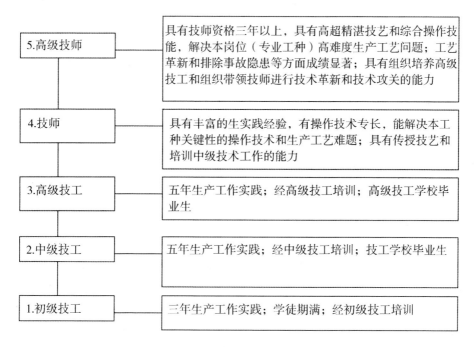

5.高级技师	具有技师资格三年以上，具有高超精湛技艺和综合操作技能，解决本岗位（专业工种）高难度生产工艺问题；工艺革新和排除事故隐患等方面成绩显著；具有组织培养高级技工和组织带领技师进行技术革新和技术攻关的能力
4.技师	具有丰富的生实践经验，有操作技术专长，能解决本工种关键性的操作技术和生产工艺难题；具有传授技艺和培训中级技术工作的能力
3.高级技工	五年生产工作实践；经高级技工培训；高级技工学校毕业生
2.中级技工	五年生产工作实践；经中级技工培训；技工学校毕业生
1.初级技工	三年生产工作实践；学徒期满；经初级技工培训

我国职业资格证书体系结构示意图

这些改革措施的颁行，对职业学校教育和教学来说，有什么意义和影响呢？第一，全国统一的职业分类标准的实行，要求职业学校必须按照《职业教育法》第8条的规定："实施职业教育应当根据实际需要，同国家制定的职业分类和职业等级标准相适应"，重组专业结构和教学内容，把学校培养同职业岗位的需要，通过国家统一的标准衔接起来，使教学步入标准化、规范化和社会化的轨道。第二，技能人才职业资格证书制度体系的颁布，为职业学校、特别是技工学校确定培养目标提供了十分明确的依据；也为学生指出了成才通道，有利于调动教与学的积极性，促进技能人才的培养和成长。我国是一个技能人才、特别是技师、高级技师这一类型高级技能人才极为短缺的国家。为此，国家核工业、航天、航空及其他高新技术产业，都制定了"三高人才"（高级工程技术、经营管理和高技能人才）培养规划，职业学校应根据本地区或本行业发展的需要，把培养各级技能人才的任务承担起来，第三，职业学校要正确认识和深刻领会国家实行职业准入控制制度的重要意义；特别是已纳入准入控制的专业（工种），要认真研究和全面贯彻这类专业的职业技能标准，把准入制度落到实处。这不仅对国家有利，对学生进入劳动力（人才）市场竞争就业有利，还有利于彰显学校的办学特色和知名度。

从上述可见，各类职业院校应以此为契机，端正办学方向，深化教学改革，按照职业资格证书标准化、规范化的要求，重组专业结构，改革教学内容，为学校注入新的活力。

关于实施职业准入制度的调研报告

　　国家劳动和社会保障部为提高劳动者素质，促进劳动者就业，颁布《招用技术工种工人规定》令，决定从 7 月 1 日起，凡"用人单位招用从事技术复杂以及涉及到国家财产、人民生命安全和消费者利益工种（职业）的劳动者，必须从取得相应职业资格证书的人员中录用。"也就是说进入这些工种（职业）岗位的人员，都必须持有职业资格证书。对他们来说，接受职业教育和培训，达到规定职业证书的要求是一种强制性的义务，否则没有进入这些工种（职业）就业的资格。该法令第 4、第 5 条分别规定技工学校、职业（技术）学校、就业培训中心、各类职业培训机构毕（结）业生以及从事技术工种的学徒，都必须取得相应职业资格证书后，才能到技术工种岗位就业。首批规定的持职业资格证书就业的工种（职业）达 90 个之多，涉及生产、运输设备操作人员、农林牧渔水利业生产人员、商业服务人员和办事人员等。

　　各地实施该职业准入控制的法令中，较为普遍存在着把关不严的问题。天津劳动监察总队在 2001 年对 120 个企业实现执法检查，有 80% 企业在用人方面存在着不符合该项法令规定的各类问题。如该市劝业超市现有 1100 名员工，其中有 640 人未取得职业资格证书，持证率仅有 41.8%。在对 98 个企业的检查中发现持有证书者不足 23%。其他单位，也存在类似的情况。对此，应采取如下应对措施：

　　一、结合实际情况，以生动的事例，系统宣传职业资格准入制度在培养选拔人才，促进经济、社会和科学发展、促进就业和促进职业技术教育改革中的重要作用，是当前的一项十分紧迫的工作。

　　二、大力培养从事职业资格准入制度运作的专业人才。各级人事、劳动干部们和职业技术院校要承担对这类人员的培训任务，应把关于我国实行职业资格准入制度的方针、政策和相关专业知识，传授给他们。简言之，对从事这一方面工作的专、兼职人员，同样要实行职业准入控制。即必须取得相应级别的职业资格证书，方可从事这一方面的工作。

　　三、各级职业技术院校应以实施《职业准入控制》法令为契机，深化教学改革，加强实验实习教学环节。培养学生手脑并用能力，坚定地实行两种证书制度，以提高职技校毕业生在劳动力（人才）市场的竞争能力。

四、行业组织和企业要实行产教结合。充分利用职技院校教学手段和较好的师资条件，对本企业员工开展本工种（职业）知识与能力培训，使其尽快达到《职业准入控制》的要求，以提高全员素质和企业竞争力。

五、加强对各类职业介绍机构的管理和检查力度，切实执行对持有职业资格证书人员优先推荐就业的规定，杜绝非法介绍。把好人员入口关，主动为实行两证的职技院校开拓毕业生就业的空间，这有利于职业资格证书在职业教育系统的推广和普及。

六、从教育、培训到考核、发证要制订一套实行就业资格准入控制的运作程序，严格按程序办事，杜绝一切舞弊现象的发生。

七、整肃劳动力（人才）市场。对来自国外、境外的职业教育或培训课程证书以及在我国境内设立的职业介绍的机构，教育、劳动和人事部门，要按照各自的职责分工严加审查、管理和监督，避免可能发生的欺诈行为。

八、加强职业资格证书的立法工作。一是尽快修改《职业教育法》。根据实行职业资格证书制度这几年来的经验，在《职业教育法》中充实这方面的内容，并尽可能具有普遍的可操作性；二是劳动、人事、教育各部门通力协作，在新的《职业教育法》为修改颁行前，制订一项诸如《职业资格准入的实施与管理办法》的行政法规，做到有法可依，以利在企业、事业组织和职业技术院校贯彻实施。

实行职业资格认证是提升中等职业
学校办学质量的重要举措

一、中等职业学校施行职业资格证书制度的必要性和紧迫性

早在 1985 年 5 月国家颁布的《关于教育体制改革的决定》中就指出："一切从业人员，首先是专业性技术性较强的从业人员，都要像汽车司机经过考试合格取得驾驶证书才许开车那样，必须取得考核合格证怕才能走上工作岗位。有关部门应该制定法规，逐步实行这种制度。"1993 年 11 月国家《关于建立社会主义市场经济体制若干问题的决定》指出，"要把人才培养和合理使用结合起来"，"要制定各种职业的资格标准和录用标准，实行学历文凭和职业资格两种证书制度"。1999 年 6 月全国教育工作会议再次提出："要依法抓紧制定国家职业（技能）标准，明确对各类劳动者的岗位要求，积极推行劳动预备制度，坚持'先培训、后上岗'的就业制度，继续改革大中专毕业生就业制度，使学生树立正确的择业观。地方政府教育部门要与人事、劳动和社会保障部门共同协调，在全社会实行学业证书、职业资格证书并重的制度。"

十几年来国家除在上述诸多《决定》中，一再提出要在全社会实行职业资格证书制度外，并且在《劳动法》《职业教育法》以法律形式，把对各类从业人员要实行职业资格证书制度作为法定要求加以规范。如《劳动法》第八章第 19 条规定："国家确定职业分类，对规定的职业制定职业技能标准，实行职业资格证书制度，由经过政府批准的考核鉴定机构负责对劳动者实施职业技能考核鉴定。"《职业教育法》第一章第八条规定："实施职业教育应当根据实际需要，同国家制定的职业分类和职业等级标准相适应，实行学历证书、培训证书和职业资格证书制度。"

根据《劳动法》《职业教育法》的规定，劳动和社会保障部为提高劳动者素质，促进就业和加强就业管理，2000 年 3 月，做出《招用技术工种从业人员规定》，并自 2000 年 7 月 1 日起施行。在这个规定中，提出了"国家实行先培训后上岗的就业制度。用人单位招用从事技术复杂以及涉及国家财产、人民生命安全和消费者利益工种（职业）的劳动者，必须从取得相应职业资格证书的人员中录用"，"技工学校、职业（技术）学校、就业训练中心及各类职业培训机构的毕（结）业生，必须取得相应职业资格证书后，才能到技术工种岗位就业"。在《规定》的附件中，颁布了《持职业资格证忙就业的种（职业）目录》，共达 90 个之多。涉及中等职业学校开设的大部分专业，可见中等职业学校实行职业资格证书制度，已经到了非行不可的地步。

纵观世界各国，建立一个现代职业资格证书制度是一个国家经济、科技、文化和教育发展到一定阶段以及职业高度分工的必然要求。所以，完善的职业资格证书制度，是科学地管理国家和社会必不可少的工具。从这个意义来说，有无健全的职业资格证书制度，也是一个国家和社会文明发达程度的标志。

职业资格证书制度对公民个人来说，标志公民具有从事某种职业所需知识和技能已达到的起点标准，是求职、任职、从业有效的资格凭证；是用人单位招聘、录用的主要依据；也是境外就业、对外劳务合作办理技能水平公证的有效证件。对中等职业学校来说，现在是推广施行职业资格证书制度最好时机，一是各地有 7~8 年实行这种制度的经验；二是有了教育部新颁的以全国职业分类大典为依据，这就使实行这一制度具备了规范教育和教学的基础条件。

二、中等职业学校实施职业资格证书制度的初步成效

天津电子职业学校是 1992 年首批试行职业资格证书制度的 6 所职业学校之一，以电子技术专业的无线电装接工为例，自 1992~1999 年先后有 1357 名毕业生参加了职业技能鉴定。初级工（三级工）合格率 100%，中级工（四级工）合格率由 20% 提高到 82%。职业资格证书制度的实施使该校毕业生录用率由 1992 年的 60% 上升到 1997 年的 100%，就是在近两年国企实行战略性改组，下岗职工增加，就业不景气的情况下，就业率也保持在 80% 以上。

职业资格证书制度取得了初步成效，总结起来，有如下几点：

（一）破除"普教模式"加强实习教学环节

该校前身是一所普通中学，改建为职业学校后基本上走的还是重理论教学、轻实习教学的路子。实施职业资格证书以后，增加了技能课的教学时数，

摸清了各专业工种的技能结构，制定了技能考核量化标准，并且使这一标准与该工种职业技能鉴定考核标准相一致，同时将职业资格证书考核的内容分解到相关教学阶段，融进教学全过程，从而体现了职业教育的特点。

（二）加强校内实习场地建设，创建校外生产实习基础，实行产教结合

实行职业资格证书制度后，学校切实加强了实习教学，把培养学生熟练的技能技巧放在重要位置上，因此，学校在原有三个电子实验、实习室的基础上，又投资 30 万，增建了无线电调试实验室一个，电子实习室一个。为了加强学生的岗位能力，自 1992 年开始学校与天津长城电视机厂正式签订协议，学校承包了彩电车间的一条主机板的生产线，有 82 个工位供在校学生生产实习专用，成为学校校外生产实习基地。基地按厂方要求完成生产任务，厂方保证生产线的设备完好及材料供应，并派出产品质量检验员，严把质量关。学生在生产流水线上实习锻炼，组织性、纪律性得到了加强，职业道德得到了培养，岗位能力得到了提高。在天津市举行的"做跨世纪人才"职业技能大赛中，该校学生获得电子技术专业第一、第二名的好成绩。

（三）将竞争机制引入学校

实施职业证书制度激发了学校和师生的积极性和进取精神。他们在实践中认识到：学校办得好坏，是否符合当地社会经济发展的需要，除了教育内部评估标准外，还有一个社会考核标准。这就促使他们着力端正专业设置方向，提高教学质量，特别是加强实习教学环节，着重培养学生的能力和技术。

（四）促使学校加强了专业师资队伍的建设和管理

为了提高专业教师的教学质量，学校有计划地组织他们到校外生产实习基地去学习锻炼，了解和掌握生产岗位对学生技能的要求，安排实习指导教师定期轮换顶岗生产，一方面提高他们专业技能，另一方面使他们熟悉现代化的大型自动化流水线的生产节奏，增加实践体验。有些教师还参加了职业技能鉴定，获得了职业资格证书，成为"双师型"教师。这一举措极大地促进了学生的学业和技能水平，毕业生受到用人单位的普遍欢迎。

总之，实行职业资格证书制度，有利于学校按照职业教育的特点和规律，端正办学思想，深化教学改革；有利于促进毕业生素质的提高，是充分调动教师学生努力钻研技术的积极性，提升职校教学管理科学化程度的重大举措。

三、中等职业学校怎样加强职业资格证书管理

（一）学校领导和广大教师对实行职业资格证书制度要达成共识

1. 根据国家法律和法规的要求，深刻认识到职业资格证书制度势在必行，从而提高对实行这种制度的自觉性和主动性。

2. 认识到职业学校实行学历文凭与职业资格证书并重制度，是职业学校彰显特色，提升学校品质，契合业界要求的必由之路，非如此不能求得学校自身的发展。

3. 认识到实行职业资格证书制度，要克服很多困难，只有深化教学改革才能顺应时代要求。

（二）正确解决学历教育内容和职业资格鉴定内容不一致的问题

1. 中等职业学校教育和教学内容与国家职业技能标准内容不一致是客观存在的。这是因为：

（1）职业学校学制教育与职业技能鉴定功能定位不同

教育部在新颁《中等职业学校专业目录》中，贯彻以下重要原则：基于国家产业分类与职业分类标准，专业的业务范围以宽为主、宽窄结合；现实性与前瞻性相结合等，强调"以全面素质为基础，以能力为本位"和"适应未来"的新观念。所以新的专业目录每一个专业的培养目标和业务范围都明确表述了应覆盖的产业和职业岗位群，体现"以宽为主"。在初步确定的259个专业所培养的人员能够满足《中华人民共和国职业分类大典》中的第二、三、四、五、六"大类"中的约千余个职业岗位，适用范围广、针对性强。新的专业目录适用于中等专业学校、职业中专、职业高中、技工学校和成人中专校。从专业设置上，淡化了五类中等职业学校的界限，使中职专业设置课程建设逐步规范。但是，国家职业技能标准和依此实施的职业技能鉴定的功能定位是：对劳动者（包括职业学校学生）一定时期内的职业知识与职业技能做出评价，虽然也是根据《职业分类大典》所确认的"职业"为依据，但所依据的是《大典》的"细类"，而非"大类"，也不是中类和小类。"细类"是《大典》最基本的类别，其划分和归类是根据工作对象、工艺技术、操作方法等的同一性进行的。《大典》将我国职业划分为8大类，66个中类，413个小类，1838个细类（职业）。例如钳工这个职业，在教育部新颁《中等职业学校专业目录》中，归类于机械加工技术专业，培养目标为"机械冷加

工操作人员"；但在《大典》中划分和归类（6－05－02－10）装配钳工、（6－05－02－02）工具钳工和（6－06－01－01）机修钳工3种职业。据此，劳动和社会保障部分别制定国家职业技能标准，每个标准又分初、中、高三个等级，并均属实行"准入控制"的职业。

由此可见，由于职业学校教育培养目标功能定位和职业技能鉴定目标功能定位的不同，所以说他们之间存在着差异是一种正常现象，不仅我国如此，其他国家也是如此。

（2）职业学校专业设置、教学内容和国家职业分类、职业技能标准均具有相对稳定性，而稳定性与滞后性居于同一体中

无论是职业学校专业设置和基本教学内容，或者是国家职业分类，制定职业技能标准，都是一项非常复杂、庞大的教育和社会基础工程，一经决定后，不可能随意更改，因此他们都具有相对稳定性的特点。但是，社会经济、社会生活、科学技术发展变化很快，今天看来制定的专业目录和职业技能标准是先进的，没过一年、两年，其中有些就会显得落后、陈旧了。所以，既要有稳定性，就必然伴随着滞后性。稳定与滞后处于同一体中，拿《普通中等专业学校专业目录》和《技工学校专业（工种）目录》来说，他们分别是1993年和1994年制定的，当时看来是很不错的，分别被国家教委、劳动部誉为是做了一项奠基性工程。但在历时六七年之后，又有今年新颁专业目录的出现。国家职业分类大典1999年5月正式颁布，是用了三年时间由46个行业主管部门共同努力，组织近千名专家、学者和工作人员集体攻关而成。由此可见，职业学校专业目录也好；国家职业分类、职业技能标准也好，有与现实要求不相符合的地方是难以避免的，并且随着时间的推移，这种不相符合的地方还会日益增多。

（3）在《大典》第二、三、四大类中的职业，如特种工艺、美容美发、摄影、餐饮、烹饪、品酒、调酒等，在现实条件下，很难制定量化指标加以检测，因此职业学校这些专业学生的技能水平，基本靠考评员的感官知觉加以检测认定，由于考评员认知能力的差异，因而对学生考评的成绩的认定存在着某些差异性，也是难以完全避免的。

2. 在分析中等职业学校教育与实行国家职业资格证书制度存在着差异和成因后，如何解决这些矛盾，既能完成学校的教育和教学目标，又能使学生顺利通过中级职业技能鉴定，获得职业资格证书。结合我们学校和各地的实

践经验，我们认为应做好以下几点：

（1）坚持要让学生"学会求知"和"学会生存"这一现代教育思想；坚持全面推进素质教育，培养学生扎实的学业基础，同时掌握必备的就业技能。为此，学校和教师要不懈地创新，把不断涌现的科学技术成果和知识传授给学生，养成学生终生学习的习惯和勤奋进取的精神。

（2）中等职业学校的教学要按新颁专业目录的要求，坚持以下三原则，构建新的教学模式。三原则是：政治文化、专业基础素质与实际操作能力并重的原则；现实性与前瞻性相结合的原则；专业的业务范围以宽为主，宽窄结合的原则。有鉴于此，在制定教学计划时，要采取分解目标、量化标准、梯度推进的方法。

（3）根据上述三个坚持教育指导思想和三项教学原则，中等职业学校的教学结构将是一种梯形结构和采取弹性学习制度的多元模式。示意图如下：

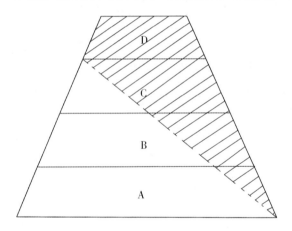

说明：1. △指文化基础课，▨指专业课与职业技能训练；

2. A指拓宽基础，重素质养成．可称之为基础教育年；

3. B指仍以文化基础教育为主，但专业能力的培养占有一定比重；

4. C指重专业关键（核心）知识能力的培养；

5. D指对鉴定考核标准。"应知""应会"进行全面教育和实作训练。

（4）根据以上教学结构的要求，职业学校教材，应本着"一纲（教学大纲）多本"的原则，由学校自主决定，并鼓励教师自编有特色的讲义和教材。一般说来，专业课、特别是工艺课程的教材应使用主管部门编辑的同该职业考核大纲配套的教材为宜，从而达到考教合一的效度。

（5）由于新的教学结构将国家职业技能标准的要求，采取分解目标、量化职业技能标准的做法，纳入教学计划、教学大纲之中。我们认为经省级职业技能鉴定指导中心评估督导合格，《标准》中的"知识要求"（应知）可与学校毕业考试（或学年考试）合并，不再又单独组织考试，以减轻学生、学校和鉴定站（所）负担。据了解，天津、常州等市采取这样的做法，取得了良好的效果。

（6）对职业学校学生"技能要求"（应会）的考核必须严格要求，严肃考纪，公正公平，树立职业技能鉴定良好形象和国家职业资格证书的权威。为此学校应加强严肃考风考纪的教育，培养学生诚信守纪的良好品质。

职业技术院校实行职业资格证书制度的现状与展望^①

现　状

我国当今职业资格证书种类较多。根据调查，各地职业技术学校（院）实行的职业资格证书制度，有劳动和社会保障部颁发的技能人才《职业资格证书》，人事部颁发的专业技术人才《执业资格证书》（主要是高职院校）和农业部颁发的《绿色证书》（主要在农村初、中等职业技术学校、乡镇成人学校推行）。此外，尚有少数学校试行国外的职业资格证书。劳动保障部门颁发的技能人才《职业资格证书》，是当今我国职业资格证书制度的主体。在获得证书的群体中，职业技术学校（院）的学生约占 45% ~ 60%，成为推行职业资格证书制度和就业准入制度的主要领域之一。

成　效

1. 转变了职业学校的办学指导思想，树立了职业教育为当地社会经济发展和以就业为导向的办学理念。许多地方和学校通过多年来实行职业资格证书制度的实践与研究，认识到人才培养和教育评价制度具有重大的社会功能、经济功能和教育功能。

2. 为国家培养了一批持有"双证"的技术工人和专业人才，改善了职工队伍的结构。培养了一批有文化又有一技之长的新型农民。其中许多人因为有一定的专业技术，增加了收入。据了解，在约一亿进城务工的农民工中，持有初、中职业资格证书者工资收入比无证书者高出 3 倍，且他们就业较稳定，劳动条件也较好。

3. 以职业资格证书为纽带，加强了学校与企业的结合，促进了职业学校的管理体制、办学体制的改革。坚定了学校走"为学生服务、为企业服务、

---

① 原载《教育与职业》2005 年第 5 期

为经济建设和科技进步服务"的职业教育特色之路的信念。

4. 促进了职业学校教育教学改革和办学条件的改善。许多学校以国家职业标准为指导构建能力型人才的培养模式，他们根据劳动力市场需求信息，适时调整专业设置和培养目标，构建综合型专业课程，使教学内容适应知识更新、产业结构调整的需要。改革学习与教学的评价方法，特别是实训与实验教学条件有明显的改善。

5. 促进了职业学校师资队伍的建设，加强了专业理论教师、生产实习指导教师和"双师型"教师的培养。

6. 实施职业资格证书制度，促进了毕业生就业率的提高，许多职业学校毕业生初次就业率一直保持在95％以上。

展　望

在短短的10余年间，各地职业技术学校（院）实行职业资格证书制度取得了明显成效和经验的同时，不可避免地出现这样或那样的问题。为此，提出以下几点建议：

1. 以《劳动法》《职业教育法》为法源，尽快出台国家《职业资格证书条例》，进一步把实施职业资格证书制度提升到专项立法的层面，强化法制建设。《条例》应包括职业资格证书制度的性质、内涵、就业准入、职业标准、职业技能鉴定、学历证书与职业资格证书的互通互认、激励措施、实施证书制度相关主体的权利与义务、经费保障等内容，用专项条款加以规范，使其具有科学性、导向性、前瞻性和可操作性。

2. 以修订《职业分类大典》为契机，不失时机地制定与《大典》相匹配，即涵盖《大典》中各类职业的全国统一的职业资格证书制度的框架。《大典》按照工作性质的同一性的原则，对我国社会职业进行了较为科学的划分和归类。这对职业学校的专业设置和实施职业资格证书制度提供了规范。《大典》涉及的职业分类超越了行业、部门的界限，不拘泥于干部和工人的身份，职业资格证书理应与之相应对接，以职业的同一性为基本原则，设置与之相匹配的一体化的职业资格证书。但现行的职业资格证书制度，仍沿用行政部门的分工而分别设置技能人才的《职业资格证书》（劳动和社会保障部管辖），专业技术人才的《执业资格证书》（人事部管辖），教师、医疗医药卫生人员的《从业资格证书》（分别由教育部、卫计委、医药局管辖）以及农村《绿色证书》（农业部管辖）等。形成一种按行政隶属关系不同而分割的局面，这与《大典》中职业分类的同一性是不匹配的。这就难于避免交叉和重复，形成"证出多门"现象，削弱了《大典》在实际应用上的效度和各类职业资格证书的社会认可程度、影响力和权威性。建立与《大典》相匹配的是国统一的职业资格证书制度的框架，主要解决职业和岗位（群）的职业定位，提出职业技术与技能标准的一般要求。然后再按部门、行业的职业和岗位（群）特定要求和专精程度，依法制定实施规范。这种统一的职业资格证书制度框架，有利于对劳动者职业能力的公平认定，也有利于国际间职业资格证书的互通。

3. 改革管理体制和运作模式，实行分级管理、市（地）为主、政府统筹、各方参与的管理体制和运作模式。从职业技术学校这一层面来说，职业资格证书制度能否促进完成《教育振兴行动计划》提出的要求，关键在市（地）一级教育行政部门能否认识到位，劳动行政部门和职鉴机构如何主动配合。

在省一级，由劳动厅（局）牵头，建立有教育、人事等部门参加的协调机制。教育厅（局）以制定本省《2003～2007年教育振兴行动计划》为契机，会同劳动、人事部门，落实在职业学校推进职业资格与执业资格证书的要求，以农业部等六部（2003～2010）《全国农民工培训规划》为蓝图。制定县级职业教育中心、乡镇职业技术学校和初级中学中、初级工职业资格证书和"绿色证书"的实施计划。改革农村文化与职业技术教育内容、课程结构，以适应农村、农业发展和农民进城务工的实际需要。

在省级政府统筹下，可选择教育、劳动、人事部门协作较好的大中城市，在现行职业技能鉴定指导中心机构基础上，扩大职权，试办职业资格证书工作委员会，以统筹和推进有关证书的各项工作。

市（地）级政府应建立推行职业资格证书的协调机构或工作机构，其职责是：（1）制定有关实行职业资格证书制度的规划，并进行宏观指导；（2）对未纳入国家执业资格标准或职业技能标准的职业（工种），制定行业的岗位合格证书，以解决当前急需；（3）检查落实有关法律、法规和就业准入制度的贯彻实施；（4）规范鉴定工作，仲裁有关考核鉴定中的争议；（5）规范国外证书的引进及其认证机构的活动，促进中外认证工作的交流和沟通；（6）受理群众举报，调查处理违法事宜，对搞假证者严加追究处理。

4. 实施职业资格证书制度，关键是做好鉴定工作。要改进和创新职业资格考核鉴定模式，根据各地的实践，职业资格鉴定的运行机制要做到四个统一，即统一试题管理，统一考务管理，统一考评人员资格管理和统一证书管理。在具体实施鉴定时又要做到三个分别，即分级管理、分层运作和分类指导。对于不同的职业技术学校，不同的专业（工种）应根据其不同的特点分类组织鉴定。如传统的通用工种可依既定的统一标准鉴定，而高新技术的工种鉴定要兼顾相关企业的特殊要求。有些学校开设的部分新专业，则要从支持学校教学改革出发，制定单独的职业资格鉴定方案，鼓励学校提高学生综合素质，培养综合职业能力。

5. 深化教育教学改革。构建"双证"融通的人才培养模式，以利于两种证书培训内容的衔接、融合。"双证"融通模式的培养目标就是使学生既具备劳动力市场所需的能力和资格，又能够不断地更新和充实自己的能力与知识。为此，它必须达成下列目标：具备职业知识和职业或行业工作的基本能力；具备敬业乐群、负责进取的工作态度；具备一定的人文和科学素养，增强创造思考以及适应社会变化的能力；具备一定的社会与科学知识，为终身学习和职业生涯发展奠定基础。

"双证"融通专业设置，应遵守以下原则：（1）适应地方经济发展与产业结构调整的原则；（2）突出技术性与实用性特色的原则；（3）兼顾继承与发展的原则；（4）兼顾规范性与灵活性的原则；（5）专业口径宽窄适度的原则。

"双证"融通模式的课程体系设计的主导思想是：在继承以学科为中心的基础上，树立以能力为中心的概念。采取职业分析法使课程内容适应经济发展和技术进步，开发综合课程使基础与专业、适应性与针对性、理论与实践、当前职业需要与终身学习要求等关系都得到较好的处理。

6. 实行"双证"互认和对职业资格证书持有者的激励政策。一是学历层面，凡高级技工学校、技师学院。其办学条件、专业设置、师资水平等符合本省（自治区）职业技术学院的评估标准的，应允许这类院校拥有颁发专科学历资格。这类学校毕业生，毕业考试合格的，即可获得学历文凭与职业资格两种证书。二是课程的互认。中等（含中等）以上技工学校或职业培训机构的学生所学课程，与之相对的职业技术学校（院）所学专业知识或课程相等或相近的，在该生转入职业技术学校（院）学习时，免修其相同或相近课程。这种互认方式是为逐步建立教育学分制奠定基础，即实行学分制或其他弹性学制，用学分折算，表述其所学知识或课程的深度和广度。三是可借鉴台湾地区的证照制度中（名称是技术士，分甲、乙、丙三个等级。有的行业是两级或单一等级）职业资格和学历资格互认的办法。如：获得丙级以上技术士证者，可申请参加职业学校或专科五年制相关组一年级甄选保送入学；再如获得乙级以上技术士证者，可申请参加专科学校二年制、技术学院四年制或大学相关组系一年级甄试保送入学，另外还规定获得甲级技术士证者，增加甄试实得总分 20%；获得乙级以上技术士证，增加甄试实得总分 10%。以资对证书持有者的鼓励。

对职业资格证书持有者实行这种激励政策，有利于鼓励职业技术院校毕业生参加技能鉴定。实现《教育振兴行动计划》提出的要求，有利于提高职业资格证书的社会认可程度，有利于促进职业资格证书持有者接受继续教育。

7. 严格实行就业准入制度和持证优先就业政策。建议采取以下两项措施。（1）利用劳动力市场和人才市场资源，组建统一的职业介绍中心，成立相应的职业中介协会组织，并使其成为当地人才储备、交流和认证机构。（2）加强企业、行业协会建设或恢复建国初期同业公会组织。运用行业组织机构，把职业学校教育及证书制度与企业，特别是中小企业密切联系起来，使其有实施这一制度的畅通渠道。行业协会或同业公会任务是协助职鉴机构制定地方的职业岗位合格证书标准，更新和充实职业技能鉴定所（站）的设备，督促检查就业准入制度在企业的落实情况，并及时协助改进。

8. 鉴定收费问题。各级职业技能鉴定机构是不以盈利为目的社会事业组织。其经费来源主要是靠收缴鉴定费。为此，收费标准应遵循收支相抵略有结余的原则，努力提高工作效率，节约经费开支，千方百计减轻参加鉴定者的经济负担，有条件的可减收一定比例的收费额度。

台湾职业学校开展技能检定并
实施证照制度的现状与借鉴①

一、基本现状

台湾地区将职业资格证书制度称为技术证照制度。依其技能范围及专精程度，一般分为甲、乙、丙三个等级，起始于1973年，根据台湾《职业训练条例》办理，迄今已有32年的历史。据截至2002年12月末统计，全岛历年累计参加技术士技能检定人数近467万人，经检定合格核发的技术证总计为142个职业（工种）的253万张，其总合格率为54%。依发证的级别而言，分别为丙级2，246，080张，占88.94%（含单一级之16，901张）；乙级271，827张，占10.76%；甲级7，438张，占0.29%。若按合格发证类别而言，以金属、机械加工类最多，有497，749张，占19.59%；第2位是计算机软件应用、硬件装修类为301，234张，占11.93%；第3位是会计事务类为288，478张，占11.42%；第4位是美容、美发类为275，030张，占10.89%；第5位是中餐烹调、烘焙食品类为266，632张，占10.56%；其余各类则较少，均不到10%。

对技能人才实施技能检定已成为台湾最大规模的技术类考试与考核制度，其中以职业技术学校（院）学生为主体。从1947年开始，大量学生参加职业技术教育有关各职业之技术技能检定，尤以高级职业学校学生为数最多，其次为专科学校学生，职业学校学生。大多数系团体报名参加，特别是为在校生所举办的项目技能检定，参检学生踊跃；但也有部分学生则于在校期间或毕业后个人报名参加社会青年技能检定，以取得技术士证。

据统计1975－1980年及1993－1995年办理在校学生项目技能检定期间，职校学生所参加之技能检定职类、级别中，检定合格人数即占该职类、级别总合格人数比率高达约60%以上；上述比率，还不包括有的学生个别报名参

---

①　原载《职教通讯》2005年第9期

加社会青年技能检定统计数字。据另一统计数字，1974－1992 年 18 年间，经检定合格发证数合

计为 355，267 张，平均每年为近 2 万张；而全面扩大办理职校学生项目技能检定后的 1993－2002 年的 10 年间，合格发证数合计为 2，170，088 张，平均每年为 21 万余张；从上述数据即可知，职校学生技能检定在台湾技能检定中占有绝对重要的分量。历经多年的发展，台湾技术技能检定与职业学校紧密结合，已形成其特色；而大量接受过职业教育的学生参加技能检定后投入社会经济建设，有助于提升台湾劳动者的职业素养，并对台湾经济起飞贡献良多。

二、激励政策

台湾主管证照制度的行政机构是劳委会，为了在职业技术学校（院）普遍推行这一制度，以及便于社会人士在取得技术士证之后，能进一步接受学校的系统的职业技术教育，劳动会与教育行政主管机关研究了多项详细的激励政策和规章。举其大者，有以下几点：

（一）《专科学校专业及技术教师遴聘办法》规定，高中以上毕业生取得与任教科目相关的甲级以上技术士证，或专科以上学校毕业生取得与任教科目相关的乙级以上技术士证及相关工作年限四年以上者，可参加专科学校专业及技术教师考评。这相当于大陆职业学校专业理论教师和生产实习指导教师。

（二）《职业学校技术及专业教师甄审登记遴聘办法》规定，"经取得与其预定登记学科同类科乙级技术士证……，具有性质相关之专业或技术实际工作二年以上；且经专科以上学校毕业者""经取得与其预定登记学科同类科甲级技术士证……，具有性质相关之专业或技术实际工作五年以上；且经高级中等学校毕业者"，可遴聘为职业学校技术及专业教师。

（三）《专科学校夜间部二年制暨技术学院进修部四年制在职进修班入学考试在职人员依毕（结）业年资及职业证照及升学优待实施要点》规定，职业证照于专业科目加权计分，方式如下：

考试类别相关职业证照	原始专业科目实得分数合计成绩加权计分比率
甲级	15%
乙级	10%
丙级	5%

取得技术士证后	工作经验	可报考学校
丙级或 相当丙级以上	0 年	有报考五年专科学校 一年级新生之间等学力资格
丙级 或相当丙级 乙级 甲级	5 年 2 年 0 年	有报考二、三年制专科学校及大学一年级新 生之间同等学力资格
甲级	3 年	有报考大学硕士班入学 考试之间等学力资格

（四）报考专科学校或大学同等学力资格认定标准

（五）《中等以上学校技艺（能）优异学生甄试及甄审保送入学办法》规定，持有丙级以上技术士证者，可申请参加职业学校或专科五年制相关组一年级甄试保送入学；持有乙级以上技术士证者，可申请参加专科学校二年制、技术学院四年制或大学相关系组一年级甄试保送入学。

（六）《高级中等学校技艺（能）优良学生甄试及甄审保送入学实施要点》规定，持有甲级技术士证者，增加甄试实得总分20%；持有乙级技术士证者，增加甄试实得总分10%。

（七）《自学进修学力鉴定考试办法》规定，持有乙级以上技术士证或相当于乙级以上技术士证之资格后，具有二年以上工作经验，经鉴定具有专科学校毕业或相关类科学力者，由教育部发给专科学校学力鉴定及格证书；持有丙级技术士证或相当于丙级技术士证之资格后，具有三年以上工作经验，及取得乙级以上技术士证或相当于乙级以上技术士证资格后，具有一年以上相关工作经验，经鉴定具有职业学校毕业相关科学力者，由省（市）政府教育厅（局）发给职业学校学力鉴定及格证书。

此外，从1977年开始，台湾专科以上学校及高级职业学校学生于报名参加相关职类之丙级技能检定时，经测验其相关知识已达到一定标准，依规定免去其学科和丙级学科技能检定测验的职类数，2001 年达到 102 个职业（工种）。

此外，对取得技术的技能人才，在就业方面，劳委会和企业还规定多项优惠措施。在企业方面，如中国造船公司、夏华塑料公司，以及台湾松下公司等众多公民营企业单位，对取得技术士证者，给予优先录用、优厚待遇及优先升迁等实质激励。劳委会职训局对持有技术士证，而且对技能发展与服务有特殊贡献者，将列为全岛十大技术楷模之对象，以肯定其社会地位。

三、启示与借鉴

台湾对技能人才实行技术士证照制度与大陆职业资格证书制度有许多相似之处：一是从这一制度体制分析，都属于政府管辖而非民间的一种认证制度，大陆由劳动和社会保障部综合管理，台湾由劳委会管理；二是从认证方式上看，两岸都是采用国际通行的第三方认证的现代认证方式，实行教考分离；三是从鉴定与检定性质上看，都属于标准参照性考试和考核；四是从鉴定或检定标准内容上看，都是以职业活动本身为导向和以提高职业能力为核心。基于此，两岸同行应互相交流、借鉴，取长补短，把这一制度做大做强，促进技能人才快速成长，这对中华民族伟大复兴的作用和意义是不可估量的。就大陆而言，台湾证照制度可资我们研究借鉴之处有：

（一）强化职业资格证书制度的法制建设。台湾对检查证照制度，开展技术士技能检定，有完善的法制基础。1983 年颁布《职业训练法》，有专章（第六章）专款（共 5 条）构建证照制度的法源。之后，劳委会职业训练局为推动办理技能检定工作，先后订定《技术士技能检定工作分工与编组原则》第 30 种行政规章，俾据依法行政。

在《职业训练法》中规定："为提高技能水准，建立证照制度，应由主管机关办理技能检定。必要时政府主管机关得委托有关机关、团体办理。（第三十一条）办理技能检定之职类，依其技能范围及专精程度，分甲、乙、丙三级；不宜为三级者，由政府主管机关定之。（第三十二条）技能检定合格者称技术士，由政府主管机关统一发给技术士证。技能检定题库设置与管理、监评人员之甄审、训练与考核、申请检定资格、学、术科测试委托办理、术科测试场地机具、设备评鉴与辅助、技术士证发证、管理及对推动技术士证照制度奖励事项，由政府主管机关另以法定之。技能检定之职类开发、规定制订、试题命制与阅卷、测试作业程式、学科监场、术科监评及试场须知等事项，由政府专管机关另以规则定之。（第三十一条）进用技术性职位人员，取得乙级技术士证者，得比照职业学校毕业程度遴用；取得甲级技术士证者，得比照专科学校毕业程度遴用。（第三十四条）技术上与公共安全有关类别之事项机构，应雇用一定比率之技术士；其业别及比率由'行政院'定之（第三十五条）"。

这5条把证照制度的性质、内涵、技能检定的标准制订、人员培训、命题及程序等以及取得技术士证人员的录用待遇和应雇用行业技术士的比例，都用法律加以规范，具有可操作性、导向性和前瞻性。台湾各主管单位依照以上法律已制定诸多技术士证照有关管理法规。据2003年调查统计，计有50多种行业明确规定必须持有一定比例的技术士证照人员，方能进行作业及相关职技学校接受技术士继续教育优惠实施办法。举其大者计有：冷冻空调管理规则；电气技术人员管理规则；广播电视无线电台设置使用管理办法；劳工安全卫生组织管理及自动检查办法；矿场、营造业管理规则；建筑物公共安全检查专业机构与人员认可基准；汽车修理业管理办法；报考大学同等学力认定标准；专科学校、职业学校技术及专业教师甄审登记遴聘办法；中等以上学校技艺（能）优良学生甄试及甄审保送入学办法；专科学校技艺（能）优良学生甄试及甄审保送入学实施要点；职业训练师甄审遴聘办法；等等。

（二）台湾的技能检定，从20世纪70年代起，着眼于技职校院学生和职训中心学员升学、就业与终身学习的需要，因而从这一制度建立起始便与学校教学密切结合，形成"两种"证书制度较为完善的对应、沟通、互换机制，且有较为完备的教学法规予以明确的规定，以激励学生和社会青年积极参加技能检定；对持有证照者，又鼓励他们接受技职教育，从而构建起"双证"互动的机制。

大陆在学历文凭与职业资格证书如何衔接问题上，刚刚开始着手研究。我们认为职业教育主管机关应在"职业教育就是就业教育"这一全社会认同的思想基础上，采纳国家职业标准"以职业活动为导向、以提高职业能力为核心"，作为职业学校（院）职业教学计划和课程建设的根本指导原则，从而构建"两种证书"教育和教学共同基础；其次还要遵循实际操作能力与专业基础与文化知识学习并重、共同为培养目标服务的原则；再结合地方、行业科技发展的实际水平，就不难构建"两证"教育教学互通、衔接的新的教学模式和课程内容。

（三）台湾实行证照制度十分重视技术士的继续教育和回归教育。如前所述，台湾教育行政机关共颁布了《报考专科学校或大学同等学力资格认定标准》等2项规定，对持有甲、乙、丙技术士证照人士，都可以选择任何一种符合自己实际情况的职业技术学校（院），接受系统的学校教育。我们企盼国家和省级教育行政部门借鉴"台湾"经验，把职校学历文凭教育放开，依据《职业教育法》《民办教育促进法》，制定相关的法规，激励持有职业资格证书的人员，能脱产或业余回归职技校院，继续接受中、高等职业教育。这是提升职业资格证书社会认可程度的一项重要举措。此外，对那些办得好的高级技工学校、技师学院，符合职业技术学院办学标准，应依法认定有授予专科学历文凭证书的资格，不应因隶属关系不同而将其列入"另册"。

第五章 评论与争鸣

读《中国职业技术教育学》①

我有幸成为《中国职业技术教育学》的第一位读者。这部由吕可英和董操同志主编、齐鲁书社出版的专著，是全国教育科学"七五"期间国家教委级重点项目"职业技术教育基本理论的研究"计划出版的著作之一，其目的在于探索职业技术教育的基本规律，为这一新学科的建设做一些基础性的工作。这部著作由山东省教委领导亲自主持，约请各地30余位专家、学者和实际工作者参加撰写，历时三载，几易其稿方付梓问世。通览全书，可以看到编著者以广阔的视野和精心的构思，反映国内外职业技术教育的最新成果和我国实际工作的巨大成就，总结、概括了职业技术教育的基础知识、基本经验和基本理论，使这部专著具有科学性、综合性和实践性的特点。

科学性表现在立论的准确性和理论上的深度。在第一章导论中，作者开门见山地从提高劳动者素质的重要性和紧迫性出发，阐明发展职业技术教育的重要意义，而不是就职业技术教育论职业技术教育，从而抓住了问题的实质，揭示出职业技术教育社会性这一本质特征及其功能。关于职业技术教育的概念如何表述才具有科学性和实践性，作者经过分析、对比，采纳了一位青年职业技术教育研究工作者的意见，做如下概括表述："中国职业技术教育学中所谈的职业技术教育是为适应职业需要进行的教育，包括就业准备、在职提高和转换职业所需要的教育。职业技术教育的任务是使受教育者在不同

---

① 原载《职业教育研究》1992年第3期

水平的普通教育基础上，掌握专门的实用知识和技能、技巧，成为各类社会职业所需的实用人才。现代职业技术教育是经济和社会发展的主要手段，也是人的个性得以发展的重要渠道。"① 这个概念之所以较为全面、准确，是它既表述了职业技术教育的内涵与外延，表述了它的功能、作用及与其他类型教育的重大区别，从而揭示出它的本质特征。

此外，职业技术教育界长期争论的"什么是职业？""什么是技术？""什么是职业技术教育？"以及为职业技术教育"正名"等问题，这部专著的作者在坚持马克思主义基本原理和吸收他人研究成果的基础上，都提出了全新的论点，作了令人信服的阐述。

这部著作的综合性，在于它几乎涉及我国职业技术教育和培训的各个方面。全书从宏观论述职业技术教育与社会发展的关系到微观论述教育与教学，都有所阐述。如第十章康复（即特殊）职业技术教育、第二十四章职业技术教育的教学体制，在迄今我所见到的诸多教育学著作中，都过往都不曾讨论过，《中国职业技术教育学》都有专章加以论述。又如职业技术教育的考核与职业证书制度在我国是一项刚开始起步的全新工作，这部专著的第三十章，汇集了国内外的大量资料，把它作为职业技术教育的一个重要问题进行概括和评述，读后令人耳目一新。

《中国职业技术教育学》有较强的实践性和实用性。全书无论宏观研究还是微观论述都是从考察研究我国职业技术教育的历史和现状入手，将经验上升为理论。因此，这部著作具有重要的现实价值。

这部专著结构严谨、布局有序，既有某一方面的中心内容，各章之间又互相呼应，浑然一体。全书由四编三十章构成。第一编是从宏观上论述职业技术教育与社会发展的相互关系，第二编论述我国各级职业技术学校的教育和培训，第三编从微观论述职业技术教育和教学，第四编为职业技术教育的科学管理。这样的结构体系与布局设计，可说是匠心独运，反映了职业技术教育学科的特点，突破了一般教育学著作的惯常模式。

可以毫不夸张地说，《中国职业技术教育学》的出版，标志着我国职教的科学研究迈上了一个新台阶。在欣喜之余，我热切的期待着有更多、更好的具有中国特色的职业技术教育学理论著作问世。

---

① 吕可英 董操 主编. 中国职业技术教育学［M］. 山东：齐鲁书社出版社，1991.

职业教育机关唯一的生命是什么①

兼与熊星火同志商榷

熊星火同志在中国教育报 1992 年 7 月 2 日第 3 版《众说纷纭》栏目发表《城市职业高中生源不足刍议》（以下简称"熊文"）一文。作为《中国教育报》一名读者谨就"熊文"提出一些看法和意见，以就教于熊星火同志。

"熊文"指出："最近，我们对我市（指新乡市）职业技术教育工作情况进行了调查研究。几年来，随着中等教育结构改革，我市职业技术教育有了很大发展，但是，也发现诸多影响职教发展的问题。城市职业高中生源不足是其中之一。"

"熊文"进一步分析"城市职业高中生源不足"的原因"主要有二"："一是毕业生就业的现行政策还没有完全落实，学生找工作困难"；"二是教育质量不高，削弱了职高对学生的吸引力"。对有关就业的现行政策还没有完全落实的问题，熊星火同志做了这样的评述："1. 指标问题。有关文件规定每年给职业学校招工指标占当年招工指标的 20% 用作择优录用，这不算多的指标没有切块，每到毕业生分配时，跑指标使人们神经紧张，忙得不亦乐乎；2. 毕业生分配专业不对口问题。学电子的搞纺织，学机械的搞商业，像这种所学非所用的现象并非少数，既造成国家的浪费，又使学生个人不能享受职高毕业生应有的工资待遇，只得按学徒工拿工资，打击了职高生的积极性。"

同日，《中国劳动报》的一篇报道，对城市职业高中生源不足和就业难的问题则做了另一番解读。报道说："安徽加大三项制度改革力度，以进一步落实企业用人和分配自主权为主要内容的新的放权措施已经出台。在用人制度方面，今后劳动部门不再对企业下达指令性招工计划，企业可自主决定招收劳动合同制工人和使用临时工；招工的范围、条件、数量、方式和时间，均由企业按照面向社会、公开招收、全面考核、择优录用的原则自行决定，对

---

① 原载《职业教育研究》1992 年第 5 期

一些艰苦工作岗位，企业可本着先城镇后农村的原则确定招工条件，招收农村户口的，可录用为农民合同制工人，不转户口和粮食关系。在分配制度方面，改进企业工资总额的管理办法，企业工资总额提取随经济效益浮动。"

众所周知，企业三项制度（即劳动人事、工资和养老、待业社会保险）的改革，是转变企业经营机制的重要环节。在这种改革趋势之下，劳动部门今后不再下达指令性招工计划乃是必然。既然招工指标已被取消或者将要取消，按照熊星火同志所言，城市职业高中生源不足将更加无法解决，把我国职教事业再推上一个新的台阶更加困难。因为熊星火同志认为：城市职业高中生源不足的第一个原因便是"毕业生就业的现行政策还没有完全落实"。他指的"现行政策"便是招工指标问题。"每年给职业学校招工指标占当年招工指标的20％用作择优录用，这不算多的指标没有切块"，等等。很显然，熊星火同志这种认识即把职高生源不足归咎于招工指标没有落实的看法是与企业三项制度的改革相悖的。所以熊星火同志的这种认识值得商榷。笔者认为即使是实行指令性招工计划，一些地方的劳动部门在待业较为严重城市的年度招工计划中，划拨一定比例给职业学校毕业生择优推荐，以支持职业中学教育事业的发展，是无可非议的，但国家教委、劳动部门对职业中学毕业生就业政策是不包分配，择优推荐，从未要求要划拨多少招工指标分配职业学校毕业生，搞变相"包分配"更是不可取的。

熊星火同志还提出："毕业生分配专业不对口问题，学电子的搞纺织，学机械的搞商业。"为什么会产生专业不对口、学非所用的问题？熊星火同志没有加以说明，其实理由很简单，那个电子专业、纺织专业，恐怕是不符合或者已经超出了当地企业生产经营发展的需要。而计划、劳动部门又不可能为了满足职业学校毕业生"专业对口、学用一致"的要求，把毕业生硬塞给不要人的单位。

照此说来，城市职业高中生源不足的问题，究竟如何解决？

首先要研究这是一个什么性质的问题，基本矛盾何在？笔者认为：城市职业高中生源不足的问题反映不少职业学校缺乏办学活力，缺乏主动适应社会经济发展的机制，这是当今职业学校的基本矛盾，不能避开事物内在的基本矛盾从外部条件去找原因，这样当然无法得出正确的结论。要解决职业中学教育缺乏活力，缺乏主动适应社会经济要求的应变能力问题，就必须切实转变办学指导思想，深入教育教学和领导管理体制诸多方面的改革，形成学校内驱力。当然，外部计划、劳动、财政的支持和政策的配套也是重要的。

关于这个问题，早在半个多世纪以前，我国职业教育界的先驱黄炎培先生就作过精辟的分析。黄炎培在《职业教育机关唯一的生命是什么》一文中，非常形象地指出："就吾最近几年间的经验，用吾最近几个月的思考，觉得职业学校有最紧要的点，譬如人身中的灵魂，'得之则生，弗得则死'。是什么东西呢？从其本质说来，就是社会性，从其作用说来，就是社会化。"黄炎培在这篇文章的末尾，不惜再次强调："请把我的主意复述一遍：职业教育机关的本质，是十分富于社会性的，所以职业教育机关唯一的生命——是什么？就是——社会化。"——什么叫社会化？先生认为："办理职业教育，必须注意时代趋势与应走之途径，须十分注意当地社会情况。乡村与城市不同。即同是乡村，同是城市，其地方状况，亦不尽同。万一没料不合需要，必至影响于他日学生出路"。先生还告诫说："如若关门造车式办职业学校，吾敢断言非到关门不可。"黄炎培积长期从事职业教育的实践，提出办职业教育必须遵循三大原则："原则一——须绝对地因地制宜，因材施教"；"原则二——须向职业社会里边去设施"，"一般学校设施，皆宜以社会为根据，职业学校尤其宜向职业社会里边去办"；"原则三——宜从平民社会入手"。

黄炎培的职业教育基本思路和理论观点给我们以什么启示呢？

（一）遵行经济体制改革的趋势，到职业社会里去办职业教育。我们正处在向社会主义有计划商品经济发展的年代，建立在价值规律、供求规律和有计划按比例规律基础上的社会主义市场机制将日益发挥作用。我们要把握职业教育生命力在于社会化这一基本观点，切实转变观念，像黄炎培先生当年所说所做的那样"注意时代趋势与应走之途径，社会需要某种人材，即办某种学校"。把职业教育与当地的社会、经济和科学技术的发展联系起来，与劳动就业的需要协调起来。调整和纠正那些为迎合学生家长的爱好但社会并不需要的专业，或者仅仅根据学校条件而不是把社会需要放在首位而设置的那些专业。

（二）遵行职业教育要适应和服务于国民经济发展、科技进步、劳动就业需要的原则和"三结合"就业方针，改革职业教育和教学。我们要在现实条件下，办好职业学校。就职业教育而言，它的功能是多样的，既要满足经济发展的需要，又要满足个人发展的需要。我们的目标是形成职业教育与社会、经济、劳动就业协调发展的局面。这种协调发展的总体思路是：增加社会投人，扩大就业渠道，合理配置资源，促进经济发展。

要做到这一点，必须贯彻"三结合"的就业方针，扩大就业渠道，缓解结构性失业矛盾，也即缓解职业学校毕业生就业难的矛盾。我们应该把眼睛盯着招工计划指标转为盯着劳务市场，针对社会和企业劳动力需求状况，改革职业学校的教育和教学。

（三）改革职业学校的领导管理体制，形成能主动适应国民经济发展、科技进步和劳动就业需要的运行机制。许多学校之所以缺乏生机和活力，是由于学校缺乏应有的自主权，停留在一种"奉命办学"的状态，与企业、社会疏远甚至是隔离的，要改变这种状态，要使学校充满生机和活力，笔者认为应按照政校两权（政府领导和宏观调控权、学校办学自主权）适当划分的原则，使学校具有法人的地位，成为国民经济中一个从事智力开发的机构，改变学校对于主管部门的依附地位，形成自我发展的动力机制和运行机制。比如实行校长负责制、员工聘任制等。

（四）关于专业对口、学用一致问题。职业学校毕业生走向社会时，应当把专业对口、学用一致作为学校和用人单位共同追求的目标。但由于社会对劳动力需求的多样性和随机性，即使预测工作很先进的国家，事先预测也是有困难的，在我国预测工作尚未走上正轨的情况下，更是如此。所以职业学校的教学与劳动就业的实际需要之间脱节是难以避免的。另外，由于科学技术和社会经济的发展非常迅速，变化着的经济结构、技术结构和产品结构改变着劳动岗位结构，新的机器设备、技术工艺、材料能源以及新的劳动组织形式，打破职业学校专业技术教育结构原有的平衡，产生新的专业不对口和新的学用不一致。因此，专业对口、学用一致只能争取相对或者近似，而且需要学校与用人单位和有关部门合作。例如计划、劳动部门要加强劳动力需求预测工作，做到经常化、制度化，为职业学校提供信息服务；要扩大劳务市场，实现双向选择、竞争就业，运用市场机制的作用，促进学用一致；对职业学校来说，要切实贯彻。"三结合"的就业方针，放宽就业选择的机遇；要改革教育和教学，提高教学质量，培养一专多能的人才。

实践出真知①

评《产训结合的理论与实践》

产训结合，发展校办产业，实习产教结合，是改革和发展我国职业技术教育的一条重要方针。怎样正确地理解和执行这一方针呢？北京学院出版社新近推出的关裕泰等主编的《产训结合的理论与实践》（以下简称《产训结合》），较好地回答了这个问题。

《产训结合》的作者紧紧把握系统性、理论性和实践性的要求，从我国社会、经济、科技、教育和培训的广阔视野出发，遵行历史发展的轨迹，论述产训结合的问题，一扫当前在产教结合研究仍然处于各自为政、凌乱分散、低水平重复状态，奠定了"产教结合"研究的初步理论基础。

《产训结合》最为明显的特点是恪守实践出真知这一信条，从总结研究我国几十年开展职业教育和培训的历史和现实经验入手，加以系统化，上升到一般科学理论；再从一般科学理论进入具体领域。这样一个由具体到一般，再由一般到具体的逻辑思维过程，完全符合我国产教结合演进的历史过程，达到了历史和逻辑的统一，理论和实践的结合。从全书"产训结合的基本理论""产训结合的基本过程""产训结合支撑体系"和"产训结合的实践"等篇章，清楚地反映了该书作者这种独具匠心的构思。书名定为"产训结合"，而不称一般意义上的"产教结合"，是因为全书立足于职业培训方面的实践，更能反映尊重实践的精神。

在"产训结合基本理论"部分，作者着重从宏观上论述了产训结合的必然性及其意义，以及产训结合的相互关系与任务和我国开展产训结合的基本途径与方式。

什么是产训结合？作者根据我国职业培训历史、现实经验和国外例证，做了如下概括：施教单位与产业合作开展职业培训，以适应和服务于产业经

---

① 原载《新职教》1994 年第 3 期

济；施教单位的教学与生产经营相结合，把受训者培养成为德、智、体全面发展的社会主义建设者。通过教学、教育与生产的结合，既培养了人才，又创造了物质财富，获得社会和经济的双重效益。这个概念既包括了一般意义上的产教合作、产教结合的意义，又反映了我国产训结合的特色。正如该书《导言》所说：产训结合这一概念，是在长期职业培训实践过程中，经过实践、认识、再实践、再认识的逐步深化而形成的。特别是现代化大生产的发展，高新技术在生产中的广泛应用，从根本上促进了产与训两个部门的结合，强化了施教过程中训与产的联系，使产训结合这一概念为社会所认同。

技工学校，职业中学和职业培训的长期实践，使我们深刻地认识到：在培训活动所需的基本要素下，若能有效地组织培训与生产经营相结合，培训的效果就好；反之，则难以取得真正效果。在社会主义市场经济日益发展的条件下，产业经济部门也深刻感到：在市场的激烈竞争中，立于不败之地的可靠保障是靠人才的培训和劳动者素质的提高。因此，他们得出这样一条重要的结论：产训结合是职业教育和培训的精髓与灵魂，是改革和发展职业教育和培训的必由之路；是各国教育发展的大趋势。我国产训结合的丰富实践，业已上升为党和国家的重要教育决策。正如在中共中央、国务院颁发的《中国教育改革和发展纲要》中所指出的："各级各类职业技术学校都要在政府指导下，提倡联合办学，走产教结合的路子，增强学校自我发展的能力，逐步做到以厂（场）养校。"

在"产训结合的基本过程"部分，则是从微观上论述了教学与产业经营过程如何结合以及解决这些问题的基本经验。作者指出：产训结合要形成有效的运行机制，必须具备六个要素。所谓六要素，教师、学生、教学、产品、基地和设备。其中"要以教学为中心，而教学有必须结合生产进行"，因此，教学与产品是产训结合的任务，而要完成这一任务，必须借助于一定条件的生产实习基地和生产教学设备。这样，基地和设备则构成产训结合的物质基础。

作者在论述产训结合六要素的相互关系后，进一步提出：在教学和生产过程中，教师和学生是最活跃的因素。基地和设备的使用、教学和生产的管理，都离不开教师和学生。因而，教师和学生就成为是产训结合的主体。

"要素论"是对产训结合过程的高度概括；是对这一过程的规律性的认识；

是对产训结合本质的一大发现。由于该书作者抓住了"要素论"这一要害，就能得心应手地就产训结合的主体、产训结合的运行、产训结合的原则等各个方面，展开深入地论述，系统地介绍这些方面的新鲜经验。

立法、管理、资源渠道、考核和评价是支撑产训结合有效运行的必不可少的条件。在《产训结合》的第三篇对产训结合的支撑体系中做了比较详细地阐述，是对产训结合的基本理论、基本过程的补充和印证。

为了验证产训结合的理论及其基本经验的有效性和可操作性，在该书第四篇"产训结合的实践"这一部分，列举了工厂、农村、劳动力市场、职业学校产训结合的实例，令人信服地说明走产训结合的道路，改革和发展职业教育和培训的必要性、重要性和可行性。为此，全书从实践上升到理论、又从理论回归到实践，浑然一体。

产教结合是一片待开垦的处女地。《产训结合》的出版，是在这片土地上令人欣喜的收获。人们期待着有更多的开拓者参与耕耘，获得比《产训结合》更大、更多的收获。

劳工神圣　双手万能

喜读《高级技能人才培养》

党的 80 年来的历史昭示我们，中国革命和建设的成功，是工农劳苦大众和各族人民在党的领导下，努力奋斗的结果。20 世纪 20 年代有一句响亮的口号："神圣我劳工"，或者说："劳工神圣，双手万能"，"唤起群众千百万，同心干"。毛泽东同志在抗日战争最艰苦的年代，进一步发挥了劳工神圣的光辉思想，提出向工农兵学习的口号。到群众中去，到前线上去，是那个时代青年最崇高的理想，从而在实践中造就了一大批有理想、有坚定革命意志和有才干的人才，他们中的许多人后来成长为共和国的脊梁。

重温历史，对比当今，我们发现劳工神圣的观念被一部分党政干部淡忘了，甚至抛弃了。在年轻的一代看来，不少人还以为这是思想僵化。他们追求的是明星、金钱、大款……有些新闻媒体还在加以鼓吹，推波助澜，难道这就是我们应该讴歌的主旋律吗？《高级技能人才培养》（以下简称《培养》）一书出版，乃是在经历 80 年历史沧桑这样的时空跨越下，重新唤起人们对劳工的尊敬，继续高举劳工神圣的大旗，并且在新的历史条件下，赋予全新的内涵。他（她）们过去是，现在是，将来仍然是人民共和国的基石，是中国共产党的执政基础。像 80 多年前的先辈们那样，要以满腔热情关心人民大众的生活疾苦，进一步巩固他们主人翁地位。

《培养》的作者以饱满的激情，科学的态度，无可辩驳的事实，生动地表达了工人阶级和人民大众在社会经济建设中的丰功伟绩，论证了他们在四个现代化建设中的重要地位和作用，以及面临的挑战与任务。

当今世界，国力的强弱越来越取决于劳动者的素质，取决于各类人才的质量和数量。这对于培养和造就我国 21 世纪一代新人提出了更加迫切的要求。《培养》正是在这样的历史背景下，继承和发扬"劳工神圣，双手万能"的光辉思想，系统地论证了"高级技能人才"的新概念及其培养的必要性和紧迫性。书中指出：高级技能人才概念的确立是时代的呼吁；是劳动者的呼吁；是继承老一辈双手万能的光荣传统，攀登当今科学技术发展高峰的需求；也是我国教育体制改革、除旧布新的需要。

《培养》较为详细地分析了这类人才的类型、特征及其全面素质的要求，从而丰富了这一概念的内涵，为制定其培养教育目标、计划与教学内容提供了可靠的依据。

高级技能人才怎样培养？《培养》依据终身教育的理念和我国一些职技院（校）和企业的成功实践，提出岗位成才、企业培训、高等职业教育培养、产教结合培养和国际合作培训等模式，并指出要因人、因地、因时而异，广开学路，力求实效。

为了能把高级技能人才培养工作落到实处，除了要解决人们的认识问题外，还要建立和健全有效的运行和保障机制。就此，《培养》提出优化育人环境，实行两种证书制度；制定相关政策，构建高级技能人才快速成长通道；办好中等职业学校，为高级技能人才提供初步基础；强化法制管理，为人材培养、任用提供法律依据。这些意见，都是具有可操作性，只有认真努力，都是完全可以做到的。

"培训市场"的提法不正确①

在探讨市场经济对职业教育的作用时，有的同志提出要构建"培训市场""教育市场"，进而提出"教育商品化"，"学校市场化"等问题，他们认为："社会主义市场经济体制的建立，要求所有生产要素都要进入市场，既然承认劳动力市场、技术市场和信息市场的存在，就也要承认与它们相伴生的教育市场的存在。"有的同志还认为："从事培训的机构所特有的知识、信息、技术、技能是具有使用价值和交换价值的，是可以转让的。在市场条件下，劳动力的持有者需要职业培训服务以增加新持劳动能力的价值，适应就业需要和谋求更好的职位；用人单位也需要职业培训的服务以满足人才的需求，发展其事业。这二者对知识、信息、技术、技能的需求，以及他们以货币为等价物与培训机构进行的交换，就形成了培训市场。"

在市场经济条件下，教育和培训是否构成要素市场？如果教育和培训构成要素市场；那么，教育商品化，学校市场化，就成为必要的了？笔者认为要弄清这些问题，首先要对教育和培训的本质属性、功能及其运行规律有一个全面的认识，然后再进一步分析市场经济对教育和培训产生哪些作用和影响，这样教育市场、培训市场的提议是否正确，便迎刃而解了。

什么是教育？在我国最早的教育学著作——《礼记·学记》中解释说："教，上所施下所就也；育，养子使作善也。"前苏联著名教育家加里宁在《论共产主义教育》中，对什么是教育的表述是："教育是对受教育者心理上所施的一种确定的、有目的和有系统的感化作用，以便在受教育者的心身上，养成教育者所希望的品质。"日本筑波大学教育研究会新编的《现代教育学基础》，对教育的概念表述为："所谓教育，乃是把本是作为自然人而降生的儿童，培育成为社会的一员的工作"。"它要向青少年一代传递人类积累起来的全部文化遗产，以发展他们的自由豁达的身心的活力，开拓人类未知的将来"（上海教育出版社版2-7页）。我国现代教育界对教育的表述，在《中国大百

---

① 原载《上海职业技术培训》1995年第1期

科全书·教育卷》中称："凡是增进人们知识和技能，影响人们的思想品德的活动，都是教育。"什么是职业教育？我国职业教育的先驱黄炎培说："所谓人人以其劳心或劳力换取生活需求之定型动作，职业是也。而用启发方式，使人人增益其智能，即知而即行之，并深明其意义，则职业教育是也。"（《黄炎培教育文献》273 页，上海教育出版社）。从古今中外教育家对教育的表述中，可以看出这样的共同之处：教育是培养人的一种社会活动。"培养人"是一切教育（包括职业教育和培训）的固有的共同的本质属性。"社会性"是教育和培训的共同特征。这两者使教育和培训的内涵有了明确的质的规定性，即通过育人来解决人的发展和社会发展的矛盾。教育的基本功能就是通过培养人来实现其政治、经济和文化等社会功能。教育的基本规律是人的培养和发展的规律。离开了人的培养，教育便丧失了本质属性和独立存在的价值。所以重视育人功能，是尊重教育基本规律的体现。

通过育人实现教育的社会功能，具体表现是教育促进人的社会化，使受教育者掌握必要的知识和技能，成为社会物质生产和精神生产过程中合格的建设者、劳动者，满足社会发展的需要。另一方面教育是要增强人的主体性，使受教育者成为具有丰富内心世界、高尚的精神情趣、鲜明个性特征的人，使其在一定程度上超越现实社会条件的局限，以发展自身潜能促进社会向更高水平发展。总之，教育的功能在于能动地改造主观世界和客观世界。在研讨在社会主义市场经济条件下的教育和培训时，有些同志之所以提出"教育市场""培训市场""教育商品化""学校市场化"一类的问题，是因为对教育的本质属性、基本功能缺乏正确了解而产生的误解。正如日本教育家所说的："教育的经济价值不过是教育的一个侧面。不要过分夸大了经济价值的一面，以免歪曲了学校教育所应当体现的社会化这一本质的部分"（《现代教育学基础》）。此其一。其二，在社会主义条件下，仍然存在着生产力和生产关系、经济基础和上层建筑之间的矛盾。教育属于上层建筑的范畴。它既要为生产力、为经济基础服务，同时还要为调整生产关系、变革上层建筑服务，而不是仅为某一种特定的、一时性的经济体制服务。其三，国家对教育资源的配置首要的是遵循国家教育方针、目标和任务并为其服务。从总体上说是立足于全社会全方位的需要，面向现代化、面向世界、面向未来。除了经济方面的需要外，还要考虑政治、文化、科学、历史、未来等多方面的需求，而不仅仅是市场经济一个侧面。在市场经济条件下，商品的买和卖是以盈利为目的，而教育和培训资源的配置，并非都要通过市场，即使某些方面通过市场，也并不应以盈利为目的，而仅仅是借助于市场经济机制，将其有益因素同教育活动这一主体相结合，而不是将教育完全市场化。所以"教育市场""培训市场"一类的概念，完全不能反映教育和培训的全貌。"教育市场""培训市场"的提出，是对教育这一崇高的百年树人事业的曲解。有的同志对此批判说：把教育市场化，是社会的悲哀。这是不无道理的。

那么，在社会主义市场经济条件下，市场机制对教育和培训的正确关系又是什么呢？下面仅就职业教育和培训与社会主义市场经济体制的关系，谈些笔者的看法。

这两者之间的正确关系应以《中国教育改革和发展纲要》第8条规定为依据，即"发展职业技术教育要与当地经济发展的需要相适应"。各级各类职业技术学校都要主动适应当地建设和社会主义市场经济的需要。据此，我们改革职业教育和培训时，除如前所述要尊重教育规律外，还要尊重经济规律，因为只有如此，才能做到育人与用人同步，职教与经济对接，才得以发挥职业教育和培训的育人功能，促进社会经济的发展。这是因为，职业教育和培训是一种培养人的社会活动，只有尊重育人的规律，才能做到出好人才和多出人才。由于经济和教育的规律从外部和内部影响、制约着职业教育和培训，从而决定了它的特点、功能与作用。我们在职业教育和培训的实践活动中，既不能把教育规律和经济规律混为一谈，也不应把他们对立起来，而是要把他们统一在职业教育和培训的实践活动之中。教育界有这样一种观点，认为"教育活动和经济活动有各自不同的活动领域，有各自不同的特点，有各自不同的运行规律，不能互相替代；不能把市场经济发展的机制和规律搬到学校中来，学校应按照教育规律办事"。显然，这种观点也是片面的，职业教育和培训如果不遵循社会主义市场经济规律对人才培养提出的薪观念和新要求，怎么能使教育与经济对接，育人与用人同步，那也就更谈不上"主动适应"了。

职业培训与国民经济、社会发展和科技进步要形成一个投入与产出的关系，借助于市场这一重要中介进行运作。在市场经济规律作用和影响下，对职业培训提出了转变观念、转变职能、改革管理制度和办学体制、改革教学内容和教学方法等一系列的要求。举其大者：其一，突破旧有的封闭办学模式。学校与服务对象的关系，不再单以国家计划为媒介，学校要较灵敏地对人才市场、劳动力的需求层次、规格以及数量做出反应。职业技术学校要实行一校多制、一校多能、一校多用；实行长短班结合，大中专结合，校内外结合，脱产与业余结合，委培与自费结合，学历教育与非学历教育结合等方面，突破传统的办学思维定势。其二，通过市场这一中介，实现职业培训社会化、现代化。人才市场和劳动力市场是职业技术学校联结社会、企业及其他用人单位的枢纽。学校要直接与企业及其他用人单位发展多种形式的联合办学，逐步形成集团化办学的态势。职业教育和培训经费短缺和使用效率低，是同时存在的两个突出问题；布局不合理，规模效益不高是一种严重的隐形浪费。教育资源有效配置的核心标准就是达到社会效益和经济效益的统一。为此，要努力开通资金渠道，实行产训结合，求得自我发展。例如苏州市1993年各类职业技术学校自筹经费，平均已占学校总支出的50%以上。学校普遍树立了人才供需对路观念，和竞争意识。总之，市场经济条件正对职业培训发挥作用和影响，主要是通过生源、资金和劳动力、人才市场与学校发生联系，如果处理得当，则对学校的各方面改革和发展，将会构成一种驱动力量。

职业教育不能产业化①

今年 3 月张保庆副部长在教育部召开的全国教育事业"十五"计划和 2015 年远景目标编制工作会议上指出:"要注意不要乱提口号。"但目前,仍有相当一部分人士主张实行教育产业化。我认为要解决这个问题,首先要正确认识什么是教育?什么是市场?把握其质的规定性以及两者之间是否具有同一性。其次,要把职业教育及其成果(专业人才和高素质的劳动者)区别开来。这两者在概念上不能有所混淆,不能等同起来。

我曾经反复强调教育是培养人的一种社会活动。古今中外,该莫例外。"培养人"是一切教育(包括职业教育,以下同)固有的共同的本质属性。"社会性"是教育的共同特征。这两者使教育的内涵有了明确的质的规定性。正是通过育人来解决人的发展和社会发展的矛盾。教育的基本功能就是通过培养人来实现其政治、经济和文化等社会功能。教育的基本规律是人的培养和发展的规律。离开了人的培养,教育便丧失了本质属性和独立存在的价值。所以,重视育人功能乃是尊重教育基本规律的体现。通过育人实现教育的社会功能,具体表现在教育要促进人的社会化,使受教育者掌握必要的知识和技能,成为社会物质生产和精神生产过程中合格的劳动者,满足社会发展的需要。另一方面教育能够增强人的主体性,使受教育者成为具有丰富的内心世界、高尚的精神生活情趣、鲜明个性特征的人,使其在一定程度上超越现实社会条件的局限,发展自身潜能和促进社会向更高水平发展。总之,教育的功能在于能动地改造主观世界和客观世界。

在社会主义条件下,仍然存在着生产力和生产关系、经济基础和上层建筑之间的矛盾。教育既要为生产力、为经济基础服务,同时还要为调整生产关系、变革上层建筑服务,促进社会主义物质文明和精神文明建设,而不仅仅是市场经济这一个侧面。

市场,简言之,是进行买卖的场所,这是中外对市场概念通俗的解释。

---

① 原载《职教论坛》2000 年第 12 期

如《辞海》市场词条说：1. 商品买卖的场所。如商品交易所、集市等；2. 一定地区内商品或劳务等的供给和有支付能力需求之间的关系。英国《简明不列颠百科全书》（中国百科全书出版社 321 页）说："市场（Markets）是买卖双方可以自由交易的地区。"由此可见，市场是商品交换客观需要条件下的产物。所以市场在本质上体现为一种交换关系。一个发达的市场是商品交换所反映的各种经济现象和经济关系的总和。

社会主义条件下的市场经济是更高层次商品经济的概念，从市场的演变和发展考查，它是由小商品经济、自由商品经济发展到现代商品经济的标志和结果。市场经济意味着一切生产要素商品化或价值化。即各种生产要素，包括产品、技术、服务、劳动力和资本等，都能依据成本有利原则自由活动，供给需求，自由适应并形成均衡价格。所谓成本有利原则是指商品的生产者和经营者都是为追求最大限度的利润从事这些活动的。

综上所述，可见教育和市场各具有完全不同的内涵，不同的范畴和不同的功能，两者缺乏同一性，不能混为一谈，不能合二为一，所以"教育市场""教育产业化"是没有科学依据的。

有的同志又提出教育不能市场化、产业化，但职业教育是教育系统中与经济联系最紧密的产业，具有"市场性"，因而有些同志提出"职业教育必须产业化"和"规范职教市场"一类的主张。我认为这种观点同样是不对的。

首先，《职业教育法》规定"职业教育是国家教育事业的重要组成部分"（总则第三条），从而界定了职业教育同样具有是培养人的这一属性；而不具有市场那种买和卖关系的属性。"与经济联系最紧密"，只是说明职业教育与普通教育相比较，它所具有的一种特点而已。特点与本质属性是两个不同的概念。特点是反映事物的表象，属性是反映事物的本质。职业教育"与经济联系紧密"的特点，不能因此得出"具有市场性"这一带有本质属性的结论。大家都知道职业教育除具有与经济联系紧密的特点外，还具有与社会发展、科技进步和劳动就业关系密切等诸多特点。我国职业教育的先驱黄炎培先生在论述职业教育的本质时，富有远见地指出："职业教育从其本质说来，就是社会性；从其作用说来，就是社会化。"

其次，教育事业不能市场化、产业化，作为它的重要组成部分的职业教育当然也不能市场化和产业化，这是显而易见的道理。如果按照"职业教育是教育系统中与经济联系最紧密，具有市场性"的言论推导普通高校，特别是工、农、商、科（技）一类院校，又何尝不与经济联系最紧密，不也就必须产业化、市场化了吗？当然不能。

再次，退一步说，如果职业教育真的"具有市场性"，并且按照"规范职教市场"去运作，这就把教育者和受教育者之间的关系变成"卖"和"买"的关系。学校就变成了把受教育者加工、包装之后进行买卖的场所了。否则怎么会有"职教市场"呢？按照"职教市场"的逻辑推导，现行的中等专业学校、职业大学，也都可称之为"中专市场""职大市场"了。这就完全背离了教育的基本属性和《教育法》"不得以营利为目的"的规定。

在我国社会主义市场经济条件下的职业教育，它的属性、地位、作用、任务及与市场经济的关系，在我国《职业教育法》总则第三条做了非常好的诠释。即"职业教育是国家教育事业的重要组成部分，是促进经济、社会发展和劳动就业的重要途途径"。"国家发展职业教育，推进职业教育改革，提高职业教育质量，建立、健全适应社会主义市场经济和社会进步需要的职业教育制度"。这一条清楚地说明了以下几个问题：

1. 职业教育的本质属性仍然是教育，因此，必须遵循教育规律，贯彻国家教育方针，不能搞职业教育产业化。

2. 职业教育的地位是"国家整个教育事业的重要组成部分"，同别的部分如高等教育、成人教育和普通教育同等重要，不能将职业教育同其他类别教育分割开来。

3. 职业教育"是促进经济、社会发展和劳动就业的重要途径"，应当以此作为我们办职业教育的崇高宗旨，充分发挥它在这几个方面的作用，而不能搞"职教市场"，借办职教以营私。

4. 我们实施职业教育的任务是"对受教育者进行思想政治教育和职业道德教育、传授职业技能、进行职业指导，全面提高受教育者的素质"（《职业教育法》第四条），要以此端正我们的指导思想，为国家培养高素质劳动者和专业人才。

5. 职业教育与市场经济的关系。如《纲要》规定一样，通过改革和提高教育质量，建立、健全适应社会主义市场经济的职业教育制度，应当是如前所述是"适应"而不是要职教本身也产业化、市场化。

可以相信只要我们认真贯彻《职业教育法》及教育、劳动部门制定的相关配套法规，我国的职业教育一定会克服前进中的种种误导和障碍，沿着正确的轨道繁荣发达。

谈高级技工学校的定位问题①

与严雪怡先生商榷

有一定专业知识、精湛技艺和丰富实践经验，在解决操作技术难题方面起关键作用的高级技术工人，是我国现代化建设中的宝贵人才；是发展生产、提高产品质量和经济效益的技术骨干力量。这一层次重要人才，过去主要靠在生产实践中自然成长，对如何有计划地培养，长期有所忽视。据1993年统计，在全国公有制4500万技术工人中，高级技工仅占技术工人总数的3%左右，约140万人（发达国家这个比例是20%—30%之间）。在高级技工中，已评聘技师、高级技师分别只有34万和0.2万人，上述统计显示：我国仍是一个高技能人才极为缺乏的国家。

高级技工学校的设立，是近几年来职业教育体系中突起的一支新军，那么，在职业教育体系和结构中，如何给他们定位？是否属于高等职业教育中的一种类型？从1992年7月劳动部专家评审团对山东省高级技工评审的结论中，以及劳动部先后做出的高级技工、技师工资、津贴及其他待遇的规定中，都明显看出他们是把高级技工学校定位为高等职业教育的范畴。我认为，从高级技工学校的学制、招生对象、培养目标、课程设置、教学计划以及对部分毕业生跟踪调查结果等方面考察分析，这种界定是名副其实的，即应该承认这是我国自己创造出来的、以培养高新技能为目标的一种新型高等职业学校；是我国高等职业教育中出现的一种新类型。这样，我国高等职业学校，就有了专科学校、职业大学、职业技术师范院校和高级技工学校四种类型。再加上含有高职性质的职工大学，我们高等职业教育已经形成"五子登科"的雏形。但是，严雪怡先生在《高等职业技术教育的性质任务之我见》一文中却说："不存在培养技术工人的高等职业教育。"他的理由是"技术工人以掌握经验技术为主，并不学习很多科学理论，当然，不可能有培养技术工人

---

①　原载《中国职业技术教育》1995年第10期

的高等教育，"严先生还进一步认为："他们（指技术工人）所接受的高等教育属于技术教育，而不是在高等学校内提高操作技能，培养高超的技能只能在一次或几次职业培训的基础上，通过长期生产实践，而绝不是通过高等教育。由此，我国的高等职业教育应当是在中等技术教育之上延伸的高等技术教育。"

笔者认为严先生的这些见解，大有商榷的必要。

第一、当今的技术工人，特别是高技能工人，是不是仅仅"掌握经验技术为主、并不学习很多科学理论"？事实并非如此，邓小平同志在论述"人是生产力中最活跃的因素"这一理论观点时指出："劳动者只有具备较高的科学技术文化水平、丰富的生产经验、先进的劳动技能，才能在现代化的生产中发挥更大的作用。"（《邓选》第 85 页）可见严先生的"并不学习很多科学理论"的观点与邓小平的理论观点大相径庭。当时代的巨轮进入 20 世纪末的今天，由于科学技术在许多领域取得巨大突破，以信息技术、生物技术、新材料技术、高能源技术、空间技术、海洋开发技术为代表的高新技术以及相应的高技术产业的出现，对生产力的发展起着巨大的推动作用，作为以操作能力为特长的技术工人，为跟上现代科技发展的步伐，卓有成效地驾驭新技术和新工艺，决不是像严先生所说的那样主要"掌握经验技术，并不学习很多科学理论"，就能胜任得了的。据技工教育权威人士调查分析，我国各行业高级技术工人大体上可分四种类型。即 1、智能型，分布在高新技术、自动化、机电一体化行业，约占高级技术工人总数的 15％左右；2、技能型，分布在传统的机械、电子等行业，约占高级技术工人的 55％左右；3、技艺型，分布在工艺美术、造型艺术等行业，约占高级技术工人 20％左右；4、复合型，即以上三种类型兼而有之的，约占高级技术人才的 10％左右。在产品质量、规格品质、外观造型各方面要求日益提高的情况下，无论哪一种类型的高级技术工人，都要求是有较高的相关专业的科学技术理论知识，他们不仅知道怎么做，而且还知道为什么这样做。

第二、严先生以"培养高超的技能"，只能"通过长期的生产实践"，来否定高等职业教育也是培养高级技工的一条重要渠道，也是站不住脚的。诚然，高超技能的培养，要通过长期的生产实践，但不能因此否定通过学校教育形式，能系统地学习基础理论知识的必要性；以及通过学校教育形式，对基本技能进行规范训练的可行性，此其一；其二、不仅技术工人，就是技术员、工程师要获得杰出的成就，也不是高校内所能完全解决的，同样也要通过长期生产和技术实践，学校也只能为他们打下初步的基础，所以我们不能以此拒高级技校于高等教育之外。

第三、严先生所说的"我国的高等职业技求教育应当走在中等技术教育之上延伸的高等技术教育"。我觉得这也存在着相当大的片面性。按照严先生的逻辑，这不仅把高级技工学校排除在高等职业教育外，就是连全国职业技术师范院校和职业大学内经济、文秘等非技术性的专业，也不能称之为高等职业教育了。实际上严先生在《我见》一文中所指的中等、高等技术教育，实际上是中专、专科的同义语，即除了他们，就再没有高等职业教育了，这也未免过于偏激。

我认为通过深化改革，发展什么样的高等职业转育，是关系整个职业教育健康发展的事情；也是关系培养什么样的高级职业技术人才，才能符合当前社会经济和科技发展的实际需要的问题，愿我们大家都来鼓励、支持通过高级技校模式，促进高级技能人才的培养和成长。为此笔者谨以此文，就教于严雪怡先生，以期收到相互切磋、集思广益，共谋我国职业教育持续发展之效。

04

第四篇

回忆与随笔

本篇收录了作者数十年来在研究工作之余，写下的部分回忆、札记、杂感类文章。虽篇幅短小，数亦不多，但确系真情实感，读来令人回味无穷。

读者可以从中读懂作者早年追寻真理、树立信仰，以及后来在逆境中矢志不渝、老而弥坚的人生经历；可以领略作者以耄耋之年还时时关注教育发展并勤于思考、笔耕不辍的人生追求；可以感悟作者以国家兴亡为己任、敢于担当、敢于直言的人生信条。老一辈职教人的辛勤耕耘已铺设了中国职业教育千秋大业的基石，续写篇章的责任历史性地落在后来人肩上。我们相信在科学发展观的引领下，有中国气派的职教事业必将再创辉煌。

——编者

春华秋实忆南开①

初见南开

1947 年夏，我从 J 城高中毕业到南京，先后考取南开大学经济系、国立政治大学和江苏省立社会教育学院新闻系。从这三所学校中我选择了南开，主要是为了憧憬到北方"呼吸自由空气"。10 月 3 日从上海乘元培轮，乘风破浪于 10 月 6 日上午 10 时许抵达法政桥（现解放桥）码头，踏上天津这块陌生的土地。南开大学在何处，究竟什么样？在彷徨中，眼前来了两位年轻人，热情问道："哪些同学是南开大学的？请跟我们走。"叫我好喜！"我是，我是"，码头上有四五位同学齐声应道。这两位接新生的同学不由分说，就把我的行李提上一辆敞篷卡车，驶向甘肃路南大东院。他们把我安置在 322 号宿舍后，又带我到楼下食堂吃午饭，并说先吃饭，晚上再交费。主食有米饭、馒头和窝头，这位好心的同学，看到米饭不多，又大声喊道：请北方同学吃馒头、窝头，把米饭让给南方同学吃。我听后，心里热乎乎的。刚踏上天津这块土地，就受到南开人如兄如弟般地热情关照。初见南开，让我感到温暖、欢畅。后来我才知道，在轮船码头接我们新生的是学生自治会的两位学兄。

难忘师恩

时光冉冉，经过三个多月的学习，转眼期末考试到了。我的英语不及格，只考了 50 分。微积分 61 分，我心里明白这是数学老师从宽发落，如果严格点，也会不及格。因为用的数学课本是英文原版的，看起来似懂非懂。寒假里的一天，我冒昧跑到六里台英语老师周基堃家里。我说："周老师我英语基础差，期末考试不及格，也影响数学没学好，因为用的是原版书，我看不懂，我想请你给我补补课。"周老师爽快地答道："你每隔一天下午来吧。"就这

---

①　原载《南开校友通讯》2011 年上期（复 38 期）

样，我坚持学了一个寒假。周老师除把上学期课程内容重新给我讲解一遍以外，还讲了语法和怎样多记忆词汇的办法。他还说："下学期开学后，你还要坚持用英文写作文"等等。这些教诲语重心长，令我受益匪浅。我的英语水平经周老师补习有较大进步，期末考试得了85分。除课本知识外，还能读些英文报纸新闻。

在将要结束补习那一天，我毕恭毕敬地向周老师连连道谢。可回到宿舍一躺下，突然想起我该怎么感谢一下老师呀？可是1948年初的天津，物价飞涨，经济崩溃，民不聊生。南方的同学经济来源断绝，经申请学校每人每月发一又三分之一袋兵船牌面粉，这是我唯一的一点财路。那时在东院同学之间进行交换或交伙食费时，都是以面粉三分之一、三分之二或一袋计价，兑换成货币支付。转天我也没有多想，背起三分之二袋面粉向周老师家走去，进门时不好意思说是酬谢，只说我怕您的粮食不够吃送来的。周老师连忙说："你留着自己食用吧。"师母闻声过来瞧着我，却没有说话，但她的脸色是凝重的。我连忙解释说我还存有一又三分之二袋面粉，足够吃一个多月。

闪闪红星

1948年秋季开学后，同住一间宿舍的蔡文龙同学对我说："你爱看书，我介绍你到学生自治会图书馆值班，那里有好多学校图书馆没有的新书。"我喜出望外，转天便去了。这图书馆设在东院三楼入口处右侧，馆舍不大，约20平方米，但每晚挤满了同学。书架上的书刊以香港生活书店出版的居多。另外还有不上书架的小册子，借给比较熟悉的同学轮流传阅。我在图书馆值班约有四个多月，记得读过艾思奇《大众哲学》等著作，学习这些著作及和同学们交流，奠定了我确信中国共产党能够救中国的思想基础。报纸一类的我最爱看的是香港华商报，能从中了解解放战争的进程和战况，感到倍受鼓舞。那时有社会人士说南开大学是天津解放区，那么东院学生自治会图书馆，便是这个解放区的一颗闪闪红星了，它以其进步的思想舆论指点着青年学子人生追求的方向。有的同学背后就议论我：他到图书馆后思想迅速"左倾"了。

难忘的一天

1949年1月15日，是我毕生难忘的一天，那天，南院和北院留校同学都集中到东院地下室和一楼担任护校任务。这一天炮声隆隆，枪声由远而近，巷战就在校园周围激烈展开。大约清晨4点钟，从鞍山道方向的西藏路口冲过来一小队带着大皮帽子的解放军。枪声响起，一个年轻的战士倒下去了，那一刹那我的心都碎了！没多久，随军宣传干部进了校园，在问清我们是南开大学护校的学生后，放下几张天津市军管会入城布告后就走了。这时枪声也渐渐稀疏，预示着天津就要解放了。经过一个上午的紧张等待，吃完午饭，同学们纷纷到操场集合，要上街游行，庆祝天津解放。游行队伍将要出发时，有位同学拿着一个纸卷话筒带头喊口号，我听他的声音太小，且有些嘶哑，就情不自禁地上前接过话筒替他高声喊起来。在我手中写有十几条口号的纸条里，我喊得最多、最带劲的是"将革命进行到底！"似乎只有这句口号，才能抒发我对黎明前倒下去的那位战士的怀念。这次庆祝天津解放大游行南开大学是最快最早出来的一支游行队伍。从甘肃路、鞍山道、罗斯福路（现和平路）到东马路，经历了两个多小时才返校。同学们一路上情绪高昂，引起无数市民围观。那时觉得这是自己应该做的一件平常事，后来也没怎么放在心上。可是就在这年二、三月间天津市委举办的第一期政治训练班上，时任天津市委副书记、市总工会主席的黄火青却给予很高的评价。他讲话时两次说到解放天津的枪声刚结束，南开大学的同学们不顾危险出来大游行，庆祝天津解放，给了战士们很大鼓舞，也扫除了市民中对共产党、解放军的疑虑。战斗刚刚结束，商店纷纷开门营业、工厂立即开工。有一次，我参观平津战役纪念馆时，还看到二楼展厅有那次游行的一张黑白照片，不禁驻足良久，引起无限遐思。

别了南开

1949年2月20日，天津解放才一个多月时光，蔡文龙通知我说：派你出去学习，要带行李衣被住在那里，最后还补充了一句："我也去。"我没言语，心想有机会学习总是好事。转天我到河北路273号报到（后为天津三十四中学校址），才知道这是天津市委举办的第一期政治训练班（市委党校前身），除我和老蔡外，还有陆以道等十多位同学。学习内容有当前形势、城市政策、党建、工运等。讲课的都是入城首长，时任军管会主任、市委书记黄克诚、市长黄敏、市委副书记、总工会主席黄火青和市委组织部部长杨英等都亲自为我们讲过课。学习了一个半月，在最后一周做学习鉴定时，大家都表示服从组织安排，结果我们全部分配在市总工会各部室。我被分配到私营企业部。从此，我告别了南开，踏上建设新生的人民共和国的征程。回想起来，在南开大学生活虽然时间短暂，但令我终生难忘。正是在这一年多的时间内，中国大地经历着一个旧制度灭亡和一个新政权诞生的风雷激荡的历史时刻。在地下党的指引下，我有幸学习到马克思主义基本理论和找到中国共产党，走上了自己选择的路。后来虽历经坎坷，但我终生无悔。有道是：春花秋月南园事，风雷激荡几度惊；沧桑巨变六十载，于无声处渡平生。我怀念青年时期浪漫的校园生活，我思念许许多多的同学好友，他们或南下，或留校继续学习和工作，但每个人都有一堆说不完的故事。真个是：叹南园心事，一往情深，犹作流连忆，……看沧桑变了，秋始无声，伴得落红东去，流水有余音。

信仰　理想　奉献①

建党 90 周年感怀

1957 年 5 月 20 日，是我终生难忘的日子。为了响应党的整风运动号召，我就主观主义、官僚主义和宗派主义这些问题，经过较长时间思考，在单位召开的座谈会上提出一个观点和一条建议，认为这是医治三个"主义"的良方妙药。一个观点是群众对党组织活动能起决定性影响之日，就是肃清三个"主义"之时；一条建议是广泛推行职工干部参加单位管理的制度，对单位重大活动有参与研究的权力，以避免三个"主义"的滋生，并说南斯拉夫"工人自治"对我们有参考价值。这个意见在座谈会上发表后，有相当多的同志表示赞同和支持。可是，6 月 1 日《人民日报》社论《这是为什么?》发表后，把大鸣大放帮助党整风这个大方向来了一个急转弯，变为了反右派斗争。有位职工向我质问："你说群众要对党组织的活动起决定性影响，把党要领导一切摆到哪里去了?"于是无限上纲，结论是反党言行，定为右派分子。这件事如同晴天霹雳，让我完全懵了。时光如逝水。回顾半个多世纪前的往事，刻骨铭心，感慨万千，而今历史已宣判我无罪。纵观我国改革开放 30 多年来历程，在取得辉煌成就的同时，一些地方和部门又出现腐败问题；一些县、乡、村"土皇帝"称霸一方，群众深受其害。这是为什么? 就是广大群众对他们的领导人缺乏强有力的监督和施加决定性的影响，不足以制止官老爷、土皇帝的霸道行径所致，很值得我们深思。这说明我国政治体制改革还任重道远，落实党的十七大精神和科学发展观重要思想，还有很多艰苦工作要做。

以上所言，都是后话。再说我被打成右派后，于同年 10 月下放到一个机械厂装配车间劳动，锻炼改造。我在钳工班，有点像技校生一样。上午半天由一位技术员给我们讲《钳工工艺学》，下午到车间有位师傅指导练习操作，他逐人指导，纠正不正确操作姿势。凡钳工划线、錾、锉、锯、钻、铆接、

---

① 本文在 2011 年全国离退休干部"与党同呼吸、共命运、心连心"征文活动中获二等奖

刮削等冷加工操作技能，都要练习一下。这位师傅教我们学技术，是那么认真、朴实和热情，使我深受感动，至今还留有深刻印象。由于我是背着沉重的右派包袱下放的，担心老师傅对我和别人不一样看待，但经过一个多月接触后，我感到他完全没有把我当作"另类"，这使我更加感佩。转年，正逢大跃进的年代，我们学完各项基本操作后，分配到各车间跟师傅们一起干活。我给一位青年师傅打下手，装配 C613 车床车头箱。任务完成得很好，产量一翻再翻，由原来年计划 30 台增到 60 台，最后翻到 300 台。那时几乎天天劳动 12 小时以上，下班后，还要为大炼钢铁做贡献，到小土炉炼钢。后来，工厂改产 C618 车床，我师从一位刘老师傅制作"工装"，这时我已能独立操作。刘师傅也是一位七级老钳工，性格内向，平时沉默寡言，但技艺精湛，能根据每人特长安排活计，发挥其所长。每当分配我干什么活时，刘师傅总是以商量口吻，问我合适么？并口口声声以同志相称。我心里虽然是热乎乎的，也不免有几分担心，怕别人揭我的"右派"伤疤。有一次我悄声对刘师傅说："我是犯错误下放的，以后有什么事直呼我的名字好了，别称同志。"谁料刘师傅慢吞吞地只说一句话："这个我知道。"并摇头叹息地拒绝了我的要求，仍以同志相称，我从内心深处感激这位老师傅。他分配我干得最多的活是刮研、做样板和打孔、攻丝等。每台车床总装，检验合格后，刘师傅总是要我和另一位下放干部刮削床面导轨，我们用刮刀挑刮成飞燕式的花纹，在灯光照耀下，光彩夺目，真像成群小燕展翅飞翔，甚是好看！拿现在行话来说，这算是"艺术加工"吧。每当干这个活计时，都引起我无限的喜悦，也抛弃了当"右派"的愁思。有一次在制作两套外加工样板时，由于工件精度要求极高，我用了一天半的时间才制作完成，刘师傅反复检验，最后以夸奖的口吻说："你在刮研、样板制作和畸形件钻孔这几项，可以达到五级工的水平了！"搞得我真不好意思，不知说些什么好，想了又想，最后只说了一句："感谢刘师傅的帮助指导。"

1960 年，组织上把分散在各单位和部门的"右派"集中到双林农场劳动，也许场方知道我学了几年钳工，把我分配到场部机修厂，一同来的有右派厂长、工程师、技术员，还有哈尔滨通讯学院、天大、南大等院校尚未完成学业的右派学生。农场大队部指定我当这个组的组长，白天劳动，晚上学习，集中挖"反党反社会主义"的思想根子，反复挖，反复批判。每晚总要搞到十一点钟的样子。当时是天亮就起床，七点半到车间干活，每天睡眠不足 6 小时，真是折腾得人困马乏，但也要咬牙坚持下去。这年 10 月下旬一天，全场召开右派大会，当场宣布我摘掉右派帽子。不久，我们单位人事处也来了一位同志，表示对我的祝贺和"欢迎重新回到人民队伍里来"，并说我的工作仍由原单位安排。

在 4 年有余的技工生涯里，令我难以忘却并且对我后来生活和工作起重要影响的有三件事：一是刚被打成"右派"不久，在下放劳动时，心情十分低落，有位战友几次私下与我长谈。他反复说：咱们在大学时，在敌人枪口下，下决心抛弃一切，奋不顾身地工作，不就是有一种信仰支持我们吗？信仰只有马克思主义和中国共产党才能救中国，现在遇到了挫折，难道这点挫折能动摇我们的信仰吗！这些话，深深地触动了我的心灵，激励我重新振作起来。心想我现在只能忍辱负重，在逆境中自强不息，振作精神，继续前进。这是我落难后心态的自白，也是那样一种特殊环境下的处世哲学。后来在"文革"中，再次遭到更加猛烈的冲击时，我也是用这种"处世哲学"挺过来的；二是真心实意地学习工人老师傅的好思想、好作风。我在他们身上，读懂了朴实、勤劳这些劳动人民的美德。这对我恢复工作以后对事业认真、对同事热情并且淡泊名利起到潜移默化的影响；三是对制造业中的技术技能怀有很大的热情。在生产各式机床过程中，由于设备精度不够，很多零部件在加工制造中都要靠工人师傅们动脑筋、想办法自行设计制作工艺装备（简称工装），解决一个个零件加工制作中的难题。由此我认识到：从手工业时代的皮带传动到机械（齿轮）传动，进而到现代液压技术、数控技术、加工中心和机器人，无不是技术工人的技能长期积累、结晶和升华的结果。正如一位企业家所说："高级技工好比桥梁，任何知识创新成果没有中高级技工、技师的参与，只会永远停留在图纸和样品阶段。"这位企业家道出了技能在生产发展中的重要性。技能是创新的火车头；是科技进步的动力之源。由于有这些年我对技术技能的切身体会，在恢复工作后，下决心后半辈子从事技工教育和职业教育。在我任天津职业技术师范学院职业技术教育研究所所长时，看到社会上不重视技术工人培训工作，心里很不舒服。1990 年我向全国教育科学规划办公室申报"八五"重点课题项目时，专门申报了一项《高级技术工人培训的研究与实验》，邀请上海、重庆、山东、江苏等省、市 30 余位老技工教育工作者参加研究。这项历时 5 年的研究，以大量的事实充分论证高级技术工人是整个人才队伍中重要的人才群体，是发展生产、提高效益、振兴企业的技术骨干力量，是新一代产业工人的中坚。我们把 5 年来的研究成果编写出版《中国高级技工培训》和《高级技工培训荟萃》共 56 万字的两部专著，向各行业、企业推广，达到了解决怎样培养高级技术工人的目的。这项研究成果后来获全国教育科研成果二等奖。我对技能人才的培养高度关注，并且和许多同事一道，孜孜不倦系统研究和宣传，发自内心的为技工教育鼓与呼，是基于我对 4 年技工生涯的怀念和升华。除以上科研项目外，这 30 年来还承担和主持多项全国教育科学重点研究项目，发表研究报告、论文百余篇、主编出版专著 10 余部，共约 300 万字，先后获得 7 项奖励。较有影响的论文有《职工教育的历史转折》，最早发表在中国高等职业教育研究会期刊《中国高等职业教育》1997 年第 5 期，后被教育部主管的《中国职业技术教育》重新刊发，同年又被中国人民大学报刊资料中心全文转载，向全国高校、科研机构推荐。这篇文章一个中心论点是从理论到实践结合上阐明高级工程技术、高级管理和高级技能这三类人才是企业腾飞缺一不可的主导力量，把旧社会称之为工匠的技能劳动者提高到重要地位。如今，我欣慰地看到，我所主张的高级工程技术、高级管理和高级技能"三才并举"的构想，被航天这类高新技术企业证明是正确的，是转变经济增长方式所必需的。

回首当年，岁月悠悠，是什么力量支持我在逆境中重生？是信仰、理想和奉献。

信仰马克思主义是科学。它揭示人类社会发展的客观规律和最终社会形态是社会主义和共产主义。全球金融危机和当今中东北非的动乱、"北约"的入侵，再现列宁对资本主义制度发展到垄断阶段科学论断——帝国主义是战争的根源。中国共产党经过 90 年的浴血奋斗和艰苦斗争，终于找到了适合本国国情的通往社会主义共产主义正确的道路——毛泽东思想和中国特色社会主义，这是马克思主义在东方的伟大胜利。

理想：时刻牢记把党章对共产党员要求"必须全心全意为人民服务，不惜牺牲个人的一切，为实现共产主义奋斗终身"作为自己的理想和人生追求。努力学习，与时俱进，在改造客观世界的同时努力改造自己的主观世界。世界观的转变是根本转变，是对一个党员标志性要求。

奉献：努力工作，多做贡献，为振兴我国教育事业尽心尽责，凡事利居众后，责在人先；视贪污、腐败为毒瘤，可耻、可恨而远之。

与中华职业教育社同行①

20 世纪 80 年代，随着我国职业教育的振兴，中华职业教育社恢复了组织和活动，我在孙纪孟、王艮仲这些老前辈关怀指导下，有幸专心于职业教育研究与教学，迄今已有 28 年了，回顾历史，受益良多，略述一二，以兹纪念。

1979 年，天津职业技术师范学院（现更名天津职业技术师范大学）组建，我调入该院从事职业教育工作。这对我来说，还是一块陌生的园地。怎样开拓这块职教园地，一时感到茫然无措。当时，北师大高奇老师偕同中华职业教育社办公室杨善继主任来访，介绍了中华职业教育社的历史、性质与任务，这真是送来了一场及时雨。后来又在社领导和同志们的帮助下，得以把工作推向前进。

28 年来，我以职技师院为依托，主要做了以下工作。秉持整合职教科研、教学及其成果积累推广为一体的原则，先后为学院创办了职业技术教育研究所、职业教育管理系和《职业教育研究》杂志，是所、系和杂志首任负责人；先后兼任全国教育科学规划职业技术教育方面成员、中华职业教育社研究工作委员会委员、中国职工教育和职业培训协会学术委员会委员和天津中华职业教育社研究委员会副主任等职，努力参与职成教育方面的社会活动；20 年中，承担"七五""八五""九五"和"十五"全国教育科学重点课题研究任务，主编或与他人合作编写《产训结合的理论与实践》《中国高级技能人才培训》《发展城市职业教育的方略》《生产实习教学法》和《技工学校管理简明教程》等专著，发表重要学术论文 100 余篇，获得社会上的好评。其中有的见解、立论和建议被国家职业教育决策部门采纳。除以上教学、科研任务外，还参加过《职业教育法》的起草和该法的宣讲工作，以及若干次全国职教工作会议前期调研工作；近几年还为天津市教委理研室撰写《天津职业教育志》书稿约 28 万字等。

---

①　原载《社讯》2007 年第 4 期

　　这些业绩的获得，是与中华职业教育社职教理念的指导、社的老领导、老前辈的亲切关怀与支持密不可分的。28 年来，我与职教社形影相伴。黄炎培先生提出的发展职业教育"使无业者有业，使有业者乐业"的目标，职业教育的本质是社会性，职业教育的生命力是社会化的论断以及职业教育的教学要到职业界去寻找，社会上需要什么职业就办什么职业学校等等，给我以深刻启迪，是我从事职教实践的指路明灯。80 年代初，我在天津职技师院试办《教学、科研和成果积累推广》为一体的新模式时，便是基于对职业教育的本质特征是社会性，职业教育的生命力在于社会化的认识，首先创办职业教育研究所从事职业与教育社会实践的研究。1983 年创办《职业教育研究》杂志，1985 年创办职业教育学系（后改为职教管理系）。杂志面向全国，吸纳各地职业与成人教育科研成果，为我所用。为了使这一新的教学模式更具有特色和生命力，又成立了职业心理实验室、资讯室和组建全国各地 80 余位职业与成人教育教师和专家参加的兼职研究员队伍。这一教学模式得到职业、成人教育界的肯定和推广。在这一教学模式和机制的作用下，为学院内外培养了一批职业教育人才。后来职业教育管理系、所不断扩大，办学层次由专科、本科发展到研究生教育，职教专业已成为天津市重点发展的专业学科，成为学院的一大办学特色。

　　我之所以能长期坚持职教科研，是努力学习和秉承黄炎培先生以及社的老前辈对职教事业勇于探索，锲而不舍的精神所致。回忆往事，社的领导、前辈们对我的工作关怀支持历历在目，除汇报或在会议上的接触和亲自指点外，我还清楚记得 1985 年我们创办的《职业教育研究》杂志公开发行，时任社的理事长胡厥文老先生亲自挥毫题写"职业教育研究"刊名。1994 年间，我的《职业教育论略》文章发表时，起孟老亲自来信予以鼓励，勉励把"职教事业继续推向前进"。

　　人生易老，岁月悠悠，28 年弹指一挥间。但愿中华职业教育社的事业青春常驻，风华更茂！

拳拳赤子心　悠悠职教情①

——致赖老

在《社讯》2002 年第 238 期，奉读到赖增礼老先生题为《记中华职业教育社恢复组织的艰辛历程》的回忆录，令人感触至深。我社老一辈勤勉敬业的精神，朴实无华的精神，廉洁自律的精神，溢于言表，很值得青年一代继承，特向赖老致以敬意。我觉得赖老这篇文章，是 20 世纪 80 年代后重要社史资料，建议《教育与职业》杂志公开发表，以扩大社的影响。这对职教界广大同仁也有极大的启迪作用。

赖老在文章中提到我的名字，深感惭愧，因为我为社里做的工作实在太少，但社对我的帮助却很多。记得大约是 1982 年 6 月间，我在津技师院初创职业教育研究杂志和从事教学工作时，对职业教育知之甚少，急需前辈指导。恰好这时，北师大高奇教授陪同时任总社主任杨善继先生来访，赠给我许多职教与社史资料。与善继先生初识，大有一见如故之感，当即向他表示我愿意加入社组织的愿望。随后，约 1983 年 4 月应善继先生要求，从被我津技师院聘请的兼职研究员中，推荐林立、董操、纪芝信、刘春生等同志加入社的组织。从此，我这一生的后 20 多年来，与职业教育结下不解之缘。离休后，摆脱了津技师院职教所长、职教系主任和《职业教育研究》杂志常务副主编的行政事务工作，潜心致力于职业教育科学研究，其乐融融。虽然成果有限，但精神畅快，自我感觉良好。每忆及此，对社的感激之情油然而生，是中华职业教育社引导我，帮助我走上爱职教、想职教、后辈子干职教的道路。这里仅举一例，就在今年 9 - 10 月间我在住院治疗期间，重读 7 月全国职业教育工作会议文件等相关资料，似有所得。结合当时从事的全国教育科学"十五"计划课题《职业学校实行职业资格证书制度的调查与研究》，我在病榻上

---

① 原载《社讯》2002 年第 2 期

写出题为《全国职业教育工作会对职业学校实行职业资格证书制度提出了哪些新要求》的"随笔"。这也算是在赖老的感召下为职教发展尽一点绵薄之力吧。

最后祝赖老健康长寿，新年如意。

土豆　薯片　教育①

土豆，又称马铃薯，产地遍布大江南北；尤其以长城内外产量丰盈，是居民餐桌上的长年菜肴。在北京、天津农贸市场上，亦随处可见，一斤土豆，价值不过五．六角钱。新品上市时，鲜美可口，一斤也不过一元多。

报载，美国马铃薯协会总裁兼首席执行官奥康纳先生，不远万里到中国卖土豆。他卖的却是香脆诱人的薯条、薯片。从麦当劳、肯德基一类的快餐店，又卖到大小超市和食品店，种类繁多，令人眼花缭乱。据业内人士称，从土豆到薯片，经过并不十分复杂的加工后，每斤土豆要增值十几倍，并且销量大增，深受儿童和食客们的欢迎。奥康纳先生从爷爷辈起就开始种土豆，到他这代，把土豆生意从美国一直做到海外。为了开拓市场，打美国薯条牌，每年夏天，他在包括中国在内的8个国家举办"薯条推广比赛"，他还办了一份沟通中国用户和美国市场的新闻简报以及一个中文的"马铃薯协会"网站，把土豆市场搞得风生水起。中国是土豆生产大国，但是每年却进口价值一亿元的马铃薯产品，并且逐年以20%速度递增。据美国马铃薯协会人士透露，他们正同中国相关机构研怎样制作美国土豆泥馅的中国月饼，进一步挤占中国的土豆产品市场，把中国人自己生产的土豆永远压在地摊市场抬不起头来！

还有落户天津，畅销全国的"康师傅"方便面。采用先进封闭式自动生产线，从面粉到方便面成品，两小时四十分钟就完成了，让顾客吃的放心、称心。现在这位台资企业家除在天津设厂外，还扩展到武汉、成都等市设立分厂。据统计，十几年来他在大陆已获利六十亿元人民币。

在惊叹奥康纳先生及"康师傅"的大手笔之余，作为一位职教工作者，我不禁想起怎样打造WTO后的我国职业教育和培训，培养各行各业实用的专业技术技能人才，推动产业升级。

第一、办职业学校和培训。开办什么专业和培训班，要有的放矢，根据你那个地区或企业，在生产上存在什么突出并且带有普遍性的问题，就办什

---

① 原载《现代企业教育》2002 年第 2 期

么专业和班，在"专精"两字上做文章，为当地经济发展服务；第二、对学生来说，在经过教师指导，选定专业后，要持之以恒，从熟练到逐步精通，努力成为这个专业领域的状元，成为这块天地的钱学森，把为国家施展自己的聪明才智，作为人生最大乐趣；第三、对校长、教师来说，要增强你们自己和学生的竞争精神，迎接 WTO 后来自全球的挑战，以奥康纳先生为师，他在土豆这个市场上，不到两年的功夫，就抢占了我国这个市场的制高点，洋人能做到的，难到我们就不行吗？不是，绝不是！我们缺少的就是这样一种只争朝夕的竞争精神，紧迫感和危机感。

　　在加入 WTO 后，国内市场进一步放开，该是我们猛醒的时候了："狼来了"，我们该怎么办？让我们振奋精神，学好过硬本领，在"与狼共舞"的同时，要制服并牵着"狼"到全球任何一个地方去耍。要不，我们就只能等着被动挨打，甚至一口一口地被"狼"吃掉。

读《探析》一文有感①

《教育与职业》杂志 2002 年 4 期发表《职业教育市场探析》一文（以下简称《探析》，作者曹晔）。首先我钦佩曹晔先生那种勇于创造的精神，对"教育（包括职业教育）市场"这个大有争议的问题，提出自己独特的见解，并进而提出"生源市场"的新概念。

记得毛泽东同志在 20 世纪四十年代批评教条主义时，曾有过一句名言："共产党员对任何事情都要问一个为什么，都要经过自己头脑的周密思考，想一想它是否符合实际，是否真有道理，绝对不应盲从，绝对不应提倡奴隶主义。"我将循此思路，把我对"教育市场"不解的问题，请教曹晔先生。

一、什么是教育？什么是市场？从马克思主义的观点看来，其确切的概念该如何表述？这两者的内涵、外延有哪些？二、在社会主义制度条件下，教育和市场是否具有同一的基本属性，有无构成"教育市场"概念的客观真实性？三、何谓"生源市场"，它的产生、发展的历史过程及其特征有哪些？据史书记载：春秋时期的孔子，门下有弟子三千，贤人七十二，是否那个时代就有"生源市场"？四、曹先生在"探析"一文中说："职业教育机构是连接两个市场的有效桥梁和重要中介。"照此说来，职业教育机构是"职业教育市场"的一个组成部分。按照这样逻辑推导，我国久负盛名的江汉职业大学、金陵职业大学，也可称之为江汉或者金陵职业教育市场了。推而广之，北京大学、清华大学校门前，也要各挂一块北大、清华教育市场牌子了。这合乎实际么？能得到两校师生的认同吗？五、曹先生在文中一方面引用了联合国教科文组织"教育不是经济一个分支""市场规律和竞争法则不适用于教育"；另一方面却又大谈"职教市场的竞争性"，是否有点自相矛盾呢？

最后，我希望能借《教育与职业》杂志一角，将我以上诸多疑惑刊登出来，并能得到曹晔先生进一步赐教。因为据我所知，对"教育市场"不解者，不只我一人。这样公开切磋，大家都可受益。

---

① 原载《教育与职业》2002 年第 6 期

从肖老汉学习科学发展观说起

　　肖老汉已经是 86 岁高龄的老人了。此前他长期在高校专攻教育学教学与科研。2005 年他 80 岁时完成"最后一项"科研项目时,长叹一声:"呵,该是我全休的时候了!"其实早在 1990 年他就办理了离休手续,辞去了研究所长、系主任和一份杂志主编的职务。那时肖老汉是怎么想的哩:我离休不离岗,要把丢失了 22 年宝贵时光夺回来,没有行政职务,正好集中精力搞研究。说来话长,原来老汉在风华正茂的年代,遇上整风反右的大潮,因为他提了一条民主监督,克服官僚主义的意见,被看成反党,打成右派。从此除了劳动、批判、住牛棚、扫厕所,几乎没什么事可做了。如此这般,经历了 22 个春秋,1980 年在右派改正后,才回到教学岗位。老汉自嘲:那 22 年的时光全用在"自我革命"上了。而今要工作 22 年,才能用于教育革命。

　　老汉真是说到做到,到 2005 年他已经马不停蹄地工作 25 年了。自那以后,他确实全休了,老汉除了看报、散步和做点家务外,啥都不干了。闲得没事时,还望着那几个书架的书刊资料发呆:该怎发落它们?当废品处理太可惜,很多都是同行专家手书赠品,但又有谁来接班呀?想到这些,老人不免有些茫然、惆怅。但学习实践科学发展观开展后,老汉精气神又来了,他联系过去学毛选、邓选的体会,自言道:科学发展,贵在科学,这可是新武器,掌握它能增干劲,谋发展,讲科学,少犯错。他越学心里越亮堂,重新拿起笔写学习体会,可巧这时学院下发学习实践科学发展观活动的通知,提出每人为学校科学发展"献一策"的要求:老汉几经捉摸,一口气给学校写了 12 条建议,也献出一份老人的真情。

　　肖老汉不仅关心本单位的发展,同样关心教育界发生的重大事情。2009年一月的一天,他看到一本杂志上刊登近年来教育界讨论职业教育本质的述评文章,众说纷纭,莫衷一是。他感叹改革开放搞了 30 多年,对职业教育的特性还弄不清楚,怎么向学生授业、解惑?老人认为这个问题早在 20 世纪 20年代就有了答案。当时著名教育家黄炎培就说过,职业教育就其性质来说是社会性,就其作用来说是社会化,现在为什么还有那么多青年教师弄不清这个问题？究其原因，就是没有用科学发展观审视教育，形而上学盛行，辨别不了哪种学说才具有科学性，才能揭示出事物的特殊性及其本质。如是他又写了一篇长达六千余字的文章，并在报刊上发表，为解决这个有争议的问题提出了自己的见解。

前年四月，老人得知有关部门正在制定国家中长期教育改革和发展规划，并就若干重大教育问题问计于民。老汉思考良久与几位中青年教师合作向有关部门提出构建以素质教育思想为主导，以义务教育为基础和以职业教育为主体的国民教育新体系的建议。这个建议引起社会舆论的关注，被北京、上海一些报刊刊登。肖老汉说他学习实践科学发展观悟出一条道理，科学发展实际上就是朴实无华的世界观和方法论，教会人们怎样正确地思考问题，分析矛盾，伴随在社会生活的每一个方面，可谓常学常新。

这位耄耋老人为什么如此高龄还坚持学习，思路清晰，笔耕不止？他像一头老黄牛，只顾耕耘，不问收获；他又像草原上一匹骏马，不用扬鞭自奋蹄！他处逆境而不馁，处顺境而愈发奋，这是一种什么精神，这就是无私忘我的精神。肖老汉还给我一个强烈的印象，他不仅勤于学习，还勇于实践，因而他的成果累累。这是一种什么精神？这就是自强不息的精神。可是肖老汉自己是怎么想的哩。他说：您太过奖我了！按现时流行的话语来说，我是患了教育职业综合征，一有气候就触动我的神经，说三道四，没完没了，不知老之已至啊。

激情的岁月　难忘的情怀

——为纪念《中华职业教育社》立社100周年而作

百年颂歌

中华职教社堂开，济济英才次第来；

花开满园结硕果，百年风雨铸辉煌。

谈京华社事，一往情深。许多回忆：

回忆之一：在我犯难时中华职业教育社给我送来了及时雨

此话怎讲？经国务院批准，国家劳动总局1979年在天津组建技工师范学院（现天津职业技术师范大学）时，天津市劳动局把我从在一所学校看仓库的岗位调到天津技工师范学院学院新组建的职业技术教育研究室任副主任。任务是开展技工教育、职业培训的科研、教研工作，并承担学院职业技术教育学、职业心理学和语文三门公共课的教学任务。对我来说，这是一个全新的工作领域，因为我在大学时，学习的是经济专业。参加工作后，长期在劳动行政部门从事政策、制度调研工作。对技工教育和培训，虽然有些感性知识，但都是对苏联技术教育的制度、模式的粗浅了解，无法适应改革开放新时期的新任务。正在犯难时，1982年5月下旬的一天，我接到学院办公室的通知，中华职业教育社（以下简称中华职教社）主任杨善继、北京师范大学教授高奇来访，由我院副院长李宗尧和我负责接待。在相互的交流中，杨主任向我们介绍了中华职教社的历史、性质与任务以及前不久在北京召开的立社六十五周年纪念大会的盛况，还送给我们《社史资料选集》等资料，最后杨主任向我提出邀请我加入职教社的邀约，并说他和高老师可以作为介绍人。我正在犹豫时，李宗尧副院长表态说："我看可以。"就这样我成为职教社的一名新社员了。杨善继主任、高奇老师的来访，像是下了一场及时雨，开辟了我学习和工作的新天地，从此我走上了新的岗位。

1982年6月末，学院快要放暑假时，接到杨善继主任电话，约我到北京参加一个小型座谈会，地点在北京沙滩全国工商联办公楼内。我到会上方知孙起孟、王艮仲、杨善继等领导都亲自参加。与会人员中除我外，只有北京市两位同志是其他单位的。会上，我除了汇报天津和全国各地技工学校、企业以及社区职业培训的情况和问题外，着重谈了我院职业技术教育研究今后三年的建设构想。我们的构想是以科研、教研为主导，创办一个职业技术教育系，开展专业教学，还要创办一份杂志作为对外交流的平台，实行"室、系、杂志"三位一体的模式。与此同时，设立学校配套资料信息室、职业心理实验室和一支兼职研究人员队伍，为以上三个并举服务，简称"一主导、三结合、三服务"的思路和组织机构。其目的是要使我们的研究、教学与社会需求紧密联系，并形成有效机制，把社会当成一个大实验室，以符合职业技术教育的特点和内在要求。起孟老等与会领导听了我的情况汇报后，都很满意，并不时地提出观点与大家交换看法。座谈会共开了两天，从中我学习到了中华职教社的历史知识和宝贵经验，增强了我从事职业教育研究和教学的决心和信心。特别是起孟老等领导那种平易近人，虚怀若谷，热情对待他人的精神给了我深刻印象。从此我与职教社同事们就像一家人一样，不分彼此，交往不断，受益匪浅。

社的老前辈这种广交朋友，热情待人，重视基层和下级要求与呼声的作风，我要再谈以下几点。以示不忘：

1988 年 10 月的一天，我在天津发展社员，推动组织建设遇到困难，希望总社领导能协助沟通解决，特致函孙老，恰巧他老人家到外地调研去了。民建中央孙老办公室工作人员特意给我复函相告，以"释念"。我接到这封信后，惊叹不已，足见孙老等多么重视下属"呼声"！

1993 年初，劳动人事部培训司领导要求写一篇关于《市场经济与职业培训》的文章。我用了 4 个多月时间，写出《论市场经济体制下我国职业培训的构想和对策》初稿。几经讨论修改后，在《中国培训》杂志上发表，颇受好评。连同当年我参与主编的《产训结合的理论与实践》一书，一并寄给孙老请求指教。我真没有想到老人家在公务繁忙之际，竟亲自给我回信，鼓励"大家共同努力，把职教事业继续推向前进"。同样，王艮仲老先生在总社每见到我时，热情亲切谈心，鼓励有加。有一次听到总社王正维老师讲，艮老患眼疾在家休息。我特意到他府上看望老人家。后来他竟亲自写信给我，告知近况，并嘱咐我注意身体，令我倍感亲切。

在 20 世纪 80 年代初期，中华职教社恢复组织和工作前后，我接触最多的还是杨善继主任，因百废待兴，许多重要工作都先要找他商量，拿出对策。回忆起来，除了他和高奇老师亲自介绍我参加中华职教社外，印象最深的是他这些年间，在孙老、艮老领导下，他很重视并亲自抓职业教育理论研究工作，开局良好，影响很大，也使我受益匪浅。在这里略说一二。1983 年初，总社成立了研究工作委员会，我被聘为委员，后来又多次被聘，长达二十余年。为了加强研委会的力量和工作，他要我推荐几位委员。我便从我院兼职研究人员中，挑选出吉林刘春生、辽宁纪芝信、天津林立、山西张忠政和山东董操五位加入研委会。后来他们都发挥了各自的专长，完成社里交给的各项研究和培训任务。到 20 世纪末，刘春生等都已是国内颇负盛名的职教专家、教授。1983 年 6 月，善继主任来电告诉我，复社后第一次理论研究会将于 11 月间召开，主要讨论我国职业教育的体系和结构等四个问题，并且要我就这个问题做准备，在会上首先发言。我当时毫无思想准备，不免有几分压力，因为此前据闻国家教委职业技术教育司已约请上海华东师大职成教育所黄克孝先生就这个问题进行研究，为期两年提出研究报告。我将这一情况向他做了汇报。没想到善继主任好像早有准备地说："还是你来吧，有南有北、百花齐放。"没想到这一课题越做越大，我用了 4 年时间，才取得阶段性成果。

1984 年 5 月国际劳动节刚过，我专程到总社拜访善继主任，提出两件事情，请总社协助，一是我院《职业教育研究》杂志已正式改为月刊，拟请理事长厥老题词并手书刊名；二是我院今年是建校 4 周年，有了首届毕业生，院领导拟召开一次座谈会，听取校外人士对今后办学意见，希望主任能亲自参加。这次我们交谈甚欢，大家都下班了，我才离开。6 月 4 日便接到他的来信我的要求都得到圆满答复。但是令我心惊并伤感不已的是 7 月中旬的一天，接到善继主任因突发脑溢血不幸逝世噩耗；我真不敢相信我们 5 月会晤、6 月来信，竟是永别的时刻和手迹！在两年多来相识相知中，认为他是一位正直、坦率、认真、诚恳、对工作认真，对他人热情的人和长者，大有相见恨晚之感。我曾引用杜甫凭吊诸葛亮以下两句诗，寄托我不尽的哀思。诗曰：

壮志未酬身先死，
长使英雄泪满襟。

回忆之二：重视职业教育理论研究

开现代职业教育体系研究先河

20 世纪 80 年代，中华职教社恢复组织和工作后，如前所述，很重视职业教育理论与实践问题的研究，成立了研究工作委员会专职机构，邀请了各地职教界专业人士加盟，盛况空前，仅 1983～1987 年间，召开了三次大型专题研讨会。1987 年后，还承担多项全国教育科学规划的课题项目。天津职技教育师院职教研究所和我本人除研讨会上提交论文外，还承担总社职业指导等规划课题方面研究任务。此外，我还为我院职教所、天津中华职业教育社分别申请到全国教育科学从"七五"到"十五"四项科研课题，并负责组织实施工作，共历时 23 年之久。现在回忆起来，在这二十多年里，完成的诸多研究报告或发表的论文中，给我印象很深、令我难忘的有二，第一是关于我国现代职业教育体系和结构的研究；其次是关于职业教育本质属性的探讨。前者可以说是开现代职业教育体系研究的先河，参研人员之多，历时达 11 年之久，前所未有，对后来职业教育的发展产生重大深远的影响。其经过大致如下：

1983 年 12 月复社后召开的首次研讨会上，共讨论黄炎培职业教育思想、职业教育的体系和结构、农村职业教育和职业道德教育四个问题。我对关于我国职业教育体系和结构这一课题，提交了一份论文提纲并发言。

我提出《中共中央关于教育体制改革的决定》明确指出：要"逐步建立一个从初级到高级、行业配套、结构合理又能与普通教育相沟通的职业技术教育体系"，是一项极为重要的任务。现在就开始研究这个问题，也是一项重要的担当。怎样着手研究这个问题？切入点在哪里？我认为要以系统论的思想和方法，开展对本课题的研究。为此要解决系统的目标、系统的内涵和外延以及系统的有效运作的模式等。

这项系统的目标是：《决定》所指出的造就"千百万受过良好职业技术教育的初、中级技术人员、管理人员、技工和其他受过良好职业培训的城乡劳动者"。这项系统的内涵包括：劳动力需求预测、各级各类职业学校和职业培训、职教师资来源与培训、职教科研、教研和职教管理。这项系统的外延，主要有：它是教育系统中的子系统、要与产业、科技发展相适应、与劳动就业相对接。这项系统的运作宜采用系统多元的运作模式。这个提纲在研讨会上讨论并修改后，1985 年 4 月在中央教育科学研究所举办的《教育未来》杂志以《论我国职业技术教育的体系和结构》为题发表。1986 年 9 月总社在沈阳举办职业技术教育讲座，根据连续两年研究所得，我做了关于建立我国现代职业技术教育体系问题的演讲，全文后收入总社编辑并收录于 1987 年 4 月出版的《职业技术教育的理论与实践》专论中。至此，这项课题前后历时四年结束。

前面所提到的黄克孝先生对职业技术教育体系的研究，从技术、技能在产业发展、演进过程中，论述当今工程技术、技术与技能的内涵、特征以及它们在产业发展中的作用与分工；论述技术与技能的知识结构和能力结构等。他的论文在中华职教社于 1987 年 5 月在北京召开的黄炎培教育思想研讨会上做了专题发言，还特意征求我的意见。

从上可见，我和黄先生当时研究同一个职教体系问题，有鉴如此，1987 年 8 月在北戴河召开的全国第二次教育科学规划会议上，认为有必要列为重点规划课题，继续进行研究，由时任国家教委职业技术教育司长孟广平为课题负责人。孟广平和他的团队，又经过广泛搜集资料、座谈探讨，历时数年，发表诸多论文后，最终成果以书稿形式刊载在 1994 年 12 月出版的《中国职业技术教育概论》上，题为《中国职业技术教育的体系结构》。

关于职业教育本质属性的探讨。20 世纪 90 年代初，我国职业教育界在教学过程中，对职业教育本质属性问题该如何表述，引起了争论，时间长达两三年之久，众说纷纭，莫衷一是。归纳起来，有"实践性""职业性""素质性""经济性"，甚至"生产性"等七八种之多。有位作者直言："对什么是职业教育的本质这个问题的不同回答，直接影响到职业教育理论和实践发展方向，有必要深入探讨，求得基本共认。"据此，总社在 1992 年 5 月间，召开了一次关于职业教育本质问题专题研讨会。我接到与会通知后，思考良久，觉得我国职业教育的先驱黄炎培先生，早在 20 世纪 30 年代就已经解决了这个问题。如他 1930 年发表的《职业教育机关唯一的生命是什么》，用很形象、简练的语言说道："就吾最近几年间的经验，用吾最近几个月的思考，觉得职业学校有最紧要的一点，譬如人身中的灵魂，'得之则生、弗得则死'。是什么东西呢？从其本质来说，就是社会性；从其作用说来就是社会化。"① 根据

---

① 黄炎培. 黄炎培教育文选 [M]. 上海：上海教育出版社，1985.

这一立论，我在这次研讨会上，提交了一篇《试析黄炎培职业教育思想的本质特征及现实意义》文章，从黄炎培认为怎样实施职业教育和教学、怎样与普通教育配合衔接和农村改进等六个方面论证职业教育的本质是社会性是他的一贯思想，也是他的教育思想的核心。从辩证唯物主义的认识论和历史发展进程考察，表明他的论断的正确性和科学性；这对我们当今职业教育改革和发展，仍然有重要意义。还有我们为什么对这个问题有许多不同的看法和分歧，一是对黄炎培教育思想学习宣传不够；其次对什么是"本质"这个概念还没有摸清楚，就发表议论所致。

我把我的这篇文章主要内容宣读后，引起大家热烈的议论和兴趣。大家还认为这次研讨会重点突出、针对性强，有利职业教育在正确轨道上发展。

回忆之三：难忘的情怀

光阴似水，天增岁月人增寿。随着年龄的增长我逐步离开了社的组织和各项活动，但还是情不自禁地关心社的活动和发展。这些年来，《社讯》我期期都看，有的内容还仔细看。例如阅读 2014 年 7 月 20 日第 379 期《社讯》后得知：全国各省、自治区都成立了社的组织，呈现一片欣欣向荣的景象，令我欢欣鼓舞，感慨万千！雄关漫道真如铁，而今迈步从头越。2014 年老社换届，新社大增、新人众多，如何加强社的建设，提高思想业务水平是一项紧迫任务。因此我写了一篇《社的建设怎样上台阶》短文，寄给总社领导，提出三点建议：一是老社换届，务必保持社的运转继承性、连续性，在原有基础上谋求新的发展；二是总社应集中一段时间，安排对新、老社的新干部进行一次专业强化培训，做到人人思想入社和组织入社；三是大中型以上城市地方社组织机构和人员配备问题，做到小机构能办大事。除少数在编人员外，多用些对职业教育有感情的专业人士，采取兼职、志愿、义工等方式，保持社的各项工作正常运转。以上三点意见归纳起来便是：新老换届要衔接，教育培训最关键，人机（构）匹配求高效，三点意见若实现，社的建设上台阶。2015 年初，阅《社讯》得知上海中华职教社受总社委托，举办地方社领导干部专业培训班，我很高兴，又把我的以上短文寄往上海社，供他们教学参考。

最后我还要讲一个例子：2013 年 5 月间，我校决定编纂一部《中国职业教育改革 20 年（1980～2000 年）》新著，为此，组织成立编委会、顾问委员会专门机构，聘我为总顾问。我考虑这是一部涉及到改革开放初期职业教育各方面的长篇巨著，非一校力量所能及。为此我力举要与有着百年职业教育历史传统的中华职业教育社合作，并邀请中国职业教育学会、中国职协等相关部门大力支持和协作。结果合作十分成功。该书历时三年，2017 年 9 月出版。全国人大常委会副委员长、中华职业教育社理事长陈昌智以"颗粒归仓、硕果满枝"为题作序，我校原党委书记孟庆国、总社原总干事陈广庆、总干事王金宝任编委会主任。总社研究部几位同志都为本书撰写了专题研究报告。全书共三篇，包括附录共约 135 万字。有专家指出：本书的价值在于对这一时期职业教育发展现状做了多维研究和系统梳理，澄清了职业教育重大事件的来龙去脉和历史意义，再现当年直面问题、改革创新、勇于实践的火热场面，反映了职业教育艰苦奋斗和创业的发展历程。该书尊重事实，涉猎面广，写法新颖，是对我国当代职业教育研究的一次新尝试。

《回忆》写毕、意犹未尽。花开花落终有日，蓄芳待来时。祝愿我社同仁跨越百年，继续努力，把职业教育事业继续推向前进。

原载《社讯》，本文获纪念立社百年征文一等奖（中华职业教育社）2017 年 2 月 20 日

附录：于无声处度平生[①]

——费重阳访谈录

陈　喆

去年大热的美国电影《血战钢锯岭》引发了人们关于信仰的讨论。同样是血肉之躯，信仰之有无，究竟能有多大的差异？历经战乱、热忱奉献、含冤受屈、蹉跎岁月，很多人怨天尤地，就此沉沦。然而在相同命运下，却有一人始终乐观向上，耄耋之年仍笔耕不辍，带着强烈的社会责任感，主导编撰行业年鉴，填补空白，遗泽后人。怀着探究和崇敬的心情，笔者走访了南开大学老校友职业教育界的老者——费重阳。

费重阳，湖北黄梅人，1947 年就读于南开大学经济系，曾任天津职业技术师范大学副研究员、天津中华职业教育社研究委员会副主任、中国职工教育和职业培训协会学术委员会委员、中华职业教育社研究工作委员会委员。自 1980 年以来，费老致力于我国职业教育的科学研究和教学，率先为津职师大组建职业教育系、所和创办《职业教育研究》杂志，并任首位负责人；承担过"七五""八五""九五"国家教委级、劳动部级重点课题的研究任务，主编或参与主编出版的《产训结合的理论与实践》《技工学校管理简明教程》《生产实习教学法》《中国高级技工的培训》等专著，获得社会上好评，被许多地方和部门列为职业学校校长和教师研修的教材。近十几年来，费老发表的《关于职业教育几个基本问题》《试论职业教育的管理体制与运行机制》《对我国职业教育的思考》等论文，被许多报刊转载。曾获国家教委、劳动部和天津市级 4 项一等奖、2 项二等奖、2 项三等奖。费老被我国职业教育界公

---

① 原载：南开大学天津校友会编辑出版《南开人口述人生文集》2017 年 4 月 4 日

认为一位具有开拓创新意识和执着追求精神的职业教育专家。他入选《中外名人辞典》第四卷。一个暖和的冬日下午，笔者见到了慕名已久的费老，一上来我便被其精神矍铄、思维清晰及声音洪亮镇住了。除了行动略有迟缓，完全看不出眼前的老人已是 92 岁高龄。本来满腹问题要请教，结果脑子里只剩下"如何做到老而不朽"一个问题。费老闲适和蔼的态度正如午后温暖的阳光，让整个访谈充满了亲切气氛，笔者想要找寻的答案都在对话间一一呈现。

费重阳出生在一个开明进步的小康之家，父亲参加过武昌起义，叔父为李大钊最活跃的学生，曾担任北京《申报》主笔，在李大钊被捕后牺牲。抗战爆发后，1938 年九江沦陷，正在九江上小学的费重阳被迫逃到乡下避难。为继续求学，年仅十几岁的费重阳前往江西。抗战胜利后，费重阳考入复校的九江一中，终于结束了数年的颠沛流离。1947 年夏，费重阳以优异的成绩分别被南开大学经济系、"国立政治大学"、江苏省立社会教育学院新闻系录取。怀着对更进步更自由的共产主义的憧憬，他做出了人生第一个重大抉择——去南开大学。

年轻的费重阳对南开大学最初的记忆是关于馒头、窝头和米饭的故事。南开食堂的第一餐，接站的学生自治会师兄看米饭不多，就大声呼吁请北方的同学吃馒头、窝头，把米饭让给南方的同学吃。这细微处的温暖深深烙印在费重阳心里，在以后的岁月里不断累积、沉淀、发酵，终成永生难忘的南开情。虽然敏而好学，英语基础薄弱的费重阳在第一学期期末英文课未能及格，而由于数学课本是英文原版，微积分也险些挂科。费重阳却并未气馁，寒假里鼓起勇气跑到英语老师周基堃家里求补课，周老师一口应下，每隔一天补一次课。经过一个寒假，费重阳的英文水有了长足进步，不仅考试得了85 分，还能阅读英文报纸新闻。费重阳心中感念，思图回报。1948 年初，天津经济崩溃物价飞涨，南方同学又因战乱经济来源断绝，学校每人每月发的 1 1/3 袋兵船牌面粉是唯一可称为"财"的东西。当时在东院的同学之间，面粉的 1/3 乃至 1/2 皆作货币支付之用，费重阳却省下口粮，背着 2/3 袋面粉送到了周老师家，虽微薄不足表达感念师恩之情，却是他诚心一片。

当初对南开的选择或许是对北方"呼吸自由空气"的憧憬，但在南开大学学习些时日之后，费重阳真正树立起共产主义信仰。在南开大学，爱好读书的费重阳去了学生自治会图书馆值班。那时有社会人士说，南开大学是天津解放区，东院学生自治会图书馆更是解放区的一颗闪闪红星。正是在那里，费重阳阅读了艾思奇《大众哲学》等大量进步著作，奠定了他确信中国共产党能够救中国的思想基础。

1949 年 1 月 16 日是费重阳毕生难忘的一天。那天，南院和北院留学同学都集中到东院地下室和一楼担任护校任务。炮声隆隆，枪声四起，巷战就在校园周围激烈展开。凌晨四点钟，一队带着大皮帽子的解放军从西藏路口冲过来，随着一声枪响，一个年轻的战士倒下了。这一幕深深震撼了费重阳。后来他在同学们上街游行庆祝解放的时候，主动拿过纸卷话筒喊口号，喊得最多是"将革命进行到底！"似乎只有这句口号才能抒发他对黎明前倒下的年轻战士的怀念。

那一次庆祝天津解放大游行，南开大学是最快最早出来的游行队伍，从甘肃路、鞍山道、罗斯福路（今和平路）到东马路，历经两个多小时才返校。南开学子一路情绪高昂，引来无数市民围观。费重阳当时只觉那是抒发胸臆的平常事，但在随后天津市委举办的第一期政治训练班上，时任天津市委副书记、市总会主席的黄火青却对那次游行给予了很高评价。他在讲话时两次说到解放天津的枪声刚结束，南开大学的同学不顾危险出来大游行，庆祝天津解放，给了战士们莫大鼓舞，也扫除了市民对共产党和解放军的疑虑。战斗刚刚结束，工厂立即开工，商店纷纷开门营业。许多年后，费重阳参观平津战役纪念馆时，还看到二楼展厅有那次游行的一张黑白照片，不禁驻足良久，百感交集。

但费重阳没想到的是，那一次政治训练班竟是他与南开大学的告别。当时他被同宿舍的蔡文龙通知外派学习，到河北路 273 号报到时，才知道那是第一期政治训练班（市委党校前身），除了他与蔡同学，还有熟悉的陆以道等十多位同学。时任军管会主任、市委书记黄克诚、市长黄敏、市委副书记黄火青和市委组织部部长杨英等进城领导都亲自为学生们讲课，学习了当时形势、城市政策、党建、工运等内容。一个半月之后，学员们被分配进市总工会各部室。费重阳当时被分配到私营企业部，从此踏上建设新生的人民共和国的征程。

南开大学的生活仅就时间而论，只是他漫漫人生中一朵浪花，但在费老心中，那是他一生难以忘怀的美好时光。也是在那个特殊的风雷激荡的历史时刻，他学习了马克思主义，走上了自己郑重选择的路的路。而今回想，可谓：叹南园心事，一往情深，犹作流连忆……

　　新生的中华人民共和国百废待兴，经济发展乃重中之重。毛主席提出了"发展生产、繁荣经济、公私兼顾、劳资两利"的经济政策，但具体如何实施，是一个全新的课题。费重阳从整理资料即开始参与，后到市劳动局参与政策制定，为这项前无古人的工作努力奋斗。彼时，费老进行大量实地走访调研，私企集中区域如三条石他骑着自行车都跑遍了。团队中所有人皆秉持着严肃认真、不怕苦累的态度，一腔热血扑在工作上。虽然基础薄弱困难重重，但费老表示，那时候的工作反而好开展。关键是大家都没有私心杂念，一心只想建设好新中国，加之领导充分鼓励支持，带头承担责任，听取意见，全体上下再辛苦都干劲十足。1956 年，天津市私营企业实现了全面的公私合营，完成了私营企业社会主义改造的历史任务。能够在新中国天津的经济发展上留下自己的印记，当时才 30 出头的费重阳内心不无骄傲。

　　然而人生往往变幻莫测，三十而立正是成就事业的黄金时期，踌躇满志的费重阳却被一个晴天霹雳打懵了。1957 年 5 月 20 日，为响应党的整风运动号 召，费重阳就主观主义、官僚主义、宗派主义等问题经过较长时间思考后，在单位召开的座谈会上提出一个观点和一条建议：一个观点是群众对党组织活动能起决定性影响之日就是肃清三个"主义"之时：一条建议是广泛推行职工干部参加单位管理的制度，对单位重大活动有参与研究的权利，以避免三个"主义"的滋生，并且，提出南斯拉夫"工人自治"对我们有参考价值。他认为这是医治三个"主义"的良疗妙药，会上也有相当多的同志表示了赞同和支持。

　　然而，6 月 1 日《人民日报》社论《这是为什么？》发表后，把大鸣大放帮助党整风这个大方向来了个急转弯，变成了反右派斗争。有职工责问他"你说群众要对党组织的活动起决定性影响，把党要领导一切摆到哪里去了？"这件事情无限上纲，最终定性为反党言行。被打为右派分子，同年 10 月下放到一个技工学校实习机厂装配车间劳动。

　　巨大的工作生活落差让年轻的费重阳一时难以接受，而更让他难以接受的是对以往坚定不移的信仰的冲击。但福祸从来相依之，费重阳在那里也度过了一段难忘的岁月。那时他在钳工班，上午听技术员讲《钳工工艺学》，下午到车间由老师傅指导练习操作，凡钳工划线、錾、锉、锯、钻、刮削等冷加工操作技能都要练习。老师傅逐人指导，认真，朴实，热情，对人一视同仁，解开了费重阳沉重的"右派"心结，令他感佩不已。转年正逢"大跃进"，他们学完各项基本操作后，分配到各车间里跟师傅们一起干活。费重阳给一位青年师傅打下手，装配 C613 车床车头箱，做得很顺利，产量由原来的计划 30 台增加到 60 台。那时几乎天天劳动 12 小时以上，下班后还要为大炼钢铁做贡献，到小土炉炼钢。后来工厂改产 C618 车床，费重阳师从一位刘姓师傅制作"工装"。刘师傅是一位七级老钳工，性格内向，平时沉默寡言，但技艺精湛，能根据每人特长安排活计，发挥所长，他总是以商量的口吻分配费重阳干活，并一直以同志相称。费重阳倍感温暖的同时却也忐忑不安，怕右派伤疤被揭，也怕连累刘师傅，思虑之后他直言不讳地跟刘师傅说自己是犯错误下放的，有什么事直接叫名字就好，别称同志。刘师傅只是慢吞吞地答了一句"这个我知道"，过后仍以"同志"相称。他分配给费重阳最多的_工作是刮研、做样板和打孔、攻丝等。每台车床总装检验合格后，刘师傅总是要费重阳和另外一个下放干部刮削床面导轨，他们用门刮刀挑刮成飞燕式的花纹，在灯光照耀下如同成群的小燕子展翅飞翔，光彩夺目，简直充满了艺术美感。每当干这个活计的时候，费重阳都无限喜悦，连右派愁思都淡了几分。还有一次制作两套外加工样板，由于工件精度要求极高，他花了一天半的时间才制作完成。刘师傅反复检验之后夸奖了他，夸他在刮研、样板制作和畸形件钻孔这几项可以达到五级工水平了。费重阳有些骄傲又有些羞涩，憋了半天，才冒出一句"感谢刘师傅的帮助指导"。

1960 年，组织上把分散在各单位和部门的"右派"集中到双林农场劳动。也许农场方知道费重阳学了几年钳工。将他分配到厂部机修厂，一同去的有右派厂长、工程师和技术员，还有哈尔滨通讯学院、天大、南大等院校尚未完成学业的右派学生。农场有关领导指定费重阳担任这个组的组长，白天劳动，晚上学习，集中挖"反党反社会主义"的思想根子，反复挖掘、反复批判，每晚总要搞到十二点才结束，那时天亮就起床，七点半到车间干活，每天睡眠不足 6 小时，所有人都给折腾得人困马乏，费重阳咬牙坚持下来。同年十月下旬一天，全场召开右派大会，当场宣布摘掉费重阳的右派帽子；不久，原单位人事处也来了一位同志，对他表示的祝贺并"欢迎重新回到人民队伍里面来"，告诉他会由原单位重新安排工作。

忆起往昔，在四年多的技工生涯里，令费重阳难忘且对后来生活和工作起重要影响的有三件事。

第一件是刚打成右派的时候，他心情十分低落，亏得一位南开校友私下反复与他沟通，开导他当年在大学里，在敌人的枪口下，大家都奋不顾身地搞活动，做好了坐牢杀头的准备，靠的不就是一种信仰支持吗？现在遇到了点挫折，难道真能动摇这么多年来的信仰？坐牢杀头都不怕，劳动怕什么？校友的劝导深深触动了费重阳的心灵，激励他重新振作起来，忍辱负重，在逆境中自强不息，继续前行，这是他落难后心态的自白，也是那样一种特殊环境下的处世信念。后来在"文革"中他再次遭到更加猛烈的冲击，也是靠这种信念挺了过来。

第二件是真心实意地学习了，工人师傅的好思想、好作风。在他们身上，他读懂了朴实、勤劳的美德。这对于后来他恢复工作以后对事业认真、对同事热情并且淡泊名利起了潜移默化的作用。

第三件是通过从零开始的学习，对制造业中的技术技能有了很大热情。在生产各式机床的过程中，由于设备精度不够，很多零部件在加工制造中都要依靠工人动脑筋自行设计制作工艺装备，解决一个个零件加工制作中的难题。费重阳因此认识到从手工业时代的皮带传动到机械（齿轮）传动，进而到现代液压技术、数控、加工中心和机器人，无不是技术工人的技能长期积累、结晶和升华的结果。曾有人言，"高级技工好比桥梁"，任何知识创新成果如果没有中高级技工、技师的参与，只会永远停留在图纸和样品阶段。技能是创新的火车头，是科技进步的动力之源。基于多年对于技术技能的切身体会，费重阳在恢复工作后下决心后半辈子从事技工教育和职业教育。担任天津职业技术师范大学职业技术教育研究所所长时，费重阳看到社会上不重视技术工人培训工作，心里很不舒服。1990 年，他向全国教育科学规划办公室申报"八五"重点课题项目时，专门申报了一项《高级技术工人培训的研究与实验＞，邀请上海、重庆、山东、江苏等省市 30 余位老技工教育工作者参与研究。这项历时 5 年的研究，以大量的事实充分论证高级技术工人是整个人才队伍中重要的人才群体，是发展生产、提高效益、振兴企业的技术骨干力量，是新一代产业工人的中坚。这些研究成果后来被编写成＜中国高级技工培训》《高级技工培训荟萃》两部总计 56 万字的专著，向各企业、各行业推广，解决怎样培养高级技术工人的问题。这项研究成果后来获全国教育科研成果二等奖。费老对技能人才的培养高度关注，与许多同事一道，孜孜不倦地系统研究和宣传，发自内心地为技工教育鼓励呼吁，这些无不是对四年技工生涯的怀念和升华。

　　"文革"结束后，1979 年，54 岁的费重阳得到了平反。然而，逝去的 22 年最好的时光已无法追回。每每思及，费重阳没有怨言，而是充满紧迫感与使命感。"文革"让当时的国内出现了人才断层，因此后来及至退休的费重阳受到学校挽留，退而不休，费老也做出了更多成绩。去年，费老参与主持编撰的《中国职业教育改革 20 年（1982～2000）》完成出版，厚重的年鉴向读者昭示着编纂者浩繁的工作量。耄耋之年犹能如此，此心可鉴，叫人感佩。

　　职业教育是费老大半生的心血，每每提及，老人兴致益然、仍图进益。

　　费老说，我国二十世纪职业教育其大体可分为三个阶段。第一阶段是抗日战争以前二十年，我国职业教育的先驱黄炎培先生主要以上海为基地，模仿西方模式，在城市和农村都倡导和践行职业教育。第二阶段是新中国成立以后西方国家对我们实施封锁，那时候全国学习苏联，基本套用苏联的技术教育经验。1980 年后改革开放的新历史阶段，经济建设以前所未有的速度高速发展，但是没有人对这一阶段丰富的职教史和人文思想进行回顾和总结，将来后人再想总结借鉴就费劲了。因此，他承担了这项工作，在他的倡议下，津职师大会同有关部门将这一阶段的发展历程、得失经过初步梳理，总结编纂为前文提及的二十年长篇巨著。它不仅有学术价值，更具历史价值。费老直言，后面年轻的老师们没有这方面亲身实践，写起来困难很多，如果他不争分夺秒地做这个事情，有些史料很可能会永远缺失了。

　　笔者多年从事制造业人力资源服务工作，对于高级技术工人严重紧缺的现状是有感受的。虽有班门弄斧之嫌，还是忍不住提出来跟费老讨论。

　　费老无疑是最有发言权的人。他认为我国制造业高中级技术工人严重不足是改革开放 30 多年来没有解决好的一个问题。原因是多方面的，首先是这一人才群众在工业现代化中的基础作用没有形成全社会的共认；其次对企业员工教育培训，没有像西方一些国家有严格的法律法规和培训制度，其三，教育部门主要抓高等教育和普通教育，虽然也抓了职业教育，但对技能人才这个群体比较起来却显得明显重视不足；劳动人事部门抓技工学校培养这方面人才，一以贯之，缓解了技术工人严重短缺的局面，但难以扭转长期以来严重短缺大趋势；其四，我国社会文化历史传统，和西方不一样，素有主"学"轻"术"的传统。笔者对此有深刻感受。我国引进西方教育制度以后，自然地形成了以普通教育为主体的教育体制。另外，我国自古认同"万般皆下品，唯有读书高"，从汉代董仲舒"废黜百家，独尊儒术"到隋文帝设立科举制度，这些当年符合历史发展需要的举措，却对近代对教育形成了延绵不绝的误导。再者，民国职业教育曾一度有所发展，但新中国成立以后被误认为是资产阶级"双轨制"而遭贬，弱势地位难以从根本上逆转。一切因素的总和使得普通民众对职业教育有了成见。家长望子成龙心切，都要求孩子学习好考个好大学，找个好工作——说白了就是要做劳心者，而看不起劳力者。凡此种种，都成了中国职业教育发展的阻碍。

费老的语气始终平和，笔者却从中听出了他对职业教育事业的热爱和对国内职业教育现状的忧思。个人力量在整个大环境面前，究竟太渺小了。90余年，一路走来，亲历战乱，饱受磨难，许多事老人都已看开，但一颗赤子之心仍未改变。闲谈之中，费老对时事的关注与了解令笔者惊讶。他对习近平主席所提的"中国梦""不忘初心"等概念非常赞赏，对"一带一路""全球治理"御敌于国门之外等施政政策也充满信心。笔者要跟费老约定五年后再聚首看看实现没有，费老哈哈一笑，说："那时候也许老糊涂了，接待不了你们了。"

自始至终，费老侃侃而谈，笑声不断，精神之佳着实令笔者钦佩。即使谈到特殊年代含冤受屈的经历，他的情绪也没有太大波动，称得起淡泊致远。

笔者忍不住问起，为什么经历了这么多起起落落，老人家仍然能保持这么好的心态，甚至在逆境中重生？最初的信仰在经历了半个多世纪的冲击与磨砺之后，会不会改变？

费老说，自己也承认，改革开放多年，我国取得巨大发展的同时，一些地方和部门出现了腐败现象，甚至有"土皇帝"称霸一方，群众深受其害。但这一切是人的问题，而不是信仰本身的问题。他仍然坚信马克思主义是科学的，它揭示着人类社会发展的客观规律，最终的社会形态必定是共产主义。全球金融危机和中东、北非的动乱、"北约"的入侵，再现了列宁对资本主义制度发展到垄断阶段的科学论断——"帝国主义是战争的根源"。中国共产党经过90多年艰苦卓绝的斗争，终于找到了适合本国国情的通往社会主义、共产主义的正确道路——毛泽东思想和中国特色社会主义，这是马克思主义在东方的伟大胜利。当前出现的问题说明我国政治体制改革还任重道远，并不是方向错误，而是更需要我们去努力。

作为资深党员，费老坚定的理想从未动摇，他时刻将党章中对共产党员要求的"必须全心全意为人民服务，不惜牺牲个人的一切，为实现共产主义奋斗终身"作为自己的理想和人生追求。他努力学习、与时俱进，在改造客观世界的同时努力改造自己的主观世界。世界观向科学的唯物主义转变是根本转变，是对一个党员的标志性要求。

费老说，在信仰和理想的指引下，唯有奉献是实现自身价值的途径。努力工作、多做贡献，为振兴我国教育事业尽心尽责，凡事利居众后，责在人先，视贪污腐败为流毒，可耻可恨而远之。

简而言之，答案就是：信仰、理想、风险。在如今这个思想散漫的社会，这样的字眼往往会被众人冠以以"假大空"的帽子，加以嗤笑。可笔者面对着将这三点都扎扎实实身体力行的费老，感佩之情难以言表，这三个词也变得前所未有的沉甸甸。正因此信念，这位已至耄耋的老人一直坚持学习、笔耕不辍，带着强烈的使命感退而不休，完成了不可想象的编撰任务。费老曾撰文赞叹一位与他年纪相仿的同行，其中一段用来形容他本人也极为贴切："他像一头老黄牛，只顾耕耘，不问收获；他又像草原上的一匹骏马，不用扬鞭自奋蹄。他处逆境而不气馁，处顺境而愈发奋，这就是无私忘我的精神。"交谈中，费老也引用"老骥伏枥，志在千里；壮士暮年，雄心不已"以表其志。

一场午后的访谈，笔者感受到了一种阳光般温暖坚定的力量，心中良多感慨。告别费老回家路上，激动的心情仍未完全平复，脑海里突然浮现出一段旋律："几度风雨几度春秋，风霜雪雨搏激流；历尽苦难痴心不改，少年壮志不言愁"，竟仿佛为此时心声而作。

正所谓：春花秋月南园事，风雷激荡几度惊。沧桑巨变六十载，于无声处度平生。

编后记

20 世纪 80 年代，我国进入改革开放新的历史时代。费重阳先生一直从事职业教育研究工作，是我国职业教育领域知名的理论研究工作者。费老自调入天津职业技术师范大学前身天津技工师范学院职业技术教育研究室任副主任，在他的带领下，先后组建了职业教育系、职业教育研究所，创办了《职业教育研究》杂志。在繁忙行政管理工作之余，他潜心进行职业教育科学研究，1988 年离休后，仍笔耕不止，达四十年之久，承担过十余项全国、部门和地方职业教育方面专项研究任务，出版著作 10 余部和发表论文百余篇。他治学态度严谨，对每项科研任务力求完美；写论文时，力求针对性强，内容新颖。总之，他热爱职业教育事业，并胸怀大志，要把我国职业教育做大做强，屹立于世界先进教育制度之林。因此，我们编辑这部《文集》时，在选稿上，力求反映改革开放这个伟大时代的历史特点。

对全书编排结构设计采用分类法与编年法相结合的方式编辑而成。全书分为四篇，力图达到既让读者领略作者就教育各领域的论述，又能把握作者在不同时期对某些重大问题的认识过程之目的。

在编辑过程中，面对汗牛充栋的文稿，通过初选，在征得作者同意的前提下，大约删去了三分之一的内容，对保留下来的文章亦作了相应的修改和订正，同时增补了一部分资料和注释。

负责本文集编辑前期是天津中华职业教育社研究部原副主任刘金录老师，后期是天津职业技术师范大学图书馆原副馆长杨静老师和职教学院部分老师及学生，对他们的辛勤劳动深切感谢！

编者

2019.4.24